TO END ALL WARS

让我们一起追寻

牛津百文

〔美〕亚当·霍赫希尔德 著
林春野 译

忠诚、反叛
与世界大战

1914~1918

To End All Wars: A Story of Loyalty and Rebellion, 1914-1918
by Adam Hochschild
Copyright ©2011 by Adam Hochschild
Published by arrangement with Georges Borchardt, Inc.
through Bardon-Chinese Media Agency
Simplified Chinese translation copyright © 2020
by Social Sciences Academic Press
All Rights Reserved

终结一切战争

Adam Hochschild

社会科学文献出版社

民将成为它的下一个目标。

——安德鲁·J. 巴切维奇（Andrew J. Bacevich），
《华盛顿规则》作者

（霍赫希尔德的）作品就像教堂钟声一样清脆明快。

——《老实人报》

霍赫希尔德令人动容地再述了近现代史上最可怕的事件之一，以与其他历史作品截然不同的方式将这段往事带回人们的视野。

——《西雅图时报》

一部研究深入、引人入胜的叙事史。

——《每日新闻》

亚当·霍赫希尔德是那种少有的能将深厚的学术功底与小说家的天赋融为一体的历史学家。在他的笔下，第一次世界大战不仅是帝国与帝国、军队和军队之间的冲突，还是个人与个人的对抗：英王与德皇，好战者与和平主义者，矿工与贵族。气势恢弘，见微知著，激动人心，拨人心弦，这本对"伟大战争"和战争本质展开探索的历史著作对资深读者和新手读者都十分友好。

——托尼·霍威茨（Tony Horwitz），《险路漫漫》作者

引人入胜……霍赫希尔德是位天才的故事讲述者，对细节有独到的眼光，霍赫希尔德将这场战争毫无意义的一面洋洋洒

洒地展现出来。

——《俄勒冈人报》

　　霍赫希尔德讲述激动人心故事的能力不亚于任何人……更重要的是，他展现了良知将如何带来，或者说开始带来系统性的改变。

——《赫芬顿邮报》

　　霍赫希尔德像一位天才的小说家，他笔下的人物活灵活现，栩栩如生。

——《华盛顿独立书评》

献给汤姆·恩格尔哈特,
编辑圈的帝国、帝王分析家

目　录

序言　针锋相对的梦想 ………………………………… 001

第一部分　主人公

1　姐弟 …………………………………………………… 003
2　没有幻想的男人 ……………………………………… 021
3　一位牧师的女儿 ……………………………………… 036
4　圣战勇士 ……………………………………………… 053
5　挖矿男孩 ……………………………………………… 071
6　前夜 …………………………………………………… 085

第二部分　1914 年

7　奇异之光 ……………………………………………… 103
8　"好似泳者跃入无瑕的新天地" ……………………… 129
9　"正义之神将守望战斗" ……………………………… 150

第三部分　1915 年

10　这不是战争 …………………………………………… 177
11　尖峰时刻 ……………………………………………… 192
12　"不会随浪而回" ……………………………………… 211

第四部分　1916 年

13　我们毫不后悔 ······ 233
14　上帝啊，上帝啊，其余的小伙子去哪啦？ ······ 263
15　丢掉武器 ······ 282

第五部分　1917 年

16　狮口求生 ······ 313
17　世界就是我的国 ······ 333
18　陆上溺水 ······ 355
19　求你别死 ······ 372

第六部分　1918 年

20　无路可逃 ······ 395
21　"死者比生者更多" ······ 420

第七部分　谢幕

22　魔鬼之手 ······ 441
23　假想中的墓地 ······ 457

注　释 ······ 479
参考文献 ······ 515
致　谢 ······ 527
索　引 ······ 531

序言　针锋相对的梦想

随着日暮泛着淡金色的余晖，姗姗来迟地降临在法国北部山峦起伏的乡村大地上，初秋的气息也在空气中弥漫开。陷在缓坡之下的平地此时已经被阴影笼罩。年末最后一批收获的干草由机器捆扎好，零零散散地堆在地上，足有一人高。大型拖拉机拉着火车货厢那么大的满满一车土豆，或是喂牛用的粉碎了的玉米。在低矮的小山丘上，一片树林遮挡住了另外一类收获存在的迹象，这场收获在接近一个世纪之前就在这里了①。这片墓园中的每一块墓碑上都刻着名字、军阶和序号；162块碑上有十字架，还有一块碑上面是大卫之星。如果知道某人年龄的话，那么它同样也会被刻在上面：19岁，22岁，23岁，26岁，34岁，21岁，20岁。其中10块墓碑上仅是简单地写着："大战中的军人，唯有上帝知道。"这些死者几乎全都来自英国的德文郡军团，他们的墓碑上都刻着同一个日期，1916年7月1日，也就是索姆河战役的第一天。绝大部分受难者都是由一挺离这里几百码远的德军机关枪杀死的，他们的尸体就被埋在了那个清晨他们曾经爬出过的那段前线战壕之中。邓肯·马丁上校，时年30岁，连队指挥官，平常生活中是一名艺术家，曾用黏土做出了英军计划发动攻击的战场模型。他预测出了当他和部队在一处毫无遮蔽的山坡上出现时，将会遭到附近

---

①　此处作者将死者聚集墓葬比作收获。——译者注

德军机枪攻击的准确地点,并将此告诉了他的同僚。但在他们国家的军队所经历过的史上空前绝后的最血腥一天里,作为被杀或受重伤的21000名英军官兵中的一员,他也被埋葬在这里。

在墓地旁边的一块石板上,放着一块该团的幸存者在埋葬死者时刻的木牌,上面写着:

德文郡男儿过去坚守着这条战壕
德文郡男儿依旧坚守在此

墓园的访客本上留下评论的人大多来自英格兰:伯恩茅斯(Bournemouth)、伦敦(London)、汉普郡(Hampshire)、德文郡(Devon)。"向这里我们镇的三位市民致敬。""睡吧,小伙子们。""永志不忘。""小伙子们,谢谢。""谢谢您,叔祖父,安息吧。"我到这里的原因,明明是因为相信这场战争是毫无必要的愚蠢和疯狂,可为什么当我看到"睡吧""安息""牺牲"这类词语时还是会感到哽咽?只有一位到访者写下了与众不同的话:"永远不要再发生这样的事了。"有几页写着名字和评语的墨迹已经被雨水弄得模糊了——或者说,那是眼泪?

仅索姆河一役,大英帝国士兵的尸体就躺在400座墓园中,这只是一片粗看像新月形、长度不到20英里的区域,但墓地并不是那场战争留给这片土地的唯一印记。到处都能见到上面有数以千计弹坑凿成的洞的土地,这些地方早已无人问津。多年风吹雨淋的侵蚀淡化了战争的痕迹,但曾经的平地如今看起来就像上面长着草的崎岖不平的沙丘。在德文郡人墓地周围那些被重新整理过的土地上,有些拖拉机在驾驶座下方安装了装甲板,因为农用收割机械是无法区分土豆、甜菜和仍能被引爆的炮弹的。超过7亿发榴弹炮炮弹与迫击炮炮弹在1914~1918年被射向西线战场，据估计其中有15%都未能成功引爆。这些被遗弃的炮弹每年都会杀死人——例如，在法国为新型高速铁路进行路基挖掘工作期间，仅在1991年就有36人死亡。这片区域内还星星点点地散布着仍未排除险情的树林与灌木丛，周围遍布写着英法双语的黄色警告标示，警告徒步旅行者远离此处。法国政府雇了拆弹团队，这些人都是处理炸弹的专家，他们会负责处理村民发现炮弹时的来电；每年他们能收集并摧毁900吨未被引爆的弹药。从1946年至今，超过630名法国拆弹专家因公殉职。与那些炮弹一样，第一次世界大战仍继续存在于我们的生活之中，潜伏在表象之下，这是因为我们所生活的世界在很大程度上都经过了它和由它首创的工业化条件下的全面战争的塑造。

即使我在一战结束后很久才出生，有关这场战争的方方面面却似乎一直存在于我的家庭中。我的母亲过去常常跟我讲起当美国——终于——加入协约国一方参战时，军队阅兵时人群疯狂的热情。她非常喜欢的一个表弟伴着人群的呼喊声走向了战场，结果却在战争的最后几周被打死了；她永远都忘不了当时的震惊与失望。然而，在我父亲的家族里，没有人会觉得他们的两个亲戚曾在一战中加入两个敌对的阵营——一个加入了法军，一个参加了德军——是件荒诞的事。如果祖国在召唤，你就应该奔赴前线。

我父亲的姐姐嫁给了一个在战争中为俄国作战的男人，[1]他之所以能出现在我们的生活中，都是因为俄国引发的一系列事件：俄国革命和随后激烈的内战——内战结束后，由于是失败方的一员，他来到了美国。有个夏天，我们家曾与这对姑姑姑夫一起度过，他们的朋友也是一战老兵，常来拜访他们。当时我还是孩子，令我印象深刻的是，我站在了这些访客中某一位的旁边，我们每个人都穿着泳装准备去游泳，然后我向下一看，看见了这个人的脚：他的所有脚趾都在东线某处被德军机关枪射出的子弹打掉了。

这场战争也存在于英国表哥寄给我的作为圣诞礼物的插图冒险故事里。年轻的蒂姆、汤姆或者特雷弗，尽管只有十几岁，上校认定他们太年轻，不能参加战斗，他们却能在风笛手吹响冲锋乐、部队"过分深入"到无人区当中时，勇敢地躲开在空中飞翔的炮弹，将负伤的上校抬到安全地带。在后面的章节里，他总能——作为一名间谍或飞行员，或只是单纯凭着大胆——找到办法破解堑壕战的死局。

当我长大并了解了更多历史之后，我发现这样一种死局有它自己独特的魅力。在超过三年的时间里，西线各方的部队实际上是被锁在原地，动弹不得的，他们藏在战壕中，里面的壕洞有时能达到地下 40 英尺深，他们周而往复地走出战壕投入可怕的战争中，却最多也就只能占领几英里宽的泥泞的被炮弹炸得稀巴烂的废土。这些战斗造成的破坏至今仍令人难以置信。除了死亡，在索姆河战役的第一天，就有 36000 名英国士兵负伤。在整个一战期间，杀戮的规模超出了以往欧洲所经历过的任何战争[2]：例如，战争爆发时年龄在 19 岁到 22 岁的全部适龄德国男子中，超过 35% 的人在接下来的四年半的时间里被杀，许多活下来的人也身负重伤。对法国来说，死伤人数甚至更大：战争爆发时年龄在 20 岁到 32 岁之间的法国男子，在战争结束时死了一半。"1914～1918 年的一战就像将那一时期与我们的时代分隔开来的废墟地带。"[3] 历史学家芭芭拉·塔奇曼

(Barbara Tuchman)如是写道。当德国在二战入侵比利时的时候,那里的英国石匠们还在继续将本国一战失踪者的名字刻在纪念碑上。这项工作一战结束已经超过20年了仍没有结束。军队所经之处,城镇化为参差的瓦砾,森林与农场变成烧焦的废墟。"这不是战争,"一名在英国印度军团服役的伤兵在欧洲给家里写信说,"这是世界的终结。"[4]

在当今的各种冲突中,不论伤亡的是非洲童兵还是在伊拉克或阿富汗服役的美国工人阶级小镇青年,我们对穷人死亡人数不成比例的高的事实早已习以为常。但在1914~1918年,在全部的参战国中,统治阶级却出人意料地在战争中死伤惨重。不论是交战双方的哪一方,与在军官领导下爬出战壕护墙冲进敌人机关枪火力网的士兵比起来,军官本人都更容易死亡,并且他们常常出身于社会的最上层。例如,参加一战的全部英国士兵,大约有12%死亡,但对于参军的贵族或贵族后裔,这一数字就变成了19%。所有1913年从牛津大学毕业的学生中有31%的人死亡。德国首相特奥巴登·冯·贝特曼·霍尔维格(Theobald von Bethmann-Hollweg)失去了大儿子;英国首相赫伯特·阿斯奎斯(Herbert Asquith)也是。未来的英国首相安德鲁·博纳·劳(Andrew Bonar Law)失去了两个儿子,同样失去两个儿子的还有报业大亨、战时空军部长罗斯米尔子爵(Viscount Rothermere)。埃里希·鲁登道夫(Erich Ludendorff)将军,一战德军的关键指挥者,失去了两个继子,还不得不亲自前去认领从战地坟墓中挖出来的其中一个继子支离破碎的尸体。赫伯特·劳伦斯(Herbert Lawrence),英军西线总参谋长,失去了两个儿子;法军的同级别人物,诺埃尔·德·卡斯泰尔诺(Noël de Castelnau),失去了三个儿子。英格兰最富有的人之一，威斯敏斯特公爵的孙子，在写信给妈妈的三天之后，头部被一颗致命的子弹射穿："给我寄些袜子和巧克力，这两样可绝对是生活必需品。"[5]

还有一方面吸引我们去了解这场战争的是，这场战争以它自己的方式永远地粉碎了那个帝王们戴着羽饰头盔在马车里频频挥手致意的、沐浴在阳光下自信满满的欧洲。正像参战士兵、诗人埃蒙德·布伦登（Edmund Blunden）在对索姆河战役致命的第一天的描述中所写的，双方都"没有在战争中取胜，也不可能取胜。取胜的是战争本身"。[6]在无穷无尽的杀戮的重压之下，奥匈帝国与奥斯曼帝国两大帝国完全解体，德皇丢掉了王座，俄国沙皇和在照片里显得十分迷人的他的全体家庭成员——他的儿子穿着水手服，女儿们穿着白色裙子——丢掉了性命。即便是胜利者本身也是失败的：英法合计损失了200万人，战争结束时负债累累；归国的殖民地老兵掀起的抗议行动拉开了大英帝国分崩离析的大幕，法国北部的大片土地化为灰烬。这场持续四年半之久的毁灭性的战争使我们的世界观永远变得消极灰暗。"人性？刚经历过上一场战争，无法避免且更加残酷的新的战争又即将爆发，"俄国诗人亚历山大·勃洛克（Alexander Blok）在几年之后发出疑问，"还有人真的会相信人性中的理性吗？"[7]

即将到来的战争的确无可避免并且更加残酷。"两百万德国人的牺牲绝不会白费，"一战结束不到四年，阿道夫·希特勒（Adolf Hitler）便发出咆哮，"……不，我们不会原谅，我们必须要——复仇！"[8]德国的战败，以及随后巴黎和会上获胜的协约国怀恨在心的报复，不可避免地加速了纳粹主义的崛起以及20年后一场比一战更具毁灭性的大战的降临——同时降临的还有大屠杀。

我叔叔的一个朋友,一只脚上没有脚趾,就像他一样,有超过2100万负伤幸存者,在战争结束后又存活了很多年。20世纪60年代,我曾经访问一座用石头盖成、像堡垒一样的位于法国北部的国立精神病院,我看到那里一些上了年纪的人,坐在庭院的长椅上,就像雕塑般一动不动,面无表情,他们都是在战壕里得了炮弹休克症的受害者。数百万身体或是精神受到创伤的参战老兵在数十年的时间里塞满了这类机构。这场战争的阴影还扩散到了那些幸存者于战后生下的数千万孩子的头上。我曾经采访英国作家约翰·伯格(John Berger),他1926年出生在伦敦,他告诉我,有时他觉得自己好像"出生在1917年西线的伊普尔。我能回忆起的第一件有关(我的父亲)的事,是一次他在做了那些反复出现的有关战争的噩梦后,尖叫着在午夜醒来"。

为何这场发生在遥远的过去的战争还能激起我们的兴趣?原因之一无疑是人们曾经相信自己为之而战的目标与战争实际创造出的令人痛苦的破碎世界之间存在着巨大的反差。交战双方都认为自己参战有正义的理由,并且在协约国一方,事情也的确是这样的。尽管没有正当理由,德国军队终究还是入侵了法国,还撕毁了确保比利时中立的协议,进军比利时。英国等其他国家的民众将对侵略受害国的援助视为一项高尚的事业,这可以理解。难道法国和比利时无权保卫自己吗?即便是在今天,我们中那些反对美国投入越南或伊拉克战争的人也常常会迅速补充道,要是我们国家受到攻击,我们也绝对会挺身而出,保卫家园。可是,如果有当时任何一个欧洲主要大国的领袖能够穿越时空,看到未来,看到这一切将会造成的后果,那么在

1914年时，他们还会那么迅速地派遣军队投向战场吗？

国王和首相们没有预见到的，许多普通百姓却预见到了。从一开始，各参战国成千上万的民众就认识到了这场战争必然是一场灾难。他们相信，为这场战争付出无法避免的鲜血代价是不值得的，他们中的一些人凭借自己悲剧般清醒的头脑，对终将席卷欧洲的噩梦般的结局，至少做出了部分正确的预测，并且还大胆地将这一切说了出来。不但如此，在当时发声，他们需要极大的勇气，因为当时的社会到处充斥着民族主义情绪和经常演变成暴力事件的对持异见者的蔑视。少数勇敢的德国国会议员反对战争贷款，罗莎·卢森堡（Rosa Luxemburg）和卡尔·李卜克内西（Karl Liebknecht）等激进派后来还进了监狱——美国的社会主义者尤金·V. 德布斯（Eugene V. Debs）最终也是同样下场。但在英国，涌现出了比其他任何地方都要多的无所畏惧的反战者，他们坚持自身信念展开行动，并为此付出了代价。到战争结束的时候，先后共有超过20000名英国适龄入伍男性拒绝入伍。[9]许多人连服非战斗性质的替代役也一并拒绝，超过6000人被投入监狱服刑，监狱里面的条件十分恶劣：繁重的体力劳动，糟糕的伙食能把人饿成皮包骨，还有"禁声条例"严格禁止他们之间彼此交流。

在最终会有多少英国人拒绝参战尘埃落定之前，曾有大约50名早期的反抗者被强行编入军队，穿过英吉利海峡，被运到了法国，有些人一路上还戴着手铐。在举世闻名的索姆河战役首日到来的几周前，在离索姆河不远的一座英军军营里，在前线炮火声的掩护下，不为人所知的另一幕正在上演。这些反战者被告知，如果他们继续违抗军令，将会被执行死刑。岁月中回荡着他们巨大的集体勇气，没有一个人畏缩犹豫。直到最后一刻，多亏有人在伦敦为他们言辞激烈地游说说情，他们才保住了性命。这些反抗者和他们的同志们远谈不上终止了战争，也没有在一战正史上最终保有一席之地，但他们强大的信念却成为那段黑暗岁月中的光辉一幕。

那些因为反战而被送进监狱的人中，不仅有反抗征兵的年轻人，同时也有老人——还有几个是女人。如果我们能够进行时间旅行，回到1917年末到1918年初的英国监狱，我们将会在那遇到一些杰出的人，包括英国最优秀的调查记者，未来的诺贝尔文学奖获得者，好几名未来的议员，一名未来的内阁成员，以及一位用厕纸记录狱友生活的秘密日记的前报社编辑。在西方国家，你很难再找出囚犯身份构成如此复杂的监狱了。

在一定程度上，这本书讲述的是一些人和他们所树立的榜样的故事，他们是战争中的反战者，而那些榜样如果不是为当时而存在的，就很可能是为以后的人准备的。我很希望这一部分是个胜利的故事，但是并非如此。可以这么说，与烧死女巫、奴隶制和种族隔离不同，这些曾经被视作理所应当的事情如今已被宣布为非法，但战争却始终在我们身边。军装、阅兵和军乐继续散发着诱惑，里面还添加了高科技带来的吸引力；全世界的男孩和男人们与一个世纪前一样，依然梦想着在战场上建功立业。因此，在更大程度上，这是一本关于那些真正投入1914~1918年间的战争中的人的书，对他们来说，战斗具有磁石般的吸引力，或者至少是相信参战是爱国主义非常必要的，事实证明，这场战争使世界变得更糟。

那些我们今天看到的也许是愚蠢杀戮的地方，那些战争的主导者中的许多人看到的却仅仅是高尚的情操与英雄的业绩。在一份写法生硬的使用第三人称的正式报告中，一位英国将军回忆起1916年7月1日那个灾难性的日子里，自己手下的士兵在索姆河投入行动时的情景："他们一排排地向前推进，没有人逃避，他们全部经受着极端密集的重火力的覆盖，面对着最终会将他们消灭干净的机关枪和步枪火力……他发现行进时保持得极好的队形在遭到攻击时消失了。但是无人动摇、脱队或者试图后撤。他从没见过，事实上也根本无法想象如此英勇无畏、纪律严明和意志坚定的壮丽景象。他从仅有的几个生还者那里获得的对这场惊人进军的汇报，证明了他用自己的双眼看到的景象是真实的。这也就是说，几乎没有我方士兵抵达德军前线。"[10]

这样的将军当时脑子里在想什么呢？他们怎么会认为这样一场屠杀令人赞叹抑或宏伟壮丽，要比自己手下孩子们的性命更有价值？我们在今天可以把同样的问题丢给那些总是积极支持采取军事对抗行动的人，毕竟今天和1914年一样，当代战争也会频频引发预想之外的结果。

通常，战争会被描写成交战双方的对抗行为。相反，我所尝试的写法是，讲述在一个国家，英国，那些属于绝对主流的群体、热情地相信值得一战的人和同样坚信这场仗根本不应该打的人身上发生的故事，以此来追忆这场战争。于是，从某种意义上讲，这是一个关于忠诚的故事。一个人最该忠诚于什么？国家、军人身份，还是四海之内皆兄弟的理想？像是这本书中提到的一些家庭中发生过的那样，如果一个家庭内部有些成员参加了战争，而他们中的某个兄弟、姐妹或是儿子却对此持有被大众视作懦夫或是犯罪的反对立场时，忠诚又会受到什么样的影响？

这还是一个关于一系列彼此冲突的梦想的故事。对于那些我在本书中关注的人来说，他们的梦想是希望这场战争能够恢复民族精神和帝国凝聚力；是希望战争快点结束；是希望英国能够依靠曾经屡试不爽、久负盛名的种种办法赢得战争：鼓起勇气，严明纪律和骑兵冲锋。对于反战者，他们的梦想则是欧洲的劳动者们永远不会在战场上兵戎相见；是一旦战争爆发，交战双方的士兵们将会见识到战争的疯狂并拒绝继续作战；再或者，是声称永远拒绝战争和剥削的俄国革命马上变成其他国家追随效仿的鲜活范例。

当我设法弄清为何这两类差异十足的人会在战争熔炉里做出各自选择的时候，我意识到自己需要去理解战争发生前的那些年里他们的生活——他们早在那时就要经常面临对于忠诚的不同抉择。因此，这本关于现代以来第一场大战的书以战争开始几十年前的英国开篇，而不是从1914年8月开始。战争开始几十年前的英国，与今天我们所熟悉的那个在无数影视作品中描写的到处是乡村庄园和周末家庭派对的平静的田园国度大不相同。事实上，在战前时期的那一段时间里，英国正在进行着另外一场战争——这场战争同样促成了一场激烈的反战运动。回到本土，对于谁应该享有选举权的问题，当时的英国正受困于一场旷日持久的猛烈斗争，这场斗争先后引发了数起大规模的示威游行，导致了大批人士入狱，造成很多人死亡，这期间发生的故意损毁财物的事件，要比这个国家在一个世纪中的大部分时间里经历过的总和还要多。

鉴于我已将大量著名战役、事件和领导人物排除在外，接下来的故事绝不是对第一次世界大战和它前期历史的全景式呈现。故事也与那些通常被视为属于某个特定群体的人，如战争诗人或布鲁姆斯伯里派等无关；总体来说，我回避了这些著名人物。对于一些被我追踪关注的人物来说，尽管在书中他们彼此依然像过去那样亲密，却在战时爆发过激烈的争吵，并断绝了一切相互联系，如果他们今天还活着，一定会失望地发现自己和对方出现在同一本书中。但是，他们每个人都因为家庭或是友谊，共同的信念或是在某种情况下是被禁止的爱，与一人或多人相连结。并且，他们都是同一个经历着磨难的国家的公民，在那里，最终战争的创伤吞噬了一切。

书中接下来将要登场的男男女女，是多年以来我慢慢收集的角色。他们所代表的人生体现了战火纷飞年代人们面对艰难抉择给出不同答案时，我就会把他们一点点地搜集起来。这些人中有将军，劳工运动积极分子，女权主义者，奸细，成为宣传推手的作家，成为革命者的驯狮人，内阁大臣，热心于变革的工人阶级记者，在黎明时被带到行刑队前的三位士兵，以及一名来自英格兰中部地区坚持反战后被苏联秘密警察杀害的年轻理想主义者。与传统历史著作相比，关注动荡年代里的一群人的本书可能在形式上更像小说。（实际上，最近有关战争的最佳小说之一正是受到了本书中出现过的一名女性的生平的启发。）但是，书里所写的一切都真实地发生过。因为当我们近距离审视时，历史总会展现出能给人带来启迪的人物、事件和道德的试验场，而这些唯有最杰出的小说家才可能创造出来。

第一部分
主人公

1 姐弟

这座城市从未经历过如此阵仗的阅兵式。将近50000名军人身穿华美制服，分成两队聚集在圣保罗大教堂附近。其中一队是由国内最受爱戴的军事英雄、温文尔雅的陆军元帅"坎大哈的罗伯茨①"带领的。元帅身高只有五英尺两英寸，骑着一匹白色的阿拉伯马，在超过四十年的戎马生涯里，他就是骑着这种马，击溃了阿富汗人、印度人以及缅甸人这些胆敢反抗英国统治的形形色色的敌人。另一队打头的骑士身高六英尺八英寸，他是全军最高的男子，是近卫骑兵团团长奥斯瓦尔德·埃姆斯（Oswald Ames）。他身披兵团传统的护胸甲，盔甲在阳光的照射下熠熠生辉，仿佛仅靠发出的炫目闪光，就能将敌人的长矛攻击挡开。他头上戴着银盔，上面的马鬃羽饰令他看起来又高了不少。

那天是1897年6月22日，单是装点街头，就已花费了伦敦市25万英镑——相当于今天的3000万美元以上。在受阅部队上方，英国国旗飘扬在各栋建筑之上；阳台上点缀着蓝色、红色与白色的小彩旗和花环；路灯柱也被花篮装饰一新。这里有来自大英帝国各地的步兵和骑兵精锐部队：澳大利亚新南威尔士枪骑兵团，特立尼达轻骑兵团，南非海角步枪兵团，加拿大轻骑兵团，头戴缨状流苏毡帽的塞浦路斯扎普提赫骑兵团和

---

① 弗雷德里克·罗伯茨。——译者注

留着大胡子的旁遮普枪骑兵团。屋顶上、阳台上，还有特地为当天活动临时搭建的露天看台上都挤满了人。帕丁顿车站附近的一座凯旋门上悬挂着"忠心拱卫女王宝座"①的横幅。英格兰银行的墙上也出现了"女王陛下带给子民长久幸福"的条幅。达官显贵们挤满沿阅兵路线行驶的马车上——罗马教皇的特使与中国皇帝的特使坐在了同一辆车上——但人群如雷鸣般的欢呼大都留给了被八匹淡黄色高头大马拉着的王室马车。维多利亚女王手持一顶黑色蕾丝阳伞，频频向人群点头致意，这是她登基60周年的纪念日。她身穿绣有银色蔷薇、蓟花和酢浆草②图案的黑色云纹长裙，这些图案代表着站在大英帝国最顶端的三个地区：英格兰、苏格兰和爱尔兰。

仿佛是要表忠心一般，载着女王的马车刚离开白金汉宫，太阳就从阴云密布的天空钻了出来。在面容忧郁的君主严肃的圆脸上，没有任何一位画师或是摄影师能够捕捉到哪怕一丝一毫微笑的痕迹，是她执掌着那个时代规模空前的世界最大帝国。在这个盛大的日子里，服装商人推出了"六十周年加冕纪念蕾丝衫"的广告，诗人们纷纷写下有关周年纪念的颂诗，阿瑟·沙利文爵士（Arthur Sullivan），就是吉尔伯特和沙利文组合中的那位作曲家，写下了一首赞颂女王周年的曲子。"太阳到底已在天国度过了几百万年？"《每日邮报》写道，"但是直到昨天，它才化作活力与能量，第一次将目光投向人间。"[1]

维多利亚的帝国从不以谦逊闻名。"我坚信，我们是世界第一种族，"未来的钻石大亨塞西尔·罗兹（Cecil Rhodes）还是一名牛津大学本科生时这样公开谈道，"世界上越多的地方为我

---

① 原文为"Our Hearts Her Throne"。——译者注
② 也叫三叶草。——译者注

们所占据，对人类来说，结果就将会越好。"随后，他继续说道："要是我能做到，我会吞并整个地球。"[2]米字旗确实还没有飘扬在其他星球上，但英国的领地的确囊括了地球表面接近四分之一的土地面积。诚然，这些土地中也包括了加拿大位于北极圈内的贫瘠冻土带，而且前者还是一个事实上的独立国家。但是大多数加拿大人——大部分讲法语的人和土著印第安人除外——在这个辉煌灿烂的日子里，都很乐于将自己视作女王陛下的臣民，当时的加拿大总理尽管讲法语，但也动身前往英国，出席了女王的加冕周年纪念活动并接受了爵位册封。的确，有些地区尽管在地图上被乐天地绘成了粉色，但那里的人却完全不认为自己是英国人，例如南非的德兰士瓦共和国。尽管如此，德兰士瓦总统保罗·克留格尔（Paul Kruger）为向女王的周年纪念致敬，还从监狱释放了两名英国囚犯。在印度，同样不承认自己效忠英王的海得拉巴的尼扎姆（the Nizam of Hyderabad）为纪念这一天的到来，让自己监狱里十分之一的犯人重获自由。开普敦港的炮艇鸣炮致敬，仰光办起了舞会，澳大利亚向原住民发放了额外的衣物食品，桑给巴尔苏丹举行了女王加冕周年纪念宴会①。

在这普天同庆的时刻，即便是外国人也暂时原谅了英国曾经犯下的罪孽。在巴黎，《费加罗报》宣称，维多利亚的王国疆域与罗马帝国相比"就算没有超越，也打了个平手"；在大西洋对岸，《纽约时报》声称自己实际上也是帝国的一分子："对于似乎注定要统治地球的大不列颠，我们不仅是它的一部分，还是非常重要的一部分。"[3]为庆祝女王登基60周年，加利

---

① 值得一提的是，前一年两国才刚打完仗。——译者注

福尼亚的圣莫妮卡举办了一场运动会，佛蒙特州国民警卫队派出代表团，穿越国境，参加了蒙特利尔举办的庆典。

在排山倒海般倾泻而来的爱戴与忠心面前，维多利亚女王显得有些受宠若惊，当天她那张通常面无表情的脸上几次出现了泪痕。直到女王在白金汉宫按下了通往电报总局的电钮，海底电缆才终于再次恢复正常通信。当枪骑兵、轻骑兵、骆驼骑兵、戴着包头巾的锡克族士兵、婆罗洲的达雅族土著警察和皇家尼日尔警察等各支队伍穿城行进时，女王的致意从白金汉宫通过摩斯电码，传向了帝国的各个角落。从巴巴多斯到锡兰，从内罗毕到香港："我要发自内心地感谢我挚爱的子民们。愿上帝保佑他们。"[4]

在这些参加女王加冕周年纪念阅兵的部队中，获得最高声喝彩的，是那些每个人都知道肯定能为英国在未来的战争中赢得胜利的人：皇家骑兵。英国的统治阶级知道，马背上才能统治这个国家，即使在和平年代也是如此。这一点就如当时一位左翼激进记者所说："一小撮精挑细选的贵族子弟，生下来就穿着马靴，被鞭策学习骑术"，这些人把其他人看成"一大群生下来就被套上马鞍，戴上马勒，等着被人骑的笨蛋"。[5]富人饲养自己的赛马，马匹交易场常常被上流社会人士挤得水泄不通，内阁成员中有好几名都是赛马会的理事。当时任英国首相罗斯伯里（Rosebery）勋爵名下的一匹赛马在1894年的久负盛名且高风险高回报的埃普瑟姆德比赛马大会（Epsom Derby）中获胜后，一位朋友向他发来了一封电报："只剩下天堂（没被赢走）了。"[6]忠实的猎狐爱好者们穿着红色大衣，戴着黑色帽子在田野间疾驰，他们策马越过石墙，追逐着前面吠叫着奔跑引路的猎狐犬,他们中的有些人会每周抽出五六天时间进行这项活动。有人传言,拉特兰郡公爵的私人牧师会在教士袍里面穿马靴,戴马刺。甚至就连水手都对骑马狩猎的活动感到羡慕,那些花得起钱的人,会整个后背文上一幅文身,在这幅极受欢迎的文身图案里,骑手与猎犬正追逐着一只向着臀缝里跑去的狐狸。毕竟对于不当兵的人,狩猎算是生活中体验骑兵冲锋荣耀最接近的一项活动了。

对于任何一个出身名门、投身军旅生涯的年轻英国男子来说,喜欢骑兵部队是自然而然的。然而,加入其中却并不是每个人都能享受得起的特权,因为这支部队可是军队中最让人破费的一支。在1871年以前,就像参加高档俱乐部需要花钱购买会员证一样,英国的军官们需要花钱才能在部队升职。("我的老天爷,"据说,一名新上任的陆军中尉在发现自己的银行对账单上出现了一笔由陆军部存入的款项时说道,"我以前都不知道我们还能收钱。"[7]) 当这种卖官鬻爵的行为在改革中被废止后,某个军团的步兵或炮兵中尉由于所在部队不讲究生活品位,也许能够靠自己的俸禄过活,但这种情况对骑兵部队的军官来说并不适用。各种必须加入的俱乐部会员、一名专属仆人加上一名专用马夫、各种制服、各种马鞍,除上述各项投入外,他们还要花钱买马和养马:一两匹作战用的军马,两匹打狐狸时骑的猎马,当然,还得有几匹打马球时骑的小型马。不算工资,这样的人年收入至少要达到500英镑——相当于今天的60000美元——才能满足(过以上生活的)基本条件。因此,骑兵部队的各级军官队伍全都是些来自乡村庄园的(有钱有势的)人。

19世纪末期骑兵手上挥舞着的长剑长矛与1415年的阿金

库尔（Agincourt）战役时使用的并没有太大差别，因此，当时的骑兵战斗理念秉承着这样的思想，即在战斗中真正重要的不是现代化的武器装备，而是战士的勇气与技术。尽管只占英国军队的一小部分，但由于威望甚高，这就意味着，骑兵部队的军官们长期以来在军方占据了与自身人数不成比例的高阶职位。正因为如此，在阿金库尔战役结束的五百年后、在战争形态已发生了巨大变化的1914~1918年，先后有两名来自骑兵部队的军人，在这个国家之前从未经历过的最为残酷的战争中担任了英军地面部队的最高指挥官。

他们中的一人于四十年前的1874年开始了自己的军旅生涯，当时，经过合适的牵线，年方21岁的他成为第19皇家轻骑兵团的一名中尉。约翰·弗伦奇（John French）出生在自家位于肯特郡乡下的庄园里，他的父亲是一名退伍海军军官，祖上来自爱尔兰。弗伦奇矮小的身材也许和雄赳赳的骑兵形象不太相符，但他灿烂的微笑、满头的黑发、浓密的小胡子和湛蓝的眼睛赋予了他一种令女人无法抗拒的吸引力。他在信中也能展现出十足的热情。弗伦奇在给一位需要鼓励的退役将军的信中写道："您对每一位曾在您麾下效力的真正的战士都给予了真心实意的爱，他们每一个人都愿意在明天就为您奔赴天涯海角。我一直告诉好朋友和好伙伴，要是能为您效劳，即使死在枪下我也愿意。"[8]然而，弗伦奇做不到守住钱包不乱花，考虑到骑兵们的高消费，这算是个棘手的弱点。他在马匹、女人和高风险投资上花钱大手大脚，债台高筑，然后就开始找别人救急。头一回，他的姐夫替他还了钱；这次之后，他很快就开始向一系列亲戚朋友借钱。

第19轻骑兵团的军官制服是两侧镶有两道金线的黑色裤子

加上皮革包边的红色帽子，上面还别着一枚金色徽章。从4月到9月，马刺和刀鞘总会碰撞发出叮叮当当的响声，黑色皮靴闻起来则会有股马汗的味道，他们在平时训练，周末统一骑马去教堂祷告，秋冬两季，弗伦奇和军官同事们大多会回到各自的庄园，在一轮又一轮的打猎、越野障碍赛马和马球比赛中度过大部分时间。

同当时的许多军官一样，弗伦奇也将拿破仑视为偶像，他在书桌上放了这位帝王的胸像，兜里有钱的时候，还会买些拿破仑形象的小摆件。他常读军事和打猎故事，还有查尔斯·狄更斯的小说，能背下书中的大段内容。在他晚年时，如果有人念给他一句从狄更斯作品里的某一处摘出来的话，他经常能接着把整段背完。

弗伦奇加入后不久，第19轻骑兵团就被派到了从来都不太平的爱尔兰。英格兰人认为这个岛属于大不列颠的一部分，但绝大部分爱尔兰人认为自己生活在一个受尽剥削的殖民地。穷困潦倒的天主教佃农和富裕的新教地主之间的紧张关系助长了一波又一波的民族主义情绪。就是在一场诸如此类原因引起的争端中，弗伦奇的部队被召集而来——当然，是站在地主一边。当时一名愤怒的爱尔兰农场工人冲向弗伦奇，用镰刀割断了他的马的蹄筋。

弗伦奇很快就被擢升为上尉。他曾经历过一场感情冲动的早婚，很快又离了婚，在官方档案中，他故意将这段经历隐去，因为在维多利亚时期，社会对离婚行为是严厉反对的。28岁那年，弗伦奇再次结婚，这次的婚姻总算能够大张旗鼓地公布了。埃莉诺拉·塞尔比-朗兹（Eleanora Selby-Lowndes）是一位酷爱打猎的大地主家的千金，对于一名正在崭露头角、深受人喜爱的骑兵军官来说，算是个绝佳的伴侣。看起来他是真心地喜欢新婚夫人，但这并不能阻止他在外面拈花惹草。

在弗伦奇的军旅生涯中，体育精神对军人来说是一项重要的品质。一位军官在临死之前，为鼓励"富有男子气概的运动"的开展，将超过70000英镑的遗产捐赠给了他所在部队。[9]有些部队自己饲养一大群猎狐犬，这样一来，军官们就不需要请假出去打猎了。当时一本叫《现代战争》的书，作者是后来成为陆军准将的弗雷德里克·古吉斯伯格（Frederick Guggisberg），他将橄榄球（rugby）赛比作战争，英国人将这种运动称作足球（football）："一支军队努力在战斗中共同作战……和一支足球队在球场中一起踢比赛差不多……军队为了国家利益而战斗，正如同球队为学校的荣誉而比赛一样。军团之间互相协同，就像球员的相互传球。出其不意的突击和英勇的防守就相当于绝妙的跑位和上好的抢断。"[10]战争与另一项运动——板球的相似性，成为当时最为著名的一首诗——亨利·纽博尔特（Henry Newbolt）的《生命的火炬》（"*Vitaï Lampada*"）的主题：

> 午夜即将来临，全场屏息凝神
> 还需十分，比赛要赢
> 灯光令人目眩，场地凹凸不平
> 六十分钟完赛，落场最后一人
> 不为衣衫上挂满的荣誉绶带
> 不为私下里企盼的赛季扬名
> 队长的大手猛地在肩头落下
> "加油！加油！加油去赢！"[11]

> 沙漠里，沙子浸透着红色，
> 方阵①被破，那是残骸的颜色
> 加特林机枪卡弹，上校已成故人，
> 军团迷失了视线，只因烟尘弥漫
> 死亡之河，水漫堤岸
> 故国路途遥远，荣耀徒剩虚名，
> 可男生的呼喊令战士们振奋
> "加油！加油！加油去赢！"

这首诗还有下文；英军爱尔兰卫队中尉乔治·布鲁克（George Brooke）在1914年，于法国苏皮尔（Soupir）遭到德军炮火袭击后身受重伤，弥留之际，他和手下说的正是那句"加油去赢"。

对于年轻的约翰·弗伦奇来说，那被鲜血浸透的沙漠于他似乎遥不可及。除了上次那个挥舞镰刀的爱尔兰雇工之外，他在30岁之前并没有亲身经历过任何战斗。后来，在1884年，他奉命前往可能有潜在战事发生的边区：即将爆发一场殖民战争的苏丹，这令他十分高兴。最终，弗伦奇经历了他长久以来梦想中的战斗，他指挥的部队成功地击退了一场奇袭，当时敌人们从峡谷里像潮水一般涌出，他们的主要装备是大刀长矛。这是场真刀真枪的战斗：在白刃战中，造反的"土著"被训练有素的骑兵和英军展现的勇猛气概彻底击败。回到英国后，弗伦奇受到了上级的褒奖，获得了荣誉勋章，并得到了升迁，在32岁的年纪，就十分不寻常地成为陆军中校。没过几年，在马

---

① Square，除了军队方阵，还有板球三柱门的意思，是得分的地方。——译者注

背上度过了十多年,有些罗圈腿了的弗伦奇成为第19轻骑兵团的团长。隔着指挥部办公室的围墙,约翰、埃莉诺拉·弗伦奇和孩子们能听见军团的吉祥物在外面咆哮怒吼,那是一头黑熊。

对于一名野心勃勃的年轻军官来说,在不同的大洲留下足迹是履历上的加分项。正因如此,当1891年第19轻骑兵团奉命被派驻印度时,弗伦奇非常高兴。在这片英国最为广阔富庶的殖民地上,许多军官都曾坚信自己正执行着神圣而又无私的使命,他们在这里度过了对前途产生决定性意义的数年时光。

打打马球,在军官食堂吃吃饭,还有戴着头巾的仆人伺候着,弗伦奇享受着安宁和平的日常生活,没经历任何真正的军事行动。相反,他每天忙着训练骑兵熟练掌握密集阵型,练习碎步跑和疾驰快跑,在宽敞的印度练兵场或是阅兵场里跑圈,在身后扬起滚滚尘埃。因为家人都留在了英国,因此他把闲暇时间都花在了追另一名军官的妻子上,他们俩曾经一起去高地度假别墅区,那里是英国人躲避印度平原夏日酷暑的场所。愤怒的军官丈夫起诉要求离婚,并传讯了弗伦奇作为共同被告。盛传,他还与一名铁路职员的女儿,以及长官的妻子有染。

1893年当弗伦奇返回英国时,上述经历的风言风语阻碍了他的仕途。由于和其他军官一样,在两次外派之间只领取一半的俸禄,他、埃莉诺拉和他们的三个孩子被迫搬去和他们的一个宽宏大量的姐姐同住。相比之下更令他感到丢脸的是,为了减少花费,他开始尝试用骑自行车来代替骑马,而他从没真正完全掌握作为马匹替代品的自行车的骑法。他的军官同事们常常能看到弗伦奇在街上和自行车一同摔倒在地没法再骑的场面。不过由于他还是一如既往地大手大脚,因此他不得不将家里的物件拿去典当。活得灰溜溜的弗伦奇焦急地等待着新任命的下达,或是更好的一种,也就是新的战争来临。

约翰·弗伦奇时代的英格兰,维多利亚女王登基周年纪念会上阅兵队伍行进时所穿过的林荫大道,的确非常漂亮,但相比之下,伦敦和其他城市的大部分地区看起来就没那么光彩照人了,原因显而易见,这个国家从殖民地攫取的财富几乎一分都不会进入穷人的口袋里。在煤矿附近的拥挤的排屋里,饥肠辘辘的一家子人也许只能共住一个单间,整条非铺装路两旁的所有民居也许只能靠一个手泵式水龙头汲水;在伦敦东区的大贫民窟,两三位穷困潦倒的工人可能要在八小时倒班期间挤在小旅馆的一张床上睡觉。儿童因营养不良而发育迟缓,孩子们的牙齿已经腐蚀坏掉,他们可能一星期才能吃上一次鱼或肉。穷人中的赤贫者最终将流落到济贫院,他们在这里能得到活计和容身之处,但却会让人觉得自己如同囚犯。在济贫院里,没鞋可穿的孩子们穿着单薄的破棉衣哆嗦着捱过冬天,常常只有无靠背的长条凳可供他们坐下来休息。在条件最恶劣的贫民窟,每100名新生儿中就会有20名活不过一岁,婴儿的死亡率近乎富人儿童死亡率的三倍。就如同在世界遥远角落与帝国敌人的战斗塑造了约翰·弗伦奇的爱憎观一样,国内同不公正的战斗与国外发生的战争也将会塑造同一时代其他英国人的好恶——甚至在某些情况下,那些与弗伦奇来自同一阶级的人的好恶。

他们当中一位女性以婚后姓名为世人铭记,她就是夏洛特·德斯帕德(Charlotte Despard)。童年时,她和五个姐妹总是钻出围在自家庄园园林四周的木栅栏,到最近的村子去和那里的孩子们玩耍,直到有一天她们的父母发现并阻止。这件事——至少在夏洛特的记忆里——点燃了反抗的火花,十岁那年,她离家出走了。她后来写道,在附近的一座火车站,"我买了一张去伦敦的车票,准备在那里帮佣为生。"[12]尽管第二天就被抓了回来,但她并没有被"驯服"。她的父亲在同一年去世,出于我们不知道的原因,她的母亲也在几年后被关进了精神病院。打这以后,夏洛特姐妹几个和她们的弟弟一起由亲戚们和一名家庭女教师进行抚养,而夏洛特自己也会帮助照顾比自己小的孩子。这位家庭教师教给了他们一首赞美诗:

> 我感激上帝和他的恩典
> 在我出生时露出笑脸
> 赐予我这些快乐的日子
> 一个欢乐的英格兰孩子.
> 我本非生而为奴
> 为何要出卖苦力,忍受烈日炎炎,
> 真想早日躺进坟墓
> 一切辛苦全都再见

"那首赞美诗是一个转折点,"夏洛特经常这样讲,"我质问为何上帝要创造人来当奴隶,结果我就马上被送上床去睡觉。"[13]

等到年纪大了一点时,她参观了约克郡的一座工厂,薪水微薄的女工和童工们把成堆的旧布料拆开,用拆出来的线做绳子,眼前看到的景象令她深感震惊。二十多岁的时候,她亲眼见证了东区贫民窟的模样:"这一切多么令我感到惭愧啊!我是多么热切地想要和这些悲惨的人们说说话,告诉他们:'你们为什么要忍受痛苦?要站起来反抗……狠狠地打击压迫你们的人。

面对现实，然后强大起来！'"[14]当然，我实在太腼腆，这些话我一个字都没能说出口。

1870年，26岁的夏洛特结婚了。马克西米利安·德斯帕德（Maximilian Despard）是一名富裕的商人，但就像新婚妻子那样，他也对爱尔兰自治、女权和女性就业等当时的许多其他进步事业感兴趣。在这段婚姻中，他自始至终都一直受到肾病的折磨，并最终因此去世，有传闻说他和妻子从未同房。不过，他们曾在20年的时间里一起四处游历，去过好几次印度，那之后的几十年，夏洛特经常提起当年的自己有多么幸福。不管这段没有后代甚至性生活的婚姻为她带来过多少失意，夏洛特·德斯帕德确实拥有了一样对于她的阶级和时代来说十分稀有的东西：一个尊重自己事业的丈夫。这里提到的事业是写小说。当代读者不必为德斯帕德的七套大部头小说（出版商能在多卷本作品中赚到更多钱）已经许久不再重印而感到遗憾。这些作品中充斥着光辉女英雄、神秘老祖宗、哥特古城堡、临终团聚和大团圆结尾等元素，在维多利亚时代就相当于当代的格式化的言情小说。

如果在当时，这个国家的绅士们生活中的角色就是扮演马背上的骑士，那么维多利亚时期的上层妇女们扮演的角色就是大宅门里的女主人，因此，德斯帕德家也购置了一座名叫考特兰的乡村别墅，那里地势绵延起伏，四周被树林、草坪和溪水环绕，还附带一座规则式庭院，能俯瞰到萨里郡的溪谷。光是应付室内事务，他们就雇了十二名用人。奥尔巴尼公爵夫人住在附近另一座更加宏伟的庄园中，她将夏洛特吸收进了自己发起的"九朵榆树花福利会"，这是一个阔太太们从自家花园（花园也是用人负责照料的）里采摘鲜花，然后把一篮篮的鲜花送给生活在"九朵榆树花"地区,这个位于拥挤不堪的伦敦巴特西区一个最贫穷的角落里的人们的项目。对于那个年代一名体面的上层女性来说,这已经是你所能期待她在面对贫穷问题时所能做出的最大回应了。

然而,当丈夫在1890年去世后,巴特西区成为德斯帕德生活的中心,这一举动让所有人都大吃一惊。利用从丈夫和亲戚们那里继承来的钱财,她在贫民窟里开设了两间社区活动中心,堂而皇之地将它们称作"德斯帕德俱乐部",里面有为年轻人开设的课程,一间无须预约的诊所,营养课程,为新生儿母亲准备的补品,还有借给产妇的一批全套婴儿服和婴儿用品。她把家搬到了其中一间俱乐部的楼上,尽管她还是会在周末返回考特兰别墅居住,但这还是最令她的家人感到震惊的一件事。尽管出身背景不同,但德斯帕德显然在与巴特西的孩子们打交道方面很有一套。"她从不觉得他们无法管教,"作为观察者,社会改革家查尔斯·布思(Charles Booth)在报告中这样写道,[15]"在她温柔的感染力面前,他们都很愿意听她的。'你弄疼我了,'一个长得又大又壮的小家伙叫道,但当她因维持秩序而抓住他的手臂时,他并没有抗拒。"

据说当时一个人还没等到巴特西,就能在老远的地方闻见那儿的味道。这是因为巴特西的空气中弥漫着从一座大型煤气厂、一座铸铁厂和前往维多利亚与滑铁卢站的蒸汽机车排放出的颗粒与烟尘。煤灰覆盖了一切,也覆盖了居民们的肺。很多妇女都去了城里其他更富裕的地区给人洗衣赚钱。破烂不堪的公寓和民宅里满是老鼠、蟑螂、跳蚤和臭虫。像巴特西一样位于城市里的制造业区域是英国工业革命的核心,在未来的大战里,那些地方坐落的工厂将会产出大批武器,而那些拥挤不堪的公寓，也将为战壕提供大量的人力。

德斯帕德很快便发现，当时的巴特西是一座类型不同的战场，是激进的政治活动和不断发展的劳工运动的中心。这里的煤气工人曾走上街头为赢得八小时工作制进行罢工；后来，区自治委员会还拒绝了苏格兰裔美国人、工业巨子安德鲁·卡内基（Andrew Carnegie）对本地修建图书馆提供的捐赠，因为他的钱财"沾满了美国罢工钢铁工人们的鲜血"。德斯帕德在巴特西活动的那部分区域反映了帝国不同民族间存在的等级差异，同许多英国最贫穷的街区一样，巴特西的穷人大多是无奈之下背井离乡的爱尔兰人，为了在伦敦寻找更好的生活，他们有的是佃农，有的拖家带口从比巴特西更加贫穷的都柏林逃亡至此。

出于对巴特西的爱尔兰贫穷民众的认同和对自己出身的上流新教社会的嗤之以鼻，德斯帕德改变了自己的信仰，成为一名罗马天主教徒。她还对通神论产生了兴趣，这是一种内涵模糊的神秘主义信仰，融合了来自佛教、印度教和神秘学的元素。这还没有结束，后来她还写道："我决定凭借自己的力量，去研究那些社会上的重大问题，而这些研究最终使我与立场坚定的社会主义思想邂逅。"[16] 她像朋友一样地关心卡尔·马克思的女儿埃莉诺，并在1896年，作为一个英国马克思主义小组的代表，出席了被后世称为"第二国际"的全世界社会党与工会联盟大会。尽管这次大会看起来像是一场不同信仰体系的怪异组合，但有一束光清晰地照射出来：（德斯帕德）同身处英国社会阶梯底端的人民寻找共鸣，同时，给予他们除了花篮之外的更多实质性的帮助。

正如同抛弃了自己曾经想要的生活一样，德斯帕德也一并抛弃了过去的着装。如今她总是一身黑色穿着，也不再戴上层妇女常戴的那种制作精良、明显流露着安逸气息的帽子，而是改用一件黑色的蕾丝小披风包住自己逐渐变得灰白的头发。她不再穿原来的女士鞋，而是穿起了露趾凉鞋。不论是在演讲台上，还是在她的某处活动中心为贫民窟的孩子们做饭的时候，她都一直保持这样的穿着。她也是穿着这样的衣服被投入监狱的。

不久之后，德斯帕德获选进入济贫法局，该机构的职责是监督本地济贫院的运行情况。作为首批进入此类机构的社会主义者，她曾勇敢地挺身而出，对向被收容者配发腐烂土豆的行为进行抗议，并揭发了一名中饱私囊的经理。德斯帕德发现那个经理倒卖厨房食材，而同期济贫院内收容的妇女只有面包和清水。如今，德斯帕德将其丰沛的精力全部投入那些她口中"一生做牛做马仅能糊口，一旦失去利用价值，就被扔在一边，要么吃救济，要么等死"[17]的女性身上。

夏洛特·德斯帕德和约翰·弗伦奇的生活从各个角度看都截然不同。弗伦奇注定要领导英国有史以来投入战场规模最大的一支军队，而德斯帕德则会精力充沛地反对祖国参加的每一场战争，尤其是弗伦奇作为统帅的那场战争。弗伦奇曾经前往爱尔兰镇压不满的爱尔兰人；而德斯帕德则一心帮助巴特西的爱尔兰贫民，那些被她称为"情同姐妹"的人（尽管她们可能没有以同样的方式称呼过她）。他们都去过印度，弗伦奇是在那操练骑兵，保持英国在印度的经营；而德斯帕德则是为了印度的自治事业而数次往返。当一个强大的帝国面临着外有殖民地叛乱，内有沸腾民怨的局面时，弗伦奇将成为既有秩序的坚定拥护者,而德斯帕德则成为叛逆的革命者。不过尽管存在以上种种不同,还是有某种东西使他们紧密相连。

约翰·弗伦奇和夏洛特·德斯帕德是一对姐弟。

不仅如此,在他们生命中的大部分时间里,二人的关系都非常亲密。德斯帕德比"杰克"年长八岁,"杰克"是她对弗伦奇的称呼,在父母从他们的生命中消失以后,弗伦奇则是那个德斯帕德从 ABC 教起的心爱的小弟弟。尽管他的风流事和不计后果的大手大脚令家族其他成员失望,但他的姐姐却从没有为此生气过。当他启程前往印度服役时,德斯帕德将他的妻子埃莉诺拉和三个孩子接到了考特兰宅邸,把房子腾给他们住,而自己却住在条件简陋的巴特西。而当弗伦奇伴随着流言和一片质疑声从印度回国后,也是德斯帕德收留了他,并在其他姐姐早已对他感到厌恶并不再借钱给他的情况下,继续借给他钱。

德斯帕德定期用公共马车载一些巴特西的穷人,在周六或者周日来考特兰宅邸,在远离城市的煤灰与烟尘的地方待一天,二人所在的迥异世界终于相遇了。弗伦奇的儿子,后来也追随父亲的脚步投身军旅的杰拉德,曾经回忆起当时这样一群来自巴特西的访客,而他在陈述这段往事时说话的语气,暗示出了家族内的其他人是如何看待德斯帕德的。

(这群人的到来)某种程度上说还是让人觉得挺有意思的,[18]但是也有让人厌恶的一面。比方说吧,他们来的时候带着手摇风琴,从到这儿开始一直到他们离开,那玩意的声音就一直没停过。他们把家里的婆娘也带了过来,一天的大部分时间就是跳舞,从草坪上到马车里跳个不停。

我父亲……自己也大大方方地加入其中,还为男人们安排打猎之类的野外运动……我觉得在这群极端滑稽可笑并且打破了我们平静祥和生活的入侵者面前,他表现得比谁都愉快。他们乱哄哄地把家里挤得满满当当,到了晚上他们要踏上归程回到伦敦的时候,这场招待终于画上了句号,无论如何,我们都不会对它的结束感到一点遗憾的。

约翰·弗伦奇的家人们也许会厌恶这些"打破我们平静祥和生活的入侵者",但是,尽管德斯帕德此时只会在周末回来看看的时候住在庭院中的一间小房子里,可考特兰毕竟还是属于德斯德的财产。弗伦奇始终保持着对养育过自己的姐姐的喜爱。当她第一次作为济贫法局成员在旺兹沃思(Wandsworth)发表公众演讲时,是他陪伴在她的身边。当她在上台前感到怯场,是他用言语鼓励她:"只有紧张的人才是真正有用之人。"[19]

先是一场即将在殖民地爆发的残酷冲突,然后是一场让他们70万同胞丧命的世界大战,尽管世界观迥然不同,可是历经重重考验,这对姐弟彼此之间的友谊与忠诚却延续了数十年。一战成为重要的分水岭,那之后发生的一系列事件最终打破了二人间的纽带。

2　没有幻想的男人

　　正如第一次世界大战中的一些主要指挥者与反对者在战争开始前就已经登上了历史舞台一样，这场战争中的一件关键武器也在这一时期崭露头角。维多利亚女王加冕周年庆典的第二年，这一武器便引人注目地提前登场。

　　这个地点便是苏丹的恩图曼（Omdurman），在伦敦人的眼中，定居在辽阔的苏丹大地上的人们并没有理解他们自己所应该扮演的角色，也就是作为大英帝国的忠实臣民的角色。在一位激进的伊斯兰领袖的带领下，苏丹的阿拉伯人击溃了占领军部队，并将率领这支部队的将军斩首。十三年后的1898年，英国派出了一支规模更加庞大的军队沿尼罗河而上抵达苏丹，这支军队的指挥官是传奇将领霍雷肖·赫伯特·基奇纳（Horatio Herbert Kitchener）少将，从巴勒斯坦到塞浦路斯再到桑给巴尔，他曾在许多地方为帝国效力，现在他的任务是彻底教会苏丹人认清自己的位置。

　　这支军队中一位大胆的年轻士兵正透过手中的双筒望远镜凝视着远处的山坡，他以为自己在山坡上看到的是一大排树枝做成的防御篱笆。"突然，那一整条黑线……开始移动了。那篱笆是由人组成的，而不是灌木……我们注视着一切，眼前的奇观令人吃惊，整面山坡都变成黑色的了，上面群集着野蛮人。（他们的队伍）从头到尾长达四英里。"

　　这些正向着他进军的是从恩图曼，也就是苏丹人的大本营前来的一支约 50000 人的军队，装备有长矛、刀剑、号角、战鼓和老式来复枪。"山的一整面好像都在晃动。骑兵在大部队中飞驰而过；大量巡逻兵散布在队伍前面；队伍上空，数百面旗帜迎风飘荡，成千上万敌人手中的长矛的矛尖反射出刺眼的光，就好像一片耀眼的云被铺开在眼前。"[1]

这位目击者是时年 23 岁的温斯顿·丘吉尔，他既是基奇纳军中的一名军官，同时还是《伦敦早报》的通讯记者。作为望族之后，他当然也是在骑兵部队中服役。对于即将爆发的决定性一战，他写道："站在旷野中的桌旁，我们吃完了丰盛的一餐，这顿饭就像大型赛马会的赛前午餐一样。"[2]

这位未来首相绝不是唯一野心勃勃、全力争取到此参与这场较量的英国人——或者说，一边吃好喝好，一边等待着光耀门楣的英国人。一位名叫道格拉斯·黑格（Douglas Haig）的年轻少校出发穿越苏丹沙漠前，让姐姐从家里给他寄"睡衣短裤、水果罐头、鳕鱼罐头、可可、蔬菜、牛舌、饼干、莱茵白葡萄酒和一两瓶白兰地"[3]，加上额外准备的丝绸内衣，黑格将这些东西用三头骆驼拉着，随时供自己享用，此外他还带了四匹马、一头驴和一只山羊（为喝羊奶预备的），一名厨师，一名贴身男仆，以及几个为他伺候这些牲畜的用人。

黑格出身苏格兰的一个世家，家里经营着一家十分有名的威士忌酒厂；酿酒带来的财富保证了他从不会遇到像约翰·弗伦奇一样的财政问题。与弗伦奇一样，他青年时代也是在马背上度过的，在牛津大学期间，他养了两匹马，拥有一名全职马夫，后来还成为英国国家马球队的队员。1884 年加入军队后，他很快就因脾气暴躁、纪律严明、作风充分体现帝国军人的自豪感而声名鹊起。"我不是那种人，"他在晚年宣称，"那种为给我们的商人打开世界市场而开战感到惭愧的人。"[4]黑格与弗伦奇的初次相遇是在印度的一处骑兵军营中,弗伦奇比他大九岁,性格与他也截然相反,因为黑格在生活作风上极其严谨,不善言谈,为人就像他的军装高高的衣领一样僵硬死板。尽管如此,在后辈与前辈交织的军队中,他却很擅长与他人建立战略伙伴式的友谊。

尽管弗伦奇此时正困在英格兰的后方岗位上,黑格却运用家里的关系为他在恩图曼赢得了一席之地,热切期待在此役中初尝战斗的滋味。1898年9月2日黎明后的一个小时,即丘吉尔首次侦察到苏丹人的第二天清晨,苏丹人向英军阵地发起了正面攻势。苏丹人穿着开襟外套或是打着五颜六色补丁的宽松长袍,有的还身披锁子甲,他们在人数上比大英帝国的军队人数高出近两倍。但当苏丹人的兵线被英军火力撕开时,战场血流成河——没有什么比最新型的海勒姆·马克沁(Hiram Maxim)的机枪更具有毁灭性了。

几十年间,军事发明家们一直在努力制造出一种高效的快速发射武器,但成果都极其笨拙:大体来说,枪手需要转动曲柄射击,为了保证枪管不会过热,还需要在射击时连续使用多个枪管依次击发——有一种早期型号装有37支枪管,另一种则装了50支。直到1884年,马克沁才最终创造出了这类枪械的完善形态,单管发射的同时还能保持全自动射击:它能够利用自身产生的后坐力退出打空的弹带,并将下一条弹带推装到位——并且只要射击者扣住扳机,就能持续发射。枪管周围有水套筒,水沸腾蒸发可以再添加,这可以防止枪管过热。马克沁机枪每分钟可发射500发子弹。

英国霸权的主要对手德国较其他国家更近距离地观察了这

场在苏丹的战斗。"敌人成堆地倒下,"一名与英军在一起的德国记者写道,"并且很明显,六挺马克沁机枪完成了其中大部分工作。"[5]的确,由于马克沁机枪的存在,英国人在几个小时内就向倒霉的苏丹人发射了令人惊叹的50万发子弹。

这是一场被载入史册的大屠杀。当天晚些时候,当恩图曼战役结束时,在无比清澈的天空下,大约有10800具苏丹人的尸体躺在了沙漠上。至少超过16000人受伤,伤员们要么即将失血过多而死,要么也只能吃力地慢慢挪动身子。英军仅损失了48人。米字旗被升了起来,集结的帝国军人们向女王三呼万岁,当军乐团奏响《与主同行》的曲子时,基奇纳将军流下了泪水。

因恩图曼胜利而欢欣鼓舞的胜利者们希望,未来英国能够继续在面对装备简陋的阿拉伯人、非洲人和亚洲人的战争中获得这样压倒性的胜利——或者,按照像夏洛特·德斯帕德之类的反战者的说法,大屠杀。这样的设想,以及马克沁之类的武器将总能为英军带来优势的自信体现在这一时期不同的记录当中,难掩对战斗的得意忘形。恩图曼战役期间担任陆军总司令的沃尔斯利勋爵(Lord Wolseley)曾经写下"攻击敌人带来令人欣喜若狂的欢乐。我无法分析,无法权衡,也无法去评价这种感觉。但一旦体验过后,其他一切感觉与它相比,将不过是门铃发出的叮叮声与大本钟发出的轰鸣之间的区别罢了"。[6]

英国人与德国人都在非洲的其他地方体验过马克沁机枪的致命后果给他们带来的狂喜了。对欧洲人来说,这好像就是机枪的合理用途。"它是一件武器,"《陆军与海军报》如是宣称道,"特别适合威吓野蛮或者半开化的敌人。"[7]没有人想到,英国也好，德国也好，他们的军人未来竟然变成苏丹阿拉伯人的角色，在欧洲的核心地带经历了一场属于他们自己的恩图曼战役。

下一场战争显然离欧洲还很遥远。即使基奇纳的马克沁机枪正在飞速收割着苏丹人的生命，大英帝国永不停止的军事脚步在非洲大陆的另一端却还是遇到了意料之外的问题。那里将要爆发1914年以前英国参与的最后一场战争。这场战争将以当时尚无人理解的方式，让世人进一步瞥见未来的巨大灾难。这场战争的参与者中有几位注定要在即将到来的世界大战的战斗——或是抗议活动——中扮演主角登场亮相。

凭借着温和的气候与肥沃的河谷，几百年间，非洲南端的土地不断地吸引欧洲人前来，来自荷兰、英国和其他国家的移民从土著居民手中抢夺了大面积的土地。到19世纪末以前，今天的南非在当时被分成了四个部分：两片英属区域，纳塔尔和开普两块殖民地——二者囊括了利润丰厚的大面积钻石矿——占据了全部的海岸线和大部分腹地地区；奥兰治自由邦和南非共和国两个自治体位于内陆，由于瓦尔河流经，因此它也被称作德兰士瓦①共和国。这两大区域由布尔人控制，他们是欧洲早期定居者的后裔，其语言衍生自17世纪时的荷兰语。经过数十年冲突摩擦后，英国人愿意将布尔人放在一旁不管，因为对他们来说，布尔人广阔空旷的非洲草原看起来并没有让人产生想要占领的欲望。

然而1886年，一名流动探矿者在约翰内斯堡的一座小镇上

---

① 瓦尔河穿过其间的字面意思。——译者注

20　偶然发现了一块矿石,当这块矿石被证实是世界上地下储量最大的金矿的露出物后,一切都改变了。这座富饶得令人惊掉下巴的金矿在地下延伸数千英尺,水平方向则在德兰士瓦平原下方绵延超过一百英里。来自欧洲与北美洲的淘金者云集在约翰内斯堡,他们一开始都住在帐篷里。建筑工人、商人、啤酒商、制酒师、皮条客和妓女紧跟着他们的脚步到来,原来小小的定居点很快就变成了街道用煤气灯照明的大城市。十几年不到,这片干燥的草原就开始产出全世界四分之一的金子,并且,令英国人气愤的是,德兰士瓦掌控着一切。

起初,英国人希望仅凭人口优势就能占据德兰士瓦,因为大部分的矿工和能采深矿的采矿公司都是从英国来的。无法想象占德兰士瓦大多数的黑人会拥有投票权,因此,新移民在人数上超过布尔人只是个时间问题。然后,他们就能选出一个将德兰士瓦并入帝国的政府——同时着手为矿业巨头们减税。然而令伦敦大失所望的是,共和国的总统,体型庞大,下巴肥硕,留着白色络腮胡的保罗·克留格尔拒绝给予新移民完整的公民权。英国人有权统治别人似乎是再明显不过的全球共识,但是要由这名长相丑陋、据说相信地球是平的的男子统领的没有受过教育的农民们去统治英国人,这就似乎有些不可接受了。1897年,也就是女王加冕周年庆典的这一年,作为帝国苍穹上最为闪耀的星星之一,英国政府派出一人前去对付冥顽不化的布尔人。

阿尔弗雷德·米尔纳爵士(Alfred Milner)当时年仅43岁——年纪轻轻就被任命为南非高级专员,这一职位实际上就相当于当地的总督。然而,他在此前就已经向世人证明了自己是国内官员中最厉害的多面手,并且,在这样一个人人对金矿垂涎的贪婪时刻,他的帝国理想主义提供了最为急需的高尚目标。"是不列颠人建立了帝国,"他总是这样强调,"并且,只有团结一心的不列颠民族才能维持它的存在……我们流淌着的共同的血脉要比物质纽带更深厚,更强大,更根本。"[8]

米尔纳是个有着强烈抱负的人,在某种程度上,这也是为了在英国陡峭的阶级阶梯上重新恢复早已没落了的家族地位。他的祖父曾是一名少将,做过殖民地总督,但是游手好闲的生父却没能在本土建功立业,不得不在德国以教英语谋生,米尔纳就是在那里出生并度过了童年的时光。他从来也没有彻底摆脱说话时德国口音的痕迹,并在内心深处对此感到难堪,这一点也许能解释他对"不列颠民族"强烈到几乎宗教般虔诚的忠诚。

他的生活中似乎从没有女性存在,这使得这名作风简朴、面容坚毅、面色阴郁、额头高高的长脸男子增添了一丝神秘的气息。他总是显得精力充沛,效率极高,他曾被丘吉尔形容为一个"没有幻想的男人"[9]。然而几乎没人知道的是,他与一位叫作塞茜尔·杜瓦尔(Cécile Duval)的有抱负女演员保持过将近十年的情人关系,他将她安置在伦敦南部,每年给她大约450英镑,并与她在假期时一起偷偷去划船,骑自行车,玩纸牌。有时他会待在她那里,但她则从来不会去他的家里。明显是由于她的阶层关系,他似乎从未将她介绍给自己的任何朋友。

在国内与在埃及殖民地工作期间,米尔纳都在政府中担任高级的职位,每天与财政及税收问题打交道。他能够迅速从一大堆杂乱无章的文件中提取有用的信息,对各种数字理解起来也是毫不费力,这为他带来了声誉——一名对他赞叹不已的助手曾说过,对他来说,资产负债表"就像报纸一样简单易懂"[10]。米尔纳是殖民地典范式的文职人员,他既是位技术专家型官僚,同时又像帝国派出的先知一样擅长对当地实施教化,英国政府和各矿业巨头都认为他是将那些目中无人的布尔人收归帝国管辖的完美人选。维多利亚女王为他个人在温莎城堡举办了一场送行仪式,大约140名达官显贵参加了在皮卡迪利广场附近的莫尼克咖啡馆为他举办的欢送晚宴。在这里,面对热情的祝酒人群,他当场立下誓言,一定会竭尽全力,尽到"一名帝国的便装军人①的"[11]职责。之后,他在日记里记下,自己要去"布里克斯顿……见C②"[12]。他写下这三个单词,然后又划掉,最后在边上潦草地写道:"去说再见。"

刚在开普敦的官邸、坐落于城中著名山峰的崖头之下的专员公署安顿妥当,这个精力充沛、志在必得的男人面临着巨大的挑战。成功令德兰士瓦和它的金子受英国支配当然算得上一场帝国为争夺发号施令权而发动的漂亮行动,但要实现却绝不简单。尽管欧洲舆论接受并将对非洲人的征服视为稀松平常,但他们绝对无法容忍有人公然在白人控制的非洲土地上抢夺地盘。

与此同时,欧洲国家间日益扩大的敌对阴影也开始笼罩在南非。德兰士瓦当时从德国进口枪支,后者也已加入对非洲土地的大角逐中,圈下了几块自己的殖民地。令英国公众愤怒的是,德皇威廉二世还向德兰士瓦总统克留格尔发送了一封电报,祝贺其维持了国家的独立。面对德国(向德兰士瓦)的示好,米尔纳已经没有时间浪费了。在两年的时间里,他

---

① 指自己不是军人但要向军人一样尽责,不是真的有军衔。——译者注
② 布里克斯顿是英国南部一个区,C是塞茜尔——译者注

靠坐火车、乘马车以及亲自骑马在非洲大陆南端留下了纵横交错的足迹，他一边经营着自己的管区，一边与克留格尔展开磋商，私下里，他将其称为"披着大衣的尼安德特人"[13]。双方各种要求、最后通牒、拒绝反复拉锯。米尔纳远比那些将他从伦敦派过来的内阁成员们要强硬得多，他渴望一场战争，以之作为"展开清算的伟大日子"[14]，为"我们与德兰士瓦之间为了争夺南非支配权而进行的大型比赛"[15]分出胜负。他想知道，布尔人会不会中计从而打响战争的第一枪。正如他在一封被他打上极密标记、随每周一班的邮政船离开开普敦的写给殖民大臣的信中所说的那样，"难道更多（英国）军队的到来不会令布尔人感到害怕，从而打响第一枪并闯进我们的地盘吗？"这样一来，"他们会使自己成为邪恶的一方，成为侵略者。"[16]

尽管在焦急地等待着战争的爆发，米尔纳还是允许自己适当地放松一下：他骑自行车，狩猎豺狼，射箭，并且就在专员公署的草坪上练习射箭。新来到开普敦的拉迪亚德·吉卜林（Rudyard Kipling）也成为他的慰藉。吉卜林当时刚刚三十出头，就已经是畅销诗人兼小说家，同时他还是一名记者，他意识到南非将成为大英帝国扩张版图的下一个战场，因此他特地前来，这也是他将在南非进行的数次长期访问中的第一次。

吉卜林的祖父与外祖父都是卫理公会的神父。他对帝国主义的颂扬体现在他不计其数的作品中，从《苏伊士以东》到《白种人的责任》。他出生在印度，后来成为当地报社的一名记者，在拉合尔的英军兵营里度过了大量时间。他听士兵们讲述许多故事，并享受着那种作为勇敢智慧的大不列颠人中的一小撮杰出分子——坐船离家，航行好几个星期，在吉卜林出生的那个年代，电报也联系不到他们——的一部分，孤独地前来执行统治印度大量人口的使命的感觉。"在世界历史上，"他说，"从来没有可与英国对印度的统治相提并论的教化试验。"[17] 正如乔治·奥威尔在吉卜林死后写到的那样，吉卜林之所以完全相信这件事的高尚性，是因为这位诗人从不承认"帝国首要关切是赚钱"[18]。尽管印度在他担任记者期间也基本上没有爆发过战争，但在对驻印英军士兵的描写上，没有人能比这位戴着极厚镜片的眼镜、眉毛和髭胡浓密、从未披上军装的记者的笔触更加充满着亲近喜爱之情的了。

在英语文学界，吉卜林是最后一位伟大作家，他的作品受到各阶层人们的喜爱；从小兵到将军，人们都对他的韵律悠扬的诗歌作品耳熟能详。在他浑然天成的文学时空里，爱冒险的学生成为勇敢的士兵，忠心耿耿的土著人总是对英国统治感恩戴德，恢宏的帝国从不受分歧暗流的干扰。尽管他能阅读英语、法语和拉丁语，并与当时的众多大作家都保持着友好的关系，但吉卜林更愿意与军官，与诸如商业大亨塞西尔·罗兹（Cecil Rhodes）这样大胆的帝国建设者，与美国的西奥多·罗斯福（Theodore Roosevelt），以及像阿尔弗雷德·米尔纳这样愿意为自己的信念挑起战争的人结交。他与米尔纳一见如故，二人从此建立起终生未变的牢固友谊。

英格兰派来的新部队最终产生了米尔纳盼望的效果。眼见着与英国人为敌已经是不可避免的了，布尔人的两个共和国认定，他们最大的希望就是趁更多的英军到来之前率先迅速发动一波攻击。于是，1899年10月11日，两国对英宣战，这令米尔纳非常高兴。在伦敦，英国的政客们同样很高兴，因为他们的敌人已经中计，成为率先挑衅的一方。内阁其他成员写信给殖民地大臣①说:"请接收我的祝贺。"[19]

撇开恩图曼屠杀,今天我们所说的布尔战争是近半个世纪以来英国的首场战争,不过当时的公众十分欢迎这场战争,就好像它是女王登基纪念庆典的延续一样。有人将其称为米尔纳战争,每个人都期待着这场战争在圣诞节前赢得辉煌的胜利。作为奖励,这一决定性的胜利将向德国发出强烈警告,德国当时正在开展其令人不安的造船计划,准备将海军规模翻倍。

英国军官们谈及战斗时总会将其形容为一场运动。接到命令向布尔人阵地进军的士兵则被称为"猎人助手②",他们就像在打野鸡时那样,要把猎物从其藏匿处驱赶出来。帝国义勇骑兵队的一名上尉宣称,在非洲的草原上追逐布尔人"就像一场绝妙的猎狐行动"[20]。首位驻南非英军总司令,大腹便便、长着一副双下巴的雷德弗斯·布勒(Redvers Buller)爵士向士兵下令,不要做没有体育道德的"玩偶盒"③,起身开完枪就藏起来。

然而,这场战争却没能按人们想象中的绝妙狩猎行动的方式展开。布尔人发动的一连串伏击与英军遭受的一系列耻辱性的失败令朝野大为震惊。更令人震惊的是,之前大张旗鼓前往位于开普殖民地金伯利的钻石中心准备照看自己钻矿的大英帝国首富罗兹,被困在了那里,当时布尔人包围了整座城镇,与罗兹一起被困的还有50000名平民与600名英军士兵。此时的罗兹正住在镇上他名下的一座红砖盖成的温泉疗养宾馆的豪华

---

① 殖民地大臣本人也在内阁。——译者注
② 指把鸟兽从树丛中赶出来以便猎杀的人。——译者注
③ 吓人用的一种玩具。——译者注

房间里,从这里,他向身在开普敦的米尔纳发送了一则愤怒的口信:"一切都要抓紧。立刻替金伯利解围。我不会谅解你的耽搁。"[21]

由于金伯利出产全世界90%的钻石,打破对它的围攻成为当务之急。一支英军部队正过关斩将地向镇子靠近,其先头部队是骑兵分遣队,紧接着是补给车队和炮兵部队,最后还有一辆边走边放下电报线缆的马车。开心地指挥这支部队的是由于战争被召回的约翰·弗伦奇,摆脱丑闻的他如今已成为一名将军。

在他身边做参谋长的是他在印度时期的老友、刚刚离开恩图曼的道格拉斯·黑格少校。二人坐着同一艘船从英格兰来到南非,当弗伦奇发现黑格在船上并没有自己的客舱时,便邀请后者与他在上层甲板的客舱同住。同往常一样,弗伦奇这时也面临着财政危机,这一次是因为他轻率地购买了南非的黄金股票准备投机。尽管上级军官欠下级军官钱这样的事几乎闻所未闻,但弗伦奇的确从黑格那里借了2000英镑[22]来为自己在债主身上多争取一些时间,这算是一大笔钱,放在今天价值超过26万美元。

1900年2月15日,弗伦奇的侦察兵完成了位于被围困的金伯利与其部队之间的最后一座敌军据点的侦查。约900名布尔人在相距约四分之三英里的两条山脊上设立防御工事。随后,包围在鼻息阵阵的战马群、马刺和靴子的撞击和吱嘎声以及马鞍皮革散发出的味道中,这位并未深思熟虑的将军下达了所有骑兵们梦寐以求的命令:冲锋!

一波接一波的英军骑兵戴着热带高盔,呐喊着策马冲上了两条山脊中间缓缓升高的山谷:先是手执飞扬的三角旗的长枪兵,斜肩带在卡其色的胸甲上构成十字形图案,随后是剑骑兵,马车驮着大炮殿后。弗伦奇本人率领的是第二波攻击的部队。这是一场大胆的行动,并且收到了效果。约3000人的骑兵部队仅损失了二十余人,"那种感觉特别刺激,就像参加了一场狩猎盛宴。"英军一名军官说。[23]"这是骑兵史上的新纪元,"[24]伦敦《泰晤士报》兴奋地写道,布尔步兵们"面对成群骑兵飞一般的速度和持续不断的冲击毫无还手之力……这个秘密被弗伦奇洞悉了"。

然而,所谓的飞一般的速度和持续不断的冲击实际上并非真的那么厉害。首先,把守山脊的布尔人并没有配备机枪。此外,在南半球酷热的夏日里,英军马匹冲过干燥的大草原时扬起了大量沙尘,以至于那些布尔神枪手们什么也看不到,他们中的大多数人射出的子弹都打得太高了。只是在巨大的沙尘慢慢散去后,晕头转向的布尔人才发现骑兵早就以迅雷不及掩耳的速度,全员几乎毫发无损地穿过了他们的防线。最重要的是,布尔人忘了使用一样东西,这种东西在南非十分寻常,并且十年半后会证明它是最简单高效的防御装备。

他们没有在两条山脊之间设置任何带刺铁丝网。

新闻媒体笔下描写的骑兵突击是如此的令人欢欣鼓舞,以至于数百万英国人都忽视了一个事实,那就是这场突击并不是一场典型的使敌人闻风丧胆的冲锋,而更像是在两队被沙尘遮蔽了双眼的布尔士兵中间穿过,却没受到一点伤害的行动。没有一位骑兵的剑上或是矛上沾过敌人的鲜血。但这无所谓:当消息传到伦敦股票交易所时,掌声与欢呼声在全场爆发,南非金矿股票价格暴涨;在利物浦一场谋杀案的庭审现场,法官中断了庭审,现场宣布金伯利已被解围,陪审员和旁听席上发出阵阵喝彩。

"骑兵——或者我应该称他们为被人轻视的骑兵——刚刚拯救了帝国,"性情乖戾的黑格在一封给朋友的信中写道,"你必须把这个事实灌输进那些令人厌恶的号称帝国统治者的人的耳朵里!"[25]不论对弗伦奇还是对黑格来说,金伯利解围一役都给他们带来了声誉,并极大地推动了他们事业的发展。当时在场的德国军事观察员们对他们的印象尤为深刻,近距离观看过这场战斗后,他们觉得也许自己也将很快在某一天与这两位指挥官在战场上对决。"弗伦奇麾下骑兵部队展开的突击是这场战争中最引人注目的事件之一,"一位德军参谋在报告里这样写道,并补充说,"它惊人的成功表明,在未来的战争中,即便是在装备着现代化枪械的敌人面前,大规模骑兵突击也绝不是毫无希望的。"[26]

德国人与英国人此时都将这场非洲平原上的战争视为对未来更大规模冲突的一次预演。但他们不仅误判了骑兵问题的形势,同时也没有对机枪给予足够的重视。此时机枪仍旧被认为是一种主要用于对付非洲人、阿拉伯人和其他"土著人"从正面发起的大规模进攻的有效武器。布尔人与英国人都装备有少量的机枪,但却被装在了重 400 磅的马车上,光是钢制车轮就将近五英尺高,很难进行操控,因此很少被投入使用。

尽管战争尚未结束,但每一个英国人都对即将庆祝获胜感到十分高兴,这一点上,没人比好战的拉迪亚德·吉卜林表现得更明显了。他是那种每个准备发动侵略战争的国家都极其需要的人物:一位十分尊崇勇士的民间名人。在南非他每到一处,无不受到士兵们的热烈欢呼,他们知道他在故事中对他们的

"英雄事迹"大加赞美,在诗作中将他们的俚语写成颂歌。在一场为表彰其好友、英军资深高级指挥官米尔纳召开的宴会上,他为布尔人的领导者克留格尔献上了一段讽刺的祝酒词,说他是"令大英帝国了解了肩上的重担,让全世界知道了它的威力无边,让大海里塞满了运输船,陆地上到处游荡着武装人员"[27]的人。过去数年,反德的讽刺语一直在吉卜林的散文和诗歌里零星地出现。他相信这场战争将会给他钟爱的英国士兵们带来"数不清的好处",让他们为与德国不可避免的冲突做好准备。在他当时写作的一篇故事里,其中一个人物说道,布尔战争"是为大决战所做的最好的阅兵典礼"[28]。

3　一位牧师的女儿

在英国富裕的贵族家庭里，长子将会继承家族头衔，通常也会继承地产，而弟弟则常常会参军服役。例如，正在与布尔人作战的少校爱德华·塞西尔（Edward Cecil）勋爵就是其中之一，他在如宫殿般堂皇的哈特菲尔德庄园里长大，这里极具历史意义的是，伊丽莎白一世女王陛下曾在这里度过了一段童年时光。塞西尔那为人有些古怪的父亲曾经沿着铺装路面练习骑三轮车，一名年轻的马车夫在旁边一路小跑，上坡时帮他推车，然后还要跳到后面让出下坡路。一次，为庆祝他的一个哥哥的21岁生日，一辆特别列车将宾客们从伦敦接到了宴会现场，他们在宴会上消耗掉了240夸脱汤，60只松鸡，50只野鸡，戴着白手套、穿着蓝银色制服的男仆为他们服务。年轻的爱德华在经历过家庭教师辅导和在伊顿公学的学习生活之后，进入了近卫步兵第一团，并在这支当时英国最受欢迎的部队中担任军官。1898年，得益于名门之后的身份，他目睹了马克沁机枪在恩图曼被投入实战。

同许多英国军官的做法一样，当塞西尔在第二年被派往南非时，他年轻漂亮的妻子维奥莱特夫人也陪他一同前往。他加入位于内陆深处的隶属部队后，她继续待在开普敦，英军的战备指挥中心也坐落于此。维奥莱特对帝国的忠心程度堪比夏洛特·德斯帕德对帝国的忤逆，她每天热心于红十字会的工作，并对那些来到开普敦却"一件晚礼服都没带"[1]的英国妇女颇有微词。在一幅她当时的画像上，画中女子美丽得足以让很多男士移情别恋：身材苗条，嘴唇饱满，留着一头深色卷发，还有一双眼距很宽的美丽的大眼睛。她的确做到了，就在这座海滨城市，在那座云雾像"桌布"一样从平坦的山顶铺就开来、景色壮观的桌山（Table Mountain）下，他与阿尔弗雷德·米尔纳爵士坠入了爱河。

几十年后，经过了那场令二人生活天翻地覆的世界大战，她彻底地整理了米尔纳与自己的全部书信，已确保不会有任何私密的细节在后世流传。但如今我们还是知道，他们之间的情感是相互的，这种情感非常强烈，并且，在许多年的时间里，这都是一段地下情。按照维多利亚时代上流社会的惯例，（一旦暴露）维奥莱特和爱德华将会毫无疑问地离婚。对维奥莱特来说，她已经将他们四岁的儿子交给保姆照顾，还把公婆一家留在英国，被人知道自己在爱德华身处布尔人的枪林弹雨中时秘密地搞婚外情，将不仅意味着对丈夫的背叛，同时还是对大英帝国本身的背叛。米尔纳同样也承担不起哪怕一丁点的不检点被发现会造成的后果。因为，作为派驻南非的最高长官，住在悬挂着维多利亚女王画像的官邸里，他是帝国道德的标杆。

然而，这一公众丑闻（一旦流出）将产生无法想象的后果的一个更深层原因是：爱德华·塞西尔的父亲时任英国首相。

事实上，正是他——罗伯特·加斯科因－塞西尔（Robert Arthur Talbot Gascoyne-Cecil），第三代索尔兹伯里侯爵——建议维奥莱特陪儿子一同前往南非的。爱德华父亲的身份人尽皆知，布尔人也不例外。当爱德华的母亲因癌症去世时，他们放行了举着白旗的信使，允许他穿过包围马弗京的战线，去给和麾下分遣队一起被围困在这座城镇中的爱德华带去消息。

维奥莱特是位优雅、智慧的时髦女子。她的父亲当时是一名海军上将，她还有一位将来会成为知名将军的哥哥。少女时期，她曾在巴黎住过两年，在这期间她学习了音乐和艺术，与印象派画家埃德加·德加（Edgar Degas）结识，并去法兰西喜剧院和其他地方欣赏戏剧，经常与家族的一位好友——法国政治家、记者及未来的总理乔治·克列孟梭（Georges Clemenceau）——见面。爱德华的母亲在给一位家族成员的信中写道，对于爱德华来说，"能有这样一位聪明的妻子肯定很好"[2]。维奥莱特与爱德华彼此认识不到六个月就结婚了，对二人来说，这似乎是一对绝配：对于爱德华来说，维奥莱特出身名门，地位相称，受过教育，并且非常漂亮；对于维奥莱特来说，她将要嫁给的是一个身份地位能够保证自己过上接近帝国权力顶点的光彩夺目生活的人。

然而，他们之间很快就出现了问题。维奥莱特是个交际花，爱德华的性格则有些郁郁寡欢。她非常热衷于艺术，塞西尔家则对艺术兴趣寥寥。塞西尔家族对宗教十分虔诚，每周日都要参加三场国教①祷告；而维奥莱特则是一名无神论者。在昏暗得吓人的哈特菲尔德庄园度过的第一个圣诞节，她冷淡地记录下，有四名牧师前来共进晚餐，"可以这么说，每个儿媳妇配一个"[3]。而最重要的是，隐忍的爱德华从来都没有完全地从自己著名父亲的阴影下挣脱出来。

另外，阿尔弗雷德·米尔纳是个影响力巨大的公众人物，对自己的命运充满自信。"我真希望米尔纳不用经历那么多苦

---

① 指詹姆斯改革。——译者注

战，"维奥莱特在从开普敦寄给一个哥哥的信中这样写道，并补充说，这位高级专员，"成天发电报，每天七点起床，不到半夜两点基本不睡觉……他身体健康，为人机敏，令人心情愉悦，无所畏惧。"[4]

维奥莱特的特权地位为她赢得了许多其他军官妻子得不到的机会，例如受邀到前线检阅警卫队或是在罗兹位于开普敦的宽敞的格鲁特·舒尔庄园居住等。以上两项邀请她全都接受了，有时她还会去慰问在罗兹家养伤的伤员——当然，只是些军官。拉迪亚德·吉卜林和他的妻子卡丽是这座庄园的常客，经常在表面光亮的红木餐桌旁进晚餐，他们也很喜欢维奥莱特。一支由罗兹的八名仆人组成的乐队每天晚餐后都会在阶梯上演奏半小时音乐，在此期间，透过面向桌山的长长的石柱门廊，人们经常能看到成群的斑马在附近的森林里游荡。（庄园）庭院里饲养了一只宠物狮子幼崽。"我知道，总有一天它会打破枷锁，然后出现在我的卧房，"维奥莱特写道，"到时我该怎么办？"[5]

开普敦的帝国之狮米尔纳的驻地要（从格鲁特·舒尔）坐一小段马车才能到达。和他一样，维奥莱特也感到非常开心，因为这场战争展现了"在我国旗帜下，无论在哪里无论什么种族，英国人民团结一心。澳大利亚、加拿大、印度、新西兰和帝国其他地区的人力、物力和财力援助纷沓而至。帝国找到了自我"[6]。在另外一片大陆上的哈特菲尔德庄园，她的小儿子乔治得到了一尊微缩加农炮，能够向布尔人的玩具兵发射豌豆。

维奥莱特对政治很感兴趣，她常常在米尔纳的访客旁听席的私人包厢里观看开普殖民地全部由白人组成的议会进行辩论。

二人会抽时间在格鲁特·舒尔庄园的花园里漫步，每周去几次海滩或者去狮头山的山坡上骑马，这座山的美景令人惊叹。在新旧世纪交替的新年前夜派对和许多官方举办的晚宴上，她都陪他一起出席。作为一名活泼闪亮的健谈女子，她总能俘获别人的心，不管坐在她旁边的是来访将军还是内阁大臣。对于米尔纳来说，能让首相的儿媳妇成为自己公署非正式的女主人实在相当难得，（毕竟）他的助手们都是穿着黑色燕尾服配红色丝质翻领的男性。

她甚至还出现在了一张仔细摆拍的米尔纳和手下们的照片里。（照片里）米尔纳呈坐姿，怀表链挂在衣服上，身穿背心、晨礼服和条纹西裤，皱着眉头，脸上一副长官没耐心为琐事浪费时间的表情。维奥莱特穿着一件长裙，卷发盘在帽子里，站在米尔纳身后，手放松地搭在他的椅子靠背上。

其他人很容易就注意到了她对他的影响。"阿尔弗雷德爵士非常高兴，一直在讲笑话，跟每个人都开玩笑。有时候很难相信他和去年七月（她来之前）是同一个人。"他的一位朋友在维奥莱特来到开普敦满一年时写道。[7]有人猜想这对爱侣是在南非成为情人的，但在休（Hugh）和米拉韦尔·塞西尔（Mirabel Cecil）——他是爱德华的旁系后辈——写的关于这段三角恋爱的书中，两名作者则坚信二人是后来才确立关系的。而我们所知道的是，在1900年6月18日那天晚上，维奥莱特·塞西尔和阿尔弗雷德·米尔纳在他的专员公署共进晚餐，其间发生了一些事，使她此后一直会在日记中深情地纪念这个日子。"这是爱的宣言吗？"作者问道，"还是对平时温和的感情更进一步的表达？我们已无从得知。"[8]

不管是像米尔纳这样的平民①还是像约翰·弗伦奇与道格拉斯·黑格这样的军人,对于所有参与与顽强的布尔人作战的英国人来说,有些情况的存在令这场战争表现出了与他们已知的其他殖民地冲突令人不安的差异。许多英国人认为他们的国家根本就不应该进行这场战争。

自然而然,弗伦奇的姐姐也是其中一位。当夏洛特·德斯帕德第一次在巴特西的议政厅举行的和平集会上发表讲话时,愤怒的抗议者试图将她轰下讲台。但这个左倾社区早已与英国上层社会观点不合,他们同情战争中的弱势者,而反战的情绪已经不再增长了。不久之后,甚至出现了一条以皮特·朱伯特(Piet Joubert)来重新命名的街道。皮特·朱伯特是布尔军队的指挥官,曾率领部队数次与夏洛特弟弟的军队交战(朱伯特街现在依然存在,就离夏洛特·德斯帕德大街不远)。

德斯帕德对战争的谴责并没有减少她对那个依旧被他唤作杰克的男人的感情。她似乎大体上还是将他当成了那个被自己从小抚养长大的小男孩,而不是那个被她在讲台上高声斥责、需要对这场"资产阶级政府发动的邪恶战争"[9]负责的人。姐姐和弟弟都将对方的政治观点视作可以原谅的怪癖而不去深究。

在英格兰,许多这场战争的反对者在政治上都属于左派,他们将布尔人视为无辜的受害者。这些持异见者频繁地受到愤怒的暴民的攻击。曾有一群反战的社会主义者逃到了一辆伦敦公共马车的第二层上,追他们的人要爬上车子陡峭的梯子才能够到他们,社会主义者们靠踩踏暴徒的手(阻止其接近)才逃过一劫。来自威尔士的年轻下议院议员大卫·劳合·乔治是一

---

① 此处平民与军人相对,不特指身份。

名技巧娴熟的演说家,是这场战争最激烈的批评者之一。当他试图在伯明翰发表演说时,一支铜管乐队在会场外吹奏起爱国乐曲,还有一名街头小贩兜售砖头:"砸劳合·乔治专用,一便士三块。"[10]骚动中,一名男子被挥舞着警棍的警察打死,26人受伤。劳合·乔治本人穿着极其不合身的警服乔装从侧门溜走,逃脱了暴民的手掌。他在威尔士的班戈(Bangor)举办的一场反战集会上更加不幸地被大棒击中头部,而后陷入了短暂的昏迷。他自己议会选区的市民们烧毁了他的肖像。

作为几乎只手挑起这场冲突以夺取德兰士瓦黄金的人,米尔纳经常遭到特别的攻击。许多被称作"挺布派"的人将这场战争与国内的不公联系起来,预示了后来的和平运动的走向:每一发射向布尔人的炮弹——劳合·乔治怒吼道——都带走了一份老年人的退休金。尽管他们在战争狂热之下并不占据上风,但对布尔战争的抗议却体现出帝国表面存在的令人尴尬的——同时极为持久的——裂痕。他们提出了一个在今后十年,在一场人力与财力消耗都达到天文数字的战争中经常被提起且争议更大的问题:战争年代对国家的忠诚是否是公民的最高义务,还是说存在着更高的信念?

没有其他地方比爱尔兰对这场战争的反对更加强烈,在这里,英格兰人的军队占领了布尔人土地的场面唤起了人们对本岛历史的记忆。许多爱尔兰人将布尔人视作被英格兰巨人歌利亚压倒的伸手够向弹弓的大卫。爱尔兰的运动队用布尔人的将军为自己命名。世界许多地方的人们也将布尔人视为高尚的弱者,数千名外国志愿者长途跋涉来到南非与他们并肩作战。令英国人愤怒的是,其中来自德国的人数最多。

考虑到英国拥有压倒性的军事实力,击败布尔人仅仅是个时间问题，而且很快他们便赢得了更多的胜利，弗伦奇和黑格也因为其中几场胜仗而广受赞誉。当大奖——金矿——于1900年年中落入英国之手后，有关人士获得了各种各样的表彰，弗伦奇因解围金伯利有功而获封骑士。另一起围城，也就是爱德华·塞西尔经历的持续了七个月的马弗京围城，最终也被打破了。在哈特菲尔德庄园，四岁的乔治·塞西尔种下了一棵名为"马弗京"的橡树，并亲手点燃了庆祝父亲在世界另一头获得解放的巨大篝火。然而，当马弗京获得解围的消息传到开普敦，维奥莱特·塞西尔却因头痛而卧床了。几个月后，已经与爱德华重获团聚的维奥莱特回到了英格兰，此时她已经与小乔治分离了十四个月。她的离开令米尔纳的情绪"真的很低落"[11]，他在日记里这样写道。第二天，他又在日记里补充道："依然觉得心情特别沮丧。"维奥莱特向爱德华建议一家返回南非，在那里，他们可以帮助建设一个米尔纳设想中的崭新的、由英国支配的国家，她同时也鼓动自己的两个兄弟这样做。但是，爱德华拒绝了，如今他已察觉到妻子对米尔纳有感情。相反，他继续留在了军队，并成功申请到了去埃及服役的机会。

与塞西尔一家一样，其他的英国人也很自然地觉得战争基本上已经结束了。毕竟，米字旗现在正飘扬在南非的大小城镇上空，守护它们的是成千上万戴着高盔的英军士兵，与残存的布尔人相比，人数比例超过十比一。但令约翰·弗伦奇爵士与道格拉斯·黑格和其他英军士兵恼怒的是，自己如今要追击的敌人已变成了那些神出鬼没、穿着便装、拒绝承认己方战败的大胡子战士。

布尔人的马上游击队对英军前哨站和铁路线展开突袭，对英军进行伏击，然后就消失在南非无边无际的大平原上。如果你连敌人都发现不了的话，像在金伯利发起的那种正规骑兵突击就毫无用处。作为回应，英军决定切断布尔人游击队的食品与补给供应。这意味着不论布尔游击队在何处展开袭击，英军都会无情地将周边几十英里范围内的布尔人农场设施、地里种着的庄稼和贮存的粮食捣毁。大约30000座农场的上空升起了滚滚黑烟，成群的秃鹫俯冲下来，享受着由超过300万只被屠杀的绵羊组成的盛宴。弗伦奇、黑格和其他指挥官还下令军队砍倒果树，向井里投毒，用刺刀割开装满谷物的袋子，并放火烧毁各家的家具什物。没有人能想到，十五年后，同样的情景将在欧洲爆发的战争中重演，军队会肆意造成更大规模的破坏，或者，不仅是一座座农场，就连历史悠久的整座城市都将彻底沦为废墟。

当英军继续无情地焚烧农场时，10万多名失去家园的市民——他们几乎全部都是布尔妇女、儿童和老人，再加上一些非洲劳工——将会面临何种遭遇呢？从这里，我们依然能窥见并不久远的恐怖的未来，英国人开设了一系列设有守卫的集中营，它们由一排排白色帐篷组成，通常被带刺的铁丝网包围着。其中最大的一座关押了超过7000名布尔人，这些人被士兵用车轮巨大的有篷马车或是铁路无盖货车运来，刚到时，面色铁青的女人们身上还穿着长裙，头上戴着有遮颈布的系带帽子来阻挡阳光。出于对集中营将给"本土的疯子们最需要的黑材料"[12]的担忧，米尔纳命令媒体用电报发送的与集中营有关的一切消息都要先经过审查之后才能离开开普敦。

然而，1901年初的某天，一位来访者前来与米尔纳会面，并带来了一封介绍信，写信人是她的家族中米尔纳认识的一名成员。米尔纳邀请她到专员公署共进午餐,在那里,埃米莉·霍布豪斯(Emily Hobhouse)发现自己是八名男性宾客中间唯一的女性,四周环境中到处都有英国王冠的标记,吊灯上、书写纸上,甚至连仆人的制服上都有。当米尔纳问起她为何来到南非时,她说自己更想私下里和他讨论这个话题。他客气地允诺给她15分钟的饭后时间。而她最终占用了超过一个小时。

在这场私人谈话中,米尔纳很快便意识到,尽管这位客人的衣着打扮无可挑剔,家庭出身也很显赫,但她就是米尔纳在秘密通信里提到过的那种人,一个"背后使坏的人"[13]。霍布豪斯是一个名为"南非妇女儿童救难基金会"的团体的创始人,并且已经与劳合·乔治等人一起在国内的公众集会上发表过反战演说。但是她并不满足于此,所以她便亲自出马,向战争受害者们派发衣物、食物和毛毯,布尔妇女和儿童亦包括在内——正如她刚抵达开普敦时惊恐地发现的那样——他们正被英国军队驱赶进米尔纳建立的集中营。

对于这位公署客房里最不受他欢迎的客人,米尔纳不想让自己显得对什么有所隐瞒,于是便不情愿地同意了她参观集中营并发放救济物资的请求,这些救济物资填满了整整两节铁路货运车厢。"他让我感觉……缺乏同情心的同时头脑又很清楚,"在给英格兰的姑姑的信中,她这样写道,"每个人都说他没有善心,但我却觉得自己无意中发现了他那萎缩了的残存的善心。"[14]

金发碧眼的埃米莉·霍布豪斯时年40岁。在我们掌握的她的大部分照片里,她都是以一种当时女性所不常见的直率眼神望着镜头,就像那天她望向米尔纳的眼神一般。面对那个比她成长其中的世界广阔得多的世界中的不公正的现象,是什么启迪了她的心智，我们只能依靠猜想。也许是她父亲，一名国教牧师，曾经愤怒地拆散了她与本地农民儿子的恋情，他认定后者地位在其女儿之下——农民儿子的一个亲戚曾经在他家做过女佣。或者，也许是数年之后，她在思想更加解放的知名改革家的姑姑与姑父的鼓励下，研究童工生存状况经历的时光。为了照料患病的父亲，她在他的乡村教区度过多年，直到长期鳏居的父亲死后，她才真正感到可以自由地过上自己的生活。显然，搭上一艘票价低廉的汽船，乘坐二等舱来到开普敦的她本来并没有想过，在将组织募集的救济物资分发给相应的人之外，还要去做其他的事。直到她发现了集中营的情况并与米尔纳针锋相对后，这一切都发生了改变。

35 　　在一个月光皎洁的夜晚，霍布豪斯登上了一辆从开普敦出发前往内陆的火车，旅途全程长 600 英里。她在走访第一座集中营时，天气酷热难耐，苍蝇到处都是，在那些贫穷而痛苦的家庭居住的帐篷里，最类似于椅子的东西常常就是那些卷起来的毯子。身处被英国士兵包围的混乱中，她发现一些布尔妇女与自己的孩子分开了。食物很糟糕，饮用水来自一条被污染的河，每顶帐篷里最多要挤进 12 个人，人们不分健康还是患病全都住在一起。只要下雨，帐篷里就会漏水。当她正对一名妇女进行询问时，一条鼓腹巨蝰钻进了帐篷。面对毒蛇，霍布豪斯并没有显得比面对总督更大惊小怪，当每个人都在逃跑时，她竟试图用手里的太阳伞杀死毒蛇。在其他地方，她看到了正被抬向乱葬坑的尸体。"当我看到此等惨状时，我的内心在哭泣。"[15]（战争结束后的最终统计显示，共有 27927 名布尔人[16]——几乎全部都是妇女儿童——死于集中营，人数是战斗中被杀的布尔士兵的两倍。）

随着时间一天天过去，霍布豪斯继续走访着一座座集中营，她所见的惨状仍在大幅增加。"一名6个月大的婴儿在母亲的膝盖上断了气，"她在给姑姑的信中写道，"……下一个，是一位躺在担架上就快断气的24岁姑娘。"[17]怒不可遏的霍布豪斯向被她吓到的英军军官提出了一系列要求：牛奶，煮沸生水的烧水壶，护士，衣物，药品，肥皂。集中营的长官中没有人确定这个穿着考究、社会关系良好的女子到底是谁，但他们知道，她很愤怒，并且他们不打算拒绝她。"我尽了自己最大所能向他们心中的痛处撒盐，"她如此写道，并将自己目睹的种种暴行归咎于"冷酷粗暴男性的无知、愚蠢、无为与糊涂"[18]。她不光给姑姑写了信。部分归功于霍布豪斯寄给英国报社的一连串信件，集中营的存在迅速成为一起国际性丑闻。反战议员们在下议院对此进行了谴责，这令米尔纳惊慌不已，将其视为战争引发的主要公关问题。"如果我们能从集中营这件事上挺过去，"他告诉殖民地大臣，"就没有其他对我们的攻击能让我惊慌了。"[19]

阅读埃米莉·霍布豪斯从南非发回的信不仅令人看到了战争背后隐藏着的对平民造成的伤害，更让人见证了在这个妇女受到众多限制的年代，一位找寻到自我的女性。很快，霍布豪斯学会了如何在一个处于战时的国家生活下去，比如说，从士兵那里，她学会了如果想要热水来泡茶的话，自己应该打开停下的蒸汽机车一侧的哪个阀门（找热水）。她睡在传教士的家里，睡在火车车厢里，睡在火车站站长的宿舍里，还曾在一座集中营的帐篷里睡过。甚至有一次，她还目睹了一支疾驰穿过草原的布尔游击队。与这么多无家可归、行将死去或是身陷战火的人在一起的经历是她成长过程中完全没有过的，但洋溢在她充满愤怒与同情的家书之下的，是这位牧师的女儿第一次充分地面对世界时迸发出的克制的热情。

大约五个月之后，霍布豪斯相信自己返回英格兰以后将能够达成更多目标，于是便预定了1901年5月从开普敦出发的邮轮"萨克森"号的多人客舱船票。刚一登船，她便在高等客舱里发现了熟人，不是别人，正是她的对头——阿尔弗雷德·米尔纳爵士。阿尔弗雷德·米尔纳爵士在船上并不同别人交流，但凭着自己特有的果断，霍布豪斯堵到了独自一人待在上层甲板的米尔纳，并随即开始对他就集中营问题展开声讨。一如既往彬彬有礼的米尔纳先听霍布豪斯把话讲完，然后故意刺激她说，自己已经收到了大约60份有关她的报告。"这么多告密的，要给他们多少钱啊！"霍布豪斯后来写道。[20]

米尔纳此行回到伦敦是为了打击自己口中霍布豪斯曾帮助造势的反战"挺布疯潮"[21]，同时还要与情人塞茜尔·杜瓦尔进行几次秘密约会。在公开与私下场合，他还将与维奥莱特·塞西尔多次见面，身为首相儿媳的维奥莱特已经成为他在英国政府内安插的耳目。抵达伦敦的滑铁卢车站后，他被一辆敞篷马车接走，前去接受爱德华七世陛下的册封，陛下的母亲，也就是维多利亚女王，刚刚于这一年的年初去世。

回到英国的霍布豪斯同样有自己的日程安排。她与内阁军务大臣进行会面，还同他——用了将近两个小时——讲述了有关集中营的情况。她就这一主题制作了一批成本低廉的小册子，将它们分发给下议院议员们，随后便开启了巡回演讲，先后在26场公众集会上发表演说，常能令听众潸然泪下。在绍斯波特，捣乱者对她大喊"卖国贼！"；在普利茅斯，他们向她投掷西葫芦；在布里斯托尔，椅子、棍子和石头满天飞。霍布豪斯则把一些投掷物留作了纪念。殖民地大臣约瑟夫·张伯伦直称她是个"歇斯底里的老处女"。

经过在英国将近半年的政治动员后,霍布豪斯悄悄启程返回集中营,继续完成自己的使命。尽管她已经设法让自己的名字从乘客名单上消掉,但此时已回到开普敦的米尔纳还是发现了她的行踪,并在船只抛锚停靠时派士兵前去阻止其登岸。第二天,当地驻军司令来到码头,要求她返回英国。霍布豪斯拒绝了。几天以后,她又被命令登上一艘回国的运兵船,而她再次拒绝了。这一次,士兵们直接把她抬起来弄到了船上。她拼命挣扎,以至于现场负责的上校不得不下令将她的胳膊捆住,"像个疯子一样,"他说道。"长官,"霍布豪斯回答,"疯狂在你这边,让你言听计从的那些上级们才是疯子。"[22]后来,当这位上校被问起在这场极为罕见的对女士的抓捕行动中,当时她是否有裙底走光的危险时,上校回答道:"我早就考虑到这一点了,当她被抬起来的时候,我在她腿上盖了一块围巾。"[23]在运兵船上,霍布豪斯设法给米尔纳写了最后一封信。"你那粗暴的命令已经被执行完毕了,"信的开头这样写道,"所以我希望,这回你能满意了。"[24]两名军官的妻子与她同船,整个航程中,她们都不肯跟她说话。

通过让集中营的消息登上全世界报纸的头版,埃米莉·霍布豪斯证明了自己有勇气在战争年代挑战公众舆论,而在另外一场更具毁灭性,也离国土更近——阿尔弗雷德·米尔纳会再次在其中扮演主要角色——的战争中,她还将毫不犹豫地再来上这么一次。

南非的游击战争一拖再拖,直到1902年的年中,绝无妥协余地的米尔纳勋爵完成了对最后一批布尔战士的纳降仪式后,战争才迎来了最终结局。如今的米尔纳已移驾到了约翰内斯堡这座金矿之城，搬进了一座由红砖建成的梁柱式结构的富丽堂皇的庞大官邸内，并且毫无疑问地将自己下一阶段的任务定为了"在更高的文明层面上对新殖民地（新占的两个布尔共和国）进行重塑"，[25]将它们与已有的两块英国殖民地融为一体，如此便能令这块荣耀之地很快成为大英帝国的一部分。理所当然的是，在新生的南非，占人口多数的黑人是不可能分享权力的——只有在这个问题上，英国人与布尔人始终保持着共识。"白人必须是统治者，"米尔纳宣称，"因为他们已经在进化的阶梯上走得太远太远，将黑人远远甩在了身后；想要追上的话，将要花费几个世纪的时间。"[26]对于20世纪的南非，他比任何人都更像是这个白人统治下的单一制国家的总设计师。

如果这个正在形成的国家想要成为英国统治的光辉典范，那么它必将需要最出色的统治者。因此，米尔纳从英国招募了十多位渴望建功立业的优秀帮手协助自己经营这片刚完成统一的土地。终其一生，精力旺盛、胸怀大志的米尔纳一直像磁铁一样，不断吸引着野心勃勃的青年才俊。这一次，他挑选的人大都和自己一样，是牛津大学的毕业生，这些年轻人被坊间冠以"米尔纳的幼儿园"的集合称谓，并因此为世人所知。这里以米尔纳的新任个人秘书、为人极其乐天的苏格兰人约翰·巴肯（John Buchan）为例。不管是在包厢里遇见一名刚刚赢得英国军队最高荣誉维多利亚十字勋章的负伤轻骑兵，还是被委派向同乡道格拉斯·黑格递送公文，巴肯都觉得好玩刺激。顺便说一句，沉默寡言的黑格也许正是在这时同别人开了史上唯一一次玩笑。巴肯坐的是一辆夜间火车，结果他却睡过了头，好不容易及时下车赶到目的地后，匆忙间将军队外套套在了睡衣外面。黑格告诉他不用担心：布雷齐诺斯学院——这是二人在牛津时学习的地方——从来都不是个讲究穿衣打扮的地方。

巴肯在布尔人最终投降前就已走马上任，他将当时依旧逍遥法外的游击队司令们视为一群具备高尚体育精神的赛场的对手。与纽博尔特那首著名诗歌遥相呼应，在他笔下，这些人"像绅士一样参与比赛，必须被作为绅士来对待"[27]。口中的比赛刚一结束，巴肯便协助米尔纳投入到了被他称作"最有前景的迷人工作"[28]之中，在他们已被破坏殆尽的农场对布尔幸存者们展开重新安置。对这个走出校园刚三年、永远都是那么积极乐观的年轻人来说，亲手起草法律（"我必须要说，我特别为我的《土地法》感到骄傲。"[29]）、管理百多名公职人员与负责带来访的内阁大臣四处参观（"没见过像 M 勋爵这么大块头的"）都是令他感到兴奋的经历。巴肯与其他三位"幼儿园"的成员同住一栋房子，他们每天打着黑色领带共进晚餐，其间会讲一些牛津大学流传的笑话，还经常拿好脾气的巴肯打趣，后者差点在草原上买下一个一滴水都找不到的农场。对于一名渴望飞黄腾达的聪明年轻人来说，以上全部都是非常精彩的履历，而能有米尔纳勋爵作为后台，无疑还将加快他的崛起。不到 30 岁就能协助管理整个国家，还有别的工作能比这更让人前程似锦吗？

米尔纳和他的"幼儿园"成员们使各大金矿恢复全力生产，领导建设了总长约 800 英里的新铁路，成立精神病院和麻风病人隔离区，并起草了各项规章制度，从税收制度到施用于不服管束的工人的"轻度体罚"的规定无所不包。经过八年战争与和平的洗礼，米尔纳最终于 1905 年返回了英国。

道格拉斯·黑格和约翰·弗伦奇爵士之前就已回到了国内，

并因为其取得的军事胜利而大获褒奖：黑格很快便成为英军最年轻的少将，弗伦奇则擢升为中将。弗伦奇送给了黑格——此时他还欠着后者2000英镑——一个纯金酒壶，上面刻着"对我们久经考验的友谊小小的纪念，敬亲爱的道格拉斯"[30]的字样。收获牛津和剑桥的荣誉学位令精力充沛的弗伦奇很开心，但最令他感到高兴的还是他的下一项任务：统领位于汉普郡奥尔德肖特的英军第一集团军。奥尔德肖特一直被视为英国陆军的大本营，传统意义上，其司令在军界拥有着超越自身军阶的影响力。"我想他应该不是最聪明的，"对于弗伦奇，有位政府官员这样写道，"但却是我们能找到的最成功的军人。"[31]

"对我来说，这无疑是件天大的幸事，"弗伦奇在写给朋友的信中说，"我想，这次任命将确保我能够参加下次战争。"[32]

4 圣战勇士

没人知道英国的下场战争何时来临，但所有人都知道它的对手是谁。性情反复无常的德皇威廉二世心心念念想要扩张，并对德国晚于英国如此之久才加入对非洲和亚洲的殖民竞赛感到非常不满。他一生都无比深情地怀念着年轻时在一支王牌军团担任军官的经历，对于有关军事的一切都非常喜爱，除了打猎他极少会穿着便装。他那强烈而焦急的野心恰是许多德国人的共同心态，他们的国家拥有西欧最多的人口，但直到19世纪90年代都未曾在世界上获得过与之匹配的威望。德国一直在与英国进行着表面客客气气但实际上无比坚决的海军军备竞赛，而英国则致力于维持其在重型战列舰和高速巡洋舰方面的巨大优势，正是这些使皇家海军长期以来得以支配全世界的大洋。两国之间这场动员起造船厂、铸造厂和大批机床建造令人望而生畏的战舰的竞赛向人们暗示了军事领域的新趋势：能够决定战争结局的或许已经不再是军人的无畏刚猛或是长官的雄才大略，工业或许才是起决定性作用的因素。

不过，并非每个人都如此看待这个问题。继续在仕途上高歌猛进的约翰·弗伦奇于1907年担任了极具影响力的陆军总监一职，在他的心目当中，占据最优先级的无疑还是骑兵。政治上，弗伦奇得到了英王爱德华七世（King Edward Ⅶ）的大力支持，二人频频在晚宴、招待会与军队阅兵式等场合会面，前者还经常向后者通报骑兵有关事宜。可没过多久，弗伦奇便发现身边开始出现大量反对骑兵的言论，这令他十分困扰。例如，一位曾经历过1904~1905年日俄战争的英军观察员在报告中写道，面对战壕里的机枪，骑兵唯一能做的就是为步兵起伙做饭。弗伦奇驳斥了这些他眼中的异端邪说，在他看来，这些人显然忽视了当年自己在金伯利发动的光辉的骑兵突击事例。最让他无法接受的是，这些骑兵的反对者们极力劝说陆军高层，将长矛从骑兵的武器库中抛弃。可如果长矛被抛弃了，那下一个被牺牲掉的会不会是骑士剑呢？几年时间里，弗伦奇展开了激烈的政治较量，他向决策者提供备忘录，在国王耳边吹风，在媒体上发表文章，还招募布尔战争的英雄在幕后进行游说。最终，弗伦奇在1909年赢得了胜利，长矛正式回归了骑兵的军火库。

空闲之时，这位五短身材的将军常在伦敦市内各处与不同的女子幽会，她们都是些已为人妇的优雅女子。由于军务需要，弗伦奇经常越过英吉利海峡前往欧洲大陆；在被派往德国观摩军事演习期间，他与德皇相谈甚欢，后者还授予了他一枚红鹰勋章。然而对弗伦奇来说，和平年代令他感到度日如年。"回顾我一生参加过的大小战役，"他曾这样写道，"我没有一次会在战斗结束后感到心满意足，总是在期待着下一仗的来临。"[1]

弗伦奇经常在皮卡迪利大街的骑兵俱乐部与老友道格拉斯·黑格一起吃饭。二人生活在同一个充满确定性的惬意世界里：那里有阅兵式上军靴擦得锃亮的骑兵组成的方阵，他们骑在战马上，一路潇洒地小跑前进，有帝国赋予的神圣使命，还有他们平坦稳定的军中高升之路。在争取恢复装备长矛的大战役当中，黑格自然是弗伦奇的忠实战友，他曾经在一个高级委员会举办的听证会上作证："我对自己在南非看到的一切完全满意,同拿破仑时代相比,今天对骑兵进行突击训练同样必要。"[2]对一名大胆质疑骑兵突击在机枪和连发步枪来临的时代的实用性的怀疑论者,黑格还在报纸上撰文进行过抨击。黑格相信,这一战术的威力一如既往,因为"道德因素显然是不可抗拒的,以最快速度冲锋陷阵……影响……(敌军)步枪兵的瞄准,使他们感到紧张"[3]。毕竟,自有历史记载以来,马匹就始终在战争中扮演着中心角色,从弓弩到后膛装填弹药的速射炮,经过历次武器进化,它们的支配地位始终无法撼动。为什么在下次战争中,它们就不能维持这种中心地位了呢?

黑格经常为之前所在军团的马球队打比赛,并因此结识了热爱培育赛马的银行家利奥波德·德·罗斯柴尔德(Leopold de Rothschild)之类的有权有势之人,他还成为爱德华七世的侍从武官,后来还获封骑士爵位。他也与一些同龄人建立起持久的关系,比如威尔士亲王——也就是未来的国王乔治五世,乔治五世年轻时曾在皇家海军服役了十几年,对于军事事务非常感兴趣。尽管国王在英国的君主立宪政体下几乎没有实权,但在军队关键位置人选的确定上,他的意见依然颇具分量,因此,国王的青睐对一名军人的仕途发展可以说是大有帮助的。于是黑格每次参加完宴会,只要是与国王靠近过,不论是坐在国王的旁边还是对面,他都不会忘记记在日记里。1905年休假期间,爱德华邀请他在皇家赛马会举行那一星期去温莎城堡做客,在那里,黑格在打高尔夫球时结识了品行高洁的多萝西·莫德·维维安(Dorothy Maud Vivian),她是亚历山德拉王后身边的一名侍女。不到48个小时,黑格就向与皇后亲近的多萝西求婚了。"相比这次在婚姻之事上花费的时间,我在很多更重要的问题上做决定花费的时间还要少。"后来他是这样说的。[4]二人在白金汉宫内的家庭教堂完成了婚礼,对于非皇室成员来说,这样的优待显然从未有人享受过。

在此之后,黑格来到印度,继续担任骑兵部队总监一职。他乘坐特别专列在次大陆走访期间,每到一处,他就会建立一所新的骑兵学校对印度骑兵军团进行严格的训练,训练内容包括为当时的军事理论家们一致认定为战争开篇的骑兵大战而设计的模拟演练,在他1907年出版的《骑兵研究》(Cavalry Studies)一书里,黑格宣称,"在战场上,骑兵这一角色的重要性将持续增强,"一定程度上,这要多亏"小口径步枪被引入战斗,它们发射的子弹几乎不具备阻止马匹前进的冲力"。[5]

除了偏远的巴尔干地区冲突不断,此时的欧洲已经享受了接近半个世纪的和平时光,然而,不祥的暗流正在涌动,威力甚至比逐步升级的海军军备竞赛还要强大。最糟的是两个竞争集团的存在,双方各自的成员被共同防御条约紧紧地捆绑在一起,实际上这必将导致的后果是,只要两个国家之间爆发武装冲突,其他国家就一定会被卷入其中。

当时德国的领土面积比今天大50%,是欧洲大陆上的经济强国,并与疆域广阔的奥匈帝国结成了紧密同盟,在那里,众多躁动不安的民族被维也纳讲德语的君主统治着。法国的民族主义者们依旧对1870~1871年的普法战争结束后,本国边境省份阿尔萨斯和洛林被割让给德国这一令人痛心疾首的损失耿耿于怀,而此时的法国已与沙皇尼古拉二世辽阔又动荡的帝国缔结了军事协定。法俄同盟挑动着德国的神经,因为两国都与德国接壤,这便意味着德国在未来的战争中将面临两线作战。除此之外，俄国经济正在飞速发展，它的铁路网络是世界上增长最快的，而铁路对向前线运送兵力至关重要。德国军政界对俄国的人口规模——超过德国两倍——和它的庞大军队也十分恐惧，在充分动员的情况下，其兵力数字将达到令人生畏的650万人。十多年来，一些德国军事将领秘密探讨着在俄国实力过于强大之前对其发动战争的可行性。

时不时地，德国还要刺激一下西面的对手——法国。1904年，随着非洲最后一批殖民地即将被瓜分完，法国与西班牙签订了一项秘密条约，商定共享摩洛哥，将其作为自己的势力范围。翌年，德皇访问摩洛哥，并在自己的游船上公开宣布支持摩洛哥独立。结果，殖民大国花了好几个月的时间才在国际会议上平息了这次波澜①。

英国并不受任何正式同盟关系的约束，但人们普遍达成的共识是，如果英国也加入战争当中的话，那么它必然将站在法国一边，所以也就会站在俄国一边。往来于伦敦和其他众多英国港口之间的船只都要从细颈漏斗形的英吉利海峡通行，英国政府绝不希望这条至关重要的水道另一侧的欧洲大陆被德国控制。出于这一原因，约翰·弗伦奇爵士和其他军队高级将领经常会与法国同行们讨论他认为"最终必然"的对德之战的作战方案。届时，大规模骑兵突击会将恐惧深植于德军内心，而皇家海军强大的战舰会把德国的港口与船只轰成碎片。

就在弗伦奇、黑格与其他军官等待着下一场冲突在海外爆发时，另一场战争却似乎马上就要在伦敦的街头爆发了。而发动这场战争的偏偏都是妇女。

---

① 阿尔赫西拉斯会议。——译者注

1907年2月13日,天气很冷,还下起了雨,我们就拿这一天聚集在议会广场的汹涌人群举例。和着《约翰·布朗的遗体》的曲调,大约400名妇女排成了四人一排的队伍,一边行进一边高声唱道:

妇女们要站起来!战斗艰辛又漫长,
大家全部站起来,战歌共唱才嘹亮……①

带领这支队伍的不是别人,正是弗伦奇的姐姐。"我问自己,"夏洛特·德斯帕德当年写道,"这是否是个开端?这真的是那场我一生都在等待着的革命运动的一部分吗?"[6]

游行的起因是为妇女争取选举权,怀着仿佛收获新恋情一般的激动心情,德斯帕德对此投入了全部精力。对许多吓坏了的英国人来说,这场新运动似乎的确是场革命。人们总是觉得外国人和下层民众才可能会去闹事,但是妇女怎么会呢?警察在议会大厦前排成了两道人墙,对面,被称为"伦敦的哥萨克人"的骑警们的座驾正不耐烦地发出阵阵嘶鸣。

在最近几个月发生的类似事件中,警察并不愿逮捕一位著名战争英雄的姐姐,所以今天德斯帕德已经提前做好了应对措施,她没戴自己标志性的蕾丝披肩头纱,而是戴了一顶"机车帽",把帽子和一块头巾绑在了一起,这是女子乘坐敞篷汽车时的装束。等她大步走在潮湿的路面上时,她又用一块长面纱进一步把脸挡住了。当挥舞着雨伞的妇女们面对警察的密集方阵时,一位年轻的游行者看到德斯帕德被两名警官按在马背上动

---

① 原文为"Rise up women! For the fight is hard and long, Rise in thousands, singing loud a battle song...."。——译者注

弹不得，慌忙间大喊起来。"我很安全，"德斯帕德向她大声吼道。"我喜欢马！"[7]为了吓唬人群，抓住德斯帕德的警官让马扬起前蹄站了起来。"那些妇女像老虎似的搏斗着，打得他们身上到处青一块紫一块……"一份报纸这样写道，[8]"黑压压的一大片人群互相推搡摇晃着。"有些年轻女子试图将德斯帕德围起来好保护她，但是都被她愤怒地轰走了。被撞倒在地的妇女大声叫喊着，马蹄踩在路面上发出咔嗒声，一片嘈杂之间，一名巡警揪住了德斯帕德，撕扯间还拽掉了她的外套袖子。最终令她心满意足的是，她被逮捕了，并且还和同时被捕的其他二十多位女性一起被判处监禁。作为游行的领导者，她获得的刑期比其他大多数相关人员都要长：21天的单人牢房囚禁[9]。

两天以后，她的弟弟出现在了萨沃伊酒店，主持一年一度纪念金伯利骑兵突击的军官周年宴会——此刻他很不高兴。"如果她坚持与这些人为伍，她就应该预料到后果。"约翰爵士告诉记者，"我们已经尽了自己最大的努力，不让她和那些愚蠢的女人们混在一起……我真希望她没做过那些事，但我阻止不了她。"[10]

思想进步的英国人早就在呼吁给予女性选举权，但直到新世纪来临，这项事业才引起轰动。社会活动家们非常渴望著名的德斯帕德能够站在己方阵营，在一年前，她就已经被吸收进了一个名叫"妇女社会和政治联盟"，简称WSPU的新组织当中，并开始代表该组织在全国进行巡回演讲。她不仅为妇女争取投票上的平等，还为她们争取工作与养老金领域的平等地位，甚至还为妇女从事家务活动争取过获得报酬的权利。[11]当工人阶级的妇女们最终涌向全国各大投票站时，德斯帕德坚信，自己长期以来梦想中的社会主义国家即将成为现实。如同战争中士兵会在彼此间结成强劲纽带一样,德斯帕德也在这场新形态的斗争中感受到了激动人心的兴奋与团结之情。"我一直在寻求与人结成某种同志友谊,"她曾经写道,"我曾经与失业者们在庞大的游行队伍中共同前进……(但是)在所有这些经历中,我都未曾发现初入年轻活力的'心之联盟'时所体验的一切。"[12]

然而,她所加入的"年轻活力的联盟"实际上并不是表面看起来的群众运动组织,因为,这个"妇女社会和政治联盟"根本不是由上千名成员共同民主经营的组织,支配它的实际上是令人难以招架的潘克赫斯特(Pankhursts)一家人。就采取的策略来说,她们令这一运动变得浮夸、狂热而又莽撞,并且特别容易不分敌我地得罪人,这在当时的英国政治活动领域简直是史无前例的——事实上,在其他任何地方的政治活动领域,她们的这些特点都是独一无二的。

埃米琳·潘克赫斯特(Emmeline Pankhurst)在40岁那年成为寡妇,她的丈夫是一名比她年长的律师,突然去世后,他留下的是一屁股债和四个不到18岁的孩子。潘克赫斯特一边依靠朋友接济,一边在曼彻斯特一个工人阶级为主的社区做生死登记员的工作。这项工作令人大开眼界,因为她总能接触到许多可怜的妇女,她们或是被强奸,或是被家里年长的男性亲属诱奸,并因此诞下私生子。作为曼彻斯特地方教育委员会的一名委员,她气愤地发现,如果一名教师是男性,他将会得到更多薪水。"我开始思考为妇女争取投票权,"她写道,"这不仅是权利,更是迫切需要。"[13]

布尔战争爆发后,潘克赫斯特和她的孩子们对英国展开了直言不讳的抨击,将其描述为侵略者。结果,她的儿子哈里因此在放学后受到了同学的攻击,以致被打到昏迷,是一名教师将他送回家中。她的小女儿阿德拉在学校被同学用书本砸中面部,另外一名女儿西尔维娅则被人威胁,说要把她们家的窗户敲碎。可以看出,这时的潘克赫斯特一家就已经不是那种只会躲在家里发牢骚的激进分子了。

当埃米琳在几年以后成立妇女社会和政治联盟时,就限定只有妇女才能入会,而它的领导权看来则属于潘克赫斯特一家。举例来说,在 WSPU 的五人宣讲小组中,埃米琳和三个女儿就占了五分之四的席位。如今,她们激进地将为妇女争取投票权的理念带进了民间辩论会、工会组织和群众示威当中。当夏洛特·德斯帕德在 1907 年那场发生于议会大厦前的游行中被逮捕时,一同被捕的,还有埃米琳和她的两个女儿,克里丝特布尔和西尔维娅。

年近五十的埃米琳·潘克赫斯特是以一名演讲家的角色进入公众视野的,雄辩滔滔的她似乎专为讲坛而生。她的一位朋友回忆,当面对人群发言时,她的声音"就像伟大的艺术家弹奏出的弦乐一般……仿佛整个世界的不屑、愤怒与温柔之情全都从她的声音里喷薄而出"[14]。她讲出的似乎全都是自己的心声,因为演讲时她从不会照本宣科。照片上那个纤弱优雅的年轻美女如今已经变成了意志坚定的中年女王。从某种程度上讲,她那一身无可指摘的得体穿着和看起来娇小到近乎脆弱的身材只会令她散发出更加强烈的威严气息。从传统的女性角度同样无法指摘的,还有她最大的爱好——缝纫。另一项体现她淑女特点的是她不喜欢谈论自己的年龄——她不止一次在法庭上拒绝回答此类问题。她还曾手持鲜花站在庭审的被告席上。

作为母亲最喜欢的大女儿,克里丝特布尔·潘克赫斯特

47

（Christabel Pankhurst）同样气质高雅；她娇小的身姿和像默片女明星般令人恍惚的美貌无疑使她经常能够抢占报纸头条。"她年轻苗条，野蔷薇色的皮肤上没有半点瑕疵，"她们中间的二女儿西尔维娅曾经写道，"热爱舞蹈使她举手投足间散发着优雅的气质。"[15] 和母亲一样，克里丝特布尔也总会佩戴那个时代流行的硕大的女士帽，在一系列羽毛、褶边、蕾丝和人造花的装点下，帽子总显得摇摇欲坠，由于太过头重脚轻，常常需要用缎带绑在下巴上固定好才可以——要是被一辆颠得厉害的囚车拉着，那就更需要把帽子固定一下了。作为 WSPU 的首席智囊，像是将运家具的货车弄到下议院的入口，然后猛地打开车门放出里面二十多名女子冲向议会大楼之类的行动都是她策划的。在克里丝特布尔的鼓动下，妇女们潜入了在场全都是男性执政的自由党会场内：她们有的事先藏在发言讲台下，有的从天窗进行索降，有的从窗户往里爬，然后总会高喊起"妇女要有选举权！"的口号。潘克赫斯特一家已经宣战，一种新式战争诞生了——在许多英国人看来，这场战争与他们的国家要准备与德国进行的那一场截然不同。

与姐姐相反，大鼻子、厚眼皮、脸颊微凸的西尔维娅·潘克赫斯特（Sylvia Pankhurst）不是传统意义上的美女。她对自己的长相毫不在意，也从不在时尚潮流和化妆上花费时间。"她是那种绝不可能保持干净整洁的人；她总是披头散发，"她的一位同事回忆道，"有一天，我……注意到她把衬衣穿反了。于是我给她找了几个箱子，帮她躲在后面把衣服换了过来。"[16] 西尔维娅创作过大量作品，对英国和意大利的艺术也有研究，她把这份艺术才能用在了设计争取妇女投票权的海报、条幅和主题挂历上，还曾经为一名因为这项事业而被捕入狱的妇女设计过一枚奖章。在这个成员经常遭到逮捕的家庭里，她在铁窗后度过了比其他人都要多的时光。

不在监狱服刑时，潘克赫斯特一家和追随者们有时会穿着监狱的囚服出现在游行的队伍中——长裙白帽配上白围裙，看起来竟出奇的端庄。在其他场合，她们穿的是 WSPU 主题颜色的衣服——绿色和紫色修饰的白色裙子，几种颜色分别代表着纯洁、希望和尊严。一次在美国进行巡回演说期间，埃米琳戴着一条紫水晶、绿宝石和珍珠串成的项链来展示这三种颜色。

从长远看来，规模更大也更加稳健的妇女选举权益活动团体在为妇女实际赢得投票权的道路上更有担当。但是潘克赫斯特一家却傲慢地拒绝了其他运动的积极分子，在1914年之前风起云涌的十年里，她们和她们发起的对抗式政治运动将其他人挤到了公众关注的边缘。尽管"妇女参与政权论者"一词实际是由持右翼观点的《每日邮报》带着嘲讽的意味提出的，但潘克赫斯特的追随者们却得意扬扬地将这一称呼据为己有。"我们是致力于圣战的战士，"在一次被捕后，埃米琳公开宣称道，"不赢得胜利，我们誓不罢休。"[17]

然而，这场圣战对于作为军事强国的英国来说却显得是种威胁。埃米琳·潘克赫斯特以前就是布尔战争直言不讳的反对者，如今，她更是在暗示一切战争都是男性愚蠢的副产品。"让我们把战争留给敌人，"在皇家阿尔伯特音乐厅举行的一场群众集会上，她这样宣称道，"让我们把战争留给打仗的男人们自己。战争不是女性采取的方式。"[18]如果女性赢得选举权并服从她的领导，这个国家还能够进行战争吗？

许多人都在担忧这样的景象将成为现实。他们中间就有拉迪亚德·吉卜林，此时他的住所位于苏塞克斯郡郊外的一栋砂岩建造的烟囱林立的大宅子里，在那里，他常同人们谈起未来不可避免的"大战"。作为反女性选举权社团的一员，他坚信妇女参政论者正在严重削弱帝国的尚武精神。"我希望能有通情达理的妇女参政论者（如果真的存在的话）注意到，"他在写给朋友的信中说，"德国人是在多么满怀信心地期待着英国的'女权运动'……而信心正是他们赠送给潜在敌人的一件可怕的武器。"[19]

吉卜林认定，妇女不应该在政治中扮演任何角色：

> 男人应该明白这一点！不仅如此，男人还应该明白，上帝赐给他的女人必定会使唤他，但决不能统治他——可以令他言听计从，但决不能将他彻底征服。

作为一位作品受到广泛喜爱的小说家和诗人，吉卜林本人讨厌的事物同样广泛。他讨厌德国人，讨厌民主，讨厌税收，讨厌工会，讨厌爱尔兰和印度的民族主义者，讨厌社会主义者，而他最讨厌的就是那些被他称作"妇女参政狂①"的女性。女人注定就该扮演英国战士们的贤妻良母的角色；吉卜林担心，给予女性选举权只会导致更多令人惊骇的后果接踵而至，例如女性进入内阁及担任主教等。每当家人和宾客一起玩猜字游戏时，吉卜林年轻的儿子约翰就会带着嘲讽打出"妇女参政狂"的手势让客人猜。

曾经有一位吉卜林的朋友这样描述他："个子不高，瘦而结

---

① suffragines，ine 是拉丁文后缀，意思为具有……性质，与……有关，https：//www.etymonline.com/word/-ine。——译者注

实,头脑灵活,浓眉秃头,透过眼镜是一双钢铁般的蓝眼睛,结实的下巴向前伸着。眼镜是他身体的一部分,就像汽车上的大灯。"[20]两个心爱的孩子约翰和埃尔茜是这位作家生活的中心,他为他们写过一本《原来如此的故事》(Just So Stories),这本书后来成为英美两国许多人童年的一部分。伴随着吉卜林那能将自己带入儿童心灵当中的无与伦比的想象力的,是他对一切军事产物的热爱:在一张家庭照片里,四岁的约翰·吉卜林咧嘴笑着,肩上扛着一支比自己还要高的步枪。

吉卜林总是会和孩子们玩个不停;他和自己的美国妻子卡丽属于对孩子十分溺爱的亲力亲为型的家长,与爱德华七世时代寻常的那种情感上与孩子十分疏远、乐得把照顾孩子的一切问题都交给保姆的上流社会家长十分不同。由于曾在布尔战争前夕失去过一个患肺炎的六岁女儿,在这段令人痛心的经历影响之下,他对孩子们的爱变得比以往更加强烈了。在他写给约翰和埃尔茜饱含深情的信中,有感而发写下的诗歌与打油诗穿插其间,有时还会出现委婉的家长式忠告:一张画着一口牙和一支牙刷的画,提醒约翰不要忘记刷牙,以及对约翰的错误拼写开的善意玩笑:"腰是我给泥歇一份权嘟是品错的蛋词的辛,泥腰肿么才能看懂呢?"[21]当约翰担心自己显然遗传自父亲的近视眼会影响开启梦寐以求的海军生涯时,吉卜林写信告诉他:"别老去想你的眼睛。它们会好起来的。"[22]

阿尔弗雷德·米尔纳勋爵也是来吉卜林的玫瑰园散步的众多访客中的一位。这位诗人曾公开说过,米尔纳是全世界最令他钦佩的人。[23]维多利亚女王诞辰日被称为"帝国日",人们会燃起篝火、点燃焰火庆祝假期,每年的这一天到来之际,二人会轮流在对方家中度过。

1905年回国以后，自认在南非付出的辛劳而未得到应有重视的米尔纳像一头离群索居的忧郁雄狮一样远离了政坛。凭借掌握的金融知识，米尔纳成为一家矿业公司和数家银行的董事，这为他带来了丰厚的收入，但对于一个曾经发动过战争并管理过一个国家的男人来说，转投商界不免显得有些落魄。不论在海外还是国内，他都在继续就"帝国统一体"的伟大事业发表文章与演讲，在他心中，构成这个统一体的，是英国和她的众多殖民地，以及像澳大利亚这样如今被称作自治领的已经成长起来的前殖民地。未来法国的领导者乔治·克列孟梭将英国人称作"全球公民（un peuple planétaire）"，他开玩笑说，如果出现另外一个也想控制一块大陆的米尔纳勋爵，可是却发现一块多余的大陆也没有了，这时候英国人该如何是好？[24]

与米尔纳同样热衷于帝国统一体事业的，还有他在南非时的年轻助手们，即组成"幼儿园"的前成员们，他们大多已回到英国，各自的事业得到了飞速发展。例如约翰·巴肯，作为米尔纳野心勃勃的前私人秘书，尽管未能在埃及殖民当局担任高管，也没能在议会赢得席位，但作为记者、评论家和小说家，他获得了巨大的成功。帝国不仅需要公务员，也需要有人来唱赞歌，而生性亲切和蔼的巴肯便是这一角色的完美人选。他于1906年出版的《旷野小屋》（*A Lodge in the Wilderness*）是一部歌颂英国在非洲统治的小说，书中有一个角色显然是以米尔纳为原型的，还有一个角色则用明显的米尔纳式的术语定义帝国主义："它是一种精神，一种内心的态度，一种不可战胜的希望……它是对英国国运的感同身受。"[25]

然而在很多人看来，英国的国运似乎正在受到快速崛起的德国的威胁。米尔纳和吉卜林都是对志愿兵役制度进行改革的强力倡导者。他们觉得，再也不能主要依靠世界上最强大的海军来保卫国家了。"炮弹碎片飞溅于眼前之日，方乃汝习得枪械瞄准之时？"在一首诗中，吉卜林问道。[26]英国的与法国、德国以及俄国的同龄人不同，英国的年轻人并不必须进入军队服役，二人都为此大为生气。令他们尤为担忧的是能够轻易动员上百万训练有素的预备役军人的德国。

1914年以前的这么多年里，米尔纳的世界观完全没有变过，但作为他在布尔战争时的死对头，埃米莉·霍布豪斯则全然不是这样。那场战争结束后，霍布豪斯回到了南非，在数年时间里，她与当地组织一起工作，帮助布尔妇女恢复她们已变得支离破碎的生活。战争时期她并没有太多关注过当地占多数的黑色与棕色人口，但在此时，她的视野变得更加开阔了。她结识了一位名叫莫罕达斯·甘地（Mohandas Gandhi）的年轻律师，这时的甘地正在为南非的印度人的权益展开斗争，他秉持的非暴力哲学给霍布豪斯留下了极为深刻的印象。在一座为集中营受害者建造的纪念碑的揭幕仪式上，她现场朗读了致辞，她在致辞中善意地提醒到场的布尔领导人们，"不要将你们自己所珍视的自由与权利……从你们统治的其他人手中夺走"。[27]1908年回到英国以后，她成为一名虔诚的社会主义者，并致力于为女性以及上百万因不满足财产要求而被剥夺了选票的男性的投票权而奔走。

以另一种方式出现在米尔纳生命中的女性、他的情妇塞茜尔·杜瓦尔最终受够了等待。她结了婚，并移居到加拿大。米尔纳曾经短暂地对别的一两个女子产生过兴趣，可是到头来还是没人能取代维奥莱特·塞西尔在他心中的地位。鉴于在当时的社会风俗下，自己不可能离婚，维奥莱特搬到了爱德华此时的派驻地埃及，最后一次尝试为婚姻注入些活力。但是，体验过米尔纳在战时开普敦的圈子带来的兴奋后，开罗殖民地只令她感到枯燥和窒息。到了这个年纪，女人往往要通过丈夫来实现自己的愿望，极具野心的维奥莱特不是没有期待过爱德华能够离开军队进入政坛。难道这不才是前首相之子应该扮演的角色吗？在那样的环境里，凭借她的魅力与社交天赋，维奥莱特肯定会如鱼得水。然而爱德华却铁了心地要留在埃及，继续做在她看来最不重要的事。几个月后，她返回英国。多年以后，爱德华的嫂子写道，二人的婚姻"是一个致命的错误……没有比两个人更不适合的了"[28]。

1906年，维奥莱特在伦敦南部一座落成于1635年的砖石结构的名叫"大威格塞尔"的庄园里定居下来，第二年，米尔纳也在附近觅得了一座雅致的乡村别墅。维奥莱特帮助他布置屋子。两人走动频繁，有时和其他人一起，多数时候都是单独交往。朋友们对此当然也都很理解，更何况米尔纳已离开政府，维奥莱特的公公此时也已经去世，他们已淡出了公众视野，再也不会有传出丑闻的危险了。

不能嫁给心爱之人令维奥莱特沮丧，不过她还有自己的孩子——儿子乔治和后来出生的妹妹。他们住的地方距离吉卜林一家只有一小段车程，这也使得乔治经常与约翰·吉卜林在一起玩耍。当阿尔弗雷德·米尔纳"叔叔"来到大威格塞尔看望他们时，或是他们坐车去他家里的时候，他们之间的谈话总是会围绕帝国的进一步扩张展开。也许因去南非自己多年不在乔治身边令维奥莱特感到十分愧疚，如今不论任何情况下，她都会寸步不离地待在儿子身边，当儿子14岁那年离开家去寄宿学校时，她每天都会给他写两封信。南非的时光在她脑海中依然十分鲜活，以至于每到布尔战争各个战役的纪念日，她都会拿它们的名字作为信的标题。

伴随着那场胜利战争的故事长大的乔治很早就决定要成为一名军人，进入桑德赫斯特皇家军事学院，在那里，那些家里能付得起学费的"绅士学员"将被训练为步兵或是骑兵军官。游览了桑德赫斯特并带乔治吃过晚餐之后，吉卜林向维奥莱特汇报说，她的儿子"看起来不错，比以前瘦了点，但身手更好了……人必然总会对子女牵肠挂肚，但是据我所见，他很开心，一切都很好"[29]。英军的许多高级将领——黑格也是其中一位——都是从桑德赫斯特出道的，对于一名期待着下场战争来临的军官来说，这段经历必将为他的履历增添光辉的一笔。

在国内，也就是夏洛特·德斯帕德投身其中的那一场战争发生在1907年，当她走出堡垒上布满塔楼和枪眼的砖石结构的霍洛威监狱、结束自己21天的监禁生活后，公众眼中此时已年过六旬的她无疑是个身处为妇女争取投票权斗争第一线的值得尊敬的人。然而，她与潘克赫斯特一家的短暂联盟却即将走到尽头。

对于应在多大程度上将自己视为规模更大的左翼运动的一部分，妇女参政者内部早已产生过激烈的争执。德斯帕德是简称为"ILP"的独立工党的支持者，该党是英国左翼政党，今天工党的前身，她将该党视为实现社会主义的最有希望的政党。西尔维娅·潘克赫斯特私下里同意这一点，但是在公开场合则保持着对母亲和姐姐的忠诚——对于一个不再按照其所要求的将为妇女争取投票权列入议事日程顶端的政党来说，她们已经失去了作用。埃米琳·潘克赫斯特与德斯帕德在独立工党的一次会议上发生过公开冲突，在此之后，埃米琳和女儿克里丝特布尔退出了该党,并公开宣布妇女社会和政治联盟将不再支持任何党派的议会候选人——显然这些候选人全部都是男性。

德斯帕德不可能任由他人替自己做出如此重要的决定,她与妇女社会和政治联盟其他成员一起愤怒地表示,潘克赫斯特一家突然改弦更张违反了组织的章程。对于她们的抗议,埃米琳回应道:"我会把章程撕成碎片的。"[30]埃米琳又补充道,一场革命运动不应在形式的细枝末节上花费时间,一切决定都必须做到当机立断。

妇女社会与政治联盟迅速地分裂了,不管有多不自在,西尔维娅还是和母亲、姐姐站在了一边,与此同时,德斯帕德于1907年9月在家中聚集起持异议者,组成了一个敌对组织,即"妇女自由联盟"。到了第二年,该组织就在全国拥有了53个支部。尽管在运营上多多少少都更加民主,但在该组织的电报地址上,却只是简单地写着"德斯帕德,伦敦"。

与此同时,潘克赫斯特一家也走上了一条自己的道路。十足的胆量与毫不妥协的态度让她们能够欣然面对逮捕与监禁,但这同样也意味着埃米琳与克里丝特布尔不会容忍任何反对。然而,她们在夏洛特·德斯帕德这里遇到了对手。在这场争取投票权的生死斗争中,她将是离她们而去的第一人。这是盟友间第一次分歧,在今后的岁月里,她们还会失去曾经的盟友。而到了最后,在战争的压力之下,最令人痛苦与最为永恒的决裂也将在潘克赫斯特一家身上发生。

5　挖矿男孩

男孩成长为男人之后的很长一段时间里,那一天仍深深镌刻在他的记忆深处。

小杰米的继父失业了。一个弟弟发烧生病卧床在家,这场高烧很快就会让他丧命。他的母亲怀着九个月的身孕。全家人,包括四个孩子,都住在格拉斯哥拥挤的贫民窟中,挤在一个单间里。圣诞节刚过,节日显得令人沮丧又多余,因为对于十岁的杰米来说,他是全家唯一的收入来源,他为一个面包师送面包,每天工作十二个半小时,每周七天。圣诞节刚过的那一周,因为要帮助出去找工作的继父照顾生病的弟弟,他工作又迟到了两次。在一个下着雨的周末,他来到面包房,开始了新一天的工作。

"我到店里的时候浑身都湿透了,光着脚,还饿着肚子。那个早上屋里连一块面包都没有,但'这天'是发薪日。"有人告诉他,老板想要见他,就在面包房楼上的公寓里。随后,一名女仆叫他等待面包师一家完成晨间祷告。"那个女孩终于打开了门……。他们一家人围坐在一张巨大的红木桌子旁,父亲坐在首位……那张桌子上摆满了美味佳肴。我的主人透过镜片看着我……'孩子……要是我的顾客继续干等着自己热乎乎的小餐包送到的话,他们就会离我而去了。因此我决定开除你,同时,为了让你在今后多加小心,我决定罚你这周拿不到薪水。'"杰米在格拉斯哥街头游荡了好几个小时之后,才敢回家把这个消息告诉母亲。"那天夜里,小婴儿出生了,后来太阳也升起来了……升起在一个既没食物也没柴火的家的上方。"[1]

他的下一份工作是在煤矿上找到的。

对于詹姆斯·基尔·哈迪(James Keir Hardie)——长大以后,他就不再用小名了——来说,早年经历对他一生产生了深远的影响,就像用炽热的烙铁打上印记那般,无法磨灭。对于自己亲身经历过的低微的贫穷生活,他那强烈的基督徒式的愤怒之情从未减弱。当选进入下议院后,他是唯一亲自协助施粥场向那些没有食物的人发放吃食的议员。作为议员,他甚至还曾火速赶往苏格兰的矿难现场,亲自下井进入隧道,为被困人员研究脱困对策,因为他知道目睹矿友遇难是什么样的感受。在肖像画里,年轻时的他浓密的胡须是深红色的,而到了五十多岁的时候,看到自己长久以来担忧的战争终于粉碎了自己的梦想以后,他的胡子则变得像裹尸布一样苍白。他眉头紧锁,忧伤的双眼似乎总是在紧紧地盯着你,力道仿佛能够穿透照片,这对目光有力的双眼也许同样穿过了哈迪自己的一生,凝视着充满世界大战和被碾碎希望的一整个世纪。

哈迪的母亲是格拉斯哥附近一座农场的女仆,和他的母亲一样,他也是一名非婚出生的孩子;出生几年以后,她的母亲搬进了肮脏污秽的城里,城中的贫民窟因为与造船厂、机车厂和各式工厂混杂在一起而臭名昭著。在这里,她嫁给了一个造船木工。哈迪从未接受过正规的学校教育,他的家庭也买不起书本,因此他读的都是街上捡回来的废报纸,或是书店橱窗里打开着用来展示的书籍。8岁时,他成为一名送信童。在这之后,他在一间造船厂给一名铆工当过助手,每天站在船体外悬吊着的狭窄工作台上;曾经有一名紧挨着他工作的男孩脚底打滑,结果掉下去摔死了。

丢掉在面包房的工作以后,他来到一座煤矿出苦工,每天工作十一个半小时,每周工作六天——这意味着除非到了只工作四个小时的周日,否则他一整个冬天都见不到阳光。不久之后,他开始负责赶用来往地下铁轨上驮原煤的"运煤小马"。"我们是特别好的朋友,会从同一个保温瓶里喝凉掉的茶水。"[2]有一天,矿井发生了部分塌方,他和小马不得不等待救援;哈迪总是会回忆起当时木头支撑架坍塌时发出的物体破裂的吱呀声、泥土落下的轰隆声和惊慌失措的矿工们的啜泣声。年纪大些以后,他变成了采煤工,借着头盔灯发出的昏暗光线,用铁锹和镐子从一处采用前进式开采的矿道的末端挖煤,经常要站在齐膝深的水中工作。到 21 岁为止,他已在矿井中度过了自己超过一半的人生。

成为矿工工会的一名组织者后,他的角色像一名福音派联盟(the Evangelical Union)的非神职布道者,福音派联盟是一个工人阶级的新教教派,属于"异议者"或者说非国教的众多教派中的一支,英格兰与苏格兰的众多激进分子都出自这些教派。"生活舒适的富裕阶级曾经独自霸占了耶稣,并曲解了他的福音,"哈迪曾这样说道,"但是现在,他属于我们。"[3]他召集矿工们施压,来争取更高的薪水和更安全的工作条件,并因此导致自己和两个兄弟被炒了鱿鱼。当时,他们正待在一部降到井下的升降机上,结果升降机被矿长召回了地面,矿长对他们说:"该死的哈迪一家不会再在这座矿井出现了。"[4]

不久之后,他成为苏格兰矿工联盟的干事,他开始把自己看作是一名社会主义者,并发现自己的文章与自己的言论具有同样的说服力。尽管第一次离开苏格兰时他已年过三十,但他很快就把自己的眼界扩展到了矿山与格拉斯哥的贫民窟以外的世界。1893年，哈迪成为独立工党的创始人，同时还成为其党报《工人领袖》的编辑，在哈迪谴责布尔战争是帝国主义者发动的一场抢地盘的行动之后，该报办公室的玻璃还曾被一群愤怒的群众砸碎。后来他展开了反对这场战争的全国巡回演讲，有时是在讲堂的台上演讲，有时则是在泥泞地面的马车的后车厢中演讲，更多嘲讽他的群众也随之出现了。

为了参加第二国际举行的各项会议，哈迪开始频频跨越英吉利海峡前往欧洲大陆。对于他和其他许多代表来说，社会主义与其说是一项令工人获得生产资料的事业——尽管他对这一事业坚信不疑，不如说更像是一场使社会将工人置于利润之前、将大众利益置于私人利益之前，尤其是将和平置于战争之前的道德运动。同当时的时代精神一样，社会主义也是乐观主义的一项信条。西尔维娅·潘克赫斯特曾在笔下将其描述为"对所有人都能得到富足与快乐的黄金时代的一种渴望，一种强烈的永恒的信念"。[5] 在历史的这个节点上，1914~1918年的血腥战斗尚未爆发，黄金时代似乎已经触手可及。如果曾经需要花费数周之久的旅行依靠蒸汽动力创造出的奇迹能够缩减到几个小时，那么为什么一切的不公就不能被社会主义创造的奇迹根除呢？如果顽强的活动家们半个世纪以前就能成功地将大英帝国的奴隶制消灭，为什么今天的活动家们就不能同样消灭掉贫穷呢？法国人让·饶勒斯（Jean Jaurès）曾经说过，社会主义应该使人民可以"自由地散步、歌唱与展开沉思"[6]，不论他们选择过怎样的生活。哈迪很快就和这位身材浑圆且不修边幅的法国社会党领袖成为朋友，并和他一样，对未来欧洲爆发令劳动人民兵戎相见的战争的前景深感忧虑。

社会主义革命的终极目标也许还很模糊，但世界上的种种不公正现象却显而易见地存在着，而哈迪对公正的追求则不分国界。他曾为支持同为社会主义者的好友尤金·V. 德布斯（Eugene V. Debs）的总统竞选活动在美国进行过为期两个月的巡回演讲，先后举办过44场公众集会，其中包括一场在科罗拉多州的矿业小镇举行的集会。访问印度期间，他强烈表达了对印度自治的支持，并拒绝进入任何与自己同行的印度友人被禁止入内的建筑。布尔战争结束后，他前往南非，为那里没有投票权的多数人口争取政治权利和适合耕作的农田，并发表声明说，不允许非洲人在新国家的立法机构拥有一席之地的行为就像是在大英帝国的大门口刻上："所有入内者都要抛弃希望。"[7] 他所在的酒店被人用石头袭击，在约翰内斯堡的演说集会则由于白人暴徒的袭击而被迫解散。

当哈迪第一次来到议会厅就座时，现场的小号手吹奏起了社会主义者之歌《国际歌》的旋律①：

　　起来，汝等酣睡的工人，
　　起来，汝等一无所有的囚犯……

不同于国会议员通常保持的正式着装——衣领浆得硬挺的衬衫、黑色燕尾服和黑色丝质高帽——他穿着苏格兰花呢外套、戴着一顶夏洛克·福尔摩斯式的猎鹿帽。一次，在进入下议院的大楼时，一名警察拦住了他，这名警察认不出他是谁，但知

---

① 此处作者引用的《国际歌》是传统英文版歌词，与我国瞿秋白自法文版翻译的歌词内容不同。——译者注

道大楼的屋顶正在维修。"你是在这里工作吗,老兄?"警察问道。[8]

"是的,"哈迪回答。

"在楼顶上?"警察又问。

"不,"哈迪说,"在楼里。"

在这栋楼里,他为皇室的铺张财政拨款投过反对票。他曾拍案而起,抗议过那些花了几个小时发言庆祝王室新成员降生,却无视同一天导致251人丧命的威尔士矿难的议员们。对爱德华七世与沙皇尼古拉二世——他的专制统治是欧洲其他地区暴政的缩影——的互访计划发表激烈抨击后,他没有被邀请参加国王一年一度的夏季游园会。而按照惯例,全体下院成员都是会受邀出席的。

哈迪在伦敦参加议会会议期间,他的妻子莉莉负责照顾留在苏格兰的四个孩子——其中一个在童年时夭折——的饮食起居,为他们缝制衣物。哈迪在首都的居住条件十分简朴,一个单间公寓,沃尔特·惠特曼、罗伯特·彭斯(Robert Burns)的半身像与一张卡尔·马克思的照片就算是里面的装饰品了。他一度不得不将自己心爱的藏书拍卖,以维持《工人领袖》的出刊。在受到阑尾炎的病痛折磨期间,他的家人与朋友集资才帮他做了手术并完成康复。他用的是一块小时候在矿上做工时就有的怀表,上面还有他那匹拉煤小马的牙印,而在街上,他常常会停下脚步和看到的马儿聊上两句。不管是为学童提供免费午餐,还是帮穷人熬过足以让泰晤士河结冻的严冬,或是在为下院内部工作的侍者与信使争取更高的薪水和待遇,在议会里,哈迪从未停止过帮助穷人的脚步。为将没有合法身份的童工纳入职工赔偿保险的受益人范畴,哈迪做出了巨大的努力。

尽管哈迪本人的婚姻非常传统，但他对正义事业胸怀宽大，对女性争取投票权事业的热心远胜过大多数主张改革的男性激进分子。在好几年时间里，他都是埃米琳·潘克赫斯特晚餐餐桌上的常客，在反对布尔战争方面，埃米琳是他的同志，而她为争取妇女投票权发起的改革运动，让目睹了自己母亲以及其他苏格兰矿工们的母亲与妻子的艰难生活的哈迪产生了共鸣。他在议会公开支持妇女获得投票权，为 WSPU 募集资金，还一再介入对妇女参政论者们的关押事件中。一次当克里丝特布尔被捕后，他旋即发电报："我能做些什么吗？"[9]

自从见证了布尔战争煽动起的英国沙文主义的粗暴面孔后，哈迪对战争的担忧——战争中人类令人恐惧的兽化，它的巨大破坏力，它使人们忘记还要为社会正义而继续斗争——便胜过了一切。他自始至终希望的就是，团结起来的劳动人民能够直接阻止自己的国家走向战争。1904 年，就在哈迪于阿姆斯特丹出席第二国际代表大会期间，日俄战争正在进行中，他见证了十分令人感动的一幕：当俄国和日本的代表们突然在大会讲台上发现彼此后，他们冲向对方，紧紧拥抱在一起，现场响起了热烈的掌声。他深深地感到，能够见证这一时刻也就"不枉此生"[10]了。

在后来的哥本哈根代表大会上，在饶勒斯的支持下，哈迪曾提议，一旦战争爆发，所有国家的工人们应立即宣布罢工。议会将本该用于社会福利项目的资金全部集中到与德国的海军军备竞赛上，投入到强大的新型无畏级战列舰的建造当中，其装备的高速蒸汽轮机和 12 英寸口径巨炮令一切旧战舰都变成了过时的旧货，而目睹这一切的哈迪则变得愈发忧虑。当一名美国记者问他心目中 20 世纪的主要危险是什么时，他回答了一个词:"军国主义。"[11]

英国民众知道哈迪是为劳工发声的领头人,也知道潘克赫斯特一家是为妇女争取投票权斗争的反叛化身。但是,还有一个故事是他们不知道的。据我们所知,这个故事开始于1906年的一天,当时,西尔维娅·潘克赫斯特生了病,正要搬到一处新公寓,食物和钱都没有多少。她名下当时只有25先令,比两个星期的房租勉强多出一点,这一切都是因为她选择了不从妇女社会和政治联盟中支取薪水,从而不得不依赖于母亲和姐姐的帮助。"我坐在一堆箱子中间,生着病又孤独,"她在多年以后写道,"这时令我完全没想到的是,基尔·哈迪在外面敲响了门。他指挥了这一切。他把重物一件件归位,等一切都收拾完毕后,他带我出去吃了饭。"[12]

西尔维娅当时24岁,而哈迪已年近50。从还是个小女孩起,她就认识哈迪这个家里的朋友,也一直都很仰慕他。但这时的他们都正处于人生的低谷,然后便走到了一起。

对于世界上成千上万的人来说,哈迪是一位英雄人物,但在家庭生活上他却并不是最幸福的。22岁那年,还在当矿工的他与莉莉结了婚,但从35岁起,他的大部分时间都是在伦敦度过的。孩子们都在苏格兰当地读书,尽管他经常回去探亲,但对于妻子想要搬到伦敦定居的愿望,他却断然回绝了。哈迪认为她拉低了自己的身价,他曾在写给一位朋友的信中抱怨说,莉莉似乎并不知道"在别人眼里她的男人是个多么重要的人"[13]。大约在同一时间,这位朋友在日记里含蓄地写道,哈迪被莉莉"对他做出的奇怪举动"搞得心烦意乱,并补充说,哈迪"对哈迪夫人……看法很大"[14]。站在莉莉一方,她要操持整个家,还要抚养孩子,而丈夫却大部分时间都在外面,还成为世界名人,也许莉莉对这一切早就感到愤恨不已了。无论如何,人们已经注意到她总是会沉浸在长时间的消沉情绪中默不作声。

哈迪觉得莉莉沉默寡言,不懂欣赏自己,而年轻得多的西尔维娅·潘克赫斯特则非常支持他,为人热情又无拘无束。"我们为了成为性伙伴而在一起,随时开始,随时结束。"她后来写道,"我们是为了自由的爱情而在一起,因为爱情是自由的,无人能将它束缚。"[15]然而直到哈迪那一天帮她搬家为止,她的这些想法都仅仅停留在理论上;他几乎肯定是她的第一个爱人。在写给哈迪的一首诗里,她提到过他的爱是"如何唤醒了一直沉睡的嫩芽"的。西尔维娅对哈迪的敬重不仅是因为他在政治领域的成就,更是因为他在伦敦会自己做饭打扫,自己擦鞋,工作努力,笔耕不辍。他们会互相交换彼此最爱的书籍,他会大声朗读罗伯特·彭斯的情诗给她听,他们都常因参加巡回演讲出门在外,他们还给彼此写过许多信。西尔维娅寄给哈迪的一首诗[16]是这样写的:

> 昨夜,当一切都已沉睡,你来到我身边
> 我本像是身处无边黑暗,
> 等待你的吻触碰我的唇边
> 你的臂弯多么有力,你的嘴唇令人着迷
> 紧紧地抱着我,直到无法呼吸

而哈迪写给她的内容则多少要显得克制一些:[17]

宝贝，
我整晚都在边工作边想你
希望你一切都好。

1911年，哈迪给正在美国进行巡回演讲的西尔维娅写了一封信，他在信中谈到，她应该将自己的事业继承下去——这一方面是对二人年龄差距的承认，但同时也一定令西尔维娅因其中体现出的二人的平等关系而激动不已："我喜欢想象你从我走过的同一片场地走过，在我曾经发言的同一座礼堂演讲，与我见过的同一批人会面的样子。我可以将自己所做的看成……让我的宝贝的前行道路变得更加顺畅。希望你的前路永远顺畅。"[18]

"他们对彼此之间的喜爱毫不遮掩，"哈迪的一位朋友回忆，"……我还记得她曾坐在他的腿上，双臂环抱着他的脖子。"[19]哈迪晚上长时间工作时，西尔维娅就会给哈迪画素描或者油画像，很快，两张她画的画像就被哈迪挂在了房间的墙上。他们之间的关系的确十分密切，但正如忘年恋经常表现出的那样，这段恋情中间同样存在着不确定性。同时，这段诞生于两个繁忙的社会活动家之间的恋情仿佛永远奔走在路上，西尔维娅的频频被捕也让情况更加复杂。

数百名被关押的妇女参政论者正试图发动狱中绝食，好引起政府的重视。当局对此给出的回应是，下令对她们执行强制喂食。哈迪在议会对这一措施进行了激烈抨击，此外还有超过100名医生共同签署了一份抗议书，但这一切努力都无济于事。他拼命劝说西尔维娅，让她停止继续绝食。作为一名政治操盘手，他理解她们这次所采取的策略，但作为她的爱人，他却对此惊恐不已。"他告诉我，"西尔维娅后来写道，"强制喂食的设想令他感到恶心。"[20] 难道这项事业的殉道者还不够多吗,哈迪问道,"再添一个又有什么用呢?"

然而,西尔维娅的殉道精神十分坚定,这使她不断地挑战着自己的身体极限。在这一点上,她与自己也在进行绝食抗议的母亲或是妇女社会和政治联盟的同志们完全不同。有一次,由于身体过于虚弱,刚被放出监狱的她不得不被担架抬着才来到了一处争取妇女投票权的集会现场,没说几句话,她就被救护车拉回家了。她曾经在监狱里偷偷给母亲捎话,渴望能够得到她的爱与敬佩:"我一直在斗争,斗争,斗争。每天我身边都有五六个女看守,另外还有两名医生。每天我会被用胃管灌食两次。他们用钢制口枷把我的嘴撑开,在我的牙缝中间把它固定好。我一直不停地反抗。我的牙龈一直在流血……肩膀上全是他们按住我将管子插进我的喉咙时我挣扎弄出的瘀伤。"[21]

然而,不论西尔维娅说了或是做了什么,都无法改变潘克赫斯特家在情感分配上的不公。从记事起,她就觉得自己生活在名人妈妈和长着一副瓷娃娃般的漂亮面孔、受到大家喜爱的姐姐的阴影之下,而后者甚至由杜莎夫人蜡像馆专门为其制作了蜡像。鉴于这段历史的存在,基尔·哈迪的爱与尊重很可能令她感到了加倍的重量,而进一步考虑到她对受到公众瞩目的渴望,可想而知,当她发现自己提出的好几个议题都被哈迪在下院进行提案之后,一定会感到非常兴奋。

他们两个人都有充分的理由将这段恋情隐藏起来。毕竟,哈迪是一名已婚男性,他势力强大的右翼政敌们一定乐于看到他由于与另一名年龄只有自己一半的女性之间的恋情而陷入公众丑闻的旋涡中。而就在哈迪刚与西尔维娅走到一起不久,潘克赫斯特一家就停止了与独立工党的合作,激进地将拥有男性议员成员的政治盟友全部都踢开。在妇女社会和政治联盟中，西尔维娅一直都是以坦率著称的活动家之一，因此，对于潘克赫斯特一家来说，对这段恋情的披露必将令他们在政治与个人层面上皆蒙羞，成为反对妇女参政的漫画家们笔下的素材。埃米琳一直以穿着考究、值得尊敬的孀妇形象去小心地平衡自己的好战形象，对于这件事，她感到格外的失望。一次在监狱进行绝食期间，西尔维娅偷寄给埃米琳一封转交给哈迪的信，但她的母亲没有把信送过去。西尔维娅永远都无法原谅她。

尽管哈迪担心的战争似乎并非迫在眉睫，但大众文化领域却弥漫着对德国的怀疑气氛。1906 年，《每日邮报》连载了一部名为《1910 年大入侵》的小说，为了给小说造势，报社派人戴着顶上有尖刺的普鲁士军盔，身上挂着广告板在伦敦街头四处走动。小说引起了轰动，并对整个入侵题材的幻想文学起到了推波助澜的作用。在另外一部小说的描写中，德意志帝国的黑鹰旗帜飘扬在白金汉宫的上空，英国国王流亡到德里，海德公园的草坪上出现了德文"禁止入内"的标志。一部关于一场由"北方的皇帝"发动入侵的戏剧于 1909 年首演，直到 18 个月后仍在继续公演。书店里充斥着入侵题材的小说，为了讽刺这一现象，幽默作家佩勒姆·格伦威尔·伍德豪斯（P. G. Wodehouse）自己也写了一部叫作《俯冲！克拉伦斯拯救英国》①的作品，里面虚构了瑞士海军对英国发动袭击和中国在威尔士占领了一个叫"Lllgxtplll"的港口。

与此同时，各国对潜在战争的准备工作正在以令人瞩目的

---

① 本书全名为《俯冲！克拉伦斯拯救英国：大入侵时期的故事》(*The Swoop! How Clarence Saved England：A Tale of the Great Invasion*)。——译者注

速度升级：1908~1913年间，欧洲最大的六个国家在军购的投入增长了50%[22]。如今，几乎每一个大国都将5%~6%的国民收入用在了军备上，即便他们几乎不具备通常意义上的冲突动机。例如，至少在公开层面上，没有一个欧洲主要国家对其他国家提出领土要求。

基尔·哈迪与其他成千上万的人们相信，战争最大的平衡力量来自社会主义运动。第二国际拥有超过30个会员国；其第一届大会主席团中曾同时有一名德国人与一名法国人；聚集在它的红旗之下的人们似乎已经忘记了国家间会发生冲突这回事。每年的五一节，欧洲各地的人们就会涌上街头举行游行。德国的将军们也许会发出战争叫嚣，尽管长期受到当局的骚扰，德国的社会党，即社会民主党却一直是议会的第一大党。德国社民党旗下拥有超过90份报纸和庞大的职业运营队伍，他们提出的福利计划似乎正在令社会主义国家从资本主义国家内部萌芽，这一切都让世界各地的左派们嫉妒不已。哈迪曾经出席过社民党的一次代表大会，代表中女性的人数之多令他印象深刻。大会期间，她们一直通过离开会议厅的方式进行和平示威。德国政府当然对该党的存在感到恐惧，不但禁止该党在军营进行演讲，还不允许其党员担任军官。在欧洲其他各国，社会党获得的选票份额都在持续增长。即便是在坚决反对社会主义的美国，哈迪的朋友，坐着红旗招展的"红色特快"列车进行选战的尤金·V. 德布斯，也在1908年总统大选中赢得了超过40万张选票，在1912年大选中又增加了一倍多，达到90万张。

一个国家（社会主义运动）取得进步能令其他所有国家欢欣鼓舞；一个国家遭受的挫折同样也会令其他国家感同身受，例如，当沙皇派出哥萨克骑兵射杀圣彼得堡的游行工人时，英国各行业工会迅速在利物浦召开会议，为死难者家属筹集了1000英镑的善款。即便社会主义者内部产生分歧，友谊与尊重依旧存在。在第二国际一次代表大会上，脾气火暴的波兰裔德国人罗莎·卢森堡对让·饶勒斯的一项陈述进行了激烈的批评。饶勒斯起身准备回应，并问有谁能够将他的回答翻译成德语。"我愿意，如果你愿意的话，公民饶勒斯。"卢森堡说道。这样彼此信任的同志之间可能会存在战争吗？

当然，怀疑论者也许会说，在中产阶级知识分子的眼中，无产阶级对和平的渴望仅仅是个白日梦。但哈迪对这个梦想却是坚信不疑的，他属于工人阶级——事实上，在第二国际的主要领导人中，他是两个能够指出无产阶级和工人阶级区别的人之一。另一个人是德国人奥古斯特·倍倍尔（August Bebel），对于自己工友们的和平本能，他的看法远没有那么乐观。"看看这些伙计们，"一次观看阅兵式时，他曾经做出评论，"他们中80%都是柏林市民和社民党人，但只要出了点什么事，上头一声令下，他们绝对会朝我开枪的。"[23]

6　前夜

　　行程每到一处，迎接国王与王后的都是雷鸣般的欢呼声。他们乘坐的船只从朴次茅斯起航时，皇家海军本土舰队的 15 艘军舰在两侧护航——这些强大的战舰有着与之相匹配的名字：不屈号，无敌号，不挠号，壮丽号。几天的航行后，皇家客轮及其护卫舰队来到了位于西班牙海岸线上的特拉法加角，这里曾是拿破仑时代英国海军取得划时代胜利的战场①——再次证明战争中勇气与纪律总是战无不胜的——随后，当夜幕降临时，它们抵达了直布罗陀领地。这座位于巨岩之下的小镇控制着地中海的入口，此时它灯火通明，迎接船队的到来。第二天早上，大西洋舰队十艘舰只上的水兵们在出海时向这对皇室夫妇——国王身穿白色的海军总司令军装——发出了三声热烈欢呼。在塞得港，埃及的赫迪夫佩戴上巴斯勋位的星形勋章和绶带前来致敬。当国王的蒸汽船沿着苏伊士运河航行时，埃及骆驼军团作为护卫队，接力在岸边随行。在苏伊士，烟花填满了整个天空。在亚丁，更多的英军军舰鸣放 121 响礼炮。几个月前，乔治五世国王和玛丽王后刚刚在威斯敏斯特教堂完成加冕仪式，此时他们正前往印度就任印度皇帝和皇后。他们于 1911 年 11 月开始的这次航行，是自狮心王理查一世第三次十字军东征出发攻占耶路撒冷后，英国君主第一次离开欧洲。

---

① 特拉法加海战。——译者注

这趟为期六周的盛大出访在英属印度是前所未有的。一路上，军乐队吹奏军号，旁遮普战舞和苏格兰剑舞表演纷纷登场，一场马球冠军赛也在此期间开打。在加尔各答，大群印度民众冲破了士兵的警戒线，争相从国王的足迹踏过的土地上抠下土块，然后把它们按在额头上。人们对一切长期以来关于印度发生过的对抗殖民统治起义——有些发生的时间相当之近——的记忆都消失了，至少英国媒体是这样报道的。在喜马拉雅山脉的山麓地带，一位印度王公集中了645头大象，带着皇帝陛下和一大群嘉宾以及猎场看守前去狩猎老虎。在孟买，一向寡言少语的乔治国王被欢迎人群的热情感动得不能自已，由于哽咽，他好一会儿都说不出话来。

高潮是在德里举行的盛大加冕典礼，乔治五世和玛丽王后在现场被宣布成为印度皇帝和皇后。聚集在空场上的十万群众使空气中满是尘土，皇帝夫妇在华盖之下深红与金色的高高的宝座上就座。皇帝穿着一件紫色天鹅绒长袍，头顶的皇冠上钻石闪闪发光；更多的钻石在皇后的后冠上闪耀着，身上的绸缎礼服镶着金边。二人由皇家近卫骑兵团、印度枪骑兵团、苏格兰皇家弓箭手连、廓尔喀步枪队以及骑着白马的英国与印度号兵各十二人护送前往宝座。十六支百人军乐方阵吹奏起凯旋的乐曲。十四名身上挂满勋章的印度侍从头戴头巾，他们穿着一身猩红色服装负责传递权杖；另有四人手持用牦牛尾毛与孔雀羽毛制成的扇子，驱赶接近仪式的昆虫。长剑、头盔和军号在阳光下熠熠生辉；随风飘动的三角旗随处可见，隆隆炮声过后的烟尘在空气中弥漫。英国的官员和印度的贵族们先是上前鞠躬致敬，然后毕恭毕敬地退下，过程持续了一个小时：总督；高等法院的大法官和各级审判长；各省总督与副总督；海得拉巴的尼扎姆；博帕尔的伊斯兰教女王；兰普尔的穆斯林王公，卡拉特可汗，以及数不清的众多土邦王公们。

只有一段古怪的插曲给仪式留下了瑕疵。一位印度贵族被认为没有表现出合适的尊重，他是巴罗达的盖克沃尔。"前来致敬时，"伦敦的《泰晤士报》怒气冲冲地指出，"他得意扬扬地走上前来，挥舞着手中的棍子——这本身即是对礼仪的粗鲁冒犯，而当从陛下身前经过时，他用最敷衍的方式向陛下致敬。几乎无人相信他的无礼行径不是故意而为的。"[1]后来，对此感到心烦意乱的盖克沃尔再三表示自己当时仅仅是有些紧张糊涂而已，但这只是白费力气。奇怪的流言开始四处传播：人们甚至说他对从英国手中夺取了自由的美国十分欣赏。当在一则新闻短片中看到他时，伦敦的观众们发出了阵阵嘘声。然而，基尔·哈迪却热切地对此事大做起了文章："其他的地方统治者们已经学会了在宝座前卑躬屈膝，"他写道，"但他……却始终站得笔直，然后，最令人震惊的是，离开高台时，他竟然把后背朝向了国王。"[2]哈迪期待着有一天，更多的印度民众能对"亲吻压迫者的脚使自己的屈辱再添一分"的行为说不。

当然，骄傲地出席加冕仪式的英国官员们并不觉得自己是压迫者。作为其中的杰出分子，道格拉斯·黑格爵士坐在了第一排。作为印度驻军统帅的任务本来已经结束，但他很有心计地将离行日期推迟到了国王访问结束之后。他在日记里写满了对自己的士兵在国王面前的表演十分满意的评语。"一场完美的阅兵。士兵们站如磐石……我过去从未见过比这更好的士兵队列，或是秩序更井然有序的骑兵方阵。"[3]一如既往地作为皇室宠儿，他得到了额外的爵士头衔册封。启程回国时，他已是印度帝国爵级司令勋章的获得者。与约翰·弗伦奇之前一样，他的下一职务将是统领奥尔德肖特的第一集团军，此时，这支部队正被派往欧洲大陆，以应对可能出现的战争。

像这场加冕仪式一般对帝国强大力量进行展示的行为绝不仅仅是为了满足那些到场之人的虚荣心。它们在向一切潜在敌人强调，一旦战争真的爆发，英国将有实力令整个帝国投入战争当中。它所传达出的信息是，在欧洲任何战争中，来自英伦三岛的士兵身边都将有来自像皇家德干骑兵团、英王非洲步枪营或是西印度军团等精锐部队的将士与他们并肩作战。在帝国的每一个角落，忠诚的臣民们都会将援助英国视为他们的职责。"学校就像军需工厂，"在南非格雷厄姆斯敦（Grahamstown）的一所私立男校，校长珀西·凯特威尔（Percy Kettlewell）牧师在1913年时宣称，"应该持续不断向外供应活物资。"[4] 他的心愿最终达成了：在第二年开始的战争中，将近1000名从他的军需工厂毕业的学生穿上了军装；其中125人在战争中被杀。

在加冕仪式举行的同一年，德国在摩洛哥爆发起义期间向该国的阿加迪尔港口派出了一艘军舰，并宣称是为保护德国侨民，此举引发了第二次摩洛哥危机。（令人尴尬的是，当地其实一个德国侨民也没有，但为了让事实与德皇的说辞相符，一名德国商人被从75英里以外的一座城镇匆匆召唤到了阿加迪尔。）私下里，好战的德军总参谋部参谋长赫尔穆特·冯·毛奇（Helmuth von Moltke）希望，他的国家能"鼓起勇气表明我们已准备好用武力来执行强有力的命令"[5]。为回应德国的行动，英国下令皇家海军进入戒备状态，这在和平时期极为罕见。同非洲的其他纷争一样，这一次，解决问题的还是一纸战利品瓜分协议：法国加强了对摩洛哥大部分地区的控制，而德国获得了法国在非洲中部的一小块领地①。

面对彼此国家间逐步升级的紧张局势,法国与德国的社会党人加倍宣示他们的团结立场:一位德国社民党领导在法国社会党的代表大会上做出承诺,"我们绝不会向你们开火"[6],赢得了热烈的掌声;作为法国右翼人士的眼中钉,让·饶勒斯在柏林向他的同志们发表了演说,并在回国后对德国社民党大加称赞。当德国社民党于1912年初在国内议会中赢得了超过四分之一的席位后,法国最大的社会主义报对此欣喜若狂,称这一结果"是整个无产阶级的一场胜利,表现了人们对和平的普遍愿望"[7]。其实,像他们一直坚持的那样,德国议员中的社会主义者们还在继续对本国——此时正在不断增加——的军事预算案投反对票。

当年晚些时候,来自23个国家的555名代表在瑞士的巴塞尔汇聚一堂,召开了一届不同以往的气氛热烈的第二国际代表大会。身穿白衣的儿童一边演唱社会主义歌曲,一边引导与会者穿过街道前往市内教堂。第二年,哈迪的独立工党举行了一场反战活动,其间在伦敦的一场大规模游行上,他的朋友饶勒斯和多人均发表了演说,活动也迎来了高潮。这个个子矮小、身体圆胖、长着一脸大胡子的男子是个具有传奇般力量的演讲者,说话时,他的声音会由于激动而颤抖,手上会比出夸张的手势,头向后仰起("饶勒斯用胡子思考"[8],一个认识他的人这样评价),尽管他说的是法语,但没有人会不理解他想表达的意思。根据一位在场的见证者回忆,当他把手放到讲台边,将它稳稳地举起时,英国群众兴奋地向他喝彩,因为"我们都明

---

① 指刚果。——译者注

白他要说的是工人阶级的崛起"[9]。

高层人士纷纷在对战争进行预言。冯·毛奇推动德国大规模扩军,他直截了当地告诉总理:"各方都在为欧洲战争做准备,各方都相信这场战争迟早会来。"[10]各方不仅仅在准备,他们的最高指挥机构已经为战争的展开制订出详细的计划。如果德国向法国进攻,英军在哪座港口登陆,将有多少法国列车和翻译迎接他们,战线的边界可能在何处,英法两国的军官们早已制订了相应计划。然而,对于那件用来屠杀"土著人"的武器——机枪,却没有什么准备工作将它考虑进去。当英国、法国和德国的将军们在作战指挥桌上展开地图时,太多的时间都被花在了如何布置骑兵部队上。

德国人可能会在何处发起进攻?显然不是在他们与法国接壤的边境,因为在那里,他们将遭遇法国的重型防御工事。预测表明,相反,利用比利时发达的铁路系统和坚实的花岗岩道路,德国人会迅速从中立的比利时通过,然后挥师向南朝巴黎进军。事实上,英国与法国正指望着这样的情况发生。只有比利时遭到突袭,英国人才能够轻松取得参战的正当理由,因为,各大国之前已经签订了一项承认比利时中立地位的协定。一位英国政界高层人士向他的一位法国同僚发出警告说,无论如何,"都决不能让法国的指挥官们率先跨入比利时的国界!"[11]——因为这样一来,英国公众就绝不会支持本国参战了。

由于记忆中的历次战争均以获胜告终,英国许多具有影响力的人士期待欧洲爆发一场干净利落的战役,它能使这个处于软弱危险中的国家的脊梁再次坚挺起来。"生于忧患,死于安乐,"1912年出版的一期《每日邮报》上,一位评论员写道,"但最严重的战争却也只能造成微乎其微的实际伤害。"[12]

其他人对战争实质的认识没有这么乐观，但也都十分确定它一定会到来。查尔斯·贝雷斯福德（Charles Beresford）当时是国会议员，曾经担任海峡舰队司令一职，每到新的一天，他都会用"早上好，又是与德国战争更近的一天"[13]来打招呼。贝雷斯福德是吉卜林的朋友，后者的作品中更是充满对那些看不到战争迫在眉睫的人的激愤之情。吉卜林对德国海军实力的逐步增强感到忧心忡忡，对正在"火山口上舒舒服服地野营"[14]的英国同胞们高声抱怨，并开始将德国人称作"匈奴人"或"哥特人"。在诗作中，他对一个不把钱用来扩充军备却用于社会改革的政府进行了严厉的谴责：

> 因为需要给高声示威的人群更多薪水，
> 他们在敌人的面前解散了弓箭手。[15]

由于糟糕的视力，他的儿子约翰加入海军的愿望落空了，但吉卜林开始进行幕后牵线，看看是否能让约翰进入桑德赫斯特的陆军学院，为了让儿子准备入学考试，他将儿子送到了一个"备考老师"那里，他希望儿子能够在陆军重新展开军旅生涯。

一个世纪过后，很容易看到引发整个欧洲大陆走向战争的渐进式步骤。但对当时的英国人来说，国内才是看起来最可能发生流血事件的地方。工会成员人数大幅增长，他们的好战性也在上升：1911年，一场运输工人举行的罢工令全国大部分港口陷入瘫痪长达数周之久，而更多的罢工行动即将到来。在这一年和随后的第二年中，当局共出动了超过50000人的军队来应付罢工,甚至还向利物浦派遣过两艘军舰。仅利物浦就有200名罢工者在与士兵爆发的冲突中受伤以及两人死亡。

在种种对社会现状的威胁面前,监视工作的地位提高了。在苏格兰场①,巴兹尔·汤姆森(Basil Thomson)接管了对潜在滋事者的追踪工作,他是一名野心勃勃且极度保守的前殖民地官员,极具自我推销的天分。留着小胡子,穿着燕子领衬衫,胸前口袋里整洁地塞着一条白手帕,比起侦探,照片里的他看起来更像是个衣冠楚楚的花花公子。很快,他手下的探员们就开始出席罢工会议,拆开妇女参政论者们的邮件,并对哈迪的独立工党密切关注。汤姆森曾对一位朋友评论说:"除非能有一场欧洲战争改变目前的局面,否则我们就将朝某种与革命非常相似的局面迈进"。[16]他并不是唯一有这种感觉的人。"眼下若能爆发一场大战,也许会对消除社会主义者们的谬论大有裨益,"一位军官在信中吐露心声,"还很可能会为这一切的劳工动乱画上句号。"[17]

不过若是谈到引人注目的破坏行动,工会会员们在激进的妇女参政论者面前只能自愧不如。1911年,在议会未能通过一项关于妇女投票权的议案后,克里丝特布尔煽动妇女社会和政治联盟的成员们采取暴力手段。在两场令人印象深刻的袭击行动中,妇女参政论者们在伦敦市中心横冲直撞,她们把锤子藏在暖手筒里,报馆、酒店、近卫军俱乐部、一大批政府办公室以及将近400家商店的窗户都被她们砸破了。由于担心遭到逮捕,克里丝特布尔逃到了巴黎,在那里,她继续编辑妇女社会和政治联盟的报纸,号召发动更多起破坏行动。她的母亲和另

---

① 它是英国人对首都伦敦警察厅总部的转喻。——译者注

外两名女子坐着出租车来到唐宁街10号的首相官邸，对那里展开了一场奇袭，打碎了两扇窗户。（埃米琳成功挣脱了警察的控制，争取了足够多的时间，又向殖民地办公室的窗户扔了一块石头。）英国几乎从未经历过这样的场面。

尽管人数在减少，可妇女社会和政治联盟的支持者们变得比以往更加激进，她们曾先后在皇家植物园内的兰花园、伦敦的一座教堂和一座赛马场的看台放火，炸毁了一座废弃的火车站，并在伦敦塔将一个珠宝盒打烂①。她们剪断了连接伦敦与格拉斯哥的电话线，在高尔夫球场的果岭刻上"没有选票，没有高尔夫！"的字，还倒入酸性物质使草无法生长。根据当时的一份报纸的估算，妇女参政论者们共造成了50万英镑的财物损失[18]，这笔钱在今天约等于6000万美元。到此为止，她们中间已有超过1000人被捕入狱，而在1913年，还有一人面对新闻短片的拍摄镜头和大群观众做出了惊人之举，并牺牲了自己的性命，她就是埃米莉·怀尔丁·戴维森（Emily Wilding Davison），妇女社会和政治联盟成员，埃普索姆德比大赛进行期间，她冲进赛道，拽住国王赛马的缰绳，被正在全速奔跑的赛马撞翻。四天以后，她因伤势过重死亡。玛丽王后称她为一个"令人讨厌的女人"[19]。埃米琳·潘克赫斯特则叫她"我们当中最勇敢的战士之一"。[20]

作为一个一直以来都非常注意在最大限度上维持自己得体形象的女人，潘克赫斯特对暴力的欣然接受令人颇为震惊。在妇女社会和政治联盟内部，只要有成员对这种新的激进策略提出反对，或是不赞同她对组织独断专行的控制就会被开除。这

---

① 伦敦塔里面有博物馆和珍宝馆一类的设施。——译者注

72　些人中有一人不光被逐出了组织，还被赶出了英国，她就是埃米琳情绪不稳定的小女儿阿德拉。由于阿德拉支持与妇女投票权运动毫无关系的罢工运动以及其他左翼运动，对此怒不可遏的埃米琳给了她一张价值20英镑的船票和一封写给澳大利亚一位妇女参政论者的介绍信，坚决要她移居海外。尽管内心深受伤害的阿德拉对此感到非常矛盾，但仍对母亲言听计从，她还是服服帖帖地上了船，再也没有见到过母亲或是姐姐们一面。

埃米琳和二女儿西尔维娅对外展现出好斗与团结一面的背后，相似的紧张关系正在她们之间酝酿。对于西尔维娅来说，妇女投票权运动同样也只是为无产者进行的更加广阔的斗争的一部分，在这一点上，她和他的爱人基尔·哈迪的看法是一样的；对于母亲和背井离乡的姐姐克里丝特布尔对于暴力的新狂热，她也默默地感到失望。

1912年以后，西尔维娅搬进了伦敦东区破败不堪的贫民窟，去帮助那里的穷人，愈发坚定地走上了属于自己的道路。也许她并不自在，但这时她和东区被她组织起来的妇女们在形式上还隶属于妇女社会和政治联盟。她与一对鞋匠夫妇住在一起，并继续筹划着各种一看便知是潘克赫斯特家风格的引人注目的抗争行动。例如，她曾让一名妇女藏在一只带内衬的箱子内，这个箱子要经过服务通道作为货物被运送到下议院内部。一进入下议院，那个妇女就偷偷溜出箱子，在访客廊台上，她把一个三磅重的面粉口袋里的东西全都倒在了底下反对妇女获得投票权的首相赫伯特·阿斯奎斯（Herbert Asquith）的脑袋上。但是，尽管西尔维娅本人喜欢成为众人注意的中心，她建立的组织所做的却远比此类噱头行动要多得多。众多举措中包括向妇女提供有关演讲、女性法律地位、儿童保育以及当时并不寻常的性教育等方面的课程与讲座。后来，许多在她的帮助下获得培训的妇女都在工会或是选举办公室走上了领导岗位。

在一场由码头工人组织的旷日持久的激烈罢工期间，西尔维娅组织妇女们去帮助码头工人照顾他们的孩子，而作为回报，上百位东区的工会成员加入向霍洛威监狱进军的游行队伍中，声援那里一位正在进行绝食抗议的妇女参政论者。要知道，许多工人阶级男性同样没有投票权，这是因为，将近百分之四十的英国成年男子由于太穷，根本无法取得投票资格。在苏格兰场，巴兹尔·汤姆森的手下们对西尔维娅和她的新盟友们保持着密切监视。曾在1913年对西尔维娅实施逮捕的一名督察在向上级的汇报中说，他好不容易才从"一群满怀敌意的"男人中间逃了出来，他们中有人"用码头装卸的手钩……武装自己……并且要尽一切努力阻止西尔维娅·潘克赫斯特被捕"[21]。短短几年时间，她在东区付出的努力似乎成为那个总是难以捉摸的社会主义梦想的生动体现：一切无产者团结起来。她的另一个梦想似乎也一度要成为现实，那是在她经历过一场监狱绝食抗议后卧床休养期间，她迎来了母亲的探望。她最终能够在埃米琳的心中赢得与克里丝特布尔同等的地位吗？

当然，在西尔维娅之前很久，夏洛特·德斯帕德就已经投身伦敦的贫民窟。尽管生于不同的年代——德斯帕德要大上38岁——但二人此时却成为政治盟友，经常会在同一块讲台上发表演讲。在电视出现以前，演讲是激进分子和持异见分子将自己的想法传达出去的最主要的方式。不论是在街角临时搭建的讲台上，还是在演讲大厅里，德斯帕德都能应对自如地进行演讲。她的演讲总能吸引上百人甚至上千人聆听。作家克里斯托弗·圣约翰（Christopher St. John）曾经对她在海德公园的一次集会上就妇女投票权话题的演讲场面做过这样的描述："她像卡桑德拉般高举起双臂；整个瘦弱纤细的身体似乎在预言的作用下颤动起来，在她满头的白发后面，那条令人熟悉的黑色蕾丝罩纱向后飘动着，仿佛骑兵手中擎着的三角旗。"[22]

德斯帕德和她的众多追随者拒绝交税，像1776年美国的叛乱那样，他们也表示，"无代表不纳税！"作为回应，政府没收了她的家具。此时她已年近七十，为了妇女投票权和劳工权益进行的一系列斗争令她心潮澎湃，以至于她曾经宣称："二十岁那年的我比现在更老。"[23] 不论在何种程度上认同无产者，德斯帕德都从未失去她那种贵族特有的权利意识，即便是在四次入狱经历中也依旧如此。"我激动地看着这个高贵威严的人物进来，"[24] 另一名犯人写道，"……她进来后的第一件事是淡定地拒绝了医生给她开的药。'我这辈子都没吃过药——我没打算从现在开始吃药。'她的话马上就被当成了圣旨。每个狱警似乎都对她非常敬畏。"另一名囚犯回忆："不论过去还是以后，我都没见过第二个（像她这样的）犯人，从第一天入狱起，每晚都能睡得那么香。"[25]

"报纸上的新闻……让人不由得去想，阶级斗争的战争已经开始了。"[26] 德斯帕德在1914年初的日记上满怀希望地写道。如果英国爆发一场革命，那么那个注定要在其位谋其政而去镇压革命的人就是德斯帕德的弟弟，这时他刚被提拔为陆军元帅，英国陆军的最高军阶。约翰·弗伦奇爵士始终将妻子埃莉诺拉和他们的孩子扔在赫特福德，自己则在伦敦的临时住处继续拈花惹草，与他同住的是乔治·G. 摩尔（George G. Moore）。摩尔是来自美国的投资家和铁路大亨，同时也是弗伦奇积习难改的财政问题的解决者。摩尔是个忠实的亲英者，他非常崇拜弗伦奇，心甘情愿地为后者支付房租和他由于招待女性朋友们喝酒吃饭而产生的大笔开销。德斯帕德保持着与"我亲爱的老杰克"的和睦关系，按她的日记记载，弗伦奇在1914年的春天时对她进行了一次"令人愉快"的拜访。对于姐姐身上的各种激情，弗伦奇作何理解？对于这些，他当然一个都理解不了，但对于他来说，姐姐仍然十分重要，正因为如此，他才在几个月以后又对姐姐进行了一次拜访，还带上了他的新情妇，一名前演员，她此时是一位伯爵的妻子。显然，有朝一日姐弟将在某场革命的街垒两侧对峙的想法并没有令他们感到困扰。

尽管军备扩张的脚步在过去五六年中不断加速，但1914年的前六个月却是一段异常风平浪静的时光，不受任何国际纷争的干扰。超过50000名德国人在英国工作，在这里，他们往往能赚到比在自己国内工作更高的薪水。而来到德国的英国人也高兴地发现，许多德国人如今已学会了英语；德国的艺术家和知识分子在英国是如此受人钦佩，以至于牛津大学在这一年里将大部分的荣誉博士学位都颁发给了德国人。

欧洲主要大国之间的关系似乎大为改善，这样当然很好，毕竟，英王乔治五世、和他长得很像的沙皇尼古拉二世与德皇威廉二世之间全都有着亲戚关系。乔治是尼古拉的姨家表兄，同时是威廉的姑家表弟；他与沙皇和德皇的妻子也都有亲戚关系。三位未来的君主在童年时就已彼此相识，他们的皇家游艇曾在波罗的海度假时停靠在一起，前一年威廉女儿的婚礼上，他们也在柏林汇聚一堂①。威廉是尼古拉一个孩子的教父，维多利亚女王去世时，作为她的外孙，威廉也在床边送了她最后一程。6月下旬在德国举办的一年一度的易北河帆船赛上，英军一支由战列舰和巡洋舰组成的分遣舰队也是座上宾。一如既往热爱军装的德皇穿上了饰有金穗带的英国海军荣誉上将的制服②，英国和德国的军官们则一起观看比赛，参加宴会。当皇家海军的舰只起锚回国时，他们的指挥官下令向德国同行打出旗语："过去是朋友，永远是朋友。"[27]谁说不是呢？这一年的春夏之间，一场冲突占领了英国报纸的头条，成为人们政治生活中的热议话题，这场冲突与德国无关，但离英国很近。

几个世纪以来眼看着自己的税收和地租收入落入英国人的口袋，爱尔兰人心中燃烧着怒火。根据计划，一个折中版本的爱尔兰自治法案将于这一年晚些时候正式实施，该法案将赋予新的爱尔兰议会对绝大多数内政问题的自治权。害怕落入岛内占大多数的贫困天主教徒的统治，成员大部分为北部新教徒的较富裕的激进分子们决定造反成立自己的临时政府。他们受到了岛上其他新教徒地主们的暗中支持，组建起一支义勇军部队，并进口了30000支步枪。为应对这一情况，都柏林的爱尔兰民族主义者们也组建起了自己的准军事力量，并开始进行武装。对于英国后院这场潜在的战争，德国感到非常高兴，并秘密向

---

① 威廉的女儿维多利亚，婚礼于1913年举行。——译者注
② 维多利亚女王开始筹备其外孙对英国的首次国事访问，她知道，外孙对英国皇家海军很感兴趣，决定授予他"海军荣誉上将"的称号，威廉得知后非常高兴，"我总是幻想有朝一日能穿上与圣文森特勋爵和纳尔逊一样的服装"。他告诉英国驻德国大使，"这足以让人兴奋得发晕。"荣誉任命是英国王室人员于1889年8月乘皇家游轮"维多利亚和阿尔伯特"号送到的。——译者注

双方同时出售武器。

在好几个月的时间里,这场危机成为已经被劳工运动造成的动荡局面和不知道激进的妇女参政论者们下一次要攻击哪里搞得心烦意乱的英国政府的心头之患。对于被帝国意识支配头脑的英国人来说,爱尔兰与英国不可分割是他们的信条——这个国家的名字不正是叫作大不列颠及爱尔兰联合王国吗?许多英国社会的最上层人士——例如约翰·弗伦奇爵士——都为自己的爱尔兰出身感到骄傲与自豪。难道为了维护统一,英国就没有打过内战吗?部分英国人已经准备好再冒一次这样的险,而阿尔弗雷德·米尔纳就是这些人中的一位。他在1914年初时便认定必须对此采取严厉手段——"不能采取暴力或是主动反击,至少一开始不能这样"[28],他别有深意地暗示道,令人颇感不祥。他在给维奥莱特·塞西尔的信中说:"之前的三四个月,是我自南非那时起对公共事务最为操心的一段时光。"[29]在米尔纳看来,爱尔兰人与布尔人没什么区别,他们应该与布尔人一样,永远受英国人的统治。拉迪亚德·吉卜林与其观点一致,在它看来,爱尔兰的天主教徒就是一群"西方的东方人"[30]。

米尔纳开始在英国各地发表演说反对自治法案。然而,他真正的出彩之处并不是在讲台上,而是在于他充分运用了自己为人称道的执政技巧。这一点体现在他对反对爱尔兰自治的右翼政治力量的巧妙动员上。在公开场合,他和盟友们为一份公民抗命宣言收集了大约200万个签名。私下里,他为北爱尔兰的新教义勇军募集资金购买武器[31],其中,吉卜林捐出了令人震惊的30000英镑,这笔钱放在今天价值超过300万美元。维奥莱特仍然一如既往地支持着米尔纳。毕竟,如果关于地方自治的颠覆性思想传播开来,那么很快,她的儿子乔治——此时他刚结束了军校生活，成为近卫步兵第一团的军官——就没有大英帝国可以保卫了。

1914年的夏天来临之际，当局正在拼命解决这场看似一个世纪以来国家面临的最严重危机。皇家海军从海外召回了部分舰船。乔治五世召集各方在白金汉宫举行紧急会议，国王发表了一段严肃的讲话作为这场史无前例的会议的开场白，若是换个场合，这段讲话听起来就像出自埃米琳或是克里丝特布尔·潘克赫斯特之口："如今，我最有责任心、最清醒冷静的子民口中正在发出内战的呼喊。"[32] 然而，这次会议最后在争执中收场。当英国军队在都柏林向抗议人群开火当场射杀三人，造成多人受伤并导致其中一人伤重不治身亡后，大范围的暴力事件似乎离人们越来越近。卡丽·吉卜林开始为受到围困的爱尔兰新教难民筹集衣物，而这些人将很快充斥英国本土。

不光是吉卜林一家与米尔纳、德斯帕德、弗伦奇以及潘克赫斯特母女几人，在英国，几乎所有人都将目光聚焦在了逐渐逼近的爱尔兰冲突上，以至于他们并没怎么关注新闻报道，6月底，奥匈帝国的弗兰茨·斐迪南大公与妻子索菲亚在首府城市萨拉热窝被刺客射杀了。

第二部分
1914 年

7 奇异之光

日程表里出现过许多盛大华丽的隆重场面，但这些都到此为止了。弗兰茨·斐迪南大公对于萨拉热窝这个奥匈帝国边远省份首府城市的访问极具仪式性。斐迪南时年五十岁，尽管将要从自己的叔叔，也就是奥匈帝国皇帝的手中接过王位，但身体超重又脾气暴躁的他与自己年长的叔叔之间的关系并不是很好。不过，他拥有一段幸福的婚姻，这在欧洲的皇室成员中并不常见。他怀有身孕的妻子从维也纳来参加这次旅程。连续两天的阴雨绵绵中，她访问了当地的学校和孤儿院，在这期间，作为陆军监察长的弗兰茨·斐迪南观摩了军事演习。在他们下榻的郊区温泉浴场，这对皇室夫妇为当地政府官员和军官们举办了一场晚宴舞会；现场的军乐队演奏了《蓝色多瑙河》及其他圆舞曲。1914年6月28日早上，太阳终于出来了，弗兰茨·斐迪南和索菲亚的车队向城内进发，在那里迎接他们的将是24响礼炮、一场欢迎仪式和为二人结婚十四周年而举办的官方庆祝活动。

等候在萨拉热窝的要员们头戴各式各样的帽子，它们折射出了这个面临崩溃的危险笨拙的帝国的本质：汉堡帽、圆顶小帽，土耳其毡帽，还有代表不同种族军团的形状各异的骑兵头盔与带檐军帽。这个帝国由十多个少数民族组成，彼此摇摇欲坠地附着在一起，在维也纳的专利统治下，几乎每个民族都不甘心。萨拉热窝周围地区生活着许多塞尔维亚族人，他们中间有一部分属于激进民族主义者。与独立的塞尔维亚王国咫尺之遥，他们梦想着建立一个囊括全体塞族人的大塞尔维亚国家。是年20岁的诗人、胸怀抱负的加夫里洛·普林西普（Gavrilo Princip）就是这样一个人。他身材矮小，患有肺结核，生活中厉行宗教禁欲主义，在弗里德里希·尼采和俄国无政府主义者作品的鼓舞之下，他构想出在皇储出访至萨拉热窝时将其刺杀的主意，并与几名同谋者计划了一场自杀式袭击。他们在6月28日清晨出发时身上带着手枪、炸弹和毒药，一旦任务结束，他们就会服毒自尽。

帝国与塞尔维亚此时已经处于一种非常敏感的关系之中。奥匈帝国的官员们将其存在本身视为一种威胁，一直在通过军事演习来展示力量，此前大公本人就曾出席观摩过这些演习。他们一直在寻找一切可能的借口，入侵塞尔维亚，进而对其进行肢解和分割。在艳阳高照的萨拉热窝街头，加夫里洛·普林西普正等候在迎接大公车队的人群之中，很快，他就将提供这样一个借口。

令事情变得更加一触即发的还有维也纳的坚定支持者，德皇威廉二世。作为世界级工业巨人，德国就像是奥匈帝国缺乏耐心、盛气凌人的老大哥。三十五年间，这两个帝国一直被军事同盟关系捆绑在一起，互相承诺在一方遭受攻击时提供支援。热血澎湃的德皇热衷于炫耀德国的实力，但在当时却并不具备这样做的机会，于是便一直鼓动自己的盟友与小小的塞尔维亚开战。

另一个虚弱帝国，长期以来与奥匈帝国争夺对巴尔干地区控制权的俄国则身处幕后。同为斯拉夫人和东正教信徒，俄国人与塞尔维亚人之间的情感纽带可以追溯到很久以前（事实上，这也将成为20世纪90年代的巴尔干战争中的一个因素)。维也纳一直怀疑,大塞尔维亚民族主义的各种表现背后都有俄国暗中支持的身影,有些时候他们的猜测是正确的。如果奥匈帝国入侵塞尔维亚,俄国政府将面临来自本国人民要求其支援自己的斯拉夫兄弟的强大压力。德军总参谋长赫尔穆特·冯·毛奇之前已经向他的奥匈帝国同僚们做出保证,一旦这种情况发生,德国将加入对抗俄国的战争。

同许许多多的德国军人一样,毛奇也十分渴望那场不可避免的未来的战争,他认为在这场战争中,"德意志民族与斯拉夫民族之间的斗争将成为问题的核心"。[1]德皇同意这一观点,并且乐观地认为,从长远来说,英国人不可能一直与"斯拉夫人和高卢人"[2]保持同盟关系,最终必将与自己的日耳曼兄弟站在一起。关于俄国的种族偏执根深蒂固。"这群毫无组织的亚洲人,"德国皇家图书馆馆长断言道,"就像沙漠里的沙子,却妄想组成像我国一样的良田。"[3]有时,德国的高官和大工业家们在私下里谈话时会提到将俄罗斯西部部分地区吞并,然后让其他部分分裂成一个个德国的附庸国的想法。[4]

就在弗兰茨·斐迪南的敞篷游览车意外地停在年轻的加夫里洛·普林西普面前时,在这座帝国间利益纠葛碰撞的火药桶里,后者用手枪近距离开了两枪。一枪击中了正戴着一顶精美的羽饰头盔的大公的颈动脉血管;另一枪打中了他的夫人。不到半个小时,二人就双双毙命。

在巴尔干以外的世界,刺杀事件在各大报纸的头条待了几天,随后就从人们的视线中消失了。在英国,1914年的初夏是和煦的,这样的天气对于温布尔登网球赛和即将到来的皇家亨利赛艇日来说是再完美不过的;将这一切毁掉的乌云则是爆发可能性越来越高的爱尔兰内战。欧洲大陆似乎是那么的遥远。"当国内事务处在这样一种格外危险的境地时,"一位下议院成员说,"国外情况是很难被大量探讨的。"[5]

在法国,雷蒙·普恩加莱(Raymond Poincaré)总统正在隆尚参加赛马大奖赛①,比赛的获奖者是罗斯柴尔德男爵的赛马"萨达纳帕尔",当获悉刺杀的消息时,总统对此并不感兴趣,因此没有离开。更有意思的事情已经分散了法国人的注意力:轰动一时的前总理之妻哈丽雅特·卡约杀人案。由于受到一名报纸编辑的威胁,那名记者威胁说将她和其丈夫在未离婚时的往来情书公之于众,于是哈丽雅特·卡约开枪将记者杀害。在那之后第二个月开始的审判中,本案被裁定为一起激情犯罪,法庭认为,由于妇女显然无法控制自己的情绪,因此被告不必对此负责。她被无罪释放了。

在一座大多数人闻所未闻的首府城市,普林西普射出的两颗子弹竟能如此迅速地开启随后一系列将极为深刻地重塑我们的世界的事件,即便在今天看来,这似乎依旧令人感到不可思议。几乎没有哪段历史,能像普林西普扣动扳机之后的六个星期发生的事情那样,被如此详细地研究过,他先是服毒失败,随后被佩剑警察从愤怒的人群中扭送离开。(他将在四年后因肺结核死于狱中。)

如果大公和夫人没有被刺杀,那么战争是否能够避免?也许可以,但是考虑到奥匈帝国对于征服塞尔维亚急不可耐的心情和德国想要主宰全欧洲的勃勃野心,我们很难想象不会爆发某种形态的冲突——在1913年举办的一场宫廷舞会上,德皇就

---

① 现在已经改名叫 Prix Gladiateur。——译者注

已经向众人介绍被自己指派"统率部队向巴黎进军"[6]的将军,他还曾先后向比利时的两位国王要求允许德军发动上述攻势时过境比利时但最终无功而返,而在1915年,冯·毛奇将军在给朋友的信中提到了"这场由我策划并发动的战争"[7],看到这些,恐怕没人会觉得冲突不会爆发。

普林西普的子弹也许是星星之火,但是——德国与奥匈帝国的攻击性暂且放在一旁——另外有三个因素加剧了欧洲局势向深渊滑落的进程。第一个是令一国有义务在战争发生后协助他国的两大对立联盟。第二个是欧洲大陆各大国能将平时军队规模扩张至三到四倍的受过训练的庞大预备役力量。在1914年时,动员军队需要几个星期的时间:首先,预备役军人需要被召集至各自基地领取步枪和装备;然后,上百万部队、他们的枪支和成千上万吨的食物及其他补给需要由火车和马车费尽辛苦地运往战斗预计将会打响的地点。然而,动员需要时间这一点本身是不稳定的,因为,如果对手已着手动员部队但你还没有这么做的话,你将陷入致命的不利境地。第三个因素则是,首先发起攻击的国家将会获得的巨大优势,因为这样做能够确保战斗至少是在别国领土上打响的。

对于不讨自己喜欢的侄子的死亡,人在维也纳的弗朗茨·约瑟夫一世似乎表现得出奇镇定。从这起皇储被刺事件上,他和幕僚们显然看到了某种他们一直在寻找的东西:一个对塞尔维亚发动进攻的借口。维也纳的街头很快就爆发了反塞尔维亚骚乱。在德国,当汽艇从基尔的海岸边飞速行驶着将刺杀的消息传给停泊于近海游艇上的德皇威廉二世时,作为弗兰茨·斐迪南的密友,一直急不可耐地等待着后者能够从他长着一脸络腮胡的年老的叔叔手中继承王位的威廉难过极了。几天之后,他在皇宫召见了维也纳派驻柏林的大使，并告诉他自己将会对奥匈帝国对塞尔维亚采取的一切行动做出支持——并强烈要求立即让自命不凡的塞尔维亚人受到教训。事实上，相较君主立宪政体下的英王权力大得多的德皇暗地里对奥匈帝国入侵塞尔维亚的行为给予了完全的纵容。

塞尔维亚内阁中有人知道普林西普和他的同谋小组的计划吗？关于这一点，始终没有确凿的证据出现，但这无关紧要，毕竟如今奥匈帝国已经拥有了将塞尔维亚从地图上抹去的完美借口。

7月，欧洲的皇帝、国王、首相和总理们开始暑假，因此，向着灾难迈进的脚步也随之慢了下来。柏林和维也纳之间信差和电报往来保持着繁忙的状态，正常的例行公事并未出现中断，或许在暗示一场即将对塞尔维亚发动的攻击已被批准。甚至就连对战争的渴望比任何人都要急切的冯·毛奇大将["我们准备好了，"他曾在几个星期以前说道，"对我们来说，（战争）越快越好"[8]]，也惹人注目地前往卡尔斯巴德①这个著名的疗养胜地泡温泉去了。德皇乘坐游船去了挪威。德国总理去了自己的乡村庄园。同样，包括皇帝本人在内，奥匈帝国的各级官员也都各自度假去了。按照惯例，德皇向塞尔维亚国王发了生日问候，这是因为外交部劝他这样做，"省去礼节性电报的行为太过明显"[9]。全欧洲每一个能负担得起七月假期的人也都在这么做：年轻的乔治·塞西尔离开部队住进了母亲的乡村别墅"大威格塞尔"，每天与吉卜林家的人打板球消磨时间。

---

① 卡罗维发利的旧称。——译者注

德皇确信，如果奥匈帝国迅速对塞尔维亚展开攻击，俄国从中干预的风险并不存在：沙皇尼古拉二世自己的祖父就是被恐怖分子刺杀身亡的①，他又怎么会去帮助一个也许与另外一个皇室的两名成员的遇刺有牵连的国家呢？不仅如此，如果这场进攻能像德皇本人极力主张的那样立即发动的话，俄国甚至根本没有能力进行干预。德国估计，同拥有密集铁路网的工业化国家不同，由于更加原始的基础设施和遥远的路途，俄国将需要大约六周才能将军队完全动员。到那时，奥匈帝国应该早就占领塞尔维亚的全境了。

不过，即便在刺杀事件发生的几个星期以前奥匈帝国总参谋部便已开始计划将要对塞尔维亚采取行动，他们也很难如德皇所愿不加警告迅速发动攻击。奥匈帝国官员们失望地发现，在获得休假批准后，大量士兵已返乡帮家里进行夏收。此时将他们召回，无疑是在将当局的意图昭告天下。结果，直到1914年7月23日，奥匈帝国特使才向塞尔维亚财政大臣——首相出城度假去了——发出最后通牒，但对方拒绝接受，而此时距行刺事件已过去了将近四个星期了。最终，特使将文书留在一张桌子上后离开了。诸如将指定的塞政府官员免职以及授予奥匈帝国警察在塞尔维亚境内的自由执法权之类，这份最后通牒中故意包含了塞尔维亚根本不可能接受的要求。真正为欧洲大陆敲响警钟的不是刺杀事件本身，而是这份战争意味十足的文书，它的出现标志着在滑铁卢战役结束将近一个世纪之后，欧洲也许将再次面临一场全面战争。

---

① 指亚历山大二世遇刺，行刺沙皇的是处于地下状态的人民意志党人。——译者注

温斯顿·丘吉尔此时已经成为海军大臣，在出席一场关于爱尔兰危机的内阁会议期间，信使带来了外交大臣想与同僚分享的消息："我听到了爱德华·格雷爵士平静而严肃的声音，"他后来写道，"他念起刚从外交部转交过来的一份文件。那是奥匈帝国给塞尔维亚的公文……费马纳郡和蒂龙教区此时逐渐消失在了爱尔兰的狂风大雾中，一道奇异的光开始……在欧洲地图上忽明忽暗地闪烁。"[10]

首相阿斯奎斯很乐观，他相信自己的国家能够躲过这道奇异之光带来的危险。有时候他会在会议期间写信，而在这次内阁会议上，他给自己的女性密友维尼夏·斯坦利（Venetia Stanley）写了一封信，信中称："我们与这场名副其实的大战之间的距离……并不遥远。"[11]但对于英国，他又安慰地补充道："令人高兴的是，我们似乎没有任何理由不去做一个旁观者。"接下来的周末，一向以热爱休闲而闻名的他就去打高尔夫球了。

塞尔维亚一边拼命动员自己的弱小军队，一边发出紧急呼吁，"看在您仁慈的斯拉夫之心的份上"，向俄国沙皇请求支援。在俄国首都圣彼得堡，俄军总参谋部下令迈出军事动员的第一步。与俄国间拥有条约义务的法国将全部将军召回，进入战备状态，并取消了一切军队休假。驻守在摩洛哥的 40000 名法军士兵接到命令被调回国内。

各方你来我往，出招越来越快。7 月 28 日，奥匈帝国对塞尔维亚宣战，第二天多瑙河上的炮艇开始炮轰其首都贝尔格莱德——这是第一次世界大战真正打响的第一枪。德皇威廉二世结束了度假之旅，他对反应迟钝的奥匈帝国没能再早上一周展开行动一事恼怒不已。一向反复无常的他感到有些缺乏信心，因为法国与俄国此时正在针对德国展开动员，而英国的做法也令他感到不妙。

为了对预备役体系的实战能力进行检验，7月中旬，皇家海军从全国各地召集预备役水兵，并集合了超过180艘战舰——这是有史以来集结于一地的最强大的舰队——在南部沿海的斯彼德海德（Spithead）海军基地附近举行演练。激动万分的观众不但挤满了岸边，他们乘坐的小船在海上也排成了无边无际的长队，最远的离皇家游艇有六个小时航程的距离，在这些船只周围，诸如"大胆号"与"巨人号"等体型庞大的无畏级战舰点缀其间，甲板上，水手们用雷鸣般的欢呼声来回应乔治五世国王的致意。随后，当局决定令全体预备役官兵在岗服役。6月29日，丘吉尔秘密指示海军精锐舰只前往北方受保护的战时基地待命。战列舰与巡洋舰组成的首尾相距18英里的船队撕破了北海宁静的夜空，他们从英吉利海峡出发，全体熄灯，全速航行，最终安全驶入苏格兰北部奥克尼群岛的斯卡帕湾，这片雾气弥漫的半封闭水域将保护它们免受敌军舰船与潜艇的袭击。

与此同时，驻维也纳英国大使向伦敦发回了一份电报："该国对与塞尔维亚战争的前景感到无限乐观。"[12]在柏林，早已将目光从微不足道的塞尔维亚移向法国与俄国的冯·毛奇大将深信，德国应该立即展开进攻。欧洲最强的德军，此刻已做好了准备。"我们以后不可能会有像现在一样的良好表现。"[13]他焦躁地说。德国外交大臣通知俄国大使说，由于俄国发动军事动员，德国将"被迫同样进行动员……外交官之间的对话现在要给大炮对轰让位了"[14]。

信奉宿命论的沙皇尼古拉二世显得犹豫不决，总是下达一些互相矛盾的命令，忽而要军队总动员，忽而又改为部分动员。

他试图阻止这股战争的势头。他与德皇进行了多次电报通信——用的是二人都能流利使用的英文。但同德国的将军们一样，他手下的高级将领们也都渴望用大炮来完成这次对话。"我愿意……将电话机砸碎"，其中一位将军说，这样一来，他就不会"被发现做出过任何与推迟总动员相反的命令"[15]。由于十年前在战争中对日本的耻辱性失败，俄军统帅部的将军们急切渴望证明自己的勇武。他们认为，如果法国遭受攻击而俄国拒绝按照条约所承诺的参战，将导致令人无法容忍的颜面损失。大量人群在圣彼得堡的英国大使馆门外进行集会，直到深夜。他们为英国的最强舰队也许将站在俄国一方参战而感到兴奋不已。当沙皇和皇后在附近寝宫的阳台现身时，大批俄国民众跪倒在地，饱含深情地唱起了国歌。

尽管交战双方都曾经提议调停，但一封封动员令与最后通牒却继续推动着历史不可阻挡地滚滚向前。然而，英国的绝大多数民众还在期盼着自己的国家不会被卷入战争的旋涡之中。它不受正式条约的束缚，而且，尽管左翼势力极力游说①，英国大部分工业家和金融家却对战争并无热情：毕竟，德国是英国最大的贸易伙伴。此外，欧洲皇室间彼此的纽带似乎也能确保欧洲能悬崖勒马。"沙皇、德皇与英王或将展开和平协商。"《纽约时报》的头条标题乐观地写道。

对于基尔·哈迪和他的同志们来说，这一刻是他们长久以来一直恐惧的，他们无比希望能够在全欧洲范围发起劳工与社会主义运动，从而扭转战争局势。在当时，上述力量已经显著

---

① 自由党内阁促成议会通过1911年议会法，取消上院否决权，放弃传统的光辉孤立政策，积极备战，把英国推入第一次世界大战。——译者注

壮大。不仅是德国，在意大利、比利时和法国，社会党议会代表的数量都经历了快速的上涨。在过去五年里，英国工会会员数量接近翻倍，有一段时间，他们还就在1914年11月发动总罢工进行过探讨。俄国工人最为激进：当年前七个月，就有1450000人先后参加罢工；这一年7月，罢工者在圣彼得堡打碎商店窗户，还在一个工人阶级街区设立了路障。

此时正在谈论建立"欧洲合众国"必要性的哈迪将年初的时间都花在了批评战争的英国巡回演讲上。除了在工会运动中的众多支持者以外，他还拥有更加广泛的潜在支持者，例如，那些曾因和他一样反对布尔战争而联合起来的英国人。即便埃米琳·潘克赫斯特，他在那场斗争中的同志，已经在其发动的妇女投票权运动中一脚踢开了男性盟友，可她不也曾经公开做出声明，宣称战争对妇女社会和政治联盟是毫无意义的吗？克里丝特布尔，与她关系极为亲密的女儿，便刚刚在六月组织出版的报纸上发表文章响应母亲的观点，称"男人们的战争"[16]为"野蛮、残酷而暴虐的行为""无法形容的惨剧……对大量士兵无情的机械式屠杀，他们当中有些还只是孩子"。作为布尔战争的另外一位反对者，大卫·劳合·乔治如今在内阁中担任财政大臣——在发表的公开声明中，他似乎一直在努力淡化对德战争爆发的可能性，即便在萨拉热窝事件发生后也是如此。这场新的危机能够令他们再次并肩行动吗？

7月末，欧洲各社会党在布鲁塞尔举行了一次紧急会议，会场设在比利时工会会员的大本营"民众之家"（the Maison du Peuple），这里的咖啡馆、剧院与合作商店向人们暗示着一种也许很快就将由团结起来的工人们变成现实的文明的社会秩序。会议在一个阴雨绵绵的日子里召开，由于动员兵最近塞满了各国的铁路线,参会者们花费的时间比以往更多,其中,哈迪来自英国,饶勒斯来自法国,身材娇小、手中香烟不断的罗莎·卢森堡来自德国,更多同志则来自其他国家。令哈迪失望的是,并非所有人都支持他就日益逼近的战争发动总罢工的倡议。不过,代表们至少通过了一项反战决议,并提出于十天后在巴黎召开第二国际全体紧急代表大会。哈迪希望饶勒斯能够主持这场大会,凭借杰出的口才,他也许能引导代表们支持发动总罢工。毕竟,饶勒斯是具有超凡魅力的演讲者,无论他讲什么。"房间的墙壁似乎消失了:我们在苍穹间游走,"听了饶勒斯在一场宴会上就天文学话题展开的迷倒众人的演讲后,一位在场听众这样写道,"女士们忘记了补妆,男士们忘记了吸烟,侍者们忘记了自己该去吃饭。"[17]

奥匈帝国向塞尔维亚宣战的消息在布鲁塞尔会议期间传到了会场,令代表们十分担忧——不过,德国军国主义受到反对的鲜明证据也一同到来:一封从柏林发来的电报中说,城内的菩提树下大街上爆发了一场十万人规模的反战游行。这天晚上,饶勒斯站在发动集会的比利时工人面前,胳膊挽着胡戈·哈泽(Hugo Haase),德国社民党主席——愤怒的法国极端民族主义者们愿意在公开场合使用的那种姿势。在这个他一生最害怕的时刻,他用尽全部的激情发表了一场演讲;演讲结束后,七千多名群众涌向了布鲁塞尔的大街小巷,他们高唱《国际歌》,高喊"向战争开战!(Guerre à la guerre!)"的口号。

"问题不可能解决不了,"[18]第二天早上,饶勒斯告诉一位比利时社会党领袖,"来吧,离我的火车开车还有几个小时。我们一块到博物馆去看看佛兰芒原始艺术作品。"一回到巴黎,饶勒斯就急忙前往下议院,对议员同僚们进行反战游说。法国社会党在德国的姊妹党突然向巴黎派出了一位特使，特使做出的保证令他们备受鼓舞：德国议会中的社会主义阵营将会对德皇将要提请的战争贷款投否决票。如果法德两国的社会主义者团结一致，冲突怎么可能会无法避免呢？

然而，事态的发展速度超过了他们的想象。"我不得不执剑在手。"7月31日，德皇威廉二世宣战。他一边扮演俄国军事动员下委屈的受害者，一边迅速命令德国也迈出军事动员的第一步。（几天以后，沙皇尼古拉二世将说出类似的话："我已竭尽全力避免战争。现在……战争已强加我身。"[19]）英国随即要求法德两国保证尊重比利时的中立地位。接到消息不到一小时，法国便应允了英国的要求。德国没有回复。

当晚，参加完晚宴回到位于伦敦的公寓时，哈迪发现大批记者聚集在门外。他们带来了从巴黎传来的可怕消息：一名年轻的狂热民族主义者在饶勒斯与一些同志在蒙马特街的羊角包咖啡馆吃饭时朝他开了两枪。饶勒斯倒在桌子上，几分钟内就死去了。大量人群涌向事发咖啡馆，由于人数太多，警察花了十多分钟时间才为救护车开辟出了道路。法国内阁担心，工人阶级会在战争即将爆发之时发动一场起义。饶勒斯活着时那些并不喜欢他的政客们如今纷纷跑去慰问他的遗孀，他们表示，在这个危机四伏的时刻，伟大的饶勒斯如果活着，一定希望法兰西民族能够团结一致。

德国要求俄国停止军事动员的最后通牒没有得到答复。8月1日，德国召集了全部军队；在首都街头，军官们站在敞篷车顶挥动手中的方巾高喊："集合！"在德皇的宫殿外，人们唱起了感谢上帝的颂歌。这天晚上，德国正式对俄国宣战。急不可耐的德国政府用电报给驻圣彼得堡的德国大使发了两份宣战书：一份是在俄国没有回复最后通牒情况下的宣战，另一份是对俄国答复不满情况下的宣战。困惑不已的大使匆忙之间将两份电文都交给了俄国当局。

德国的进攻显然不可避免，于是法国在同一天也开始进行战前准备。布洛涅森林内的湖边有一处上流人士云集的阿尔芒纳维尔户外餐厅，在当天举行的一场下午茶歇舞会上，经理叫停现场音乐，宣布"动员令已下达"，随后乐队演奏起《马赛曲》。到傍晚时分，巴黎各大餐厅的弦乐队纷纷奏起了英国与俄国的国歌。

欧洲各地人心中都洋溢着一种几乎无人体验过的怪异的兴奋情绪。奥地利作家斯蒂芬·茨威格（Stefan Zweig）是一名和平主义者，据他回忆，"我必须承认，某种庄严的、欢天喜地甚至诱惑力十足的氛围"弥漫在维也纳的空气中。"尽管对战争感到无比的厌恶与反感，但我并不想错过（战争）最初几天的一幕幕回忆……在那一刻，一切身份、地位和民族的差异都被人们彼此间强烈的友爱情绪淹没了。人们同陌生人在街上高谈阔论，许多年互相避而不见的人握起手来，无论走到哪里，你都能看到一张张兴奋的面孔。每个人都经历了自我的提升，他们再也不是从前的一个个相互分离的个体了。"[20]

在柏林，相信战争很快就能结束的人们身着盛装，兴高采烈地拥到街上。毕竟，在1870~1871年的普法战争中，他们在几个月的时间内就取得了胜利。靠着汽车运输和铁路的大规模扩张，一场胜利实在手到擒来。大学校长，著名知识分子，先锋派艺术家，新教与天主教的主教，拉比，甚至还有为妇女争取投票权以及为同性恋争取权益的各个团体的领袖：德国各界的领军人物纷纷表示了对战争的支持。"德国的胜利，"德国当时最伟大的在世小说家托马斯·曼（Thomas Mann）写道，"将是一场精神力战胜人数优势的胜利。"[21] 许多和平主义者也被潮流裹挟其间。德国和平协会呼吁道："每一个爱好和平的德国人都必须像其他德国人一样完成自己对祖国的义务。"[22]

仅是在首都，就有2000名预备役的士兵在前去部队报到之前迅速举办了婚礼。"到了战争部门以后，"一位官员在日记中写道，"我发现到处都是喜气洋洋的人。走廊里，每个人都在同别人握手：他们在庆祝已经没有了发动战争的障碍。"他们格外热烈地进行庆祝，因为俄国已经展开了军事动员，这样一来，（德国）展现给世界的便是为抵抗侵略进行防御。"政府巧妙地使我方变成了受攻击一方的形象。"[23]

尽管8月2日是个星期天，但在这一天，英国内阁却召开了三次会议。议会中的保守党反对派一直在施压，他们说，英国对法俄的支援哪怕耽搁一丁点都是英国国力衰弱的体现。执政的自由党中的部分鹰派人士对此持有相同观点，丘吉尔也是他们当中的一员。虽然面临着这样的压力，十八名内阁成员中还是有十二人反对英国向法国保证出兵。他们认定这场冲突属于他国之事。只有德国入侵由英国保证其中立地位的比利时，他们的看法才会改变。

军事胜利的报纸头条背后隐藏着多少平民经受的死亡与磨难，一位英国人有亲身体验，她就是埃米莉·霍布豪斯。她在这个周末拼命地给每一个自己能够想到的人写信，其中包括了她的前盟友劳合·乔治。十三年前，乔治曾在议会上痛斥英军针对布尔人的焦土政策，而她就是当时为其提供情报的人。他能够被说服再次发声吗？"没有几个英国人见识过赤裸裸的战争，"[24] 她在支持《曼彻斯特卫报》呼吁英国保持中立的文章中写道，"……他们对随着战争列车一同到来的贫穷、毁灭、疾病、痛苦、不幸和死亡一无所知……这些我都曾目睹，并且只多不少。"

报馆门口聚集了大量人群，在没有收音机的年代，这里是新消息的集散地。印刷机开足马力，在印制号外，为补充常规送货车的不足，出租车也被雇来将一捆捆报纸匆匆送往伦敦的街头巷尾。工会与左翼党团纷纷组织抗议游行，在周末午后的特拉法加广场汇聚成了规模巨大的反战集会，成为多年以来此地经历过的示威活动中最大的一场。[25] 夏洛特·德斯帕德与其他演讲者轮番上前向人群发表演说，但他们实际上都在等待着一个人的出场，那就是基尔·哈迪。在狂热的欢呼声中，哈迪号召人们在英国宣战的情况下发动一次总罢工。"你们与德国人无冤无仇！"他吼道，"德国工人与他们的法国同志们也无冤无仇……有人告诉我们说，是国际条约让我们不得不宣战。（但是）条约又是由谁起草的？条约里根本没有人民的意见！"[26] 在他演讲期间，伦敦的天空在乌云的笼罩下变得一片阴沉，没等演讲结束，瓢泼大雨突然下了起来。

当天晚上，德国要求比利时允许德军从其领土借道通过。德国终于将准备已久的计划付诸实施了。阿斯奎斯命令陆军进行动员。尽管有数名政府官员为抗议军事动员而辞职，但其中并不包括劳合·乔治这样的高级内阁大臣，劳合·乔治此后还很快发表了措辞激烈的讲话，宣称"我们将与野蛮进行战斗"[27]，令哈迪失望不已。

哈迪第二天再次发表了演讲，这一次是在下议院。演讲期间，他听到有人在轻轻地吟唱国歌——就在他身后的工党席位里，这仿佛是对他为避免这一刻到来而做出的毕生努力的嘲讽。

同一天，也就是8月3日，德国对法宣战。德国已经动员的大约200万人的军队中，150万人开往法国与比利时，剩下的则向俄国前线进军。德国的计划是，快速穿过比利时和法国北部地区，随后占领巴黎。这个历经多年制订的计划是以将法国打败所需时间的精确评估为依据制定而成的：正好四十二天。随后，胜利的大军会将枪口转向真正的敌人：俄国。然而，西线的比利时拒绝了德国的要求，并开始将位于其边界的铁路隧道和桥梁逐个炸毁。此时感到愤怒并发誓要对此展开复仇的柏林在之前的计划中从未考虑过这种情况的出现。

当首都的预备役士兵们在欢呼雀跃的人群中列队前往火车站时，社民党的议会代表们正在就是否反对政府的战争贷款展开紧急辩论。讨论的过程激烈而痛苦，有位代表还哭了起来。若是国家受到残暴的俄国的攻击，他们还能够拒绝政府的提案吗？如果他们拒绝了，当局会随即关停各社会党报社，并将党内积极分子投入监狱吗？年长的社会党人对在并不遥远的过去受到过的这类镇压有着痛苦的回忆，社民党本身也还在受到来自官方的并未施加于其他党派的种种恼人的限制。但是，如果他们在这个危急时刻对政府表示支持，他们能撕掉身上长期以来贴着的颠覆分子与卖国贼的标签吗？这会像一位党员所说的那样，这是一次展示"祖国最贫穷的儿子也最忠诚"[28]的机会吗？

最后，大部分德国的社会主义者同其他人一样，都被卷入了无法阻挡的激情洪流之中。两位搭乘火车前往柏林的议会代表大吃一惊地发现，身披军装奔赴战场的预备役士兵欢快地唱着社会主义歌曲。当社民党举行干部会议就战争贷款一事进行非正式投票时，111位与会代表中只有14人投了反对票，被谋

战争爆发时的竞争集团

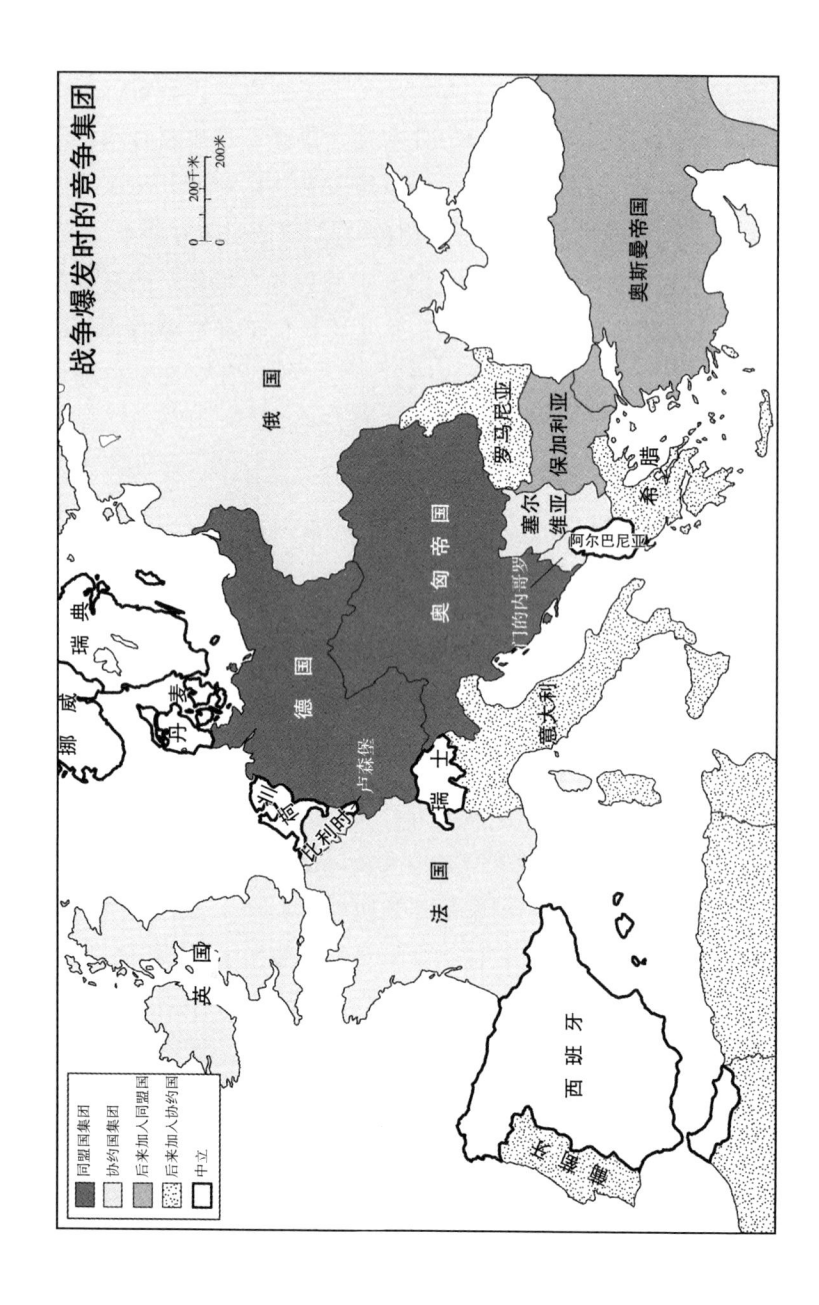

地图说明：
- 同盟国集团
- 协约国集团
- 后来加入同盟国
- 后来加入协约国
- 中立

地图标注：
俄国、奥斯曼帝国、罗马尼亚、保加利亚、塞尔维亚、阿尔巴尼亚、希腊、黑山（门的内哥罗）、奥匈帝国、意大利、德国、卢森堡、瑞典、挪威、丹麦、荷兰、比利时、瑞士、法国、英国、西班牙、葡萄牙、摩洛哥

战争进程

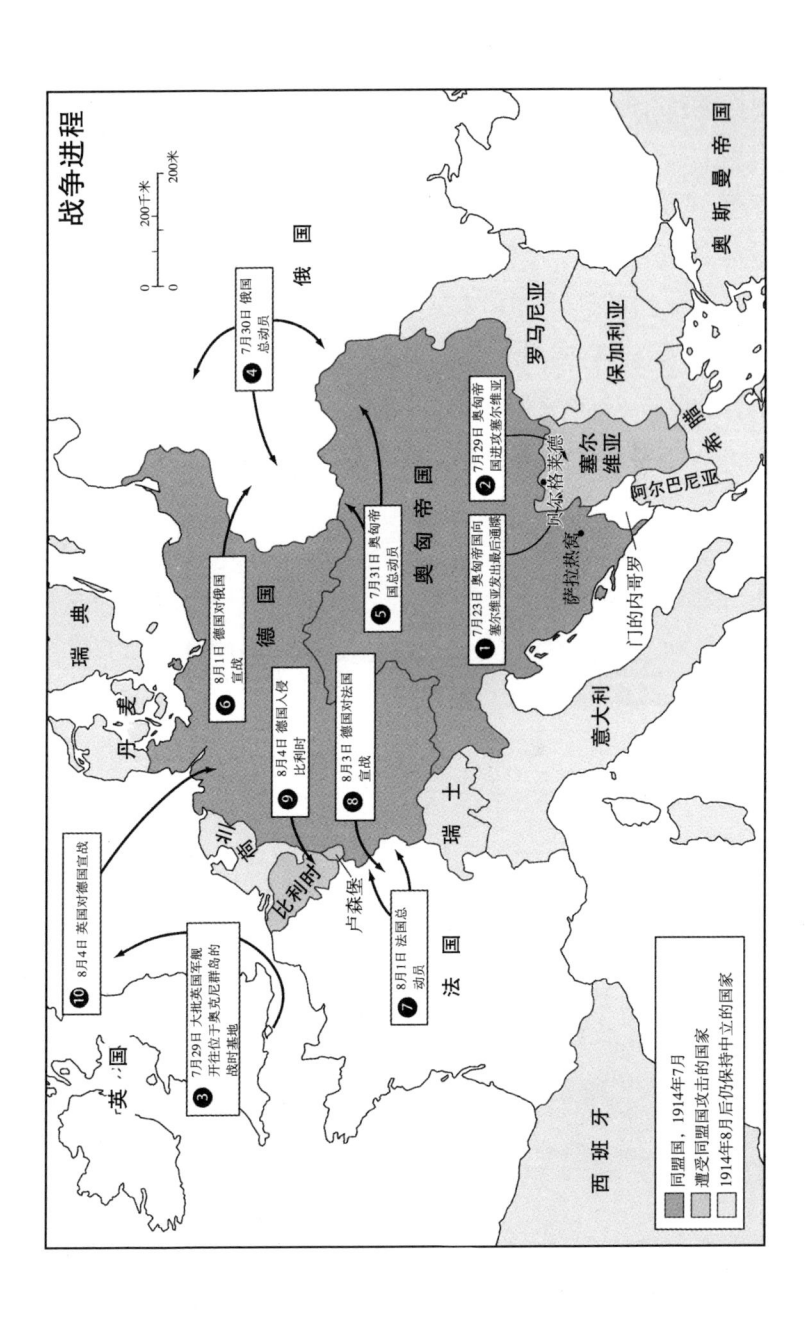

① 7月23日 奥匈帝国向塞尔维亚发出最后通牒
② 7月29日 奥匈帝国进攻塞尔维亚
③ 7月29日 大批英国军舰开往北方奥克尼群岛的战时基地
④ 7月30日 俄国总动员
⑤ 7月31日 奥匈帝国总动员
⑥ 8月1日 德国对俄国宣战
⑦ 8月1日 法国总动员
⑧ 8月3日 德国对法国宣战
⑨ 8月4日 德国入侵比利时
⑩ 8月4日 英国对德国宣战

图例：
- 同盟国，1914年7月
- 遭受同盟国攻击的国家
- 1914年8月后仍保持中立的国家

杀的饶勒斯在布鲁塞尔拥抱的胡戈·哈泽也在其中。第二天，他们所有人都依照党内纪律与其他议会代表一起对战争贷款提案投了赞成票。德皇对于能够得到财政支持感到十分高兴，他宣布："从今以后，你们在我心中没有党派之分，都是一样的德国人。"[29]

法国下议院议长的话无意间与德皇的发言遥相呼应，他说："在这（议会），我们不再是对手，我们都只是法国人。"[30]圣彼得堡也充斥着战争的狂热气氛，罢工者拆掉了他们自己设立的路障，加入了狂热的人群中，在法国、比利时和塞尔维亚的大使馆外挥舞双头鹰旗帜。

各国争先恐后地宣称自己是在为了高尚的目的而进行圣战。法国大型日报《晨报》（*Le Matin*）在8月4日的报纸上将这场战争称为"文明对抗野蛮的圣战"[31]。第二天，德国社民党发行的一份报纸控诉沙俄"妄图摧毁西欧文明"[32]。在俄国，左翼作家马克西姆·高尔基与许多人一起签署了一份支持与"日耳曼奴役"做斗争的声明。当奥斯曼土耳其不久之后加入德国阵营时，苏丹宣称它正在进行一场神圣的斗争，或者说圣战。

同时，交战国双方政府都高兴地发现，自己以前对左翼力量过于担忧了。例如，担心社会主义者发起反军国主义运动的法国当局本来估计将会有13%的预备役士兵不来报到——但最终只有1.5%的人没有出现。在法国和比利时，社会主义领袖们很快便加入了民族团结政府①。法国内政部长通知地方警察，不要逮捕"B名册"上的任何人，也就是不要逮捕被政府认定为危险颠覆分子的秘密名单上的任何人。他的判断是正确的：

---

① 一般指战时在议会中囊括全部党派的联合政府。——译者注

他们当中有80%的人最终都进入了军队服役。即便是在奥匈帝国，尽管动员令要通过十多种语言向各个不安分的民族群体一一下达，官方却惊奇地发现很少会有人拒绝征召。最后，一如历史学家芭芭拉·塔奇曼（Barbara Tuchman）所写的："工人阶级心甘情愿以至于摩拳擦掌地走向战场，中产阶级如此，上等阶层如此，人类本身便是如此。"[33]

"走向战争的路很宽"，俄国一则谚语说，"回家的路却很窄。"

8月4日一早，德军穿越了比利时边境。英国内阁、议会和公众此时的态度彻底倒向干涉这次入侵。比利时受到入侵，如果对此不做回应，执政的自由党必将被议会的反对派指责为未能维护国家荣誉。英国立即向德国发出了最后的一封通牒：午夜以前停止入侵行动，否则英国将对德宣战。

德军士兵拥入比利时的情景，英国人几乎没有人会有心情回忆，在过去的一两个世纪，英国士兵入侵亚洲与非洲的广大地区时，同样也是这样不请自来、不受欢迎。比利时的情况似乎不太一样：这里的居民是白人，离英国不到100英里。事实上，这个国家差不多就是在长期以来希望在英吉利海峡东岸出现一个友好政权的英国的帮助下建立起来的。英国政府最为看重的是比利时的战略位置；英国大众提起比利时的反应也更为情绪化，因为作为一个伟大帝国的子民，他们总是愿意将自己视作弱小国家天选的保护者。可是，面对成千上万头戴钢盔的德军士兵，凭借武力闯入一个从未对其有过任何挑衅行为的国家，即便是许多左翼的帝国主义反对者也受到了深深的震撼。

整个欧洲在这个夏天都异乎寻常地温暖，诱惑着人们纷纷走上街头。8月4日夜晚，时间一分一秒地流逝，德国依旧没有对英国的最后通牒做出答复，上千人聚集在白金汉宫与议会广场前，他们没有柏林人群那么兴高采烈，但对自己的国家则同样忠心，并且同样热切地向那些身穿军装沿街道行进的新入伍的士兵们欢呼。当大本钟敲响11点的钟声时——此时柏林正是午夜——英国正式宣战，数千个声音开始同时高唱《天佑吾王》。

最后时刻，德皇按照礼节给堂弟乔治五世发了一封电报，辞去了英国陆海军元帅的荣誉职位。同一时间，爱尔兰危机以令人震惊的速度——这得益于遭到入侵的比利时同爱尔兰一样拥有大量天主教徒——在英国议会中消失了。各方一致同意暂时搁置自治问题。

在欧洲各国，男人们担心的不是被杀死，而是不能在战争结束前得到参战的机会。"当时我和其他许多人一样，被一个烦恼折磨着，我们不会等到一切都太迟了的时候才走上前线吧？"[34]一位年轻的下士写道，他的名字叫阿道夫·希特勒（Adolf Hitler）。英国小说家亚历克·沃（Alec Waugh）回忆，他和朋友们"曾经与长辈一起讨论未来的和平，但心中却一直想着对我们最重要的其他事。我们不想让战争在我们抵达战壕以前就结束；我们害怕战争结束后自己不得不静静地坐在那，而那些只比我们大几个月的人却在互相比较自己的前线经历"。[35]

宣战的第二天，英国再一次对外宣称，人类文明的基础正受到威胁。阿斯奎斯在下议院发言说，我们的国家"不是为自身利益受损而战，也不是为维护自身利益而战，而是为了维护对文明世界至关重要的原则而战"。然而对他来说不幸的是，和大多数战争一样,这一次的交战双方也不能简单地分成光明与黑暗两派力量。毕竟,俄国也是英国的盟友之一。在战争刚开始时写给一位布尔朋友的信中,埃米莉·霍布豪斯将俄国人称为"半野蛮人"[36]。"实在是一对奇特的组合!"德国对比利时的入侵并不是强国认为自己的军队拥有从中立领土穿过的孤例:几个星期以后,英军就将踏上中国的土地,对德国在青岛的势力范围展开进攻。

在电报、教堂钟声甚至军号声的召唤下,预备役士兵纷纷转入现役,在欧洲大陆和英伦三岛,共有约600万军人以火车、马车、骑马和步行的方式奔赴各战线。这是史上规模最大的一次人员与武器流动。在世界工业心脏地带的国家之间,有限战争再也不可能发生。全面战争即将谱写自己的历史。

英国加入战争两天后,失望的基尔·哈迪搭乘火车前往威尔士,到自己在煤矿小镇梅瑟蒂德菲尔的议会选区参加一场计划已久的公众集会。作为数年前这里的一场矿工罢工运动的强力支持者,他在当地是非常受欢迎的。作为英国劳工斗争的基本地盘,他相信这里的公众意见和他一致。结果,主持会议的矿工工会干事将哈迪叫到一边,然后——他后来写道——"当我告诉他人们都强烈支持战争时",我永远都忘不了"他脸上那惊讶与诧异的表情"[37]。会上,当有人挖苦哈迪,问他为什么自己的儿子没有人参军,他回答道:"我宁可看到两个孩子被抵在墙边枪毙,也不想看到他们参军打仗。"[38] 回应他的是人们大声的嘲笑与奚落。

人数远比哈迪和他的支持者们多的人群高唱国歌与《不列颠万岁》(Rule Britannia),哈迪和支持者们的声音被歌声淹没,集会在一片混乱中解散了。当哈迪离开会议大厅时,愤怒的人群不断推搡，枪声大作，当然，都是朝天开枪。"我们走到街上，身后跟着一群不停咆哮的暴徒，"哈迪的一位同僚回忆，"他没有左顾右盼，而是像个头发胡子灰白的苏格兰族长一样昂首挺胸，在所有曾与暴民正面对峙的人中，他是表现得最为大义凛然的人之一。"[39]当晚他在当地一位小学教师家中过夜，暴徒们将房子围住，高喊："赶走德国佬！"

还有另外一件私人的伤心事加剧了哈迪的悲伤情绪，在战争爆发前不久的某段时间，他与西尔维娅·潘克赫斯特的恋情悄无声息地结束了。至于原因，我们只能猜测。这段恋情从一开始就面临着一些困难：双方年龄存在巨大差异，并且他们都将全部时间投入了事业。从之前几年开始，西尔维娅就已经独自登上了国内政治舞台，也许她再也不像以往那样需要哈迪的关注给自己带来肯定了，也许哈迪对她身上的殉教者气质不再感兴趣了。或者，也许她只是明白哈迪是永远不会离开自己的结发妻子的。总之，（二人之间的）情书和情诗再也没有了。尽管他们仍然保持着友谊，偶尔还会同台发表演讲，但在此时此刻，哈迪只能一个人面对着自己政治生涯中最痛苦的时光。

尽管一部分军事将领由于掌握的信息足够丰富而担心会发生持久战，但大部分人相信战争将很快结束。探险家欧内斯特·沙克尔顿（Ernest Shackleton）爵士原本即将从英国出发首次尝试穿越南极大陆，他给海军部发去一封充满爱国精神的电报，自愿提出将计划取消，并由海军对其船只及船员任意调遣。没过一个小时，他收到了一封只有一个词的电报："继续。"就在英国参战的同一天，国王召见了沙克尔顿，并赠给他一面英国国旗在探险期间随身携带。所有人都相信,等到沙克尔顿抵达南极、穿越南极并从南极返回之时,战争将成为过去式,而国家则正准备为英国旗帜插上了地球其他未知领域的土地进行庆祝。

对于非常关心那面旗帜能够一直迎风飘荡的阿尔弗雷德·米尔纳和拉迪亚德·吉卜林来说,自己的国家能够参加这场大战令他们非常欣喜。他们对这一刻的到来都已坐立不安地期待了许多年。甚至在英国宣战以前,米尔纳就已经在向政府中的朋友施压向法国派兵。他在宣战一刻最终到来时说:"为不确定性画上句号的感觉好多了。"[40]此时,吉卜林声称只有两件事情令他感到沮丧:自己岁数太大而不能参战,以及刚过17岁的约翰的近视眼太严重。不过,如果战争持续得够久,这些障碍也许都是能克服的。

全员到岗命令的下达意味着回到英国休假的维奥莱特·塞西尔的丈夫爱德华会被迅速召回埃及,这样一来她就可以自由自在地花更多时间陪伴米尔纳了。但与约翰·吉卜林不同,维奥莱特18岁的儿子乔治正在赶往前线,他所在的近卫步兵第一团的某营是首批被派往法国的英军部队之一。运兵列车开动之时,维奥莱特和女儿海伦将水果篮透过车窗递给儿子;士兵们在欢呼着;一支乐队演奏起《友谊地久天长》;母亲最后瞥见乔治一眼,"他脸通红,兴奋地将头伸出窗外"[41]。海伦第一次看到维奥莱特放声大哭。

很快,米尔纳便搬进了大威格塞尔与塞西尔同居;陆军将米尔纳的乡村别墅征用作为一名军官的宿舍。(士兵们睡在周围空地上搭好的成排的帐篷里。)我们不知道他和她说过什么,但他很可能会安慰她说,乔治至少是在最好的军官手下打仗,自己之前就认识他们，他们都在布尔战争时证明了自己的实力。之所以这么说，是因为乔治的营队所属的由两个师组成的军团的指挥官正是道格拉斯·黑格爵士。而指挥全部 75000 名英国远征军穿越英吉利海峡的，是约翰·弗伦奇爵士。

8 "好似泳者跃入无瑕的新天地"

各国纷纷发兵的消息立刻传遍了欧洲大陆,从特拉法加广场到涅瓦大街。在圣马洛(Saint-Malo)这座位于法国布列塔尼海岸风景如画的要塞城市,当地居民和夏季度假者们聚集在一起,神色严峻地听市长宣读德国的宣战书。人群当中,有一个人是来自英国的逃亡者。

在这之前的几个月里,埃米琳·潘克赫斯特与当局的冲突比以往任何时候都要激烈,而当局则已经开始采取新的法律手段来对付她。为了使绝食抗议的妇女参政论者失去自我牺牲的土壤,当局正在推行一项名为《囚犯(由于健康原因临时释放)法案》的新法,而每个人都直接将其称为"猫捉老鼠法案"。任何进行绝食抗议的妇女参政论者一旦身体变得虚弱就将被释放,待其恢复后再重新逮捕,不限次数,直到其服满刑期为止。

前一年,法庭曾将潘克赫斯特投入监狱,原因是在一个晚上,几名妇女参政论者溜进了一栋正在为时任财政大臣的劳合·乔治建造的乡村别墅,她们埋下的炸弹炸毁了五间卧室。事发之前潘克赫斯特对这次炸弹袭击并不知情,但却马上对此事进行了热烈的祝贺。结果,她因"居心叵测、心怀恶意地"煽动"身份不明人士"的罪名被判处了三年劳役。

她将自己称为"战俘",不断进行绝食抗议,而当局则不断将她释放然后重新逮捕。在最近一次服刑期间,她的激烈反抗达到了新的巅峰，因不服管教、言语无礼以及袭击狱警而被关了一星期的禁闭。获释后，她被要求于1914年7月22日再次返回监狱。与上次不同的是，面色苍白、憔悴不堪的她在流亡的克里丝特布尔的陪同下逃到了海峡对面。英国的官员们肯定预料过母女二人都将成为战争的坚决反对者；的确，就在战争前夜，当最后通牒在欧洲上空满天飞的时候，克里丝特布尔便迅速发表声明说，这场战争"将成为对那些奴役女性之人的天诛"[1]。

可真正的战斗刚一打响，一切就都变了：埃米琳向妇女社会和政治联盟下令，停止一切活动。与此同时，英国政府无条件释放了全部关押的妇女参政论者。（苏格兰场的政治保安处对这场大赦感到非常开心，这让他们终于松了一口气，大赦令巴兹尔·汤姆森手下的干员们得以脱身前去执行新的任务，他们中间有12个人由于懂得速记，每周能够额外领到三个先令的津贴。在此之前，他们常常要忙于记录妇女参政论者们的集会内容。）尽管新一期言辞激烈的《妇女参政论者》已经印刷完毕，但埃米琳和克里丝特布尔取消了发行这期报纸并启程返回英国。当渡轮载着她们穿过海峡时，约翰·弗伦奇手下成千上万的士兵正乘着蒸汽运兵船朝反方向前进。埃米琳将要去进行一场只属于自己的战斗——一场与女儿西尔维娅的战斗。

就在战争开始前，埃米琳和克里丝特布尔便已将西尔维娅赶出了妇女社会和政治联盟。但是，裂痕还在继续加深。忠实于自己社会主义信仰的西尔维娅对英国的参战表示强烈反对。她与母亲和姐姐的公开决裂似乎已不可避免。

与西尔维娅观点相似的人少而又少。即便是曾在英国宣战当晚一场超过2000名妇女参加的集会上抨击过"这场罪恶的战争"[2]的夏洛特·德斯帕德也一反常态地保持沉默不语;挚爱的弟弟此时成为前线统帅,让她很难继续反对战争。基尔·哈迪继续将这场战争比作灾难,可在伦敦的街头迎接他的全都是人们的嘲讽。当一位议员同僚偶然碰见坐在下议院大厦台阶上的哈迪时,他正绝望地凝视着泰晤士河。尽管他还在全国各地宣讲自己的看法,但据他的一位同志描述,此时的哈迪"身体佝偻,意志颓唐"[3]。沉浸在动员令发布的兴奋当中的媒体对他的演讲鲜有报道,几乎没有人注意到他的独立工党曾经发表过一篇挑战主流民意的声明:"我们要越过枪炮轰鸣,向德国社会主义者致以同情与问候……他们不是我们的敌人,而是忠实的朋友。"[4]

哈迪面临着和平主义者们共同面临的困境:当你的同胞们的丈夫、父亲和兄弟的生命正处于危险当中时,你要怎么做才能够在反战的同时不损害他们的利益呢?对此,他偶尔会说一些模棱两可的话,其中有一次,他说,将德军士兵赶回自己的土地上。对于那些很快便从法国收到坏消息的人,即便是过去的政敌,哈迪也打心里同情他们。当一位信奉沙文主义的富有且咄咄逼人的保守党议员唯一的儿子在前线牺牲后,哈迪写信给一位朋友说,自己想要"走到他身旁,伸出双臂拥抱他"[5]。

对于一个直到最后一刻看起来似乎都不会参战的国家来说,英国的转变实在令人震惊。征兵官所到之处都会受到热烈欢迎,同样,各地的街道被用警戒线围好,供等待登记的人们用假人练习刺杀。新入伍的士兵们一边唱歌一边向火车站列队进发。在伦敦的陆军征兵办公室,8月1日还只有八人登记。可三天以后,人满为患,征兵官靠20名警察强行开路才顺利走到位置上。又过了三天,为了接待应征者,爱丁堡的征兵办公室不得不通宵开放。

单伦敦一处，每小时就有100名新兵完成宣誓。西区各大剧院一夜之间便推出了二十多种爱国题材的戏剧，都起着《战争的召唤》之类的名字，征兵官则会在幕间休息时为观众中的男人们进行参军登记。在约克郡的克纳维斯米尔，兴高采烈的观众将赛马场的看台挤得满满当当，观看苏格兰皇家龙骑兵团的骑兵中队演练他们准备用来在法国对抗德军的骑兵突击。征兵官们发现，最能吸引大批热心男子前来的是一样东西：军乐队演奏的音乐。由于被想要入伍的人围得水泄不通，有些部队甚至开始收入场费；其他人则由于枪支短缺，不得不在操练时用雨伞或是扫帚代替。由于年龄或健康原因成千上万男子的申请被驳回，帝国意识浓厚的小说家约翰·巴肯当时也在其中，还深深地为结果感到失望。在一两年之内，由于对人力的需求过于强烈，这些要求都将逐步降低，但在一开始的时候，人们对此的反应却很激烈：当入伍申请被陆军以健康原因拒绝后，33岁的伦敦律师埃德加·弗朗西斯·罗宾逊（Edgar Francis Robinson）开枪自杀了。

人们在世界各地都能发现类似的狂热情绪。在加拿大、澳大利亚和新西兰，在南非的白人中间，还有帝国各殖民地的英国定居者中间，男人们争前恐后地登记参军，已经受训完成的部队纷纷登上开往欧洲的船只，在母国需要帮助之时提供支援。

而在英国国内，劳工问题引发的社会动荡几乎彻底消失了；11月发起总罢工的计划被搁置；工会领袖们在征兵集会上发表动员讲话，由于矿工工会中想要参军的人数量太多，担心海军煤炭供应的政府禁止继续从中进行招募。后来与基尔·哈迪之女结为夫妻的埃姆里斯·休斯（Emrys Hughes）在当时还是一名20岁的大学生,他震惊地发现,一队士兵竟然在自己位于威尔士山区的家乡矿业小镇上进行招募。"我想,同样的一幕也在(德国)威斯特伐利亚的村庄里上演着,那里的矿工们也将离开群山之中的家乡……带着一模一样的活力……去参加战斗。"

时年27岁的诗人鲁珀特·布鲁克(Rupert Brooke)刚刚进入皇家海军服役,他对此时的国民情绪进行了概括:

> 现在,让我们感谢上帝,他让我们拥有此刻
> 趁年轻,将我们从睡梦中唤醒,
> 我们力大无比,犀利的眼神清澈坚定
> 转身离开,好似泳者跃入无瑕的新天地,
> 这个寒冷老朽的世界令人厌倦,我们无比欢欣……[6]

最终,布鲁克死在了战争初期的一艘医疗船上

德国人对于战争终于到来的欢喜与感激之情与此如出一辙。托马斯·曼说,这场战争意味着人们将从"有毒的和平安逸中获得净化与解放"[7]。

身穿灰色制服的德军士兵此时正向比利时进军,他们乘坐的列车每天有550班,有的车厢两侧有热情洋溢的群众用粉笔写的"向巴黎进军",群众还用鲜花装点车身。德皇向士兵们保证:"你们在叶子从树上飘落前就能回家。"[8]然而,规模小得多的比利时军队的抵抗却出人意料地顽强。德国人对马的喜爱同英国人一样痴狂,他们在入侵部队中部署了八个骑兵师——每个师都拥有超过5000匹马——打造出了一支西欧战争史上最为庞大的骑兵部队。但是,他们很快便发现,久负盛名

的枪骑兵手中的长矛和佩剑在比利时速射步枪的密集的火力下失去了用武之地。数百名枪骑兵在敌军的枪林弹雨中跌下了马鞍。在德比边境附近，环绕在列日（Liège）周围的比利时堡垒进一步拖延了德军的入侵脚步，直到遭到巨大攻城炮的轰击，守城士兵才被迫投降，这些炮由于体形过于庞大，每门炮都要由36匹马拉向战场。它们射出的炮弹爆炸后，扬起的砖石沙砾能直冲到1000英尺高空。

被抵抗激怒了的德军很快便开始实施恐怖政策，每占领一座城镇，他们就放火将房屋点燃，有些屋子里甚至还有住家。以平民对德军进行暗中狙杀——尽管并无确凿证据——作为借口，他们将比利时平民成批地作为人质枪毙。到8月底时，德军已经攻占了首都布鲁塞尔，解决了比军残余，并开始向法国北部进军，尽管此时他们已大大落后于预定计划，但依然期待着速胜的德皇威廉二世向他的将军们提议，战争结束后，德国应该对法国与比利时一侧的边境地区实施永久占领，将本地居民清出，然后派德国军人和他们的家眷在此驻扎。

事实证明，法军无力阻挡德军蜂拥穿越比利时边境，而他们自己在与德国接壤的南部地区发动的攻势也成为一场灾难。法军战前计划的重点是袭击的神秘感：大批活力十足的男子汉在肩并肩的刺刀冲锋或是响声雷动的骑兵突击中将恐惧深植于德国人的内心。不仅如此，法军作战时身穿的辨识度极高的蓝色上衣和鲜红色裤子早已让他们成为欧洲步兵中着装最为醒目的群体。在两年前的一次议会听证会上，法国战争部长曾经大声喝止了一名想要淘汰红色军裤的改革派。"永远不可能！"他宣称道[9]。"红色裤子代表着法国！（*Le pantalon rouge c'est la France!*）"戴着饰有马鬃的黄铜高盔的胸甲骑兵则以另外一种方式成为战场上的显著目标：一位英国军官挖苦地评论道，"他们很远便能被发现，他们身上闪亮的胸甲将阳光散向四面八方。既然皮革又不能防弹，我很难理解它们的确切功能。"[10] 来自法国北非殖民地的祖阿夫（Zouave）士兵头戴红色帽子，身穿肥大的亮白色裤子，也很容易就能在战场上被发现。指挥阿尔及利亚骑兵的法国军官身上穿着的鲜红色紧身上衣令他们在队伍中显得鹤立鸡群。万一视觉不足以吸引敌军射手，还有声音效果等着他们：铜管乐队导致大量法国步兵部队成为攻击目标（德军有时也会出现同样的状况）。在德军的机枪与直射炮火力面前，法军的大规模刺刀冲锋陷入僵局，仍套着红色、蓝色和白色布料的残肢断臂散落在战场上。在不到一个月的时间里，近 300000 名衣着华丽的士兵或死或伤。英国媒体对这些伤亡没有任何报道。

同一时间里，英国远征军的每一名士兵都收到了来自恩图曼战役的胜利者，也就是此时正担任陆军大臣的基钦纳勋爵的个人口信，内容是关于荣誉、责任和国家的劝勉——和军方对性病泛滥的担忧，体现出了他那些著名的清教徒式主张："永远不要对纵欲行为放松警惕。在这段崭新的旅程中，你也许会受到红酒与女人的诱惑。你必须对二者说不，对待一切女性要彬彬有礼，同时，你还应对任何亲昵行为敬而远之。"[11]

英国投入法国的兵力规模并不大——战争爆发时，英伦三岛的现役士兵人数还没有在印度的多——不过当他们于 1914 年 8 月 9 日在布洛涅与勒阿弗尔登陆时依然受到了狂热的欢呼，船只拉响汽笛，鲜花和糖果像雨点般砸向他们，一些妇女端来了大杯的苹果酒。一些之前在印度服役的士兵用印地语对法国人进行问候，这是他们唯一掌握的外语。士兵们被货运列车甚至是与他们一起渡过海峡的伦敦双层巴士匆匆运往前线。下令要他们防守的地点位于比利时的蒙斯市周边，那里人数比他们多得多的德军攻击部队尚未穿越边界进入法国。

这里的周边环境仿佛在暗示着一场全新的工业化性质的战争即将来临，因为这将成为英军在工业区的第一次作战。来自工人阶级的士兵们发现出现在自己周围的正是那个熟悉的世界——冶炼高炉，外表污秽的砖石结构厂房，死气沉沉的工人宿舍，还有满脸漆黑从地下涌向地面的煤矿矿工——那个他们中的许多人参军正是为了逃离开的世界。

当约翰·弗伦奇爵士没有采纳英法两国的将军们多年以来制定的谨慎计划部署军队，而是感情用事地提出将比利时残军撤向的港口城市安特卫普作为驻扎地点时，他的提议引发了争议。尽管他的提议被否决了，但内阁大臣们依然在失望中不住地摇头。他并不知道，若想抵达安特卫普，位于斯海尔德河的入海口，需要先在中立的荷兰境内航行很长的距离。他和法国同行们也无法愉快相处，这一点很快便十分明显。"他们是群劣等人，"他写信给基钦纳说，"人们总是不得不牢记这些法国将军大部分都是什么出身。"[12] 更糟糕的是，难掩自滑铁卢战役以来第一次离开伦敦到西欧大陆远征的兴奋之情，弗伦奇的指挥部人员忘记了带上密码本。

以上种种对他手下的将士们倒是没什么影响。他们热爱这位个子矮小、乐观自信的陆军元帅，业余时间，他总会在指挥部周围着便服，一边漫步一边吹口哨。然而，尽管他们对弗伦奇信心满满，可弗伦奇的一位野心勃勃的下属将军，道格拉斯·黑格爵士却并不这么看。"我在内心深处明白，"战争爆发刚一个星期，黑格就在日记中坦承道，"弗伦奇实在不适合指挥这支大军。"[13]他还在日记中写道,那天与某人共进午餐时,很有策略地表达了对弗伦奇上述"严重怀疑",而某人正是国王乔治五世。

英国远征军拥有四支步兵师,每支最多18000人,此外还有一个骑兵师,大约有9000人。军官们的佩剑刚刚被磨得锋利无比。由于马匹要不断地被吊索从船舱里吊进吊出,所以,不论是在穿越海峡的船上,还是在随后开往前线的火车上,骑兵部队都占据了与他们人数不成比例的大空间。刚登陆法国,弗伦奇就对麾下两支步兵分队进行了检阅,并觉得他们看起来"健康而愉快"[14],人们在新闻短片中能够看到当时他因为罗圈腿而显得有些奇怪的脚步。当他到达巴黎北站时,数千人向他高喊起了"英格兰万岁!(*Vive l'Angleterre!*)"的口号。然而法国总统普恩加莱失望地发现,尽管名字叫作"法兰西",但这个生性开朗的英国指挥官却几乎不会讲法语。[我们的陆军元帅自己却不这么认为。据说,一次在向一群法国军官进行演讲期间,他听到台下有人大喊"翻译!(*Traduisez!*)"。他试图向他们解释,自己正在说的就是法语。]

检阅部队时,弗伦奇很愿意从那些在苏丹、印度和南非时就在其麾下效力的士兵身边经过。他经常向部队发表演讲,有时会用一支镀金手杖支撑自己61岁的矮小身体,他那白色的小胡子和红润的面庞成为人们熟悉的一景。刚收到德军正在大规模集结的情报时,基钦纳连珠炮似的不停向弗伦奇去电表达自己的焦虑心情。不过,陆军元帅本人对此却并不担心。"我想我对形势了如指掌,"他在回复时说:"我认为他们的行动对我方非常有利。"[15]一次在巴黎丽兹酒店进餐后,弗伦奇在日记中写道:"弗伦奇将要'失败'的愚蠢报道到处都是。全都是扯淡！"[16]

在战争最初的几周时间里，弗伦奇十分关注自己部队的军容——对其他问题则兴趣寥寥。"我看到了第四步兵旅（斯科特 - 科尔的部队）的行进纵队，"他写道，"他们看起来棒极了。"[17]乔治·塞西尔就在这支行进经过的部队当中。他所在的营先伴着当地渔民的欢呼声在勒阿弗尔登陆，随后穿过烈日炙烤的鹅卵石街道，登上了开往比利时的列车。他的母亲曾给其指挥官罗伯特·斯科特 - 科尔准将写信，尽管乔治知道后无疑会感到尴尬。维奥莱特·塞西尔告诉准将，自己对儿子健康的担忧"超过了我对子弹的惧怕"[18]，还让一位比儿子年长的军官照顾他一下。"18岁就要经受这样的战役带来的紧张。"她抱怨道。到了8月23日，他所属的营已经在遍布矿渣堆和煤矿器械的蒙斯附近地区部署就位——这里的景象对他部队中的许多人来说有多熟悉，对他来说就有多奇异。天空中能够看到德军的侦察机，街道上则挤满了难民。接到防守一座桥梁的任务后，乔治的连队将铺路石掀起构筑成屏障，以抵抗随时可能发生的德军进攻。在每周一封例行写给此时正在埃及的爱德华的信中，维奥莱特向他转达了来自乔治的消息："他说目前为止，一切都非常有意思。"[19]

在英吉利海峡的另一边，一场类型不同的冲突正在向人们逼近。直到此时，英国仍然将埃米琳和克里丝特布尔·潘克赫斯特视为最激进的煽动者。然而就在战争爆发几个星期以后，她们却在伦敦皇家歌剧院组织了一场妇女社会和政治联盟的大规模集会，主题是"重大需求：抗击德国威胁的强大国防"。剧院里装饰着各协约国的国旗，其中也包含了那面令左派人士无比厌恶的印有双头鹰形象的沙俄国旗。狂热的与会群众唱起了《他是个快乐的好人》,对于克里丝特布尔来说,这是她逃亡归来后的第一次公开亮相。尽管对与母亲和姐姐在政治观点上不断扩大的分歧感到失望,内心充满矛盾的西尔维娅也在听众当中:"空荡荡的台上挂着深绿色丝绒帷帘。克里丝特布尔一个人出现在台上,她被聚光灯射出的光线簇拥着,她穿着最喜欢的淡绿色衣服,显得优雅而又苗条。她在组织当中的崇拜者们蜂拥上台,纷纷为她戴上花环。她则把花环在脚下摆成了一个半圆。"[20]克里丝特布尔告诉台下人群,好斗的女人们如今应该将精力放在唤醒男人们心中的战斗精神上。当有人喊起"妇女要有选举权!"的口号时,她回嘴说:"我们现在无法讨论那个问题。"[21]她号召政府应该将妇女动员起来支援经济建设,从而让被解放了的男人们得以奔赴前线。

"我心情悲痛地听着她的讲话,"西尔维娅写道,"然后下定决心,一定要加紧为和平事业著书立言。"[22]集会结束后,她小心翼翼地来到后台想要看一眼姐姐,却发觉"我们中间好像隔着一座让人无法通过的屏障"[23]。当埃米琳见到她们后,母亲在三人将要分开前对西尔维娅进行了"简短的问候",但表情却"冷淡得像是隔着面纱"。等候在剧院外的两拨人较劲似的呼喊着"克里丝特布尔""埃米琳"与"西尔维娅"的名字,他们彼此间的距离同潘克赫斯特家的内部关系一样遥远。

几周以后,在格拉斯哥的听众面前,西尔维娅成为第一批公开抨击战争的妇女参政论者中的一员。她还在当月的《女强人报》上发表文章,这是一份她为与克里丝特布尔的 WSPU 官方报纸竞争而在伦敦东区创办发行的报纸。西尔维娅在文中倡议组织一支千人规模的"妇女和平远征队",她们打着印有鸽子图案的白色旗帜向对垒军队双方之间的无人区进军。她转载了德国的反战社会主义者卡尔·李卜克内西（Karl Liebknecht）发表的一次演讲中的部分原文，演讲的主题是：帝国主义竞争是怎样导致战争的。她还与超过一百名英国妇女一起签署了一封联名公开信，这封信由埃米莉·霍布豪斯寄出，收信人是德奥两国的妇女。"让我们不要忘记那些曾将我们紧密联结在一起的痛苦过去……我们必须一起推动和平的到来……在这令人悲痛的时刻，我们就是你的姐妹。"[24]

另外两位潘克赫斯特则走上一条十分不同的道路。在英国政府的全力支持下，克里丝特布尔启程前往美国，进行了一场为期六个月的巡回演讲，其目的在于劝说美国政府加入协约国一方参战。在同一时期，埃米琳则在英国本土进行着巡回演讲，将自己的威严气度所蕴含着的力量献给了对战争的游说事业。"我希望，"她在演讲中呼吁，"男人们都能像古代那些跪在圣坛之前发誓绝不让手中之剑被玷污、绝对忠于国家的骑士一样参战。"[25]她在普利茅斯告诉欢呼的群众："如果你们能参加这场战争并献出生命，那么不会有比这更好的办法完结此生了——毕竟，能够为一场伟大的事业，能够将生命献给祖国，实在是件非常美好的事情。"[26]

对于一个两年以前还在朝唐宁街十号扔石头、谈起战争总是轻蔑地将其称为男性专利的人来说，这种转变无疑是十分彻底的。相比之下，埃米琳和西尔维娅多年来一起抗争、一起遭关押，甚至在监狱共同承受着绝食抗议带来的痛苦，家庭内部诞生的巨大分裂恐怕就不那么令人震惊了。

很显然，西尔维娅的反战立场部分来源于她的社会主义政治观以及对昔日爱人哈迪的信赖，可刚刚在她的母亲身上诞生的狂热的英国爱国者形象却令人费解得多——并且，她的确令许多来自 WSPU 的追随者感到非常震惊。对于埃米琳的战争热情的解释之一，无疑是从其个人经历角度来进行阐述的：十几岁时，她曾在巴黎的一所女校度过了几年时光，并在那里开始对有关法国的一切产生无比的喜爱，而对德国则心存怀疑。但在以上因素和战时爱国主义情绪的影响之外，她和克里丝特布尔态度之所以会发生 180 度大转弯，其实还存在着另外一个动机。对她们来说，无论是扔石头还是纵火，过去她们发动的种种不受欢迎的运动使她们成为政治舞台的边缘人物，而全心全意拥抱战争，公开为英国政府效力，是她们得以脱离这种地位并步入受人尊敬的国家舞台中心千载难逢的机会。她们明白，在这场重大危机中，政府乐于看到国内最惹眼的异见分子为自己摇旗呐喊。她们同时也一定明白，递上投名状成为政府的斗士，将使自己离为妇女赢得投票权的伟大目标更进一步。

到 1914 年末，对于一个似乎已铁了心要征服欧洲的德国，任何一个有理性的人都会很容易就做出支持对德战争的决定。尽管对德战争将会引发无法避免的牺牲，令整件事变成一场令人痛心的悲剧，但似乎阻止德国的铁蹄在道德上具有必要性。上百万并不信奉军国主义的英国人对此都抱有同样的看法。可对于埃米琳和克里丝特布尔来说，既然已经做出了支持国家进行战争的决定，那么在她们看来，在情感上对此出现哪怕一丁点的摇摆与波动都是无法想象的。她们身处的是一个非善即恶的世界，那里没有微妙的变化也没有矛盾，任何与她们意见相左的人都只会迎来她们无情的嘲讽。在接下来的四年里，她们对战争的巨大热情甚至令自己的盟友都感到惊愕。

与家人分道扬镳之时，西尔维娅比任何人都要痛苦，因为对她来说，母亲新产生的爱国热情就像是对潘克赫斯特家曾经全部信仰的背叛。当然，埃米琳对西尔维娅的观点也感到十分可耻——她的观点与她被流放到澳大利亚的妹妹阿德拉一样："我为你和阿德拉的立场感到惭愧，"[27] 埃米琳在给女儿的信中说。从今以后，她们彼此几乎就再也没有联系过对方。

战争爆发后的几周，英国公众对实际战斗细节知之甚少。许多人就像身处和平时期一样，继续过着各自的生活。例如，夏洛特·德斯帕德就曾在日记里提到过，自己与甘地先生和夫人在伦敦一间酒店"共同饮茶谈话"[28]。8月30日，第一则关于战争真实情况的消息传来，这一消息像闪电般点亮了昏暗的天空。《泰晤士报》的记者在星期日的特别版报纸上写道：

> 我军被击溃后正在撤退……损失非常严重。我看到过来自许多不同兵团的残兵……有些（师团）的军官几乎全都阵亡了……在我军以北，德军指挥官们还命令部队向前推进，仿佛有无穷无尽的士兵……他们在人数上的优势太过巨大，就像海浪一般无法阻挡……
>
> 总而言之，德军的第一场大规模行动已取得成功。我们必须面对事实，那就是英国远征军在遭受沉重打击后损失惨重，需要立即对其进行大规模增援。英国远征军的确为自己赢得了不朽的荣耀，但是现在，它们需要士兵，士兵，和更多的士兵。

最后一段实际上是由英国首席新闻审查官撰写的,而这一段也达到了他想要的效果:单是在接下来的两天时间内,就有30000名志愿新兵在征兵官面前完成了宣誓。

乔治·塞西尔所属的驻蒙斯英军第一次遭到德军强大火力攻击是在8月23日。面对敌军步兵发动的攻势和倾盆大雨般的炮火,英军在一天内就有1600人死伤,第二天,约翰·弗伦奇爵士下令部队撤退。尽管这场战争后来还将造成比这更严重的伤亡,但对一支刚刚参战的军队来说,这场伤亡实在令人始料未及,大吃一惊。由于当时主要运输方式是马拉车,战斗还使得受惊和负伤的马匹在战场和道路上随处可见。在接下来的十三天中,英军几乎只干了一件事,那就是在夏季灼人的热浪中完成了撤退——仓促当中一片混乱地越过比利时边境逃向法国北部,最终抵达巴黎东南郊。即便有机会睡觉,士兵们也只能在路边或者在农民的谷仓里睡上几个小时。军官们急于摆脱一切减缓撤退速度的阻碍,他们下令让士气低落的士兵们扔掉多余的装备和物资;而追赶他们的德军则激动地收到了大批物资:弹药、崭新的军靴、罐头食物、衣物和整片的牛肉。这是英军历史上最为激烈的长距离撤退行动之一。

撤退过程中,弗伦奇不断与下属发生争执。"约翰爵士同往常一样,完全不明白我们所处的形势。"他的副参谋长在日记中写道。[29]"他的确是个亲切和蔼的老人,但绝对没长脑子。"他几乎从不待在指挥部,总是坐车或骑马四处乱跑,按照自己的想法单独与士兵沟通,这让他手下的军官们懊恼不已。"我遇到了一些正解散休息的士兵并和他们进行了谈话,"弗伦奇写道,[30]"我告诉他们自己有多么感谢他们所做的努力,还告诉他们国家是如何看待他们的……他们展现出的气概与风采令人惊叹,受到何种赞扬都不为过——他们将横扫欧洲!"没什么能吓倒这位陆军元帅,即便是新的德军师出现在附近的消息也不能。即便灾祸临头,他依然洋溢着极为荒诞的热情:"也许战争的魅力就在于它那引人入胜的不确定性吧!"[31]

交战的任何一方都无人对战斗的残酷性做好准备。和英国人一样,法国人和德国人不久以前的战争经验也都来自与装备恶劣的非洲人和亚洲人之间的小规模的殖民地冲突:不久将被任命为德军总参谋长的埃里希·冯·法金汉(Erich von Falkenhayn)曾经在中国参与镇压义和团运动,而担任法军总司令的约瑟夫·霞飞(Joseph Joffre)曾率领一支探险队穿越撒哈拉沙漠,征服了廷巴克图(Timbuktu)。两者之前都没怎么受到过机枪和其他现代武器射击的威胁。例如,新一代大炮装填速度快,射程远,士兵在数英里外就将遭到倾泻而来的炮弹攻击。"……黄铜色的天空中,"面对德军攻击,一位英军军官写道,"大炮声越来越响,大地随着炮声的轰鸣而震荡,一会儿是孤零零的重颤,一会儿是四面八方地动山摇,仿佛众神正在天堂一起捶打着像湖面般巨大的鼓面。"[32]甚至在击退英军时,德军也对他们的快速装填步枪形成的密集火力感到十分惊讶。这些武器每分钟 15 次的击发数能对密集阵型的部队造成重大伤亡。"德国人就像木头一样纷纷倒下。"[33]一位英军士兵在回忆起自己与德军经历过的一场小规模冲突时说道。

出于对弟弟安危的担心,夏洛特·德斯帕德尽最大可能收集来自法国的一切消息:"获悉到我的杰克指挥出色的撤退的消息时,我感到无比钦佩,但心中也有些窒息,"她在日记中写道[34]。不过另一方面,英国内阁成员们却丝毫没有感到出色,反而认为弗伦奇退得太远、太快了。他们震惊地发现,为了重

西线战场，1914年8~9月

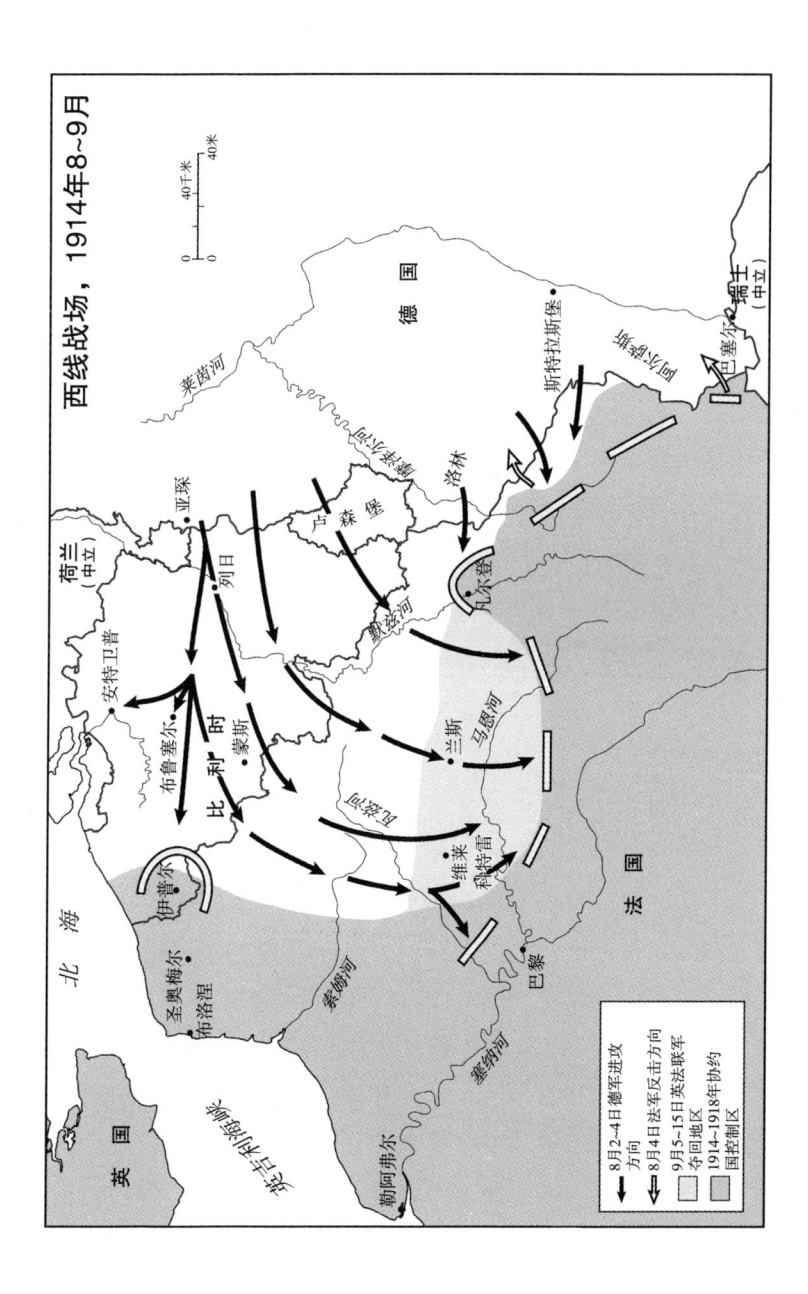

地图标注：
- 北海
- 英国
- 英吉利海峡
- 荷兰（中立）
- 德国
- 瑞士（中立）
- 法国
- 比利时
- 卢森堡

地名：莱茵河、摩泽尔河、亚琛、列日、安特卫普、布鲁塞尔、蒙斯、伊普尔、圣奥梅尔、布洛涅、勒阿弗尔、塞纳河、索姆河、马恩河、凡尔登、斯特拉斯堡、洛林、默兹河、兰斯、维米、科特雷、巴塞尔、巴黎

比例尺：0—40千米

图例：
- ➡ 8月2~4日德军进攻方向
- ⇦ 8月4日法军反击方向
- 9月5~15日英法联军
- 夺回地区
- 1914~1918年协约国控制区

整军队，他们的陆军元帅如今竟还想继续从战线再后撤超过一百英里。经过血战，弗伦奇对疲惫不堪的手下士兵的同情战胜了他在军事上非常有限的谋略观。此时从前线撤退必将令绝望的法国认为自己已被盟友在最危急的时刻抛弃了。匆忙之中，基钦纳登上了一艘本国的巡洋舰，前去英国驻巴黎大使馆与他这位不按照套路出牌的指挥官进行紧急会晤。

基钦纳担任的陆军大臣一职从传统上来讲本应由平民担任。但在这个非常时刻，阿尔弗雷德·米尔纳和英国其他有影响力的人物一起设法秘密说服了不情愿的首相，将这份工作交给了这位恩图曼战役中的英雄，这位人们眼中在世军人中最伟大的人。这还是250年以来第一次现役军人进入内阁任职。弗伦奇与基钦纳的关系从来都不密切，此时他对后者的出现倍感威胁，更让他感到被冒犯的是，基钦纳来到巴黎时身上穿着元帅制服——在他看来，此举将动摇自己作为指挥官的权威。一场激烈的交锋过后，基钦纳直截了当地下令，禁止弗伦奇从前线调离士兵。

正当沮丧的英国人试着消化法国传来的失败消息时，奇怪的流言在英国传开了。这场撤退无关紧要，因为俄国人——几十万、上百万的俄国人——马上就要对英国施以援手了。已经有人看到过他们的大部队，他们在夜晚蜂拥下船，再由数百辆火车秘密运往英吉利海峡各港口。他们唱着歌，弹着三弦琴，留着凶残的大胡子，头戴皮帽，嗓音低沉地叫嚷着要喝伏特加；他们的卢布硬币堵塞了火车站那些使用便士付款的自动贩卖机的投币口；他们脚上的靴子还沾着从俄罗斯带来的雪。这些流言一直流传不断，听起来又太过逼真，结果，在苏格兰的德国间谍连忙向柏林汇报说俄军已在阿伯丁登陆；透过高速列车的百叶窗看到他们正在向南部进军。*

对于英国的失败,那些认为自己的国家根本就不应参战的人尤为痛苦。他们当中没有人希望德国获胜,但是,可以肯定,他们很少有人认为以高伤亡率为代价进行的这场战争是值得的。这些异见者中有一位名人,他是时年42岁的伯特兰·罗素(Bertrand Russell),来自剑桥大学的逻辑学家、数学家。爱抽烟斗的罗素不仅是英国最著名的哲学家,他宽阔的额头、鹰钩似的鼻子、目光锐利的蓝眼睛、笔直的身姿和如今渐渐变得灰白的一头醒目的乱发也使他成为有史以来最富有魅力的哲学家之一。曾有女子对他一见倾心后给他写信说,他那头"乱蓬蓬的头发……看起来生气勃勃,令人耳目一新"[35],几十年后,这名女子在回忆录中写道,罗素的头发"就像一团野火,几乎要迸出火花"[36]。

作为继承爷爷爵位的首相之孙,罗素探索的是深奥难懂的抽象理论——在他最伟大的作品、与他人合著的《数学原理》中,第一卷中的定义篇幅便长达347页——但他同时也为普通大众进行文笔流畅且题材广泛的创作。在他漫长的一生中,几十本著作如同写信一般轻松地从笔下诞生:一部人们至今仍在阅读的通俗哲学史,一系列散文集,几本小说,还有其他数本关于中国、幸福、政治、社会主义和教育改革的书。他公开抨击传统婚姻,却又对女性有着不可抵挡的吸引力(曾有女性从美国一路来到英国,敲响他公寓的房门);他厌恶有组织的宗教,却常能感受到精神上的极乐瞬间;他来自统治阶级,一生

---

* 俄国也满是从德国流传来的各种奇怪谣言。在战争开始后的第一周,有传闻说25辆法国汽车正秘密运载着8000万金法郎经德国运往俄国。数百座城镇为此设置了路障,共有28人由于长相可疑或未能及时停车被卫兵开枪杀害了。

中大部分时间却是政治左派。在他这一代人所经历的最大危机中，尽管深深地爱着祖国，他却从一开始就认定这场战争是个悲剧性的错误。

罗素充满理智的勇气部分来源于他敢于直面自己对国家的忠诚出现的矛盾心理。他曾在1914年秋天不无感伤地写道，自己正"被爱国心折磨……我对打败德国的渴望同任何一位退役上校一样强烈。对英国的爱几乎是我心中最强烈的情感，我看似在这样的时刻把它搁置一旁，但放弃它却令我饱受挣扎"[37]。"将近90%的人面对将要发生的大屠杀都感到心情愉快……作为真理的拥趸，国家发起的挑拨战争情绪的宣传让我感到厌恶。作为文明的拥趸，回归野蛮令我感到惊骇。作为一个未曾体验过为人父母心情的男子（当时他尚无子嗣），对年轻生命的屠杀让我心如刀绞。"意识到这些后，他的内心变得更加痛苦了。

在未来四年多的战争中，他都未曾放弃过自己的信条，那就是"尽管这场战争规模巨大，但其实它微不足道。没有哪条崇高原则面临危险，交战双方的所作所为同实现人类的远大目标毫无关联……英国人和法国人都说自己是为保卫民主而战，但他们并不想自己的话被彼得格勒或加尔各答听见"[38]。在牛津和剑桥两所大学，三分之二的本科生都在战争开始后的几个月内应征入伍，这令他感到无比失望，因为他们理性的力量"被血色的仇恨气浪一扫而空"[39]。这些信念通过他不停发表的一系列文章和演讲表达出来，很快会将他推上逐渐发展起来的反战运动的舞台中心，而这令他失去的则是旧日的友谊，剑桥的教职和护照。最终，他将因言入狱。

战争最初的几个月，反战信条受到了大规模爆发的爱国狂热情绪的严峻考验。就像罗素说的那样，"一个接着一个，那些曾经一直与你分享同样政治观点的人都加入了支持战争的一方，而那些例外之人……却还没有找到彼此"[40]。他曾感慨地写道："当整个国家都处于对暴力的集体兴奋状态中时，抵抗这种冲击真的非常艰难。避免陷入这种兴奋需要与抵挡极端的饥饿或是性欲付出同样的努力，那种感觉同人的本能相反。"

与他一样的异见者们正努力让自己的声音在洪流中能被人听到，与此同时，将军和大臣们正在就战略问题进行狂热的辩论，人群挤满了招募站，陆军部的唁电则被送到了英国的千家万户。1914年9月8日，维奥莱特·塞西尔收到消息，她的儿子乔治在法国一座森林中参加了一场步兵战斗后负伤，下落不明。

9 "正义之神将守望战斗"

伤痕累累的英军与法军撤退之时，憔悴的士兵、救护车和满载伤员的敞篷马车将法国南部道路挤得严严实实，他们的指挥官们则不一样，至少，指挥官们还能从德国人需要进行两线作战的事实中受到慰藉。之所以这么说，是因为凭借其深不见底的人力储备，俄国正从东线向德国发起进攻。俄军此时早已越过了国境线，他们正在向波罗的海沿岸的条顿骑士之城柯尼斯堡进军，这期间还在与德军的交战中赢得了一场胜利。由于德军将大部分兵力都派到了西线，这使向柯尼斯堡挺近的俄军与德军相比获得了三比一的优势，骑兵人数则是八比一。1914 年 8 月 23 日，即蒙斯战役爆发的同一天，一场大规模冲突在东线正式打响。

不幸的是，对于协约国来说，尽管俄国陆军的规模世界第一，但若论无能，它的排名同样不遑多让。举例来说，士兵需要枪支，但俄军可供使用的枪械只能供应勉强超过一半士兵，并且似乎并没有人真正仔细考虑过这个问题。他们只拥有一组防空火炮——此时正在拱卫沙皇的夏宫。俄军将领大都年事已高，肥头大耳；有位军长的胆子小到听见步枪射击声都承受不住。一直以来，高级军官的提拔主要靠的是他们的资历和在宫中的关系；俄军最高统帅尼古拉·尼古拉耶维奇（Nicholas Nikolaevich）大公出名主要因为他是沙皇的堂兄。除了皇家血统之外，他最为明显的优点就是身高出众。他身高六英尺六英寸，站在人群中仿佛鹤立鸡群；副官在他指挥部符合普通人身高的门框上钉上了几片白纸,以此来提醒他进门时弯腰。他没有战场经验,由于确信自己无法胜任,他在被任命为最高统帅时还哭了出来。此外,他与战争大臣之间关系不和,也不受皇后喜欢,后者一直在丈夫的眼皮底下密谋削弱他的地位。

腐败现象在俄军后勤系统中是常态。根据纽约一名商人的说法,当一位俄军少将接到从美国购买战争物资的任务时,"采购金属时,他和手下军官们很快便露出了贪污分子的丑恶嘴脸。相比他的政府需要花多少钱,将军本人对各公司给自己的秘密回扣的兴趣更大"[1]。

来到俄国的西方供应商们发现了相同的情况。"一位寻求签订一项供应一万顶野战帐篷合同的法国商人,一路乖乖地向战争部行贿,"历史学家阿兰·克拉克写道,"最终他来到了最顶层的人士面前,见到了战争大臣的私人秘书……令他大吃一惊的是,这位秘书向他索要一笔与他之前一路向上疏通关系时支付的金额相当的私人'酬劳'。他抗议说,如果这笔钱花出去,他在这份订单上就赚不到一丁点利润了。'啊,'秘书轻柔地一笑,'这我理解。可是为什么还要交付帐篷呢?'"[3]

当大公第一次见到后勤参谋们时,他只对他们说了几个字:"先生们,别偷。"[3]

俄国是个农业国,在其上百万的动员兵中,大约三分之一的人都是文盲。士兵们不熟悉现代科技,却又需要燃料做饭,于是他们有时会将电线杆砍倒当柴用。生气的指挥官们于是转而使用无线电,但由于之前的密码本分发工作没有正确完成,电文轻易就能被德国人窃听破解①。在战争早期的日子里,俄

---

① 密码本落入了德军手中,有线电报尚能做到保密,无线电报的电波是开放式的,其内容一旦被听到就必然能被破解。——译者注

军士兵往往会向空中出现的任何飞机开火,己方的也不例外。之前从未见过飞机的他们觉得,这样奇怪的发明肯定是德国的。

对于上流社会,战争仍然是一场冒险。富家女子会出资建造她们自己的私人医护列车,她们的女儿在这些列车上为人提供护理,至少有适婚军官出现时是这样。然而,这些志愿护士只被允许处理"腰部以上的轻伤"[4]。有目击者注意到,这些医疗列车常常会开到近卫军部队的后方,因为那里的军官很可能都是些来自圣彼得堡上流社会的钻石王老五。

这就是那支在8月23日当天出现在东普鲁士的沼泽和森林地带准备加入战斗的军队,他们对德军的规模和部署方位一无所知。在俄国官僚系统神秘莫测的选任制度下,亚历山大·萨姆索诺夫(Alexander Samsonov)担任部队的总司令,去指挥那些自己之前从未见过的部队和参谋,不到两个星期以前,他刚刚在突厥斯坦①结束自己七年的总督生涯。正当他手下营养不良、疲惫不堪的士兵们跌跌撞撞穿过陌生地带向前推进时,他们遭到了给养充分的德军大规模分遣队的攻击,敌人——多亏偷听到的无线电信号——对哪里能找到他们知道得一清二楚。对正在发生的情况基本毫无觉察的萨姆索诺夫当时在位于战线后方的一座城镇的指挥部中,正与一位英国来的军事专员共进晚餐,在这期间,一整个师的惊慌失措的撤退部队突然出现并填满了街道。随着德军的炮火声越来越近,萨姆索诺夫率领部分哥萨克骑兵连忙赶往前线,去对残兵进行现场指挥。他一边催促那位英国专员趁着能走赶紧逃离此地,一边骑马离去,同

---

① 19世纪中期,俄国先后吞并了中亚希瓦、布哈拉、浩罕三汗国,在中亚河中地区设立了"突厥斯坦总督区",于是某些西方人称中亚河中地区为"西突厥斯坦",或"俄属突厥斯坦"。——译者注

时说了一句有些晦涩的话："敌人走运在初一，我们走运在十五。"[5]

萨姆索诺夫的运气并不好。没有被俘的俄军试图后撤，却发现德军此时已经控制了全部可以通行的道路。在由萨姆索诺夫指挥的整个集团军（兵力远超25000人）中，只有一人最终回到了俄罗斯。战斗结束后，尽管德军也有13000人伤亡，但俄军伤亡人数却超过30000人，还有92000人被俘——为了将他们运往战俘营，德国需要出动60列火车。与其他残兵一样，萨姆索诺夫最后也逃跑了。由于骑马无法穿越沼泽地，他和一些副官不得不在夜色中靠双脚艰难跋涉。身上的火柴用光后，他们就再没法看清指南针了。午夜刚过，萨姆索诺夫离开了剩下的其他人，举枪结束了生命。

这场大败之后不久，第二波入侵的俄军再次被德军击溃。负责指挥的俄国将军失去了战斗的勇气，坐上汽车逃回了国内。总而言之，俄军在这一个月的战斗中共有310000[6]人被杀、负伤或被俘，还有650门大炮被敌人缴获。工业化战争瞬间使这个半工业化国家遭到了毁灭性的打击。在余下的战争中，俄军再也没有对德国产生过任何威胁。

当年11月，意识到形势对德国有利后，俄国长期以来的对手奥斯曼帝国加入了同盟国一方（Central Powers），人们当时以此称呼德国与奥匈帝国之间的联盟关系。这一举动在高加索地形崎岖的高山峡谷地带开辟了一条新的战线，土耳其帝国与俄罗斯帝国将在此相遇。仿佛收到的坏消息还太少，1914年末，俄国官员们开始陆续收到秘密警察的汇报，说他们发现革命煽动分子正在与伤兵和正经过西伯利亚大铁路赶往前线的新兵展开对话，同时发现的还有反战传单。军方在数支部队中发现了最为激进的地下革命团体布尔什维克的秘密活动小组，其中几支部队正掌管着通往前线的重要铁路线。在西欧那些更为发达的国家，底层人民已经不再探讨革命，而是怀着爱国之心投身战争，但在俄国，这些人的忠诚似乎就没那么值得信赖了。

沙皇与皇后并未对革命可能爆发感到烦恼。俄军大规模伤亡的消息从前线传回国内，过了很久，为了装饰皇宫，皇后每周仍然会从南方一千多英里外的克里米亚安排专列将那里的鲜花运回首都。

俄国人遭受的失败实在太过巨大，将失败隐藏起来是不可能的，但比起这些惨败，英国媒体更愿意报道来自另外一条相对不那么重要的战线上的新闻，在那条战线上，俄国人取得了胜利，俄国人面对的唯一主要对手甚至比他们还要无能。奥匈帝国的军队构成反映出了它的权力结构：四分之三的军官都是德意志人，但只有四分之一的士兵能听懂德语。整个1914年末，俄军一直在稳步推进，他们对奥匈军队造成了重大打击，并将后者赶回了蜿蜒崎岖的喀尔巴阡山脉，直到冬天来临时才停下脚步。而在山区，那些被困在战场上的伤兵们还要面对别样的恐怖：饱餐过死尸仍四处觅食的狼群。

身着红蓝两色军装的奥匈帝国骑兵成为战场上的绝佳标靶（与法国人不同，他们几年之后才放弃这身行头）。在许许多多受到了俄国正在进军的消息鼓舞的人中，欧内斯特·沙克尔顿爵士也是其中一位，他最后一次取得关于战争胜利的消息是在秋天启航前往南极之时。"势不可挡的俄国大军正在不断推进。按照多方观点，战争将在六个月之内结束。"[7]

在英国，人们的乐观情绪依然高涨。"对于这场令人愉快的光荣战争，不论老天爷拿什么我都不换。"丘吉尔告诉首相之妻玛格丽特·阿斯奎斯[8]。大多数人都信心满满地认为战争能够很快结束，以至于保险经纪人推出了"和平险"：支付80英镑，如果战争在1915年元旦之前没有结束，你会得到100英镑——如果战争到1915年9月15日还没结束，你得到的钱就能再翻四倍之多。

在职业足球赛的体育场大门外，征兵官身上挂着广告牌来回走动，上面写着"国家需要你"；比赛开始前，爱国的演讲者会在观众面前发表讲话；如果运动员自告奋勇成为志愿兵，那么就能在现场收到雷鸣般的掌声。由于球迷纷纷追随着偶像的脚步，这使得这些比赛的现场也成为最佳征兵现场。摘取了纽博尔特诗中句子的海报号召志愿兵们"加油去赢"，基钦纳、弗伦奇、黑格和其他人则成海报上一支英式橄榄球队中打着不同位置的球员。第一位前往法国对战争进行报道的记者是《每日邮报》的体育版编辑，派他前去的是该报的所有者诺思克利夫勋爵。同属诺思克利夫旗下的《泰晤士报》曾刊登过这样的诗句：[9]

> 来吧，远离足球场的诱惑
> 那里的名声唾手可得
> 加入一场更伟大的比赛
> 为此付出更加值得
> 来吧，加入英雄子孙的队伍
> 在更加宽广的名誉竞技场
> 正义之神将守望战斗

119

为比赛裁定胜负

然而，战斗热情并不足以充分解释征兵数字的飞涨。例如，当伦敦电车司机开展罢工运动时，市议会直接解雇了他们当中全部达到兵役年龄的男子，并强迫他们服兵役。在地方政府和企业工作的年轻男子经常会发现自己被"解除"了工作，这样一来他们就能志愿参军了。尽管困难重重的经济情况导致成千上万的人失业的同时还引起了食品价格的上涨，但政府却暗中授意慈善机构不对那些符合入伍条件的失业男性提供救助。脖颈粗壮的德比伯爵极其富有，人称"兰开夏郡之王"，拥有68000英亩土地，单是在自己的领主宅邸，他就雇用了超过75名仆人和园丁。他公开表示，自己在战后将只雇用那些上过前线的人。其他上百名地主和雇主对此纷纷效法——尤其是在德比伯爵被任命为征兵总负责人以后。

由于未能通过陆军体检，年轻的约翰·吉卜林再次感到失望不已。不过借着全民动员的氛围，他的父亲这回找了一位朋友帮忙，他就是著名的前英军总司令罗伯茨勋爵，罗伯茨是19世纪众多殖民战争中的英雄人物，最初他与吉卜林是在印度结识的。令拉迪亚德·吉卜林高兴的是，经过在幕后一系列必要的运作，罗伯茨为约翰在爱尔兰近卫兵团谋得了一席之地。吉卜林骄傲地认定自己与儿子长得很像，他在给一位朋友的信中说："他看上去真像当年的我。"[10] 于是，刚年满17岁的约翰开始在埃塞克斯郡随部队接受训练。同一时间，他的父亲提议牛津大学应该停止教学，并将全部本科生送到军队服役。他的诗作中洋溢着战争热情：

为了我们自己和拥有的一切,
为了我们子孙后代的命运
挺身而出,加入战斗,
德国兵已兵临城下!

不过,吉卜林胸中装的并不都是热血与雷霆。为减轻维奥莱特·塞西尔的伤痛,他仔细地对年轻的乔治被人看到参加的最后一次战斗中受伤的幸存者展开调查,他在医院的病床前与幸存者进行谈话。没人知道乔治的下落,但吉卜林成功向维奥莱特还原了当时战斗的大致情况。当时,德军不断向法国城镇维莱科特雷附近一处森林道路增兵,乔治的部队躲在了树林中的一块空地附近,他们能清楚地听见敌人的叫喊声与军号声。这时,一挺德军机枪开始向散布英军的空地和周围森林发射子弹。据其中一人事后描述,就像小说中描写的场面那样,乔治下令手下上好刺刀并率领他们展开了反击。一颗子弹射中他的手,他先是踉跄了几下,随后抽出佩剑高喊道:"弟兄们冲啊,一定要把他们全部干掉!"[11]据说,这场进攻拖住了森林里的德军的脚步,帮助其他英军顺利逃脱,但导致了英国近卫步兵第一团数十人死伤[12],乔治也在其中。

米尔纳看得出来维奥莱特"十分痛苦,看起来很不舒服"[13]。陆军部无法向她提供更多细节。拼了命地寻找儿子下落消息的她曾向美国驻法大使请求作为中立国的代表提供援助,但大使也对此无能为力。随后她又给一位在中立的荷兰工作的堂兄弟发电报,请求他帮助查证,看看乔治是否成为德军战俘。或者,她问自己,也许是哪个位于战线后方的法国家庭收留了他?毕竟,乔治的法语讲得很好。"我对乔治的智慧和头脑有充足的信心,"她写道,"但也许他身体病得厉害,已经无法正常思考了。"[14]

德军此时早已推进到了离乔治失踪地很远的地方,形势一度看上去非常令人恐惧,仿佛巴黎也将落入敌手。到了1914年9月5日,德军距巴黎只有23英里。商店纷纷关张,街道上空空荡荡,旅馆也无人入住。尚未逃走的数千名巴黎市民被强行征入劳动营,他们将树木放倒建成路障,并在通往市区的主要街道上挖壕沟。奶牛被赶进巨大的布洛涅森林公园里放养,一旦城市被围困,它们将变成食物来源。到了夜晚,政府各部门烧毁了不重要的文件,并将办公地搬到了西南方向几百英里外的波尔多。作为日后成为这场战争的标志的焦土政策的预演,为阻滞不断推进的德军和他们的后勤供应链,法军在撤退时摧毁了身后的桥梁与铁路。这些完成之后,一位富有想象力的法国将军征调了600辆出租车,将他的步兵运往前线。被基钦纳严加斥责过后,心不甘情不愿的约翰·弗伦奇也向英军下令准备投入战斗。德军终于停下了脚步,并最终后撤了大约45英里。巴黎安全了。

消息迅速传遍了世界,带来喜忧参半的头条新闻标题——"形势逆转",《泰晤士报》写道—的同时,也令数百万人感到喜悦与宽慰。新消息很快传来:由于没能完成速战速决的任务,德军总参谋长冯·毛奇被解除了职务。然而对维奥莱特·塞西尔来说,真正重要的是其他事情:乔治最后现身的维莱科特雷和周边的森林地带已被协约国重新夺回。尽管米尔纳努力劝她不要去,可她还是在9月19日启程前往法国。

在法国,她很快便得到了正担任参议员和报纸编辑的家族旧友乔治·克列孟梭的帮助,后者对维莱科特雷周边的医院和救护站展开了调查。为了给维奥莱特打气，克列孟梭告诉她，他相信乔治应该是成为战俘。坐着美国大使借给自己的汽车，她和随行的美国武官一起前往维莱科特雷。"镇长此前已接到指示，要为我的调查活动提供方便。我发现了许多从战场上捡回来的遗物，有些是男人们的口袋书，有些书上面有我的孩子的签名。"（每名士兵都被要求随身携带一本小开本的棕色皮革封面笔记本，里面写有他的详细身份、直系亲属、疫苗接种情况和其他一些资料。每笔军饷发放的记录上都有军官签名。）随后，她得到了来自近卫步兵第一团一名军官的消息，他说，乔治最后一次被人看到时正躺在一条壕沟里，头部受了很重的伤。

感到失落与绝望的维奥莱特返回了英国。在码头接到她后，米尔纳驾车同她一起回到了大威格塞尔，心情沮丧的两人一路无言。然而就在第二天晚些时候，维奥莱特在荷兰的堂兄弟发来了一封电报，电报中说，乔治也许真的是因伤被俘，人就在德国亚琛。"这仅仅是个传闻，"她在写给一位相熟军官的信中说，"对此我不抱任何希望。"[15]

在寻找乔治下落的过程中，吉卜林得到了美国前总统西奥多·罗斯福的帮助。"罗斯福先生正在向德皇申请得到我方伤员的名单，"卡丽·吉卜林写道。[16] 名单中还是没有乔治。"如此一来，这场拉锯战还得继续下去，"拉迪亚德·吉卜林告诉一位朋友，"她每天看起来都毫无活力，一会儿是噩耗，一会儿是喜讯，这让她的灵魂饱受撕扯。而此时此刻，孩子的父亲却远在千里之外，除了写信发电报，完全无法与外界接触。"[17]

"我感觉不到乔治已经死了，"在写给身处埃及的丈夫的信中，维奥莱特说道，"但这只是因为我最后一次看到他时，他还是那么的健康充满活力。直觉告诉我他还活着——但理性告诉我他已经死了。"[18]她的心头渐渐涌上了麻木的情绪:"我在很平静地写这封信——我吃饭、散步、谈话、睡觉,能分辨冷热,还能写信。我表现得与活人别无二致。"进一步的调查仍旧一无所获。米尔纳请一位朋友去荷兰,他们也许能在那里与德国政府官员建立联系,而在英国则做不到这一点,可是发回给他的电报说,德国方面在战俘记录中找不到乔治。维奥莱特的希望逐渐开始破灭。

战争头两个月,除了乔治·塞西尔,还有成千上万的士兵下落不明、失踪乃至死亡,这段时间充斥着混乱与血腥,战斗没有按照任何一方的计划有条不紊地进行。战场依旧动荡不已,双方大军都在不断进行调整,试图靠迂回包抄消灭对方,有时候他们一天能够行军十多英里,数千辆补给车轰隆隆地跟在后面,卷起令人窒息的滚滚尘烟。由于缺乏军用车辆,英国动员起了手头的一切,从搬家货车到啤酒卡车,它们将弹药输送给部队,车身涂装的原始图案使里面的东西显得不那么致命。英国的骑兵们依然有自己要扮演的角色:他们所做的不是发动前机枪时代数千人规模的大型突击,而是偶尔参与小型战斗,同时还要组成侦查队去调查法国当地的道路、田野和森林的情况,努力寻找德国人的踪迹,特别是在糟糕天气条件下侦察机无法起飞时,这类任务显得尤为频繁。

有时候就连德国人自己也搞不清楚他们到底身在何方。战争中的确充满了混乱,可在这场战争的初期,当数百万士兵在夏末的酷热中沿着狭窄的国道行军时,混乱却上升了一个等级。其带来的结果就是,一系列令指挥官们始料未及的问题随之出现。也许这是第一场工业化战争,但此时的工业化既不稳定也不可靠。当德军远离铁路线以后——一个步兵师每天要消耗二十几车皮的物资——其他运输方式变得至关重要。可是，此时的汽车发动机技术尚在婴儿阶段，在向法国境内推进期间，德军装备的卡车中有六成都出现故障抛锚了。这使得本属于前工业化时代的马匹不得不再次出山。可是，马匹同样需要自己的"燃料"：每天两百万磅饲料，远远超出了当地农村所能提供的数量。由于吃了法国田地里尚未成熟的青玉米，这些德国马生病后开始成批死亡。运载补给的马匹消耗殆尽后，士兵们的口粮渐渐开始不足——而在炮兵弹药的问题上，双方制订战争计划的人显然都没有想到，新型的速射榴弹炮竟能这么快将弹药用光。到最后，德军规模庞大的强大火力却成为负担：例如，如果让德国陆军一个满员军团完全展开，其队伍的长度将超过18英里，这就意味着，当先头部队完成一天的行军时，队伍末尾也就刚勉强抵达前者出发时的起点。战斗持续的时间越长，他们就越难以像敌人在参谋部地图上惯用的标注部队向前推进的大箭头那样保持队形齐整。部队陷于停顿当中。

到10月末为止，双方都未能取得太大优势，于是，他们便不约而同开始挖掘防御性战壕。运动战已经结束——将军们则认为这只是暂时的——前线开始变得固化。彼此面对着的一系列平行战壕组成了两条西北-东南走向的蜿蜒曲折的斜线，起点位于英吉利海峡，先是穿越比利时的一角，再经过法国北部，最终穿过曾经的法国省份阿尔萨斯（这里曾经是法国从德国手中得到的土地）的一小片区域后终于瑞士边境，总长约475英里。

堑壕战并不是什么新鲜事物。在南部邦联被围困的首都里士满和邻近的彼得斯堡都有堑壕战，美国南北战争就是以类似堑壕战的形式结束的，将时间拉近，在布尔战争中，英军有时为防御布尔人的火力也会挖掘战壕。但由于这种作战手段看上去太不光彩，在欧洲，几乎没有人会对其加以考虑，不过约翰·弗伦奇爵士却并非如此，尽管听上去几乎让人无法相信，但在一份呈送国王的报告中，他得出的结论是，"装备铁锹和装备步枪一样重要"[19]。尽管如此，他那骑兵特有的乐观情绪依旧毫无动摇。"在我看来，"他在10月向基钦纳断言，"敌人正狠狠地甩出底牌，我坚信他们一定会失败。"[20]

当麾下的士兵们挥舞着手中的铁锹时，弗伦奇正设想着发动一场会使战斗再次变得光彩的骑兵攻击。他提议对德国人展开一场大胆的突袭，却对部队将要在行动中为此穿越一大片沼泽地的事实视而不见，不过，他的下属指挥官和参谋们说服他放弃了计划。"这个蠢货的存在完全没有意义……他连比例尺地图都看不懂，"他的副参谋长在日记中写道。[21]"真让人感到绝望。"

当法军在前线大部分地区与德军对峙时，英国远征军则移动到了最接近英吉利海峡的前线末梢。自从10月底开始，他们和邻近的法军与比利时军队，几乎整个11月都受到盘踞在比利时古代纺织中心伊普尔（Ypres）附近的德军连续不断的攻击。获得本土新兵的大批增援后，包括伊普尔在内的前线英军人数暴涨，哥特式尖拱建筑、中世纪的土城墙、一座塔尖高耸的大教堂和一座建有钟楼的地标性的纺织会馆云集于此，形成了一幅别致的画面——很快，它们将会全部被德军的炮火摧毁。

初次体验堑壕战的英国人犯下了各种各样的错误：例如，由于装备铁锹的数量不足，他们有时不得不用从比利时人的谷仓拿来的草叉进行挖掘作业。不过相比之下，作为攻击方的德国人的表现显得更加笨拙。他们一大群一大群地迎着英军步枪和机枪的火力前进,头盔上装饰着鲜花的年轻预备军官们一边唱着爱国歌曲一边走向死亡。惊讶的英军士兵在望远镜里看到,一群用胳膊挎着彼此向前进军的德军,头上戴着的帽子上似乎还别着与大学生校徽不同的帽徽。而戴着常规头盔的德军似乎没有意识到,他们头盔顶端的小小尖刺只会让佩戴者成为更加明显的目标。(直到1916年,这项设计才被移除。)"直面敌军时,"德国陆军的步兵手册中写道,"士兵应发动刺刀冲锋,欢呼着打入敌军阵地。"[22] 步兵手册对冲锋时的军鼓鼓点做出了说明,但却没有告诉士兵面对喷出火舌的英军机枪时应该怎么做。

尽管德军在数量上远超英军,士兵人数比有时能达到七比一,但在英军的火力面前,除了队伍被撕开了大口子以及数千士兵死亡,他们取得的进展微乎其微。人们本来在战前就该上一课,了解一下这种新式战斗对防守方到底多么有利。可是不久,这堂课就以一种不一样的方式上演,而此时双方却都拒绝学习。没有哪位将军准备好了去承认机枪已经颠覆了多少个世纪以来人们对战争的认识。一座机枪位就能打退几百人甚至几千人的进攻。"我看到像男人大腿么粗的树真的能被这些武器射出的连串子弹击倒。"一位在比利时的美国记者写道。[23]

同样没有人知道最佳防御手段是什么。在过去的岁月中,防御战有自己的荣耀:那就是要花费几年时间才能建好的巨大的石砌塔楼要塞。然而到了现在,任何地表物体都能被重炮在几天甚至几个小时内摧毁,正如德军对比军的堡垒所做的那样。到最后,难道最好的防御位置真的是在地下深挖的狭窄壕沟里吗?曾经最难以逾越的要塞已变得像牛圈的栅栏一样平庸了吗?

约瑟夫·格利登(Joseph F. Glidden)并不是军事工程师,

而是一名来自伊利诺伊州的农场主和前郡警，1874年，他利用妻子的发卡设计了一种新型围栏并注册专利。四十年后，月光下盘绕着展开并牢牢钉在地上的铁丝网成为障碍物之王。进攻者即便在最好的情况下穿越铁丝网也十分困难，在子弹横飞的战场则几乎不可能。听上去有些矛盾，但正由于这一团团铁丝"千疮百孔"，它们能轻易地吸收炮弹爆炸的冲击波，因此非常难以被摧毁。

相比之下，德国的铁丝网更被证明是几乎无法逾越的障碍，铁丝网被固定在深插入地面的六英尺高的木桩上，绵延数英里，形成了50至100英尺宽的密不透风的迷宫。随着挖掘活动不断深入，两边的战壕和铁丝网系统对于交战双方来说都变得越来越复杂。万一第一层防线被突破或被占领，其后还有多条备用战壕，而且它们各自都装备了密集的铁丝网防御带。

尽管将军们还没有真正理解多层防线的威力，但在这种设计面前，想要突破防线对于攻击方来说成为奢望。在曾经的战斗中，一旦拿下一座要塞，由于敌军没有几个月或是几年的充足时间再建造一座新的，步兵或是骑兵能快速再向前挺近很远的距离。可是现在，如果一座战壕失守，敌军可以轻易地进入附近的新战壕，并在其掩护下继续战斗——或者，他们还可以在几十分钟内将密集的铁丝网展开，并利用几个小时的时间挖成一条新的战壕。

在战争最初的几个月里，尽管有机枪和铁丝网的存在，但战争有时依然展现出曾经风雅的气质，那时的人会严格区分士兵与平民。例如有一次，德军抓住了一名英国人——但当发现他其实是从伦敦来的一名《泰晤士报》的记者后，他们就把他放了。米莉森特是其他受到特别对待的平民中的一位，作为萨瑟兰公爵的遗孀,她是那些率领或赞助私人医疗队在交战区展开活动的贵妇中的一位。当时,她正在一座比利时城市护理伤员,德军攻下了这里,但她发现,这支部队的指挥官和指挥官的副手都是自己在战前见过的贵族。公爵夫人拜访了他们的总部,出示名片后,她向德军提出了包括将自己和其他护士送到蒙斯好去照顾那里受伤的英军战俘在内的多项请求。德国人满足了她的请求,为她提供了一辆汽车和一名司机。

战斗令交战双方的许多士兵感到十分兴奋。朱利安·格伦费尔(Julian Grenfell)是德斯伯勒(Desborough)男爵家的长子,在牛津上学期间,他练习过拳击和划船,还赢得过越野障碍赛的冠军。他是个嗅觉敏锐的射手,他在自己的"狩猎手册"中记录了自己成功的一天,那是1914年10月初的某日,他一天就打到了一袋松鸡,"总共有105只"。这本手册被他带到法国,新的纪录随着一次对德军战壕的突袭行动开始了,11月16日,"一个波美拉尼亚人,"11月17日,"两个波美拉尼亚人。""(战斗)最有意思了,"他在家信中写道,"我从来都没有这么爽、这么高兴过,从来没有任何事能让我如此享受……每一个手势,每一句话,每一次行动,战斗的刺激让一切都散发着生命力。"[24]六个月后,他的生命将被一块弹片夺走。

到11月末,当冬天的暴风雪开始肆虐时,双方将主要精力都放在了取暖上。此时,英国远征军已有三分之一的人死亡,还有更多人身负重伤。1914年末以前,英军伤亡人数将达到90000人。火车将大量伤员送往伦敦,在那里他们会接受穿着飘逸的白衣、头上戴着像修女一样的头巾的护士们的照料。市内各医院建筑外墙上挂着"为了伤员,保持安静"的横幅,临近街道的路面铺上了麦秆,用来减弱马蹄的噪声。

约翰·弗伦奇爵士在距离英吉利海峡20英里的圣奥梅尔附近的一座村庄征用了一位律师的住宅,将其作为指挥所。许多生活富裕的军官都将自己的汽车和司机带到法国,人们能看到一排排汽车停在指挥所外面,它们的司机身上穿着平民样式的双排扣黑色制服,头上戴着配套的帽子。有位年轻的副官在向上级敬礼时表现得与其他下级军官同样恭敬,他就是威尔士亲王,二十年后,他将短暂地继位成为国王爱德华八世,直到最终退位。重量级访客川流不息地从伦敦来到此地,没过多久,弗伦奇的一位副官便被嘱咐为指挥部向上级申请拨更多招待费。国王前来为军人们颁发勋章,同时顺便看望了自己的儿子,还得到了弗伦奇战争将在圣诞节前结束的保证。温斯顿·丘吉尔也现身于此——附近没有海战让这位海军大臣观摩,于是他就想在陆地上体验一下战斗的滋味。"德高望重"的陆军元帅罗伯茨勋爵的想法和他一样,他此时最大的愿望就是到前线视察印度士兵。弗伦奇告诉自己的一位红颜知己,已经82岁的罗伯茨"和咱们在一起时显得特别陶醉"[25],但随后他患上了肺炎,这打乱了他的行程,并最终归西。

其他客人还包括弗伦奇在伦敦时从美国来的花花公子室友乔治·G·摩尔(George G. Moore),尽管是中立国的公民,他还是搬进了指挥部。还有查尔斯·考特·雷平顿(Charles À Court Repington),他是《泰晤士报》的战地记者,和摩尔一样沉溺于女色,他还是骑兵的狂热支持者。这一时期,记者是不允许出现在前线的,但约翰爵士说服伦敦,他说雷平顿是"完全以私人身份"[26]和他待在一起。弗伦奇身边同样不乏女性的陪伴；曾有一位生活作风严谨的将军在这段时间向他抱怨："元帅，你指挥所周围的婊子太多了！"[27]

对于其他人来说，这个冬天更加冷酷。1914年即将结束之时，在埃及坚守岗位的爱德华·塞西尔收到了一封电报："墓地开放，确信已找到乔治。心碎的维奥莱特。"[28] 在维莱科特雷，工人们发掘出一座葬有98具英军尸体的墓地。靠着背心上名字的首字母，乔治的尸体才被认出。94具士兵的尸体被迅速重新安葬。镇长为乔治和其他三名军官提供了棺木和鲜花，并为他们在镇公墓刻着"光荣土地上的烈士（Tombés au champ d'honneur）"的十字架下举行了一场葬礼，二十名法国军官出席了葬礼。现场的鸣炮声离着很远就能听到。

知道乔治的埋葬地点并不能缓解他母亲心中的悲伤。维奥莱特写道，乔治"就像腐肉似的被扔进深坑。每当我想起一条美丽的生命就这样被毫无人性地夺走，我几乎无法忍受自己竟然是会发生这样的事情的世界的一分子"[29]。儿子的死亡同样没能拉近她与关系疏远的丈夫之间的距离，"我无法和你探讨任何真正重要的问题，除非我的话与你的宗教观有关，"她在给丈夫的信中说，"我再也不会在信中提到真正的终点，死亡——我们毫无共同语言……我曾经给你写过信，结果……你却在来信中讲起了'来世'，完全没有提到真正的话题，这让我觉得自己来世不如下地狱好了。"[30]

和大多数英国人一样，维奥莱特·塞西尔从未怀疑过战争的目的。为了纪念乔治，她的想法是给他从前念的寄宿学校温彻斯特捐点什么。最后她捐赠了一座靶场。拉迪亚德·吉卜林浓密的眉毛虽然还是黑色的，但头发和髭胡的颜色却逐渐变成了灰色，他在靶场的揭幕典礼上发表了演讲，打响了头枪，子弹正中靶心。

经过了几个月的战争，整个欧洲心心念念和平的社会主义者们几乎都对和平不再抱有任何希望了。在一种更强大的古老力量面前，他们的梦想已然消解殆尽：埋藏在内心深处的与来自同一部族的同胞团结一致的人类本能的冲动——危难之中，定义部族性质的是民族而非阶级。令人惊讶的是，在对于这种情绪力量之强大的证词中，最令人难忘的说法竟出自极度抗拒它的人之口，著名的左翼编辑乔治·兰斯伯里（George Lansbury）曾经认为，欧洲的工人们在统治阶级的一声号令下相互厮杀的行为简直愚蠢到令人无法忍受。尽管说过这样的话，记者赴前线采访的禁令刚一解除，他（在去过前线后）便承认，"每当看到行进的士兵和部队时，我的心中都会燃起一种想要走过去加入他们行列中的渴望。我心中所想的并不是杀人或是被杀之类的事情。那是一种危机感和使命感——不带个人情感的使命感——当士兵们摇晃着从我身边经过时，就是它们让我产生了加入其中的愿望。"[31] 如果说连这样一个忠诚的反战社会主义者都能体验到这种内心的憧憬，那么没有丝毫左翼信仰的英国年轻人的感受就要强烈得多，自然，那些依旧公开反战之人感受到的就只能是沮丧与被孤立了。

西尔维娅·潘科赫斯特与基尔·哈迪就是这些人中的一员。尽管他们已经不再维持情人的关系，但他们依旧保持着频繁的会面。哈迪感到很绝望，因为他为反战所做的一切努力都失败了，而西尔维娅则因为最终与母亲和姐姐公开决裂而深受伤害。我们缺乏有关的书面记录，不过在这段人生最严酷的寒冬时光里，二人彼此抚慰。一天晚上，正在发表演讲的西尔维娅收到了一封哈迪发来的电报,他在电报中告诉她,不要把媒体报道他生病的消息放在心上——听上去倒像十分渴望她正好反其道而行似的。集会刚一结束,她就匆匆来到了哈迪的公寓,发现他之前是由于突发疾病而被人送回家中。就像身体在反映自己对战争的悲伤一般,哈迪在1914年底患了中风。他只有58岁,但由于手已经麻痹,他不得不借助口述完成写作。他甚至一度连日常行走也无法完成。

西尔维娅在东区继续开展自己的活动,不停地与各级官员展开纠缠。紧要关头,何不采取政府控制物价的措施?何不将食物供应国有化?她完全投入到这场日常生活的战争中,而欧洲大陆上的战争在她眼里则是所有自己正在努力实现的目标的敌人。翻开她描写这段岁月的自传《本土前线》,你将进入苦难深重的伦敦的战壕中:靠着丈夫少得可怜的军饷和补贴过活的妇女(战争刚开始时军饷的标准仅仅是每名儿童每天两便士),为了给伤兵腾出床位而被赶出医院的妇女,还有由于马匹都被军队征用而失去活计的要养九个孩子的铁匠。这本书写得缺乏幽默感,口气严肃,并且显得冗长啰唆;不像经常突然就唱起歌来的西尔维娅,对哈迪来说,这样同样也无法想象。

不过在这段艰难的岁月里,当国家专注于对德战争而忽略消灭国内的贫穷时,西尔维娅的确取得了坚实的成果。她先后开设了成衣工场和制鞋合作社,并打破传统,使男女同工同酬。她接手了一间叫作"枪械师的怀里"的酒馆,将其更名为"母亲的怀里",并在此处开办了一间蒙台梭利幼儿园。许多学童的父亲都在前线打仗;不久之后,这里还出现了那些反对参军而入狱之人的孩子。当有妇女和儿童被地主驱逐时,倘若她们没有去处,西尔维娅就会将她们带回自己家。有一次,由于现场没有助产婆，她便亲自协助产妇生产。在这期间她还编辑出版了一份报纸，这份报纸成为在欧洲对军国主义的反对言论能够见诸报端的少数几份报纸之一。

年终将至，伦敦东区的状况并没有什么好转——前线的情况也是一样。然而，每一名英国士兵这时都收到了一个黄铜盒子，里面装着巧克力、烟斗、烟丝（还有其他为不吸烟者准备的礼物，例如送给印度部队的香料）和一张署名国王夫妇的圣诞贺卡，贺卡上的皇后戴着硕大的颈圈项链和后冠，国王则穿着他的陆军元帅制服。在黑格的指挥所，人们为圣诞节举行了盛大的庆祝活动，品尝了甲鱼汤和其他美味佳肴；利奥波德·德·罗斯柴尔德送给了黑格一些1820年出产的珍贵白兰地，还给了他50副皮手套，用来当作礼物发给参谋们。然而在战壕之中，人们却迎来了一个与众不同的圣诞节。

伊普尔以南，英军和德军在此互相对峙，这片被称为佛兰德的比利时北部地区的大地上泛着白霜，寒冷的圣诞节清晨在雾气蒙蒙中来临。这时英军士兵注意到，德军战壕中伸出了一块木板，上面写着"你们不开火，我们就不开火"。在更远处的另一座德军战壕中，一名军官举着白旗出现在他们眼前。在英国这边，威斯敏斯特女王步枪团的部分士兵爬出战壕，挥了挥手，然后又跳回了战壕。当发现无人开火后，他们再次出现，并开始赤手空拳地向着无人区小心翼翼地前进。"我们突然听到了敌人的欢呼声，"一位德军士兵在写给柏林一份社会主义者报纸的信中写道："我们感到很诧异，于是便从自己的战壕里走出来，结果看到英国人正向我们走过来……他们身上没有枪，于是我们就知道了，他们过来只是为了打招呼。"[32] 随后，一名德军军士将一棵圣诞树拖进了无人区。

英军布防前线超过三分之二的区域上演着这样的相互试探。到当天下午，已有数千名英军和德军士兵开始互换香烟、头盔、罐头食品和其他纪念品，他们还一起拍照，并用两种语言唱起了圣诞颂歌。一名中尉用铁丝网钳从一名德军军官的外套上剪下了两枚纽扣，并用自己衣服上的两枚纽扣与他进行交换。英国人发现，原来有些德军士兵战前作为文员、理发师和服务员曾在英国工作过，他们英语讲得其实很好。（后来，英军士兵有时会在战壕里大声喊"服务员！"）一位在萨福克郡生活过的德国士兵交给了苏格兰近卫团一名中尉一张明信片，请他帮忙将明信片邮寄给自己还在那生活的女朋友。英军来复枪旅第三营的一位成员还在无人区接受了一次理发服务，为他理发的德国人是他过去在伦敦上霍尔本街的理发师。

在一位英军军官的描述中，这一天他们和德国人几乎就像足球比赛后互相致意的两支球队一般友善。"德国人来过我们这边……大体上说，他们是群很好的家伙，并且会踢足球，"这位军官在写给《泰晤士报》的信上说。[33] 在无人区的几处狭长地带，尽管冻得硬邦邦的土地上布满弹坑，英军和德军依旧进行了几场足球比赛。[34] "我们用帽子做球门，"一位名叫约翰内斯·尼曼（Johannes Niemann）的德军中尉写道，"队伍很快组建完毕……德国佬三比二击败了英国兵。"[35] 战场上没有足球，双方就在空罐头或是沙包里塞满麦秆当球踢。

当天晚些时候，一个战前曾在伦敦登台做过杂耍艺人的德国兵为大家带来了一场精彩的表演；双方士兵还一起追赶捕捉在两军战壕间跑来跑去的野兔。英军柴郡团的人宰了一头猪，在无人区将猪肉烹制好后与德国人一起享用，一些德军萨克森团的士兵将一桶啤酒滚出战壕，分给了馋酒喝的英国人。

这起后来被称为"圣诞停火"的事件已经成为传奇,歌颂它的书籍、诗歌、流行歌曲、短篇小说和电影数不胜数。人们说,停火代表着普通的工人阶级士兵之间自发的团结之情的大爆发,却令双方高层和军国主义者们愤怒不已。例如,阿道夫·希特勒此时正在一支步兵团服役,总是一个人闷在掩体里的他对此就极其反对:"难道你们就没有作为德国人的荣誉感吗?"[36] 不过,尽管以这种视角来审视圣诞停火似乎很有说服力,但实际上,在两边的防线来回闲逛,并对他们的德国对手许以圣诞祝福的英国人中军衔最高者可达上校。约翰·弗伦奇爵士似乎直到停火事件结束后才了解此事,他立即做出指示,以后类似事件不准再次发生。不过,当战后回眸往事时,他笔下的这一事件却成为战士与战士之间英勇姿态的展现,他还将其与布尔战争期间一次圣诞节上发生的事作比较,当时,他也曾越过战线,将威士忌和雪茄送给了一名敌军将领。"军人不该抱有政治立场,却应对同类惺惺相惜,他们应效法古代骑士,对无畏的敌人抱有仅次于对战友的敬意,对待战友则应心怀喜悦,今天与他们共同切磋武艺(例如,参加马上长枪比武),明天与他们并肩上阵杀敌。"[37]

而基尔·哈迪心中却非常希望停火事件和骑士精神没有一点关系才好。许多士兵对该事件的描述出现在了各大报纸的书信版上;他引用这些素材写完了一篇专栏文章,并称赞停火为大革命即将到来的先兆,由于身体依然因为中风而不听使唤,写作还是靠口述的方式完成的。"为何明明可以表现得如此友善的男人们会被派到战场上互相杀戮?他们无冤无仇……战争结束之时……每个人都将意识到,那些媒体和政客故意捏造了谎言来欺骗他们。他们将意识到……全世界的工人阶级是同志，而不是彼此的'敌人'。"[38]在他看来，圣诞停火本质上是一起由士兵自发举行的持续一天的反战罢战行动。如果今天连这样的事情都能够发生，那为什么不在战争继续扩大前举行一次总罢工呢？

第三部分
1915 年

10　这不是战争

约翰·弗伦奇爵士依旧相信,在自己"驻扎于法国与佛兰德的最出色的军官"中,有些是"在地方上经常打猎、玩马球、进行野外运动的有头有脸的绅士"。[1] 但对其他人来说,将战争比喻为运动却再也没有说服力了。如果让你在1915年初成为一名英军军官,进入无人区后,映入你眼帘的画面将会是像坑坑洼洼的月球表面那般,任何一个马球场或是狩猎狐狸的草场的地上都不可能会有这么多坑。能看到的马全都是死的。甚至就连要安全地看看战壕外的景象,你都要使用特别设计的双筒望远镜,像两个潜望镜一样的镜头可以抬到比沙袋墙还高的护栏上方。你和德军前线战壕之间的距离从五十码至几百码不等,这片荒凉的区域遍布着生锈的铁丝网,它们早已被成百上千次的炮击炸得面目全非。现在是冬天,地面通常会被白雪覆盖,一旦下雨,雨水就会在弹坑里结冰。天气暖和一些的时候,由于冰雪解冻,战壕将变成泥泞的沼泽。家境较好的士兵会请家人寄橡胶雨靴过来。如果没有条件,你就要日复一日地站在冰冷刺骨的泥浆里,时间久了,你的双脚一开始会变得肿胀而失去知觉,随后它们会让你火辣辣地疼,就像真的被火烧到一般。这就是可怕的"战壕足",一瘸一拐也好,躺上担架也好,大批士兵都曾因此被送回后方。

如果将目光转向战壕后侧,你会发现一面几乎有女儿墙那么高的防护墙,修建它的原因,是因为炮弹在你身后爆炸的几率同在你身前爆炸一样高。在战壕后侧的间隔带，你能看到迂回向后方延伸的交通壕，由于它们的存在，在前线往返的士兵面对子弹和炮弹弹片时就能受到一定程度的掩护。不论看向战壕两侧的哪一边，你的视野都不会很远，因为士兵们已经明白，挖掘战壕时不但要把通道设计得很窄，还应该每隔十码左右就让战壕拐一个直角弯。这样的之字形设计在限制榴弹炮和迫击炮炮弹直射爆炸后形成的冲击波上更加有效，还能防止德军奇袭部队凭借一挺位置安放得当的机枪就能控制很长一整段战壕走道的情况发生。向下看，你也许会看到众多掩体中的某一个的入口，它们是从战壕的一侧挖掘出来的，还会用木板和横梁加以固定。这些用作休息站、指挥所或紧急救护站的地下空间最多也就有一间小卧室那么大，里面湿冷的空气充斥着泥浆、汗水和腐坏食物的味道。更糟糕的是，除了战友，死尸或许也会和你共同分享战壕空间。当诗人艾德蒙·布伦登（Edmund Blunden）刚被派到佛兰德前线时，天色已晚；可第二天一早他便发现，"白骨从战壕里的一些地方破土而出……骷髅头就像大蘑菇一样散落在地上"。[2]后来，布伦登还曾在无意中发现"一处坑道被围在沙袋中间；在折断的铁锹和空无一物的罐头盒之间，我发现了一双靴子，某个人的脚还在鞋里面"。

　　事到如今，对交战双方来说再清楚不过的事实就是，想抵御敌人的攻击就得深挖洞，越深越好——或者，如果已经碰到了地下水位而无法继续深挖的话，那就把沙袋垒得高高的。每当战壕被炮弹击中一回，这就意味着要用更多沙袋重新构筑工事，沙袋里装的并不是沙子，而是一下雨渗出的泥浆就会泛滥成河的泥土。温度下降时，浸满水的沙袋还会结冻开裂。1915年初，英国每个月会派船向对岸送来二十五万只空沙袋；而到了5月，每月的总数就上涨到了六百万。

由于地表水和冰冷的雨水都会向战壕内汇集，人们会简单地用木板铺在战壕的地面上，用来遮盖那些最深的水坑，抽水泵也要始终不停地运转。水泵几乎从来都不够用，在那些可怕的地势低洼地带，人们感觉就像生活在沼泽里。"我花了一个早上的时间努力把衣服弄干，"1915年1月5日，皇家工兵团的下士亚历克斯·莱福德（Alex Letyford）在日记中写道，"我们每个人从头到脚全部都是泥浆。下午六点，我和里德上尉一起去战壕修理六台坏掉的水泵。我和他在齐腰深的水里来回跋涉，直到半夜两点才将一切搞定。"[3]

水花四溅的声音，靴子从泥浆里被拔出时发出的噗噗声，以及由于看到有人跌倒在水坑里而无意间发出的生气的叫喊声经常能使敌方狙击手注意到对面正在进行部队调动。借着口琴的伴奏，士兵们常常会唱这样一首歌：

> 战壕里有我潮湿的小家
> 片刻不停的暴雨稀里哗啦
> 死去的母牛在我身边
> 它四脚朝上
> 臭气熏天[4]

随着春天的到来，万物消融，不但腐烂的尸体发出的恶臭一天比一天更浓烈，另一种味道也萦绕在战壕中，久久不能散去：人类排泄物的气味。对于上厕所这件事，许多士兵都只是就近找个弹坑解决一下。战壕的尽头也有特意修建的小型坑厕，可一旦有炮弹击中它们，爆炸会将里面所容之物抛向四面八方，弄得人身上沾满屎尿。

德军高层直到参战数月之后才不甘心地承认，遍布着铁丝网、好似月球表面一般的无人区并不适合发动骑兵突击，并且从西线撤出了骑兵部队。不过，弗伦奇对此的看法倒是很乐观，大量英国骑兵依旧随时待命。他们此时正忙于训练和举办竞赛：例如，1915年初，第十二皇家枪骑兵团就在师部举办的马术大赛上赢得了好几个奖项。战线后方，一些军官则和被自己带到法国的猎犬每天一起狩猎狐狸和野兔。"我们今天下午去打猎了，"一位军官写信给《泰晤士报》说，"地势很好，几只猎犬快速地追赶着兔子，不过，这些兔子很幸运，这个地形平坦的国家有很多宽阔的沟渠，使得兔子们都毫发无伤地逃走了。"[5]在当地农民愤怒的抗议下，狩猎活动被禁止了，但仍然有嗜马如命的军官继续偷偷打猎。

几千名骑兵在焦急地待命，将军们也渴望发动一场期待已久的突击，好让骑士们纵情驰骋疆场。1915年，英国骑兵在法国村庄新沙佩勒附近由黑格负责指挥的前线地带迎来了第一次行动。他们计划由步兵首先撕破德军防线，随后再由英国和印度骑兵发起冲锋。弗伦奇在指挥部就穿上了马刺，并听取了印度骑兵指挥官的汇报，此人是布尔战争时与弗伦奇并肩作战过的老兵，关于他，弗伦奇写道："他认为自己也许还能作为骑兵亲自上阵并漂亮地完成任务。"[6]3月10日的清晨潮湿而又多雾，在对德军阵地发动了突然炮击之后，英军派出了大约由40000名英国和印度士兵组成的攻击部队。攻击部队的人数远超过了他们的对手，在步兵向前推进了大约一英里后，黑格下令骑兵先头部队准备进攻。

可是，德军增援部队不但很快赶到，而且增援的人数还在不断增加，天上下起了小雪，面对需要付出的高昂代价，英军停止继续前进的尝试。忌惮于他出了名的坏脾气，黑格的下属们根本没敢将一则真正重要的信息告诉他：尽管事先对德军战壕上的一处关键延伸展开了轰炸，但他们既没能将此处拦路的铁丝网炸毁，也未能端掉那里的机枪点。正因为如此，当英军火急火燎地努力在乱麻一般的铁丝网中杀出一条血路时，德军仅用两挺机枪就干掉了英军大约1000人。"我方的小伙子们匍匐在泥浆里努力用剪线钳将铁丝网剪断，那些没有工具的人试着用刺刀斩断铁丝，而德国人则在疯狂地朝他们开火……"一位来自苏格兰来复枪团的担架兵回忆道，"军官们非死即伤。三天的战斗结束后，我们只剩下一名中尉毫发无损。"[7]第三天，弗伦奇下令停止进攻。他的部队共计死伤12847人。

在夺得那一英里浸透着鲜血的土地的过程中，英国人还体验到了堑壕战给进攻方带来的另一项惨痛劣势。如果一支部队运气极佳占领了一些土地，那么它的补给和增援随后就必须穿过遍布着弹坑、铁丝网和死人尸体的地面，天空中则全是炮弹爆炸的碎片，没有交通壕能为他们提供掩护。想要一个人步行毫发无损地通过这里尚且困难十足，更何况这回是一整个骑兵师。

此外，消息的传递——例如，你所处的位置以及炮击地点——也变得非常困难。电话线总是被敌军炮弹打断；当时还很原始的电报机和它们沉重的电池体积太大，无法被随身带到战场上；透过硝烟，信号旗发出的指令根本无法看清。以上种种，令那些在炮火连天的荒芜战场上飞奔的传令兵成为德军狙击手的完美目标。部队前进的距离越远，传令兵的消息就越过时——这还是在他能活着将消息带到的情况下。在新沙佩勒，开战第一天，前线军官要在向指挥官发出消息的九个小时以后才能得到回复。(德军指挥官们也在抱怨同样的问题。)将军们的视线被弥漫的硝烟遮挡，自己的部队是否在一英里以外，是否占领了一座敌军战壕，他们是否已全员负伤或被整建制消灭，这些他们统统都没办法得知。

弗伦奇给伦敦上报的结果是"我方击溃了敌军并夺取了他们的阵地"[8]。他试图以此粉饰这场战役。在调整了自己的预期之后，现在他相信战争将在6月份结束。与从前一样，他——还有黑格——依然对骑兵保持着坚定的信心。新沙佩勒战役一个月以后，黑格在嘲笑两名骑兵怀疑论者时说："如果什么都按他们两个的想法走，以后肯定就不存在骑兵了。在他们看来，这场战争将在战壕里继续打下去，还会在战壕里迎来结局。"[9]

然而在另外一座战场上，弗伦奇却赢得了非同一般的胜利：由于自己身居高位，姐姐一直以来坚持的和平主义思想——至少暂时地——得到了克制。夏洛特·德斯帕德在巴特西继续着自己的扶弱济贫的事业，战时经济非常混乱，再加上丈夫离家奔赴前线，许多妇女都生活在困顿当中。德斯帕德帮她们轰走收债人，向正在哺乳的母亲发放牛奶，还为刚生完孩子需要恢复身体的妇女建立了一处收容所。她开设了一间自助食堂，以成本价向人们提供健康餐食，还亲自为食客盛汤（尽管有些人会抱怨她热衷于素食）。她和西尔维娅·潘克赫斯特等人一起建立了"士兵与水手之配偶及亲属权益联盟"。军方对于妻子可能在自己的丈夫从军时受到诱惑与他人产生婚外情的现象极端仇视，运用非常时期的权力，他们对这部分人下达了宵禁令，而在某些地区，禁令则对一切女性生效。另外，根据一项新的规定，带有性病的女子与军人发生性关系将被视为犯罪。对此，德斯帕德和潘克赫斯特组织了抗议代表团，分别到陆军部和唐宁街10号进行了抗议。

出于对弟弟的忠诚，德斯帕德走访了英国与法国的英军部队，并很有礼貌地赠送给他们礼物，例如，她送给了第五北斯塔福德郡团军乐队一批横笛和军鼓。1915年3月，她在汉普斯特德路上开办了一间名为"德斯帕德的怀中"的完全禁酒的"酒馆"，酒馆毗邻几座伦敦大型火车站，士兵们就是在这些车站踏上前往法国的旅途。即将奔赴前线的人能在这间酒馆找到食物、浴室、一间宿舍、一间聚会室、艺术表演和一支足球队——德斯帕德联队。有一次，她的弟弟在返回伦敦期间造访了酒馆，还展现出了自己一贯平易近人的气质，与在场士兵进行攀谈。

不过，德斯帕德是无法长期被驯服的。4月，她和西尔维娅·潘克赫斯特及另外大约180名英国妇女一起试图出席在荷兰海牙召开的妇女国际和平大会。各大报纸的读者来信专栏中，英国人痛斥这场"与德国妇女的碰头会"。对德斯帕德"不惜任何代价都要争取和平的群众"[10]感到愤怒的人中间也有埃米琳·潘克赫斯特。"无法想象，"她在一次杂志专访上咆哮说，"当德国妇女们的丈夫、儿子和兄弟……正在屠杀我们的男子时，英国妇女竟然会去与她们见面商讨和平事宜。"[11]

在所有想要成为代表的妇女之中，英国政府只给其中二十位"审慎的妇女"发放了护照，企图以此来巧妙地在和平主义者队伍内部引发猜忌。但即便如此，这些被挑选出来的人依然发现，没等抵达码头，包括她们的船在内的一切船只就被突然下达了不许向荷兰航行的禁令。仅有的三名本来就在国外的英国妇女最终成功与其他1500名代表——她们中的绝大多数都来自中立国——一起参加了这次会议。在海牙动植物园布置着盆栽棕榈树的豪华会议厅里,妇女们呼吁停战并展开和谈。德国政府同样没有让本国的参会代表好过:28名成功与会的德国妇女刚回到国内就被逮捕了。

就在距离和平会议会场仅100英里的地方,一种骇人的新型武器初次登台亮相。1915年4月22日,在满目疮痍的伊普尔附近地区,法军和来自其北非殖民地的非洲士兵注意到,一阵奇怪的黄绿色薄雾从德军阵地升起,并正借助风势向他们飘来。一股陌生的味道充斥在空气中。当这团气味刺鼻的雾气来到他们身前时,由于其密度太大,他们连几英尺以外的景象都无法看到。士兵们很快便发现自己开始不停地恶心咳嗽,嘴中淌出泛着气泡的黄色黏液。数百人倒地抽搐不止。那些尚能呼吸的人逃走后跌跌撞撞地跑进急救站,他们的脸色由于窒息而变得铁青,并且还咳中带血,一句话也说不出来,只能用手拼命指向自己的喉咙。又过了几天,加拿大军队也成为受害者。先不管这种神秘气体是什么,它的密度肯定比空气大,会下沉到战壕里紧紧贴着地面,士兵一旦被迫将头探出战壕,招呼他们的就是子弹。"弟兄们全都无法呼吸,大口地喘着粗气,"一位中士事后回忆道,"这种气体太可怕了,尤其是对那些受了伤的弟兄——对一个正躺在那的伤员来说太可怕了!大口喘气!大口喘气!"[12]

枝头冒出的新芽枯萎了;草地焦黄,金属变绿。小鸟从天上跌落,鸡、猪、牛、羊全都在痛苦的挣扎中死去,尸体变得腐烂膨胀。平日里,每到夜晚,成群结队的老鼠就会出现在战壕里,它们爬过活人的躯体,去享受死尸盛宴,把自己喂得越来越肥,搅得人不得安眠,可如今它们也在成千上万地死去。

这是毒气——氯气——在西线的首次大范围应用。虽然它能令人非常痛苦,并且足够致命,可随后登场的各种毒气的威力甚至比它还要大。和这场战争中出现的许多东西一样,氯气也是工业经济下的产物,它是由德国鲁尔区八家大型化学公司组成的被称为IG卡特尔的企业联合体制造出来的。氯气和其化合物的应用在制造业拥有悠久的历史,但在战争领域的全新应用则是一个具有划时代意义的不祥事件,这似乎预示着一系列以前只存在于早期科幻小说之中的令人恐惧的可能将成为现实。

协约国政府和军方纷纷对德国表示抗议,指控其犯下了史无前例的野蛮罪行。为了尽可能地羞辱德国人,基钦纳套用了英国人提起自己在恩图曼的阿拉伯对手时曾经说过的(不恰当的)话:"德国的做法之卑鄙与德尔维希人不相上下。"[13]不过,尽管在毒气中窒息而死无疑很可怕,可相比之下,被弹片插满身体,或是即便躲过了炮弹,肺泡却被冲击波挤压成了糨糊,又能好到哪里去呢?历史学家特雷弗·威尔逊(Trevor Wilson)认为,毒气战之所以能引发人们如此愤怒的情绪其实另有原因。有历史记录以来,军人一直坚信的是勇敢无畏、有男子气概的一方将赢得胜利。可是现在,给人带来致命气体的是风,而不是一个能被杀死的有形敌人,这样一来,一切勇气似乎就都变得毫无用处。

英国与法国的将军们之前不仅对毒气战毫无准备,他们甚至拒绝去想象它的存在。伊普尔附近的协约国指挥官们收到了毒气战即将爆发的充分警告:在截获的电报中,德军下令征调20000个防毒面具;袭击开始前一周多随身戴着面具的德军逃兵；提到有大批气罐存放在他们的战壕附近的德军被俘士兵。可是，英法依旧没有对此做丝毫准备，一切结束之后，他们才又一次不情愿地承认，战争可能会以全新的方式发生。

英军将领们对这场他们投身其中的战争的困惑直接反映在了他们的言语上。军情局局长将堑壕战称为"异常状况"，而有位少将则将其称为十足的"罕见局面"。英军总参谋长认为前线的情况"目前不正常"，[14]尽管他希望"情况有朝一日能变得正常"。"我不知道需要做什么，"感到绝望的基钦纳对外交大臣不止一次地说过，"这不是战争。"[15]

毒气为战斗增添了新气象，却并没有打破战争的僵局。每次有新型武器被投入战场，他们的发明者对于所取得的成功似乎都与敌人一样惊讶。德国没能利用好首次毒气攻击带来的恐惧、困惑和对协约国防线的短暂突破扩大战果。

为了抵御毒气攻击，协约国方面匆忙之中为士兵临时配备了胶布和湿绒布制作的面具（氯气溶于水）。没过多久，交战双方的士兵就全部装备了正规的防毒面具——他们的上万匹军马也不例外。随着战争的深入，人们对这样的事情逐渐变得熟悉：面对每种武器都有相应的对策，而且行之有效。你有机枪子弹和大炮的炮弹，我有越挖越深的战壕；你有飞机，我有高射炮；你有观察战壕外部情况的潜望镜式望远镜，我有装备精良、射出的子弹能让观测者的脸上插满玻璃碎片的狙击手。

1915年5月，协约国在黑格的防区发起了又一轮攻击。约翰·弗伦奇爵士在一座教堂的塔楼上注视着战斗，每分钟将近有1000枚炮弹砸向德军阵地，但既没能在敌人巧妙地隐蔽在宽度可达20英尺的深沟中的铁丝网阵间开辟一条通道，也没能将德军大部分钢筋混凝土的机枪碉堡摧毁。英军的炮击刚刚停止，藏在加固的地下防空壕中的德军就爬上了地面,隔着150码宽的无人区,他们高声冲准备对他们展开进攻的苏格兰师喊道:"来吧苏格兰佬,我们一直等着你们呢!"[16]第二天黑格取消攻击之前,将有458名军官和11161名士兵死伤。

当惨败接踵而至之时,需要有人或事对它们的发生负责。最高统帅自然不可能将责任归咎于自身,于是弗伦奇将失败算到了炮弹数量不足的头上。而精通在幕后运筹帷幄的黑格将失败的责任推给了弗伦奇。双方将相互攻讦的文书不断寄回伦敦,弗伦奇渐渐明白,黑格是在故意找自己的麻烦。他的这位下属很好地抢占了战略高地:基钦纳和国王都曾秘密嘱咐黑格对他们通风报信。黑格夫人从丈夫的日记里摘取内容,将它们加到送给皇室的信中。一位白金汉宫的官员将这些信称为"珍贵文件"[17]。

在炮弹的问题上,弗伦奇并没有说错:炮弹数量的确不足,有些炮弹还是次品。黑格将此怪罪于英国工人,他认为他们拥有了太多假期,喝了太多的酒——对于一个以威士忌酿造为家庭财富来源的人来说,这样的观点显得很有趣。"抓起来枪毙两三个,"他写信给妻子说,"他们'喝酒的嗜好'就会消失了。"[18]事实上,没有一个国家为持续这么长时间的战争做好了准备,至少,对于仅有一支一向是与装备低劣的殖民地武装作战的小规模职业军队的英国来说肯定没有。在持续三天的新沙佩勒战役中——与接下来的大规模冲突相比仅仅是小儿科——英军发射的炮弹几乎与整个布尔战争期间发射的数量一样多。

在这个令人沮丧的春天,弗伦奇还收到了一封令他忧心的电报,陆军部在电报中命令他立即将自己本来就数量不足的弹药装船运给位于土耳其西部的加里波利半岛上的英军。在那里,为了绕开陷入僵局的西线战场，一场新的战役已经打响：他们要对奥斯曼军队展开水陆两栖攻击，这支军队被认为比德军的实力羸弱得多，更容易遭到重创。英国人希望，这场战役将在夺下君士坦丁堡（今天的伊斯坦布尔）的同时令奥斯曼帝国退出战争。弗伦奇对此感到很沮丧：因为不但他的数量不足的弹药将进一步减少，也许还会有其他将军因为成功扭转了战局而受到嘉奖。

弗伦奇在办公室政治上的手腕并不比他在面对新型战斗时的手段高明多少，他所展开的指责行动太过公开化。他在《泰晤士报》做记者的朋友雷平顿是个经验丰富的密谋者，他为一篇声援弗伦奇的文章起了一个言辞激烈的标题："急需炮弹：英军攻势受阻：补给有限成罪魁祸首：来自法国的一课。"随后，在弗伦奇的反复劝说下，他的美国室友，百万富翁乔治·摩尔也敦促各报纸以炮弹短缺一事为由对基钦纳展开攻击。由于——十分错误地——相信阿斯奎斯首相对自己有信心，他对外宣称，一切都是战争大臣基钦纳的错。行事飘忽不定的弗伦奇显然忘了，春季更早些时候，自己曾给基钦纳分别发过两份声明弹药充足的电报。

如果自己能有大量高爆弹的话，弗伦奇爵士在给最新交往的情妇的信中说，他最终一定能"'穿透'这条惊人的坚固防线……一旦做到这一点，我想我们也许就能把恶魔赶走了。我多么想在开阔地带，带上大量骑兵和火炮，真正好好地'扑'向他们一次，让他们无路可逃啊。哎呀！这样的一天也许会来到的。"[19] 和每一名吸引弗伦奇的女性一样，这次与他通信的还是一位有夫之妇。身材高挑、气质优雅的威妮弗雷德·温迪·本内特（Winifred "Wendy" Bennett）是外交官珀西·本内特之妻，后者被她称为"自命不凡的珀西"。这段恋情始于1915年初，最终持续了五年多时间，对弗伦奇来说，这算是极为罕见了。弗伦奇告诉她，他们二人是"历经劫难找到了彼此"。[20]他们能做到的顶多是在弗伦奇为与陆军部探讨军务返回伦敦做短期旅行期间抽出一个下午或晚上在他的住处待上一会，但他们的通信却几乎每天都在进行——有时会用威妮弗雷德的妹妹穿针引线——并且在弗伦奇写给她的笔记潦草、字体前倾、像涂鸦一般几乎无法辨认字迹的信中，将近有一百封得以保存至今。他在信中向她讲述过各种军事行动和部队调动，也发表过对法军将领（"你无法信任他们"[21]）、基钦纳（"衷心希望我们能摆脱基钦纳[22]……要在前方与后方同时面对敌人实在是太困难了"）和陆军部官僚（"他们正在虚度时光的时候，罗马已经燃起大火了"）的蔑视之情，言语轻率得令人吃惊。

弗伦奇在一封信中讲述了一则奇怪的故事，这个故事反映了他与他所处的时代人们的心中所想，即婚姻是永恒的，爱情是神圣的，但两个人不可能永远情投意合。对于一对他所认识的夫妇的经历，他这样写道：

> 他们的婚姻已经持续了十七八年的时间。几年前，他们发现彼此已经不再相爱——于是便开始了各自的生活，但他们依旧在一起，并且保持着挚友般的关系。妻子发现自己心里想着的是她的"知己"，一名正在前线服役的近卫军官兵。一两年前，此人终止了与她的交往结婚了。结果，丈夫给他写了信，告诉他说，他对自己妻子的所作所为表现得就像个无耻之徒，今后见你一次打一次。
>
> 我觉得这个丈夫真是个好样的。你不觉得吗？只为她

恰好是自己的妻子，他就毫无保留地让她得到幸福。[23]

毫无疑问，弗伦奇也在盼望着"自命不凡的珀西"和长期隐忍的埃莉诺拉也能对自己展现出同样的宽宏大量。不过，这种想法与他对战争能尽快结束的期待一样，都是一厢情愿的。

黑格对作为指挥官的弗伦奇早就失去了耐心。"他的脾气太过火爆冲动，"[24]他在给朋友利奥波德·德·罗斯柴尔德的信中说，"就像一瓶随时会迸裂爆发的苏打水，"这还没完，"弗伦奇似乎让雷平顿这个无耻的骗子成为自己的座上宾！""豢养为自己摇旗呐喊的代理人，"他气呼呼地写道，"完全失去了军人该有的样子。"[25] 7月，他与乔治五世进行了一次私人会面，收到前者颁发的勋章之余，黑格高兴地在日记中写道，国王"已经对弗伦奇失去了信心"。[26]

弗伦奇陆军元帅的位子进一步遭到动摇。内阁大臣们被他的情绪波动搞得心烦意乱，而随着时间一个月一个月地过去，上百万士兵还在几乎没有变动的前线互相对峙，面对他看来越发变得不可能兑现的胜利承诺，他们感到十分焦虑。更糟的是，即使德国人也没能夺取寸土，可在技术上，他们却似乎取得了突破，因为如今他们推出了另一种令人恐惧的新式武器，发明它的陆军预备役上尉和平时期曾是莱比锡的消防队长，这就是能像消防水龙喷水一样射出一股燃烧的汽油的火焰喷射器。尽管射程只有75英尺，但它的出现却彻底吓坏了英军士兵。

弗伦奇与黑格如今唯一的相同点就是他们对战争将以某种方式很快结束的坚定乐观情绪。"1月份以后……敌人便已无法取得进展，"1915年8月10日，黑格在给妻子的信中说道，

"如果他们在 11 月之前投降，我不会感到丝毫惊讶。"[27]既然如此，将弗伦奇挤下帅位当然就变得更加迫切了。不然的话，谁将得到胜利的荣耀？与此同时，感到自己情况不妙的弗伦奇为了向批评者们证明他们的错误，开始计划对德国人做出决定性的一击。

11 尖峰时刻

正如同工业化战争需要有像毒气一样的新式武器大量供应一般,新形态战争同样需要来自公众的大规模支持。在英国早期经历的战争中,要实现这一点从来不是问题。尽管存在着对布尔战争反对的声音,但由于激动人心的胜利到来得足够迅速,人们一直在为战争欢呼雀跃,这也让信奉沙文主义的诗人和杂志插画作家们忙得不可开交。不过这一次情况变得不一样了。对于英国的盟友来说,他们同样也没有值得庆祝的消息:和他们的英国同行一样,损失惨重的法军也被困在了战壕之中;在战争初期对德国东部的入侵中,俄军遭受了战争中最大、最耻辱的一场失败;弱小的塞尔维亚正在遭到同盟国军队的蹂躏;至于意大利,尽管在1915年春季之时受到战后获得奥匈帝国大量土地允诺的诱惑而加入了协约国阵营,可它很快便陷入了代价高昂的堑壕战僵局中。而涉及英国、法国、澳大利亚、新西兰和纽芬兰等各方军队参与的联合入侵土耳其加里波利半岛行动经历了各种各样糟糕的局面,却唯独让人感觉不到将军们曾经期盼的胜利的到来。

英国政府要员们从一开始就明白,这场战争将需要一场史无前例的大范围精心宣传——对于一个不采用征兵制而主要依赖公众热情来吸引招募数百万必要兵员的国家来说,这样的宣传显得更加重要。直到现在,各国才意识到由政府各机构努力撩拨大众情绪的必要性。为了对这项需要谨慎对待的新奇任务实施监管，首相找到了兰开斯特公国大臣查尔斯·马斯特曼（Charles Masterman），这一古老头衔实际相当于不管部大臣。于是，在9月阳光明媚的一天，在不引人注意的健康保险办公室的蓝色大会议桌旁，马斯特曼秘密地将包括托马斯·哈代（Thomas Hardy）、詹姆斯·巴里（James Barrie）、约翰·高尔斯华绥（John Galsworthy）、阿瑟·柯南·道尔（Arthur Conan Doyle）以及H. G.威尔斯（H. G. Wells）在内的全国十多名杰出作家召集到了一起，此时距英国参战刚过去一个月。对于这群创造了从彼得潘到夏洛克·福尔摩斯等人物的作家来说，应邀用手中的笔为国家效力是种罕见的经历，他们每个人都很快答应了。在他们的奔走游说下，几天之内，52名作家签署了一封联名公开信，号召"所有英语民族"为了"西欧的理想同'铁与血'的统治"做斗争。[1]伯特兰·罗素成为极少数没有在信上署名的大作家之一。

像他这样的持异见者少之又少。更常见的是像传记作家、评论家和诗人埃德蒙·戈斯（Edmund Gosse）爵士这样的人。"战争，"他写道，"是最好的消毒剂，它那由鲜血组成的红色恒流是将污浊的水塘和栓塞的才智管道清理干净的康迪水（the Condy's Fluid，一种当时流行的防腐剂和除臭剂）"[2]。许多作家都被招募进了新成立的战争宣传局，该组织推出了一大批书籍、小册子、报纸、海报、明信片、幻灯片和电影，这些物品不止提供给国内，同时还面向国外市场——因为政府想要在中立国赢得民意，特别是强大的美国。这些宣传材料从来都没有被当作是由该机构推出的，议会也对其具体业务知之甚少。这些小册子和书籍会以知名出版公司的名义出版，政府会在暗地里提前与其达成购买协议，这样一来，这些小册子随后便可以被免费发放了。

这场宣传战首先聚焦于德国在占领的比利时犯下的暴行。德国人实际造成的杀戮与破坏根本无法满足这架新生的宣传机器。相反，每一则几经转述的故事或谣言都被当成了事实，不仅各式书籍文章，就连一份十分有影响力的官方报告也曾以耸人听闻的口吻讲述德军用刺刀挑死婴儿、砍下人们的手和将比利时农民钉在他们村舍的房门上进行折磨的故事。征兵招贴画上要么是鲜血正从他们手中的剑上滴落下来的咆哮着的肥胖德国士兵，要么就是德国皇帝用骷髅寻欢作乐，要么就是三只戴着尖头盔的猪嘲笑哭泣着的女子。

从成为米尔纳的"南非幼儿园"的一员时起，小说家约翰·巴肯就逐步赢得了广泛的受众，而这一次，他成为这场文艺战争中的明星。靠着灵活的笔杆子，他为爱丁堡的出版商托马斯·纳尔逊（Thomas Nelson）撰写了一系列有关战争正在发生期间的即时历史的短篇小说。在这些书里，巴肯对英国的失败轻描淡写，突出体现了英雄主义行为，回忆过去英国在战场上取得过的大胜，嘲笑和平主义者，预测英国将很快赢得胜利，并过高估计了德国将来的损失。1915年2月，《纳尔逊战争史》第一卷面世；在他人的协助下，四年之内，巴肯将出版共计24卷的这本畅销书，总字数超过百万——到目前为止，在所有关于这场战争的读物里，这套书是流传最为广泛的。和其他最优秀的宣传者一样，巴肯不仅是个操盘手，他自己也（对自己写下的东西）深信不疑，由于性格阳光，他在面对几乎任何事情时所幻想的都是美好的一面。他曾宣称，英国的必然胜利将创造出一个更加民主的社会，因此，"这场战争也许会成为我国历史上最令人幸福的事件"[3]。

拉迪亚德·吉卜林也为这项事业奉献了自己的才智，并在征兵集会等场合发表演讲。他对德国无边的怒火甚至充斥在他的小说当中，就像他在"打扫干净，布置一新"的故事中所体现的那样。故事中，由于出现了被杀的比利时儿童的幽灵，生活小康的柏林主妇居住的典雅住宅深受惊扰。他还写了很多非虚构类作品，其中包括一系列分别歌颂步兵、炮兵、水兵和其他士兵的小册子。同时，没有任何士兵能像那些从印度来到西线战场的士兵一般引发吉卜林的热情。和所有殖民主义者一样，他也为自己知道原住民心中所想而感到自豪。对此他曾在书中对读者信誓旦旦地说："这是我们印度①的战争——'每个人的战争'，他们在集市上就是这样说的。"[4] 当然，他的作品中完全没有提到过官方对逐渐发展壮大的印度民族主义焦虑到了何种程度。各国军队都会对前线士兵的信件进行审查，但英国在此之外还建立了一个由懂得乌尔都语的人组成的特别邮政部门，他们对寄给印度士兵的信件进行审查，以此过滤出那些支持独立运动的信件或是宣传册。

吉卜林嘲笑的只有那些逃避承担战争的光荣使命的人。"面对人人有份的手足情谊，那些故意选择置身事外的年轻男子未来将会是什么处境？"[5] 他的儿子无须为此感到羞愧，因为他所在的营在1915年8月就已经奔赴前线了。约翰·吉卜林前去参战之时，他的母亲写道，看起来"年轻挺拔，聪明而勇敢"[6]，留着刚长出来的短短的小胡子。由于约翰只有17岁，所以只有在他的父亲同意之下，军队才能将其派遣到海外。"这才是我要的生活。"[7] 当乘坐的运兵船在一艘驱逐舰的护送下穿过英吉利

---

① 此处原文为 raj，即英属印度。——译者注

海峡后，约翰在信中兴高采烈地如此告诉自己的父母。此后他又陆续地写了很多信，在其中一封信中，他为军官获得的配给食品感到非常高兴："面包、沙丁鱼、果酱还有威士忌加水，全是一等一的好货！"[8]

约翰的父母是否如同拉迪亚德·吉卜林在一系列数不清的令人激动人心的文章和短篇小说中表现出的那样高兴呢？小说家赖德·哈格德（Rider Haggard）不这么认为。"不论爸爸还是妈妈，看起来并不像表现的那么好……他们的孩子……是爱尔兰近卫团的军官，你能看出来，他们很害怕，担心孩子会被派上前线然后死掉，就像几乎在所有他们认识的年轻男子身上发生的那样。"[9]

约翰报告给父母说，爱尔兰近卫团被安置在了战线后方20英里的"一座特别好的小村庄中"[10]，他自己住在村长的家里，"他是个人很好的老伙计，虽然一句英语都不会说，却是你能见过的最亲切的家伙"，并且他还有个漂亮的女儿。由于才刚过18岁，对于检查手下的邮件和在军事法庭担任判官，约翰似乎感到很惊奇。然后，他就又像个学生似的，将话题拉回到了家里寄来的包裹上："卷烟、烟叶、巧克力、干净的衬衫和袜子等是最合我心意的东西。"[11]他还写道，自己很幸运，有一位经验丰富的指挥官，"在这场对决中，他不知道的东西就说明不值得去了解"[12]。

再说说国内，尽管征兵办公室依旧挤满了自告奋勇入伍参军的人，但开战以后头几个星期那种高涨的情绪已经消失了，弥漫在空气中的是入伍参军的严峻社会压力。伦敦一家剧院推出了一部名为《待在家中的男子》的戏剧。女人们站在街角，向那些没有参军的年轻男子发放白色羽毛，这在古代是懦夫的标志；由基尔·哈迪创办的《工人领袖报》的编辑芬纳·布罗克韦（Fenner Brockway）开玩笑说自己收到的羽毛已经能做出一把扇子来了，他很快将因反战主张而入狱。征兵海报也在利用人们的羞耻心来造势：在其中一幅海报上，两个儿童问自己眉头紧皱、穿着平民服装、看起来一脸内疚的父亲："爸爸，你在大战时做过什么？"[哈迪的朋友、苏格兰矿工领袖鲍勃·斯迈利（Bob Smillie）说，自己的回答将是："我的孩子，我当时在努力阻止血腥之事的发生。"[13]]

关于这场战争，残忍的言论随处可见。"杀死德国人！干掉他们！"[14]1915年，一位教士在一场布道会上咆哮道。"……不是为了杀戮而杀戮，而是为了拯救世界……不论好人坏人，都不要放过……不论年轻年老，都要杀掉……不论是对我们的伤员展现仁慈，还是将加拿大中士钉在十字架上折磨致死［当时流传的一个故事］的恶魔，统统杀掉……我将此视为一场净化之战，我将每一个牺牲于这场战争中的人都视为殉道者。"讲出这些话的人是亚瑟·温宁顿 - 英格拉姆（Arthur Winnington-Ingram），伦敦圣公会主教。

在议会上，尽管哈迪的身体日益衰弱，尽管他从未真正从中风当中恢复过来，可他还在继续不断批判战争。有好几次，他都由于精力耗尽而倒在了会场上，不得不由现场的医生议员对他进行急救。他在苏格兰的家中尝试了当时很受欢迎的一种疗法——水疗，可是泡在冷水里对他的康复作用甚微。他不断地写作和发表演讲，反击这场正持续破坏自己毕生事业的灾难。他诘问，与沙皇俄国结盟的英国人凭什么说自己是在为自由而战？

复活节那天，他前往诺里奇去参加自己所在的独立工党的一次会议。那里的街道上遍布士兵,夜晚会实施灯火管制。他们早已预定了市会议大厅作会场,但许可突然被否决了。那些对战争持异议的教会站了出来,当地的唯一神教派和从循道公会分立出来的初始循道会信徒提供给他们新的场所。芬纳·布罗克韦回忆道,最后一天晚上,"小小的会堂拥挤得令人窒息,灯光无比昏暗。黑暗中,哈迪浓密的白发和他的白胡子就像能发出磷光一般熠熠生辉。他叛逆地高昂着头;他的声音低沉有力……当讲到社会主义者们互相残杀的悲剧时,他的嗓子几乎嘶哑了"。[15]

由于英国其他大多数左翼和劳工团体都支持战争——许多独立工党成员也是如此,会上通过的决议没起到任何作用。苏格兰的妇女参政论者弗洛拉·德拉蒙德(Flora Drummond)是哈迪曾经的同志,尽管她在战前还给自己的儿子起名为基尔·哈迪·德拉蒙德(Keir Hardie Drummond),可如今她已调转枪口。旧友与自己纷纷决裂,身体状况每况愈下,这些成为哈迪不可承受之重。他对外宣布,自己今后将不再参加议会辩论,并将告老还乡,回到苏格兰。"在欧洲,我们有一千万来自社会党和工党的选票,"他悲叹道,"可却丝毫看不到制止战争的力量的存在。"[16]

由于双手依旧不听使唤,哈迪用口授的方式给西尔维娅·潘克赫斯特写了一封信,告诉她自己准备清空伦敦的住所。他在信中说,房间里有一幅她的画令自己难以割舍,但他想把她写来的信还给她。"它们很值得被好好保存……"他这样写道,就像是在安排后事一般,"哪些值得保存并出版,哪些应被销毁,都由你全权决定。如今的我已经没有能力处理这样的事了。"[17]

在伦敦哈迪居住的狭小公寓里，他们见了彼此最后一面。西尔维娅发觉他的声音"低沉而含混……我们不知道该说些什么，这在以前从未有过，我默默努力着，拼命试图维持自己微弱的克制力……极度痛苦的基尔周身散发出神秘而陌生的气息，似乎将我们笼罩在了某种巨大的悲剧性的毁灭气氛之中"。当西尔维娅努力抑制泪水时，哈迪告诉她："你一直都很勇敢。"[18]最终，她没有销毁一封信；似乎，他们俩都希望自己的子孙后代能了解这段爱情。

与此同时，西尔维娅的母亲和姐姐已经成为某种好似私家战争宣传局一般的存在，她们不停地鼓吹战争，还要求政府让女性填补男人们加入军队离开后的工作岗位。克里丝特布尔关于这一主题写作的一篇文章吸引了国王的眼球，他授意秘书给大卫·劳合·乔治写了一封信，后者此时正担任这个国家有史以来的第一位军需大臣。"陛下强烈认为，我们应采取更多行动来招募女工……陛下想知道，对你来说，利用潘克赫斯特女士是否可行以及这样做是否合适。"[19]很快，劳合·乔治便安排与她在二人共同的朋友的住所会面。双方都打着各自的小算盘：劳合·乔治想要的是更多军需品生产工人和一根用来对抗工会的大棒；埃米琳想要的则是使女性与男性同工同酬（关于这一点，她在计件工资问题上赢得了胜利，但在计时工资上则没有），以及，最终使妇女获得投票权。不过此时此刻，他们将并肩战斗。

埃米琳又大张旗鼓地率领着庞大的妇女队伍和游行乐队穿过伦敦的大街小巷，来到了政府部门门前进行游行。尽管狂风大作，天空中还下着雨，却有大约 60000 名妇女参加了这次活动。不过这一次，英国国库为活动提供了超过 4000 英镑的资金。妇女们穿着雨衣，组成了长达两英里的队伍，她们手持的标语上写着"妻子生产的炮弹也许将拯救丈夫的性命"一类的话。代表不同协约国成员的妇女穿着各自的戏服；被占领了的"比利时"光着双脚，举着被撕扯掉了一半的国旗。游行路线的街道两旁摆放着桌子，妇女们可以在那里报名应征与战争有关的工作。仅仅一年前，埃米琳·潘克赫斯特还在因为煽动他人用炸弹袭击劳合·乔治的住宅而在狱中服刑，可是现在，他们却一起微笑着出现在欢呼的人群面前。在随后的几个月里，各大报纸都在赞颂这对奇怪的新组合。正如一则新闻头条所写："曾经为敌的英国才子和才女在战争的撮合下成为朋友。"[20]

这个春天不仅给西线战场带去了毒气，它还为伦敦带来了另一种从前无法想象的武器。过去的欧洲人在互相杀伐时，大体上都会注意区别对待士兵与平民。事实上，作为传统上衡量军人骑士精神的完美典范要求的一部分，即便面对敌方的妇女和儿童，士兵也应对其提供保护。然而，由于如今的战争愈发依赖于工业经济的整体实力，平民的士气成为敌人瞄准的关键目标。

对于伦敦人来说，第一个昭示着旧规则不再适用的令人震惊的信号来自1915年5月31日，这天夜里，燃烧弹像雨点一般落在城中。投下它们的是一艘齐柏林飞艇——这是一种巨型飞艇，长度接近两个足球场，在它的钢结构的龙骨内部巨大的氢气气囊使其能够飘浮在空中，它的漂浮高度太高，英军绝大多数战斗机都无法达到。到战争结束时，德国对英国的空袭——他们后来出动了更多的齐柏林飞艇，飞机很快也加入其中——共造成1400人死亡，3400人受伤。尽管这些数字在后世战争的空袭造成的伤亡面前相形见绌,但在距离最近的战场还要几百英里远的地方,穿过云层,将爆炸物投向家庭、农场、街道和学校的做法本身似乎预示着战争的野蛮程度已上升到了史无前例的高度。"野蛮的武器",《泰晤士报》这样称呼那些炸弹(尽管法国和西班牙在一战前就曾在空中向叛乱的摩洛哥村庄投放过炸弹,但在当时,欧洲却几乎没有人认为它是野蛮的——或者说,几乎没有人注意到它的野蛮。)。在感情上,没有人对此做好了准备,即便那些从前线归来的士兵也是如此。一位在伦敦休假的军官带着女伴去了剧院,当炸弹在附近落下,震得天棚上的灰泥落在观众头上之时,他的感觉就像回到了战场。"这不应该在这发生,知道吗,"他烦躁不安地大叫着,"这不应该在这发生。"[21]

一天夜里,伯特兰·罗素听见"街上发出了野兽嚎叫一般的欢呼声。我跳下床,看到一艘齐柏林飞艇正在起火坠落。想到勇敢的男子正在痛苦中垂死挣扎,街上的人们欢呼起来"[22]。战争中这样的狂热情绪爆发的时刻让他感受到了"意识到人性如此之后的巨大痛苦"。在伦敦更贫穷的街区,群众在空袭后发生了暴动,他们捣毁了带有德国或奥地利血统,或是仅仅名字听上去像日耳曼人的商人开办的商店的窗户。有谣言说,德国面包师在他们做的面包里放了毒药。对这种排外情绪,媒体反而在煽风点火。报纸头条公然宣扬"敌人在我们中间"。一篇文章发出警告说:"如果饭店服务生说自己来自瑞士,记得管他要护照看看。"

在东区,一群暴民在街上推搡一位面包师,面包师的衣服上还沾着白色的面粉,嘴角却在滴血,这些被惊恐的西尔维娅·潘克赫斯特尽收眼底。还有另一群人撕破了一名妇女的衬衣，将她打到不省人事。西尔维娅请求警察进行干预，但她的努力都是徒劳的。一天夜里，她听到有人咚咚咚地敲自己的房门。"进来的是一个穿着衬衫的男子，他面色苍白而憔悴，个子矮小，一条腿是畸形的，因此走路时跛得很严重。紧张之下，他突然开口请求使用我的电话，当我把他往楼上领时，他告诉我说他来自旁边不远处的面包店，尽管年老的双亲半个世纪以前来自德国，但他自己却是出生在伦敦。"

西尔维娅走上街头，想要和人们进行对话，但面对他们在面包师家疯狂打劫的景象，她却犹豫了。"空气中充满了……砸木头和劈木头的噪声。男人们正从窗子里将一架钢琴降下来……[一位]妇女在旁边经过，拽着一张表面经过抛光的桌子。匆忙之间，她将桌子猛地撞向了人行道——桌子的一条腿被砸断了，桌面裂开了。她抛弃了这个已经损坏了的战利品，又跑回去寻找其他猎物了。"[23]

一辆伦敦和西北铁路公司所有的、原名叫"腊肠狗号"的蒸汽机车迅速被重新命名为"斗牛犬号"。小报消息疯传，指出阿尔弗雷德·米尔纳出生于德国。一间商店花钱打出广告，向公众解释其售卖的古龙水并非源自科隆。狂热情绪还波及了历史的学术研究：《剑桥中世纪史》的编辑团队宣布，他们将把所有德国人剔除出编著者的队伍。

平民的自由权利受到了削弱。战争爆发伊始，未经讨论议会就火速通过了《领土保卫法案》，《领土保卫法案》的管制范围在持续不断地扩张，覆盖了日常生活的方方面面，从限制酒馆的营业时间到允许对"可能造成人民不满或恐慌"的信息进行审查无所不包。实施抓捕、对私人住所搜查或是没收文件全都不需要法院的令状。不仅如此，如果有平民被诉触犯了该法案的特定条款,则对此人的审判就可由军事法庭进行。1915 年中,警方突击搜查了哈迪所在的独立工党的办公室,检查了他们的文件,还对该党提出了出版煽动性材料的指控。尽管政府未能将此案定罪,却成功阻止了媒体和公众进入庭审现场。

受一系列小中风的影响,哈迪的脑子也开始不听使唤了。他最近正在进行水疗,在那里的矿泉浴场,他给西尔维娅·潘克赫斯特发了一封短信,他在信中拼错了她的名字,并说自己命不久矣,"思想和刚出生时一样不受自己控制"[24]。他的家人开始担心他一个人出去散步。但西尔维娅的姐姐克里丝特布尔却对他毫无怜悯之心。她在妇女社会和政治联盟于 1915 年 7 月出版的一期报纸上刊登了一幅漫画,漫画里,德皇威廉二世给了"基尔·冯·哈迪"一袋金子。西尔维娅求助母亲,恳求她制止这样的人身攻击。"他就快要死了。"她写道。[25] 而埃米琳没有回复她。

和陆地战一样,教科书式的体面的战争在海洋里也无处可寻。面对来自德国的真正的海上威胁,英国花费几十亿资金建造的巨大的无畏战舰上的威猛巨炮和成千上万的水手显得一无是处,而给他们带来威胁的是一种已经存在于多年但却不受参战任何一方重视的武器:潜艇。(1914 年以前在任的多位海军上将都曾发表过对潜艇的不满,说它"不英国"或者"是拒绝像男人一样在水面上战斗的懦夫使用的武器"[26]等;他们当中有人曾经呼吁,对于俘获的潜艇艇员,要像对待海盗那样将他们绞死。)单在 1915 年,规模小但技术先进的德国 U 艇舰队就使得 227 艘英国商船葬身海底。

加里波利半岛也传来了坏消息,那里的土耳其人并不是那种预期中能够以吹灰之力征服的东方人。他们配备德式军火，军纪良好，指挥官也具备很好的领导才能。许多死于土耳其人机枪枪口之下的协约国士兵至死都没有离开他们在加里波利海滩上搁浅的登陆小船半步；他们的身体被紧紧地绑在船上，甚至直到被子弹击中死去后，他们还保持着原来的坐姿。成功登陆的部队则从来没能前进到距离海滩五英里以外的地方。最终，协约国方面死伤总计超过了 200000 人。这一年结束前，他们决定放弃这场战役。

俄国的情况甚至还更糟。1915 年 5 月，在被沙皇的军队从无精打采的奥匈盟友手中夺取了大量土地的前线一隅，德国人为盟友带来了大批部队和强大的炮火支援，他们开始系统性地将俄国人赶回本土。避免在西线发起大规模进攻的同时，德军将这一年里全部的进攻力量都投到了这场战役之中，直到寒冷的天气和沼泽让他们最终停下脚步，同盟国军队稳步向前推进了大约 300 英里。这条新形成的前线令俄罗斯帝国的大片土地——大部分属于今天的波兰、乌克兰、白俄罗斯和立陶宛——落入敌手。据估算，在为期六个月的残酷攻势下，俄军的损失人数高达 140 万，换句话说，他们平均每天损失超过 7500 人。7 月，尽管俄军总参谋部之前便告诫所有指挥官保持警惕，密切关注从国内寄往军队的包裹里是否藏有布尔什维克宣传单，但俄军还是迎来了第一次大规模的逃兵潮。8 月，夺取了一座被围困的堡垒的德军在一天之内就俘获了 90000 名俄军战俘，其中有 30 人是将军。

当俄军从前线慢慢回撤之时，不论是庄稼、房屋、铁路还是整座城市，一切可能为敌人所用的东西统统都被他们摧毁了。在俄罗斯西部，破坏区域逐步向外蔓延达数百英里，在这里，没有生长的庄稼，屹立不倒的建筑也几乎不存在。这是布尔战争中的焦土政策的重演，只不过和上次相比，这一次破坏的规模之大不可估量。撤退的俄军还从这片废土之上强行转移了大量群众。首当其冲的是非俄罗斯裔的少数民族，沙俄政府担心他们会与德国占领军合作。一些人被刺死或是绞死，以此作为劫掠的开场，哥萨克骑兵和其他部队大肆掠夺，他们凭借武力，将至少五十万犹太人驱离了家园。七十五万波兰人被迫向东迁徙，而与他们命运相同的立陶宛人、拉脱维亚人和德裔少数民族的总数也差不多。这群惊恐万分的难民逃亡时也许会频频回头望去，而他们看到的，将是俄军士兵放火烧毁自己的屋舍与农田的景象。一位当时与俄军在一起的英国武官曾路过一支绵延20余英里的难民队伍。"整个家庭的成员和他们在尘世间仅有的一点家当一起摞在马车上；两辆车被绑在一起，由一匹痛苦不堪的马拉着；另一个家庭驱赶着一头牛；一个可怜的老头和他的老伴各背着一个用被单打成的大包裹，里面装着些没什么价值的废物。"[27] 到1915年末，俄国已经有超过三百万无家可归的难民[28]——他们待在停在路边的马车里，挤在货运列车的车厢里，或者挤在遍布田野、森林、小镇和城市中的临时居所中。一年之后，这一数字将达到六百万。没有人能够想象得到，在不到三十年后发生的第二次全球性冲突中，数字将会变得更高，漆黑的废墟将扩张得更远。

撤退的俄军的统帅尼古拉·尼古拉耶维奇大公放出话说，在他的指挥部，晚餐结束后的谈话内容应该"转换到不聚焦于战争进程的主题上"[29]。9月，他被温和地调离了岗位。优柔寡断且想法不切实际的沙皇尼古拉二世亲自接管了对军队的指挥权。英国大使曾在观察后得出结论说，沙皇陛下"被自己来自各个方面的软弱所带来的不幸折磨着,唯有他的独裁本身是个例外"[30]。他声势浩大地移驾指挥部,观看阅兵,坐着劳斯莱斯轿车游览附近乡村,玩多米诺骨牌,读小说,下达奇怪的命令。有一次,他甚至在一次正式晚宴上,给所有出席晚宴的军官升了官。他写信给妻子说:"我的脑子在这很放松……没什么需要思考的麻烦问题。"[31]

然而对军队来说,枪支的供应依旧不足,有的步兵部队奔赴前线时随身携带的唯一武器只有斧头。12月,俄国第七军团部分军队向其前线阵地行军时连防寒靴都没有。各处的俄军士兵开始谈论发动兵变的可能,由于冬天到来,前线变得稳定,俄国士兵们开始不顾禁令与奥匈士兵来往,参观对方的战壕,同他们交换帽子和头盔,还摆姿势一起拍照。不顾一切希望保持军纪的俄军高层恢复了鞭刑的合法地位。①

俄国一旦崩溃,这将意味着德国的兵力与火力将全部压在西线的协约国军队头上。这只会为约翰·弗伦奇爵士增添压力,这时的他郁闷地注意到,每当像首相阿斯奎斯之类的重要访客来到法国时,不但会视察自己的指挥部,他们对黑格的指挥部也总是会给予一视同仁的关注。

与此同时,发动决定性战役的方案已经拟定完毕,这将是约翰爵士最后的机会。尽管我们的陆军元帅心中肯定希望另有其人,但在英法达成一致准备发起进攻的前线地带,黑格恰恰是他的下级指挥官。至于黑格,他已经向所有人做出保证,这一次,他们将抵达德军的后方,切断其交通线。他告诉一位来访的法国将军说,他手下的士兵"从未像现在一样勇气十足,

---

① 鞭刑直到1845年才被俄国官方废除,代之以普通的鞭子,并沿存到1863年。——译者注

11 尖峰时刻 / 207

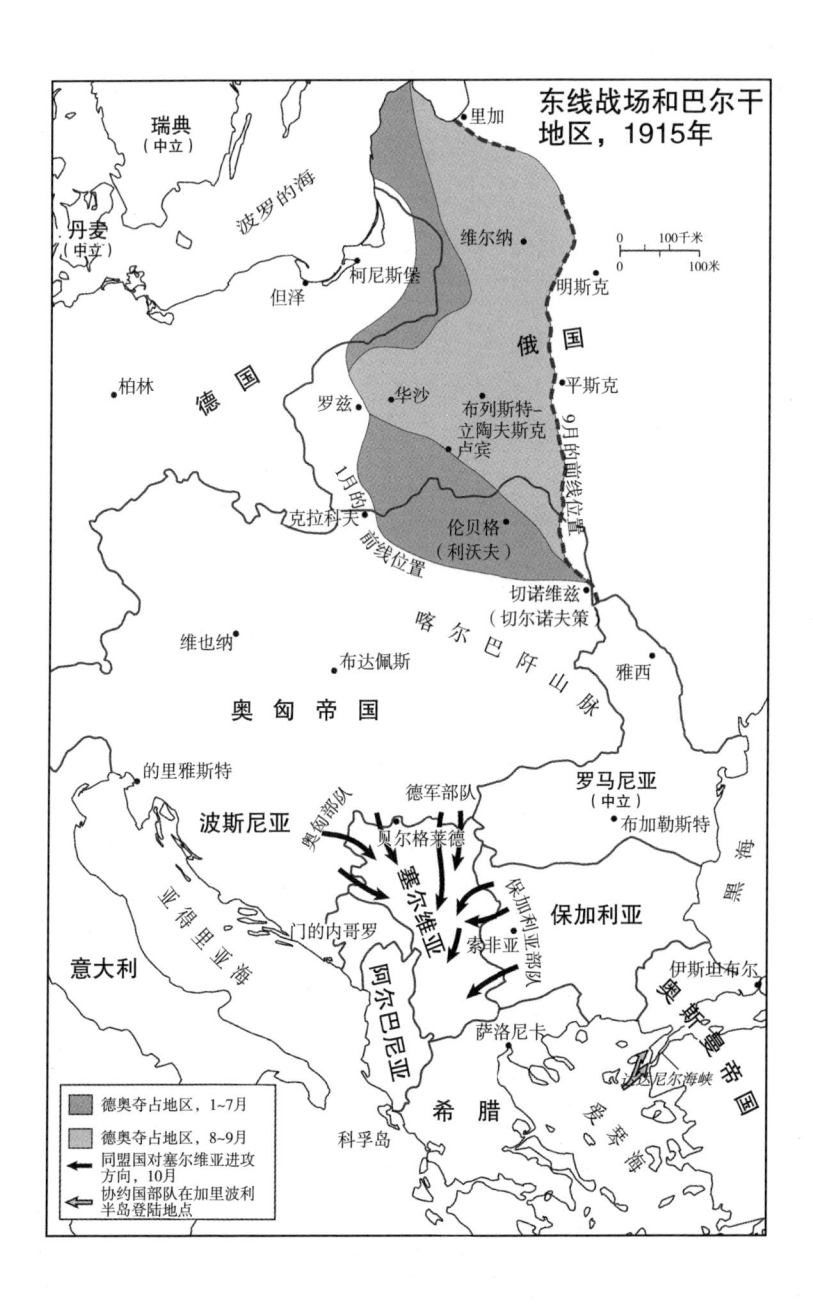

东线战场和巴尔干地区，1915年

地图标注：

- 瑞典（中立）
- 丹麦（中立）
- 波罗的海
- 里加
- 柯尼斯堡
- 但泽
- 维尔纳
- 明斯克
- 德国
- 柏林
- 罗兹
- 华沙
- 布列斯特-立陶夫斯克
- 卢宾
- 平斯克
- 俄国
- 9月的前线位置
- 克拉科夫
- 1月的前线位置
- 伦贝格（利沃夫）
- 切诺维兹（切尔诺夫策）
- 维也纳
- 布达佩斯
- 喀尔巴阡山脉
- 雅西
- 奥匈帝国
- 的里雅斯特
- 波斯尼亚
- 奥军部队
- 德军部队
- 贝尔格莱德
- 罗马尼亚（中立）
- 布加勒斯特
- 门的内哥罗
- 塞尔维亚
- 保加利亚部队
- 保加利亚
- 黑海
- 亚得里亚海
- 索非亚
- 意大利
- 阿尔巴尼亚
- 伊斯坦布尔
- 萨洛尼卡
- 达达尼尔海峡
- 科孚岛
- 希腊
- 爱琴海

图例：
- 德奥夺占地区，1~7月
- 德奥夺占地区，8~9月
- 同盟国对塞尔维亚进攻方向，10月
- 协约国部队在加里波利半岛登陆地点

比例尺：100千米 / 100米

西线战场，1915~1916年

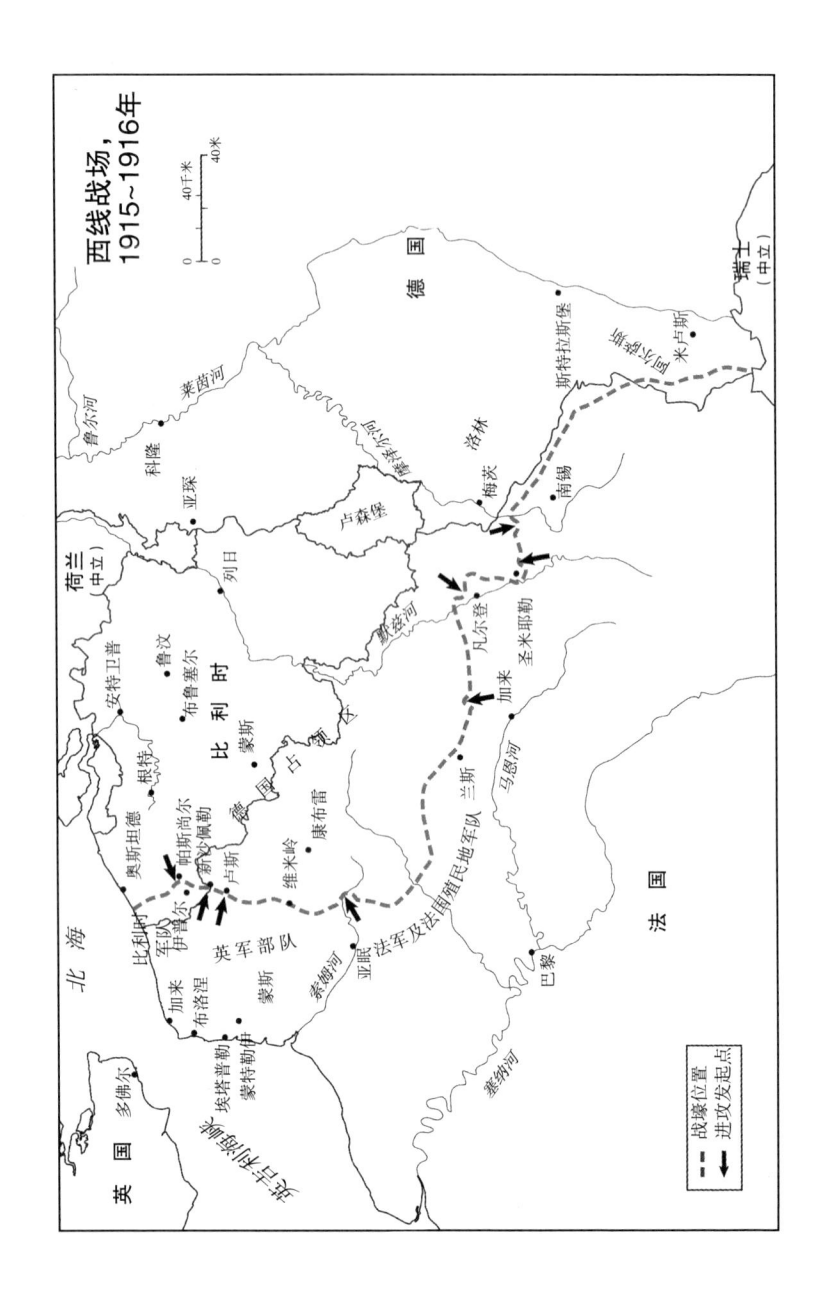

渴望战斗"[32]。约翰·吉卜林中尉服役的爱尔兰近卫团和其他参战部队一起进入了前沿阵地，此刻，他正焦急地等待自己的首次战斗。不太吉利的是，他们将要在法国北部村庄卢斯附近发起进攻，作为另一片煤矿区，这里的煤渣堆能为防守的德军提供掩护，而矿坑入口的升降机塔将成为他们完美的观察哨所。

几个星期以前，在陆军部的帮助下，约翰的父亲曾参观过西线战场。此次行程产生了一系列好战性十足的报纸文章，它们很快便被结集成书，书名叫《战争中的法国》。吉卜林一边称德国人"远离了一切人性"，一边因目睹一位负伤的德军少校由于整栋建筑被炮弹爆炸引燃而被活活烧死后在急救站地板上留下的焦黑尸骸欣喜不已。在他看来，高尚的法国不存在像英国的和平主义者一样的"人类垃圾"。他所遇见的法国士兵和平民也呼应着他正义的怒火。"我们与之战斗的是疯狂的野兽"[33]，他引用一位法国妇女的话说，当然，这句话也可能是他自己编出来的。

尽管父子之间曾一度彼此相距不到 20 英里，但这位作家很体恤他的儿子，知道儿子"肯定不想让我去找他"[34]。约翰通过父亲在报纸上发表的文章和几乎每天写给自己的信了解他的动态，当中有一些他从英国和法国士兵那里收集到的建议：安装金属网防止手榴弹掉进战壕；一人配一只用于警告他人迫击炮弹即将落下的哨子；审讯敌军战俘时，列兵的话比军官更可信。就像自己在约翰小时候给他写信时那样，吉卜林有时会在信中画画：音乐厅演奏者穿的裙子，电影里的场景，以及如何安装鸡舍用的细铁丝网的图解，等等。约翰曾在回信中讲过一个故事，一位法国农民饲养的家猪闯进了他们排的食物储备点，于是他们不得不将它赶走："我觉得这辈子我都没有笑得如此开心过。"[35]在仲夏的酷暑中,"我的脸成了被熏得漆黑的石南根烟斗的颜色",约翰写道,"我们看上去就像来自殖民地的部队,我们都被严重晒伤了……我从未觉得自己像现在一样健壮。"[36]

随着卢斯行动日益临近,黑格在日记中轻蔑地写道:约翰·弗伦奇爵士看上去"越来越老,越来越胖"[37]。这次行动将是英国军事史上规模最大的陆地攻势,并且弗伦奇知道,他正处于危机之中。"不论发生什么,我都必须承担其后果带来的冲击,"他在1915年9月18日写给情妇威妮弗蕾德·贝内特的信中写道:"用棒球术语来说,他们也许会'换掉投球手'。"[38]

几天以后,约翰·吉卜林在写给家里的信中提出想要"一双真正质量不错的卧室拖鞋(柔软、保暖,并且鞋底结实)"[39]。随后,在经过一场18英里的雨中行军后:"就像今晚出发时那样,队伍保持急行前进。前线战壕离我所在的位置只有九英里,所以行军距离不会很远了。这将是一场为战争赢取突破性胜利并画上句号的伟大行动……明天,我们将迎来尖峰时刻。"[40]

12 "不会随浪而回"

这场战争对大量的工业品和生产它们所需的原材料的依赖超过了以往的任何一场战争。德国人很快就为此杜撰出一个新词——物资战（*Materialschlact*）。精密光学设备——空中侦查照相机镜头、潜望镜、测距仪、狙击步枪的望远瞄准器，以及双筒望远镜——则位于更重要物资的行列之中。它们每一个都很重要，尤其是最后一个：当手下士兵在战场上的性命依赖于己方是否能准确定位敌军的狙击手或机枪手时，每位军官或士官都需要在脖子上挂一架性能可靠的望远镜。然而，英军配备的望远镜数量却极端不足。靠公众募捐得来了大约2000架望远镜（其中包括国王与王后每人捐助四架），但他们所需的成千上万架望远镜却还是无处可寻。生产高质量镜头需要使用制造十分困难的特种玻璃：这种玻璃必须能够令光线在保持亮度且不失真的情况下毫无瑕疵地穿透过去，同时还要足够结实，不能在打磨或抛光时破碎或产生裂缝。由于能力有限，英国的光学工厂只能缓慢地增加产量。

因此，在1915年年中，英国政府为在卢斯发动大型攻势做准备时，向世界领先的精密光学设备制造者——德国——求助。

战争爆发以前，诸如位于耶拿的著名的卡尔·蔡司之类的德国公司就已经成为顶级光学器材的主要出口商。在伦敦，英国军需部悄悄向中立的瑞士派出了一位代理人进行交易。德国方面的回复迅速而又积极，他们简单向英方介绍了合约草案。德国战争办公室将立即提供两种型号的望远镜各8000至10000架，一种供步兵军官使用，另一种供炮兵军官使用。"将来，"作为官方记录的《军需部史》（History of the Ministry of Munitions）干巴巴地写道，"他们准备在合同签订六星期后再发送［两种型号各］10000至15000架，甚至还准备将特种工人从军队复原，以确保订单能够迅速完成。"[1]至于士官使用的低端望远镜，德国也能立即提供10000到12000架，并在此后每月提供5000架。德国还很乐意每月向英国提供5000至10000具狙击瞄准器，并且，"英国政府需要多少测距仪，我们就愿意提供多少。若想取得这些仪器的样品，我们建议英军可以检查被俘的德国军官与缴获的德军大炮上的有关装备"。

德国慷慨地向英国提供可以使步枪和榴弹炮更精确地对准德国军队的器具这一行为令人感到诧异，他们想要从中得到什么回报呢？他们想要的是一种宝贵的物资，电话线、工厂机械、轮胎、汽车的风扇传送皮带，这一物资在各种产品的生产上都起到至关重要的作用，由于皇家海军施加严密封锁德国无法获得，但在协约国的亚非殖民地却产量丰富的物资：橡胶。如果没有橡胶，本身已面临诸多问题的德国未来将不得不为军用卡车装上钢制车轮，这很快会将路面压得支离破碎。英德两国达成共识，橡胶将由瑞士港口运往德国。

1915年8月，在这项绝密的魔鬼交易进行的头一个月里，德国人向英国供货的数量甚至超过了他们一开始达成的协议：总共提供了约32000架望远镜[2]，其中20000架是供军官使用的高品质型号的望远镜。这项交易持续了多长时间，或者德国人获得了多少橡胶作为回报的相关记录如今已经湮灭了。更让人沮丧的是，似乎完全找不到任何记载协商这项奇特协议的参与者们心中所想的书面记录。双方是否都认为他们所执行的是对自己更有利的交易？英德两国的商业人士真的是过于渴望利润，以至于对别的事情完全不在乎吗？或者，战争的强劲势头已经影响到了一切，以至于为了更好地进行战争，任何事情都变得合情合理，即便是与敌人做交易？

1915年9月26日，接近正午时分，透过高级望远镜，卢斯前线附近的德军军官根本无法相信自己眼睛所看到的一切。这是一场大规模战斗爆发的第二天，大约10000名英军正向他们进军，深入无人区超过半英里。这并不是英军的预轰炸未能摧毁德国人的机枪掩体——就像以前发生过、以后还会重复发生的情形。英军在这天发动攻击之前，根本就没有实施轰炸。德军的机枪还在加固地堡中安放着，而在它们前方，一排排绵延的铁丝网完好无损，占据了最高可达30英尺宽的狭长地带。

根据德军的描述，英国人当时排成十列向前移动，"每一列由大约一千名士兵组成，看他们行军的样子，就像在阅兵场上进行训练一般……我们的机枪从没干过这么简单的活儿……它们冲着敌人的队伍来回扫射……枪管都变得烫手了；那个下午，仅一挺机枪就发射了12500发子弹。其结果是毁灭性的。我们看到敌人就那么成百人地倒下，可他们还在继续前进"[3]。一些英军军官骑在马上，于是成为更显眼的目标。德国的步枪兵站在战壕的护墙上，向着人数快速减少却一直保持前进的队伍不停开火，而他们直到抵达第一排绵延不断的铁丝网时才停下脚步。"面对无法逾越的阻碍，幸存者们终于调转了方向，开始撤退了。"

这些英军士兵几乎全都是志愿兵，他们是在战争爆发后才加入军队的,几周以前才抵达法国。幸存者撤退之时,德军怀着对交战双方来说都极为罕见的慈悲之心停止了射击。"我的机枪手们的心中满是怜悯与悔恨之情,他们感到作呕,"一位德军指挥官后来说,"因此他们不愿再开一枪。"[4]

卢斯战役于一天前爆发,战斗打响前,基钦纳亲自视察了部队,并对他们的光荣参战表示祝贺。对指挥参与行动的道格拉斯·黑格爵士来说,这场战役将是一个极好的机会:如果进攻成功,他将获得很高的声誉;如果失败,承担责任的也很可能是地位已经岌岌可危的约翰·弗伦奇爵士。两位长期不和的将军的临时指挥所之间甚至连一条保持沟通的电话线都没有。与此同时,提前了解到英军即将发动某种形式的攻击的德国人早已加强了防守。在攻击行动开始前拍摄的照片里,夏季的田野上,用卢斯周边的白垩质土壤构筑的德军战壕护墙好似一排长长的雪堆,看上去十分诡异。

在这次攻击行动中,英军第一次使用了毒气。毕竟,从理论上讲,在工业化战争的条件下——这对几十年后出现的原子弹同样适用——任何一个国家都无法独自占有一种新式武器太长时间。黑格订购了5000只六英尺长的氯气筒,每个重150磅,为了保密,英军趁着夜晚将氯气筒运往英军前线。作为整个过程的最后一步,这些氯气筒将由每两名士兵一组用竿子架在肩膀上,经过交通壕搬运到指定地点。需要更多的士兵运送长长的管道,管道被安装在气筒上后,它们可以越过战壕的护墙向无人区释放毒气。在一位当时搬运管道的士兵的记忆中,仅仅将这些物资运往前线就已经令他们备受折磨了:"从头到尾,交通壕一直是之字形结构。这样一来,我们不得不将管子直直地举过头顶才能在战壕中行走,不然的话,每经过一个拐角，管子就会卡住。交通壕的长度只有3.5英里[5]，但走完这段路我们却花了七八个小时。一路上，雨一直在下。战壕里许多地方的积水都没过了我们的脚背。"

9月25日，进攻开始的日子，天刚破晓，黑格便下令释放毒气。然而，风势却非常微弱。在有些地方，尽管毒气飘到了德军防线，但那里的士兵们却早已戴好了防毒面具。而在其他地方，毒气飘进无人区后便静止不动了——这意味着英军努力破坏某些地点可达七到十排的德军铁丝网时，不得不穿过这片毒雾发起进攻。在另外几处地方，微风甚至将毒气吹回了英军战壕。从总数上看，英军由于自己释放的毒气遭受了比德军更大的伤亡。本来，这场出其不意的毒气攻击是用来代替大规模炮击使用的，毕竟，炮声肯定会释放进攻即将开始的信号，况且无论如何，炮弹供应依旧不足都是事实。可是，不论是黑格还是弗伦奇，似乎都没有考虑到一项至关重要的事实：毒气是无法切断铁丝网的。

英军在人数上远超德军，并且，英军还真的近乎奇迹般地在德军第一道和第二道战壕防线之间撕开了一道四分之三英里宽的口子，这样的战机是如何被浪费的？尽管弗伦奇手上有大量步兵待命，他却犯下了一项严重的错误，这些步兵的驻扎地离前线太远了，他忘记了，地图上看上去只消花费几个小时便能很快结束的行军实际上需要的也许是几倍的时间，为到达前线，他的部队不得不以单排纵队的方式通过被载着伤员朝反方向行进的救护马车堵得水泄不通的狭窄的乡村道路，随后，他们还要冒着倾盆大雨，在更加狭窄也更加曲折的交通壕和崎岖不平、如同沼泽般泥泞的大大小小的弹坑中间穿行。

当他的两个后备师经过整夜行军，精疲力竭地抵达进攻位置时，撕开的那道四分之三英里宽的口子已经关闭，德军还调来了自己的后备部队。地面上到处都是英军和德军士兵在首日战斗后留下的尸体和尸块，空气中充斥着死亡的味道。也就是在战役的第二天，黑格下达了那则灾难性的指令，面对高地上的德军机枪和完整如新的铁丝网，两个疲惫不堪且毫无经验的后备师径直冲了过去。这便是德国军官们在惊愕中观察到的景象，一场屠杀。

格拉汉姆·波尔（Graham Pole）上尉所在的诺森伯兰燧发枪团是进军部队的一支，他的长官给他带来了这样一则信息："上峰希望你们能以真正的诺森伯兰郡风格用刺刀完成进攻。"[6]作为这场注定失败的攻击行动的参与者之一是怎样一种感觉？奉命给波尔上尉带来这则消息的二等兵亨利·费洛斯（Harry Fellows）回忆道：[7]

……在我面前的坡地上和我左侧视力所及的最远处挤满了人，他们一边喊着口号，一边用吃奶的劲向前冲。直到这时，敌人还是没开一枪……

打头的人距离德军铁丝网大约100码时……噩梦降临了。就像响应事先商量好的信号似的，敌人的前排和可能被安置在树后面看不到的建筑里的纵射［就是从两边射出的火力］机枪一齐杀气腾腾地喷出火舌。人们先是跌跌撞撞地扑倒在地，随后便像被收割的玉米秆似的一排排倒下。在我的正前方，一个小伙子在头上的帽子飞走后倒了下来——我被他绊倒了——即便到了今天，说起自己当时待在那里，我都并不感到惭愧：我把脸埋在草地里，从来都没觉得土地的味道是那么的香甜……交火似乎持续了好几个小时。

后来我才知道，战斗其实连十分钟都不到。前一秒子弹还在我的头顶炸开，后一秒枪声就停止了。

又过了几分钟，我跪着爬了起来，就算活到一百岁，我都永远忘不了当时映入我眼帘的景象。整片山坡上到处都是俯卧在地的死人，有些甚至还摞在了一起……就像把我绊倒的那个小伙子一样，许多人再也动不了了。还有许多人，即便自己已经负伤，却还在帮其他受伤的战友往回走。德军这时依旧没有开火……我搀扶着一个脚上中弹的小伙子返回战壕时，遇见了在附近操纵机枪的苏格兰人……他们中有个人把自己的水壶递给了我：水在当时可是极端匮乏的。我至今仍记得他在说话时声音中蕴含着的强烈情感："你们刚才根本毫无机会。"

躺在山坡上的伤员们发出的哭嚎声令人精神备受折磨。即便德国人允许我们去救助他们——我相信他们愿意这样做——我们也没有担架可用。

环顾四周，我很高兴地发现波尔上尉安然无恙，想起身上还揣着要捎给他的信息，于是我把东西给了他，并为我的迟到向他道歉。看完消息后，他说："这些现在都不重要了。可是，上面说的不就是我们刚才试图去做的吗？"

这场短暂的大屠杀中，10000 名英军军官及士兵中有超过 8000 人死亡、负伤或是下落不明。

同这场战争中发生过的许多故事一样，这一次，我们也很难不将这场在 1915 年 9 月 26 日发动的进攻视为一场对手下面临的处境漠视到近乎犯罪的将军们所引发的毫无必要的公然屠杀。然而引人注目的是——这在战争初期的各次战役中尤为典型，这一阶段的军队全部由职业军人和志愿兵组成——生还者中几乎没有人这样想。在他们看来，质疑上级的判断显然意味着疑惑他们的战友是否白白牺牲。为了避免提出这类问题，许多关于战争的荒诞说法诞生了。

例如，皇家西肯特团第八营是在那天遭到屠戮的部队之一。开战仅一个多小时，该部25位军官就有24人死伤，士兵伤亡人数则为556人——占全部士兵的绝大多数。该营指挥官是伊登·范西塔特（Eden Vansittart）上校，这位大部分军旅生涯都在印度度过的指挥官也在战斗中身负重伤，而在此之前，他目睹了大部分的杀戮场面。可是在完成于两年后的关于这场战役的长篇报告中，对于自己和手下被置于自杀般境地的事实，他没有表露出一丁点儿的愤怒情绪，而是对他们当时的良好队形大加赞赏。"他们前进的姿态看上去仿佛是在阅兵，保持着完美的纪律，直到遇见敌军坚不可摧的铁丝网迷宫才停下脚步，我们在这里损失惨重，"[8] 十年后退休时，他还是没有对当时的攻击命令提出质疑；他主要关心的是自己为多卷本官方战史的作者们准备的另一份报告"能否更深刻地表现我营的英勇行为"[9]。

零星的战斗此后在卢斯又持续了几个星期。许多牺牲的英国官兵的尸体再也没有被人发现，黑卫士兵团第八营的费格斯·鲍斯-莱昂（Fergus Bowes-Lyon）上尉也是其中之一，为了缅怀他，几年后，他的妹妹在威斯敏斯特教堂举行婚礼时向无名烈士墓献上了自己的婚礼花束。她一直活到了下一世纪，她便是伊丽莎白女王。

约翰·弗伦奇爵士骑着白马视察过几次部队，有一次，他花了两个小时在前线附近的急救站与伤员们长谈。"死人、奄奄一息的人和重伤者全部混杂在一处,"他在给威妮弗雷德·本内特的信中写道。"这些可怜又可爱的家伙们像男子汉一样忍受着痛苦,许多人认出我后还冲我微笑。"[10]

最终,协约国军队向前推进了一两英里,但是这一次,进攻方依然遭受了重大损失,英军死伤超过61000人。"将他们全部埋葬是不可能的……沿着战壕走一走,你会看到靴子和绑腿,或者,你会看到胳膊和人手,有时还能见到人脸,"一位士兵回忆道。"[11]你不但能看到它们,还会从上面踩过去,感觉滑溜溜的……可如果向家里写信提到某个具体的战友时,你肯定总是会说,他们是在毫无察觉的情况下,被子弹干净利落地了结的。"

英军将领们依旧在否认战役中的主要兵器发挥出的巨大威力。"在参谋部看来,"这场战役过去两个月以后,弗伦奇的指挥部发给军需部的一篇备忘录中声称:"将机枪引入战场无法改变被广泛接受的基本原则,那就是凭借优势兵力与敌军展开刺刀肉搏才是最终扭转战局的关键。"[12]即便在两年半之后的1918年5月,英军每61名士兵也只配备了一挺机枪。而加拿大的军队每13人就配备一挺机枪,法国的数字则是12比1。[13]

英军阵亡规模之大一天天被人知晓,"荣誉名单"上的名字登满了《泰晤士报》的大小版面,军官的名字比士兵稍大一些。人们很快便开始齐声讨伐那些需要对此负责的人:将后备部队部署得太远的弗伦奇,或是命令士兵径直冲向完整无损的德军铁丝网和机枪火力中的黑格。《泰晤士报》记者雷平顿站在弗伦奇一边,对于责任在谁的问题,媒体讨论得沸沸扬扬。弗伦奇让《泰晤士报》刊登了一篇由雷平顿发回的报道,里面带有误导性地向公众暗示那些后备部队距离前线的距离要比实际更近。不过，政府内部打响的战斗才是真正起作用的，而这场战斗的赢家早已注定。黑格只给基钦纳写了一封信，便将所有责任都推给了弗伦奇："正如之前的报道中提到的那样，我的进攻完全是成功的。"他荒谬地说道："后备部队本该随后就立刻出现的。"[14]

基钦纳要求弗伦奇对卢斯的溃败做出解释，议会也有数名议员发言攻击这位四面楚歌的陆军元帅，其中一人还提起了他的指挥部中出现过女人的事。作为局外人，政治失意的米尔纳在上议院尖刻地谈论起官方给出的"鬼鬼祟祟的说明"和对惨不忍睹的伤亡"牵强附会的解释"。国王亲自跨过海峡，对军方的意见做了第一手调研。"道格拉斯·黑格前来与我共进晚餐，饭后我和他进行了长谈，"他在日记中写道，[15]"他说……最高司令官是军队暴露出巨大弱点的根源，再没有人对他有信心了。"而在国内一辆火车的餐车上，一位军官无意中听到阿斯奎斯、劳合·乔治和外交大臣为弗伦奇的去留展开争执。

和过去发生过的战争相比，与之前战斗中发生的一样，卢斯战役中被简单记为"失踪"的伤亡人员所占比例也相当高。也许，他们在被德军火力击倒后，在倒下的地方没能占领足够长的时间，尸体来不及被收回，或者，也许在高爆弹将他们炸成无法辨认的碎片——同时也杀死了见证他们死亡的战友——之后，根本就没有可以回收的尸体了。许多在卢斯被算作失踪的英军人员伤亡都发生在英军后备师遭灾难性屠杀之后的那一天。在那之后，新的部队被投向战场，其中就有约翰·吉卜林所在的爱尔兰近卫团第二营，在此前的48小时中，这支部队的士兵根本就没合过眼，也没怎么吃过东西。不过，尽管部队疲惫不堪，吉卜林中尉还是率领着他排里的士兵翻越一处矿井口的碎石堆,高喊着"小伙子们加油",成功夺下了不止一座有德军把守的建筑。当天下午晚些时候,他消失在了人们的视线当中。有人描述说,他在一处被士兵称作"白垩石林"的地方负了伤,在爬进一栋建筑后不久被德军俘获,但除此之外再无更多消息。在发给其双亲的电报中,陆军部称他在行动中失踪。

在英军后备师被屠杀的同一天,数千人聚集到了一直以来备受欢迎的示威集会举办地——伦敦特拉法加广场上。他们此行的目的是对征兵制进行抗议——显然,为迎合军方无法满足的人力需求,这一制度很快就将通过实施。在向人群发表演讲的人中,再也无法抑制自己反战情绪的夏洛特·德斯帕德便身在其中——西尔维娅·潘克赫斯特也是当中的一员。在结束了自己的演讲之后,潘克赫斯特注意到,台下的男孩们手中攥着报纸,还举着巨大的标语牌。她听不清他们在喊些什么,不过,有个男孩向着她的方向走了过来,这时她终于看清楚了标牌上的文字:基尔·哈迪去世了。

她旋即瘫倒在地,靠别人帮助才走下讲台。"我没有晕过去,但是我很震惊,很受打击……我当时的感受与那些在战争中失去挚爱的人的感受是一样的,"她后来写道,"因为,正是这场战争杀死了他,就像杀死那些走进战壕的人们一样。"[16]哈迪是在格拉斯哥的一家医院去世的,他的健康状况由于罹患肺炎进一步恶化了。几天以后,还是在同一座城市,他的支持者们聚集在他的葬礼上,而同一时间,子弹还在卢斯的天空飞舞。送葬队伍里有工人,有时也有士兵,每个人都摘下帽子,庄严肃穆地站着。由于哈迪家人的出席,西尔维娅没有到场参加葬礼，但她送来了一顶花圈，上面装饰着代表妇女参政论者的紫绿白三色和代表革命的红色组成的丝带。时局带来的无声压力甚至传染到了葬礼现场，主持仪式时，牧师对哈迪的长期反战事业只字未提，只讲到了他年轻时在福音派联盟教会中度过的时光。

在伦敦，西尔维娅推出了一期《妇女无畏报》（Woman's Dreadnought）特刊，里面的全部内容都是对哈迪的致敬，其中也包括她自己满怀深情的告别："他生而强大，思想比任何人都更深刻；他深邃的双眸好像透着纯洁无瑕的阳光，就像棕褐色大地上的一池碧水发出的光芒。"[17]在文章中，她赋予了哈迪"我们时代最伟大的人"的称号。就像她一生当中写下的有关哈迪的千言万语一样，这一次，她同样没有提到他的妻子。

对西尔维娅来说，哈迪仍然是为自己指引方向的灯塔，在不懈地进行反战斗争的过程中，她将自己看成了哈迪遗志的继承者。可是，想要令那些丈夫、兄弟和儿子正身处前线的人的想法与自己一致，其难度之大对西尔维娅和她深爱的男人来说没什么区别。剧作家萧伯纳有一次曾经问她："你连自己的母亲和克里丝特布尔都说服不了，又怎么能指望扭转大众的想法？"[18]的确，在这个问题上，西尔维娅显得毫无希望。10月，克里丝特布尔将妇女社会和政治联盟旗下的报纸《妇女参政论者》更名为了《不列颠尼亚》，并将办报宗旨定为"为了国王，为了祖国，为了自由"。从这时起，这份报纸刊登的全都是爱国主义散文与诗歌，配上圣女贞德或是其他女战士的插画。该报的民族主义情绪变得十分极端，甚至其中有篇文章还曾对外交部进行过攻击，说它"被亲德主义、德国血统、德国人、亲敌与同情腐蚀了。必须［将外交部］彻底清理一番，里面的全部人员全都要替换掉"[19]。

为寻找盟友,克里丝特布尔写给阿尔弗雷德·米尔纳,告诉他自己怀疑高层中潜伏着亲德者。"对于你对战争进程的批评,我表示完全同意,"他回复道。[20]但他又补充道:"我与你的不同就在于我不会去揣测当权者心怀邪恶动机……我觉得他们很无能——绝对是这样的——……但我不觉得他们中有人会不想为自己的国家竭尽全力。"至于克里丝特布尔对"任何血管当中流淌着外国血液之人"的怀疑,他温和地提出了责备,并向她指出说,维多利亚女王拥有一半德国血统,他自己的祖母也是德国人。

在对德国间谍和德国同情者偏执的想象上,克里丝特布尔并不孤单。1915年接近尾声之时,社会上对揪出叛国者或是替罪羊的心情比任何时候都更渴望,毕竟,他们的存在将能为战场上缺乏胜利的现象给出解释。战争进行的几年中,英国剧院上演了超过九十部有关间谍的戏剧,讲述的大部分都是毫无防备的英国人家中阴险的德国仆人向水库投毒或是秘密用无线电报向海洋上潜伏的U艇舰队通风报信之类的故事。应接不暇的苏格兰场平均每天能够接到300宗有关潜在间谍的密报。士兵们上百次出动对民宅和旷野实施封锁,调查在夜间出现、被认为是向德国飞艇发射信号的闪光。被人看到身上带着鸽子的信鸽爱好者的遭遇也很惨,毕竟这些鸽子也许正携带着重要的国家机密准备直接飞往柏林。事实证明,在英国,真正的德国间谍数量相当少。他们中的大多数人实际上在战争爆发初期就被逮捕了,不过在苏格兰,渴望吸引公众注意的巴兹尔·汤姆森定下调子,只要有此类抓捕或审判发生,不论案子多小,都要在媒体上大肆报道一番。

利用写作多卷本战争史和从西线战场向《泰晤士报》发回乐观报道的间隙，约翰·巴肯也给这股间谍热添了一把火。卢斯战役刚刚结束的1915年10月，他出版了自己最广为人知的作品（后来被阿尔弗雷德·希区柯克搬上了大银幕）《三十九级台阶》。在这本小说和它的续集中，巴肯从本质上开创了现代间谍小说最受欢迎的表现方式：一名勇气十足、体格健壮的英雄人物，追逐戏，变为敌人的朋友，变成朋友的敌人，密码信，以及若是英雄无法及时从城堡中的地牢逃脱一切就将毁灭的巨大阴谋。日复一日，战线却毫无进展，前线的英军士兵困守在地下战壕里，大众也逐渐放松了紧张的神经，他们乐意去读一些这样的故事，毕竟书中的个人靠着勇气还是能够建功立业的。

在《三十九级台阶》中，巴肯笔下的英雄理查德·汉内（Richard Hannay）一个人就挫败了整个德国间谍网络设下的阴谋诡计。汉内是一名在南非拥有各式各样冒险经历的殖民地居民，在自己的"故国"需要帮助时，他及时回国施以援手。值得注意的是，书中的"故国"并非一个充斥着排放煤烟的工厂和单调、拥挤的城市公寓的工业化国家，而是一个遍布荒原和山丘、田园风味浓郁的宁静祥和之地。被邪恶的德国人追逐时，汉内"穿过了屋舍用茅草盖成的小小的古老村庄，越过了平静流淌着的低地溪流，还经过了山楂花和金链花怒放的花园。这片土地如此和平，令我几乎无法相信我的身后还有人要取我性命；哎，一个月之内，除非我有使不完的运气……否则将有人死在英国的土地上了"[21]。小说结尾的大团圆结局里，汉内当然在间谍们带着偷来的军事计划登上快艇前成功抓住了他们。这部小说在巴肯的一生中总共售出超过一百万本，成功推动了人们志愿担任特殊警察——一旦得到这项工作，对于许多英国的中年男子来说,即便年纪太大无法投身战壕,他们也能意淫自己将德国间谍捉拿归案的情景——的热潮。

然而,现实当中并不存在能够为英军在卢斯的失利提供解释的间谍或者阴谋,因此,战役的最高统帅成为难辞其咎的人。正如弗伦奇的预测一般,投球手被更换了。为了保存他的颜面,他被任命为本土预备军——这支部队囊括了英国和爱尔兰本土的全部军队,基本都处于训练当中——的指挥官,对他来说,这是一次痛苦的降职。当首相的特使告诉弗伦奇他还将获封头衔时,弗伦奇无不讽刺地建议说,自己可以成为"打道回府勋爵"。作为对他的爱尔兰血统和其在伊普尔抵抗德军进攻时起到的作用的承认,他被授予了伊普尔和罗斯康芒郡①高湖子爵的头衔。可是,由于提起伊普尔人们总是会联想起英国人在此的惨痛牺牲,这一头衔从未被完全接受,不论当时的人还是后世的作家一般都继续将弗伦奇称为约翰·弗伦奇爵士。他在英军中还是很受欢迎,12月,当他最后一次出现并从自己的指挥部离开时,上千名士兵在路边排队激动地为他打气助威。而在布洛涅的码头边,来自他的旧部第十九轻骑兵团的官兵们带给了他更多呼声。对弗伦奇个人来说,这是他与前线的告别,但正如后来所发生的那样,一切没有落下帷幕,一项重大行动即将到来。

他的继任者当然是黑格,此时的黑格完全相信,反复无常的弗伦奇在哪里遭受了失败,他就将在哪里获得成功。"DH②从没在用餐时表现出兴奋,"他的一位参谋军官在这期间写道,

---

① 爱尔兰地名。——译者注
② 即道格拉斯·黑格(Douglas Haig)的缩写。——译者注

"但他的精神状态明显很好,他愉快地保持着沉默。"[22]

战壕里的圣诞季却毫无快乐可言。"佛兰德狂风大作,"战地记者菲利普·吉布斯(Philip Gibbs)回忆道,"不过这却是一股潮湿的风,不论是在泥泞中走向战壕的,还是在战壕踏台上放哨的,都受到了暴雨的洗礼,……他们睡觉时穿着湿透的衣服,靴子里灌满了水……战壕里的每一处都陷入混沌的泥浆之中。"

某处英军战线的位置与德军过于接近,以至于双方都能听见对方的靴子发出的吧唧声。吉布斯记录了一场双方在此隔着护墙互相叫喊着完成的对话:

"你那边的水有多深?"一位德军士兵喊道……

"已经到该死的膝盖了。"一位正努力用油毡布盖住炮弹防止其受潮的英军下士回答道。

"那又能怎样?……你们这帮家伙够幸运了。我们这的水都没过裤腰带了。"[23]

圣诞将至,英军各部队都被严令不准像去年一样擅自与敌人来往。不过,即便没有圣诞休战,不一样的事情也已经开始发生了,并且与任何节日无关。由于协约国和德国战壕的位置已经很久没有发生过变动了,前线的许多地方都形成了一套双方心照不宣的"和平共存"制度。例如,如果你在德军午饭或晚饭期间向他们发射迫击炮,德军也会对你做同样的事,于是,双方有时便会在进餐时间停火。在这样的安全时刻,如果有指挥官即将前来视察,一方的士兵甚至还会向另一方发出信号——也许他会暂时爬上护墙指着自己的肩膀,那是军官的肩章安放的位置。随后，双方士兵会开始用步枪和机枪向对面猛烈射击，英军和法军步兵很快明白，如果他们向高处瞄准，德国人也会照做。与之相似的是，双方不成文的互相理解有时在无人区同样生效，因为他们都有在月黑风高的夜晚接到命令前去巡查修复铁丝网路障和重新勘察敌军防御的时候。有位年轻的英国军官曾经讲述过一件很有代表性的事，当时，他正带领着几个手下执行上述的任务，就在这时，"在一个像是土堆之类的地方附近，我们突然遇见了一支德军巡逻队……我们彼此相距二十几码，完全看得清对方。我疲惫不堪地冲他们挥手，意思是说：互相杀戮有什么意义呢？对面的德国军官似乎明白了，我们双方都转身回到了各自的战壕。当然，毫无疑问，这样的行为应该受到谴责"[24]。

在有些地方，双方的前线战壕离得很远，中间弹坑密布的无人区可能有几百码宽。这样的地形为一则奇特而经久不衰的传说的诞生创造了条件。有些士兵宣称，无人区并非空空如也，里面有将弹坑、洞穴或是废弃的战壕和散兵坑当成避难所的逃兵。每次战斗结束后，他们会在夜幕降临时分走出来从尸体和将死之人身上搜刮食物和水。随着时间的流逝，这些幽灵般的幸存者长出了长胡子，身上的制服也变成了破衣烂衫——直到他们从死人身上扒下新的制服穿上为止。据说，人们在夜里听见的神秘噪声就是他们发出的。这个在无人区流动的群体颇为国际化，人们相信双方的逃兵都在其中。虽然将军们禁止双方友好往来，但他们无法阻止这样的事情在流言中出现。

历史上从来没有战争能像这场战争一样让人数如此庞大的军队在僵局中对峙这么长时间。从 1915 年开始之时，德军在比利时与法国占领了大约 19500 平方英里的土地。而在年终岁尾之际，这些土地不多不少，全部被协约国军队夺了回来，而在这一过程中，单是英军就有超过七十五万人伤亡。无穷无尽的伤兵始终像潮水一样涌回国内，各大报纸始终登满了阵亡或失踪者的名单。

对拉迪亚德和卡丽·吉卜林表示慰问的信件从世界各地寄来，寄信人中有西奥多·罗斯福，亚瑟·柯南·道尔爵士，还有他们在国内外的其他朋友。"他们告诉我说约翰被报告失踪了，"约翰的战友、一位在同一场战斗中负伤的爱尔兰近卫团军官在信中说，"但我有预感，一切都会恢复正常的，因为……我自己之前也曾被正式登记为失踪。"[25] 其他来信中也在努力表现出乐观的情绪："我们能做的，只有相信他成为一名战俘。"威尔士亲王写道。[26]

悲痛欲绝的吉卜林从未停止向爱尔兰近卫团的人打听消息，但都无功而返。陆军部将约翰列在了"受伤及失踪"的名单上，而当一份报纸称其"失踪，据信已死亡"时，吉卜林气坏了。他和卡丽始终相信，约翰或许还活着，没准正在德国的一家医院或战俘营里。那场战斗的幸存者们渴望能安慰这对不幸的夫妇，哪怕只有只言片语，他们也会将任何可能的消息或传闻告诉他们，互相矛盾的信息开始大量出现：有的说约翰一条腿受伤了，有的说他被子弹击中脖子，还有的说他在被报告失踪以后还有人见到他。即便他对在这样一场善恶大对决中保持中立的政府心怀鄙视，吉卜林还是向美国大使求助，请求其将自己对儿子的描述发给美国在柏林的大使馆："他肤色很深，眉毛粗壮，留着小胡子，长着一头浓密的棕发（直发），眼睛是深褐色的，睫毛很长。身高大约 5.75 英尺……他是个近视眼，很可能戴着一副金框眼镜。"[27]

现在，正如朋友曾经对她所做的那样，到了维奥莱特·塞西尔向朋友表达慰问和同情的时候了。从来都是个现实主义者的米尔纳在日记中写道："我们担心他已经死了。"[26] 约翰被报失踪的当天下午，卡丽·吉卜林就曾匆匆前去见过维奥莱特一面，有时候还会每天给她写两封信。想要发现些什么的维奥莱特则亲自去医院询问了一位负伤的爱尔兰近卫团军官，带着其他中立国也许能帮上忙的希望，她还给瑞典女王储写了一封信。"毫无消息，"卡丽在写给她的信中说，"巨大的黑暗似乎正要将这一切吞没。不过，又有谁能比你更明白这种感觉呢？"[28]

吉卜林还在继续写作，不过现在，他原来的好战口气偶尔会变得柔和起来，几乎像是另一个人在说话：

> 你可否有我儿杰克的消息？
> 不会随浪而回
> 你认为他何时会归来？
> 不会随这风浪而回了
> 有谁带回了他的口信吗？
> 不会随浪而回
> 沉下去的，便不会游上来
> 不会随这风浪而回了

第四部分
1916 年

13　我们毫不后悔

截至 1916 年初,在募兵运动、征兵海报(别拖后腿!跟上旗帜!)和剧场歌声("哦,我们不想失去你,但我们觉得你应该出发")的号召下,共有两百五十万人报名参军,令人印象深刻。曾有历史学家将这支英国由志愿兵组成的军队称为"史上对战争热情最大规模的展现"[1]。然而,这股热情并非人人都有。尽管工人阶级从未像基尔·哈迪梦想的那样掀起反战狂潮,不过对待参军,他们确实没有那些家境较好的人热情,志愿参军的人数比例之低比照医生、律师之类的专业人士和白领职员也十分显著。[2]

然而,满脑子战争的英国人对信奉工人阶级国际主义的一小撮顽固分子的担忧很快便在 1916 年 3 月被一个叫作"英国工人联盟"的新组织的成立冲淡了。该组织的绝大部分成员都是各工会的干部,在发表的共同声明中,他们要求得到更高的工资和养老金,同时还要求"对重要工业实行国有化"[3],听上去稍微有些社会主义者的味道。不过,他们同时也在大力支持战争。作为"来自基层的纯种英国人"[4]——这是该组织自我标榜的称呼,他们发誓将从"竭尽全力将我们毁灭的德国人和奥地利人手中"夺取胜利。尽管当时并不常见,不过,这种组合——支持采取社会福利的措施再加上强硬的民族主义——将以法西斯主义这一人们更加熟悉的形式在 20 世纪二三十年代崛起。就像后来发起劳工运动的法西斯主义者一样,该联盟中也有数位极端崇尚暴力的领导人。在这些人中,来自全国海员和消防员工会的约瑟夫·哈夫洛克·威尔逊(Joseph Havelock Wilson)的追随者们对一位反战者的办公室实施了纵火行动。当此人逃出火场时,他们竟然试图将他再扔进去。

对政府来说,出现这样一个能被用来攻击独立工党和其他反战团体的"工人"组织显然是天大的福音,而这个新成立的联盟的干部们也的确很快便在公众集会和自办的叫嚣沙文主义的《英国公民与帝国工人》周刊上展开了行动。每次呼吁提高工资或是对关键工业领域进行公有化改造时,他们都会更用力地对战争的"逃避者"和对帝国的背叛者展开攻击。支持战争的各大媒体对此十分高兴;《泰晤士报》提到该联盟发动的一场示威游行时,称其"毫无疑问……代表着工人阶级最真实的声音"[5]。成立不到一年,这个资金充足到令人诧异的组织就在全国建立了74个支部,平均每周发动100场群众爱国集会。

当然,英国的确是存在着几百万真心支持战争的工人阶级群众的。然而,这个联盟却是一个与无产阶级毫无关系的人——阿尔弗雷德·米尔纳勋爵的创意。"我做出了非常艰苦的努力,不过,一切都是秘密进行的。"他在该联盟公开诞生前夕给一位朋友的信中说道,"我要推动一场纯粹的工人运动,我希望它能将独立工党……和其他工会主义者踢出局,[还]能让帝国共同体和国民机构[也就是征兵系统]的目标得以实现。"[6]《泰晤士报》上对"工人阶级的真实声音"的热情歌颂同样是米尔纳的杰作,作为之前"南非幼儿园"的成员之一,该报的编辑既是米尔纳的密友,又是他的门生。

"真的难以想象,"有位传记作家评论道,"还有谁会比米尔纳更不适合发动一场工人运动。"[7]可是,这个联盟的确是由他靠一己之力创造出来的：他先是找到了经营它的完美人选，维克托·费希尔（Victor Fisher,），费希尔是一位信奉社会主义的经验丰富的记者；随后他又找到了必需的金主：议员沃尔多夫·阿斯特（Waldorf Astor），阿斯特是一个来自著名的非工人阶级家族的年轻人，以及詹姆斯·诺特，船运大亨。资金被存入了在伦敦股份银行开立的特别账户中，米尔纳亲自从该账户将资金分发给费希尔，还会对他提供的开支报告进行核查。"我们要不要把这个账户称作'帝国基金'？"阿斯特曾问道。[8] 米尔纳的回答是："没有必要，或者说，我不想去给它起个什么名字……我是这家银行的董事，所以，没人会怀疑的，除了你我二人，其他人什么都不需要知道。"

费希尔本人得到了每年超过 1000 英镑的全职工资，他还获得了一项不寻常的保证，即便联盟终止运行，他的工资也将照常支付三年。联盟举行第一场大型公众集会之前，米尔纳召见了大部分演讲者，不过在这之后，尽管米尔纳几乎每周都会与费希尔私下见面，但他却一直保持低调行事。他并不介意与工会主义者共事，这是因为他一直对有些英国人所说的"公民权社会主义"持开放的态度。公共医疗？更好的教育？发电厂公有化？统统没问题：只要能让经济的运行效率变得更高，让工人阶级对帝国——和战争——更有热情，这些要求完全是可以容忍的。

就在新联盟成立的当月，征兵制终于开始实施了。由于在法国和佛兰德战场上发生的大屠杀，军方需要这项制度来满足他们对人力贪得无厌的欲望。对英国人来说，募兵制度的变化过于剧烈，再加上有些本来支持战争的议员也对此感到不安并需要说服，新法令出人意料地为拒服兵役者，即后来人们口中的CO①提供了覆盖范围广泛的豁免条款。全国各地设立了特别法庭，如果这些法庭认定某人从原则上反对服役，那么，不论出于宗教原因还是世俗原因，他都可以选择服替代役——或者在军中专门成立的"非战部队"服役，或者加入受人监督的劳动团体，在农场、森林和其他领域从事体力劳动，维持战时国内经济的正常运转。得到服役豁免的人包括部分来自"国家重要行业"的熟练工人——以及全部的爱尔兰人。政府最不希望看到的就是一场新的民族起义在自家后院一触即发。

新招募的士兵填满了英国的大小训练营，他们中大多数人最终都将加入黑格在法国和比利时指挥的部队。在指挥部，他的属下们"似乎都因为我的到来而期待着胜利"，这位将军在给妻子的信中说，"并且，不知道为什么，他们让我产生了这样的想法，我觉得他们认为我受到了某种神力的保佑，'注定要赢得胜利'。"[9] 拘谨古板、不懂幽默，以及讨厌低级笑话、赌博和下流歌曲的黑格坚信，他是在上帝的指引下来到西线的。他强烈要求来访的牧师团"向众人宣扬……大不列颠要在这场战争中实现的目标。我们毫无私心，而是在为人类的福祉而战"[10]。

"我们为死亡而悲叹。"[11] 黑格赞许地引用他亲自挑选的随军牧师、苏格兰长老会的乔治·邓肯（George Duncan）教士的话说道，他曾参加过由后者主持的礼拜。"要将它看作换了个房间。"邓肯的观点与将军本人的想法一致，这令人感到不寒而

---

① conscientious objectors，认为战争罪恶而拒绝服兵役的人，基于道德或宗教信仰原因不肯服兵役者，也译为良心反对者。——译者注

栗。"我们的国家应学会承受损失,"他写道,"……[还要]接受在外行人看来毫无必要的巨大伤亡……在如此伟大的事业中,三年的战争和全国成年男子十分之一的死亡并非不可承受的代价。"[12]

事实证明,适龄参军的男子们还将付出比这大得多的代价。

这年年初,黑格同前任一样保持着坚定乐观的情绪,相信自己能够靠着执着的品质和自己的本领在弗伦奇失败的地方——迅速地——取得成功。他告诉国王:"也许在冬天来临之前,德国人就会和我们进行和谈了。"[13]黑格大权在握不久后,骑兵招募就在他的敦促下重启了,为了让"一些认为骑兵再也不被需要了的军官"[14]重振信心,他还对麾下的五支骑兵师进行了一轮新的视察。他在一封写给帝国总参谋部参谋长的信中说,参考缪拉在一发生于1806年的——耶拿战役中对撤退的普鲁士军队发起的著名的骑兵追击战,自己也在为进行一场类似的战斗进行着准备。英国的画家和插图作家们对骑兵同黑格一样痴迷,他们在画布与杂志上画满了与现实毫无瓜葛的英雄式的骑兵突击形象。《伦敦新闻画报》(the Illustrated London News)上一幅插画的说明文字很具有代表性:"面对枪林弹雨,枪骑兵们直冲过去。"

大部分前线士兵关注的事情则并没有那么光辉灿烂,随着春天的来临,冰雪消融,天气变得越来越温暖湿润,大量黏滑的青蛙和蚯蚓出现在战壕中,这使得士兵们深受其扰。一位时年36岁的步兵军官在写给朋友的信中说:"一些猫咪最近养成了在尸体里筑巢的习惯,但我认为最终夺下阵地的将是老鼠;不过和所有战争一样,它们之间的争夺也将是一场毫无疑问的消耗战。"[15]这样的观察来自雷蒙德·阿斯奎斯(Raymond Asquith),

他是首相之子，也是一位广受赞誉的说话风趣的律师。对于冬季的战壕生活，他在给妻子的信中提到，自己一直在"像个住进不舒适的旅馆的坏脾气游客一样……努力找些乐子"[16]。

不断前来拜访黑格的大人物访客们的住宿条件要优越得多，中世纪风情的法国小镇蒙特勒伊遍布着他的指挥部，指挥部分别位于一间军事学院、一家酒店和其他一些建筑当中；指挥官本人则住在附近的一座法式庄园里。"蒙特勒伊是个能让艺术家流泪的地方……这个被城墙围绕着的丘陵小镇充满了动人心扉的美好气息，就像英国的宁静夏夜，美得令人心痛，"当时在军中负责为记者在前线做向导的作家 C. E. 蒙塔古（C. E. Montague）写道，"这里好似史书之中才能见到的古迹，饱经风霜……却又完好如初，闲趣之中，镌刻着几个世纪的阳光雨露与宁静岁月留下的痕迹……玫瑰花蕊伸出了花园的墙头，到那里走一走……你逃离的不仅是眼前的战火；你将远离一切纷争。"[17]

黑格的下属们能在网球场打网球，还能沿着鹅卵石铺就的狭窄街道漫步，他们身上的军装也与其他人的有所不同，翻领上饰有红色领章，军帽上戴着红色缎带，胳膊上还有代表总司令部的红蓝双色臂章，这些都是参谋军官的制服所特有的。在军官俱乐部，乐队演奏着雷格泰姆音乐，为客人提供服务的则是来自新成立的女子陆军辅助队（Women's Army Auxiliary Corps）、身穿卡其色裙装（规定要求她们的裙摆到地面的距离不得超过 12 英寸）和丝袜的年轻貌美的女侍者们。她们的头上戴着指挥部配色的红蓝双色蝴蝶结。

黑格是个刻板的人，他会在每天早晨的 8 点 25 分准时走出卧室，先查看晴雨表，在庄园的花园里简单地散一会步，然后在 8 点 30 分坐下吃早饭。在办公室度过上午时光之后，除非要会见某位下级指挥官，否则下午他会花两个小时骑马，几位副官和长矛上插着飘扬的三角旗的枪骑兵护卫队会随行左右。返回办公室以后，晚上 8 点的时候，他会停下来迅速吃完晚餐。随后，他要么会继续工作，要么会与访客谈话到 10 点 45 分。视察部队时，他对官兵的军容军纪尤其注意，他曾在日记里批评某个营的士兵"在敬礼的问题上……表现非常马虎"*[18]。

  黑格和参谋们的伙食十分不错，他们能享用到稳定供应的鹅肝酱和鲜鱼，还有他的朋友利奥波德·德·罗斯柴尔德送到蒙特勒伊的大块羊羔肉。"这里的将士们全都非常健康快乐，"他在给罗斯柴尔德的信中说道，[19]"的确……只有从战场上寄回家书的士兵才能激励他们的亲友，除此之外别无他法！"负责审阅士兵们寄回国内邮件的审查官只会收集那些最积极向上的片段拿给黑格看。不过毫无疑问的是，在这段蜜月期内，期待尽早取胜、早日回家的士兵们的确对黑格抱以厚望。

  黑格的沉默寡言令军人和平民都在他的身上发现了自己想要看到的特质。"黑格是个不爱说话的人……你必须学会理解某种由一系列咕哝声与手势组成的口述方式。"他的副官德斯蒙德·莫顿（Desmond Morton）写道。对此他曾回忆道："简会大约持续了二十分钟，全程都是黑格一个人拿着指物棒站在一大张作战地图前讲话，他指来指去，一边还发出夹杂着几个单词的咕哝声。'从不相信……汽油……桥没了……骑兵在哪？'等

---

* 作为黑格的下属，脾气火暴的埃德蒙·艾伦比将军对这些细节问题同样较真，有一次，他在战壕中看见了一名穿错军装的士兵，于是便冲他长篇大论地发起火来，直到对方没有回应，他才发现刚才自己一直在和一个死人对话。

等。"[20]幸运的是,这时我已经能理解他的暗语了。我保证,黑格肯定觉得自己针对整个事件对我进行了一场表述清晰的长时间演讲。

挑选下属时,黑格更看重的是他们的忠诚,服役期长短,而不是他们的创造性。"即便失败的消息传回国内,"一位在蒙特勒伊的指挥部服役的军官给妻子写信时说,"他们也会去指挥新的部队,并在几个月之内再次现身,造成更大的损失。"[21]黑格一生都是论资排辈原则的积极拥护者,他要求,如果有人被推荐升职,推荐信必须同时附上所有比此人资历更老的军官的名单①。能在军事官僚队伍中层层高升,黑格靠的不是吸引那些有才能或有想法的人,而是吸收那些不如自己的人②。此时英国陆军之中并不缺乏庸才,但像黑格这样,公开对他们表示赞赏的人却很罕见。多年以前,当他的姐姐写信给他,质疑某位成为其参谋的军官"才智是否足以胜任"时,黑格的回答是这样的:"所谓的聪明人常常是那些令我们失望、欺骗我们或带有难以相处、脾气不好等缺点的人。而我所需要的,只是那些拥有平均才智,却渴望正确地做好本职工作的人。"[22]

显然,就在黑格谋划实现重大突破的同时,德国人也在做着一模一样的事情,并且德国人还更快一步。他们的目标是法国陆军,法国陆军的防线在要塞城市凡尔登及其周围的两层小型防御堡垒群的加持下固若金汤。伴随着有史以来规模最大、持续时间最长的炮击,对凡尔登的进攻于1916年2月末开始了。没人知道德军的伤亡情况,但法军在开战头六周的死伤人数就达到了90000人。残酷的战斗持续着,虽然猛烈但却无法

---

① 意思就是说同等条件或者稍差一点都会选择岁数大的。——译者注
② 劣币驱逐良币,拉帮结派。——译者注

一锤定音，就这样，春天到了，当德军已足够接近法军阵地时，他们动用了火焰喷射器。进攻方的指挥官为夺得哪怕一小块土地而苦恼不已，但这并不是这场战争中最后一次出现这样的情况。

法军最高统帅部渴望将德国人从凡尔登调离，他们敦促英国盟友加速将已经制定好的在索姆河附近的英法前线防区交界地带发动大型联合攻势的计划付诸实施。这里河道蜿蜒、水流平缓、水草丛生、沿岸途径种植着小麦和甜菜的乡村。由于越来越多的法军被投入凡尔登血腥的无底洞之中，很明显，在这次进攻中承担主要任务的是英军。1916年7月1日被确定为发动进攻的日期，为期几个月的精心筹备开始了。

在伦敦，具有精英身份的标志之一是你能否获得来自西线战场未经审查的最新消息。加密电文源源不断地从蒙特勒伊发往陆军部，篇幅更长的信件则由被称为"国王信使"的外交信使带回。1916年4月24日，星期一，复活节，关于一场奇袭的绝密紧急电文蜂拥而至——不过发电文的并不是黑格的指挥部。此时刚刚获封子爵的弗伦奇依旧在为自己从前线的明升暗降而感到生气，这些电文就摆在了这位震惊不已的本土预备军指挥官的案头。在这个最糟糕的时刻，爱尔兰爆发了一个世纪以来最大规模的起义。

大约1750名民主主义者拿起武器，在经过英国几个世纪的统治以后决心将爱尔兰从联合王国中永远分离出去。扛起枪的男人们向都柏林的奥康奈尔大街进发，他们有的人还身着西装，打着领带。当他们接近雄伟的邮政总局时，队伍的领导者詹姆斯·康诺利（James Connolly）——他是一名自学成才的社会主义者、退伍老兵,还是基尔·哈迪的朋友——发出指令:"向左转……冲啊!"起义者们在几分钟以内就攻占了这座大厦,并在楼上插上了一面绿色的旗帜,上面印着一张金色的竖琴和"爱尔兰共和国"①的字样。随后,他们从前门的台阶走出来,向路上稀疏的惊讶的路人们宣布成立临时政府。"爱尔兰同胞们,"宣言以此开场,"透过我们的声音,以上帝和为她赋予了古老的国家传统的逝去的祖辈们的名义,爱尔兰召唤她的孩子,在她的旗帜下集结,为了她的自由而斗争。"

起义军迅速切断了市内电话线路,并占领了火车站及其他重要建筑。为应对英军一定会发动的反击,他们开始修筑路障,用汽车阻塞主要街道,并在圣史蒂芬公园挖掘战壕。在最高法院的穹顶大厦里,他们拿沉重的法律书籍当沙袋使用,建起了防御工事。

弗伦奇立即向爱尔兰派遣了两个步兵旅,并让其他部队进入警戒状态。在与首相、国王和基钦纳商议过后,他又派出了更多军队,还为他们任命了一位立场强硬的指挥官。英军包围了起义军控制的都柏林市中心,官方则宣布进入戒严。

事实证明,尽管这场被称为复活节起义的运动使英国的帝国尊严受到了强烈的冲击,但它与实现起义者的梦想之间还相距甚远。他们希望以此点燃一场全国范围的反抗运动,但这从未变成现实:大众对这样一场极端行动的支持非常微弱,行动的领导者之间产生了分歧,德国人允诺提供的武器也被英国人拦截了。起义基本被限制在了都柏林以内,而这里的英军很快便以 20 比 1 的比例在人数上远远超过了起义者。然而,随着这

---

① 后来的是 the Republic of Ireland,这里是 Irish Republic,特指这次起义中的革命政权。——译者注

些戴着软呢帽和布帽的装备低劣的起义者持续不断的战斗,他们注定失败的抗争中产生了一股自我牺牲的悲剧气息,这种气息使它日后成为爱尔兰民族主义迷思中标志性的事件——矛盾的是,如果计划得更加周详,进展更加顺利的话,这场起义可能就无法产生如此深远的影响。

英军缩小包围圈的过程中,利菲河上的一艘皇家海军炮艇轰击了起义者的临时总部,这里的墙上挂着一幅巨大的标语:我们不效忠英王,亦不效忠德皇,我们只效忠爱尔兰。起义者在商店和工厂中设垒,一边继续顽强抵抗,一边通过后门和墙上被炸出的大洞尽力将伤者运走。邮政总局被一枚燃烧弹击中后燃起了熊熊大火,邮政总局很快就被烧成了漆黑的空壳,人们今天仍能在它的外墙上看到当年的弹痕。市内日夜火光冲天。被指控替起义军运送弹药的妇女们被逮捕,在一片尖叫声中被马车带走。摩尔街上的汉隆鱼店成为这支爱尔兰共和国的短命军队的最后一处据点。

根据官方的记录,在这场为期一周的激烈巷战中,有超过400人死亡,2500人受伤——其中包括起义军、英军和无辜的局外人——不过在有些估算中,上述数字还要更大。英国军方将起义领导人交由军事法庭进行审判,共有15人被判枪决。有人担心这样的做法会激起新一轮的起义,但人在伦敦的弗伦奇拒绝推翻由他派往都柏林的将军的意志。以往在与妇女参政论者打交道时,英国政府很注意的一点就是不为运动制造烈士;事实证明,弗伦奇未能做到同样的事情,他犯下的是关键性的错误。詹姆斯·康诺利是受审之人中最后被实施枪决的,由于受伤太重,人们不得不用担架将其抬到刑场,然后将他绑在椅子上枪毙。全爱尔兰的人都被激怒了,西尔维娅·潘克赫斯特这样的支持爱尔兰自由事业的英国人也与他们同仇敌忾。

由她创办的《妇女无畏报》成为少数报道这场起义的消息源之一，为逃避政府的报道管制，该报记者、当年18岁的帕特里夏·林奇（Patricia Lynch）使出妙招，设法潜入都柏林：在前往都柏林的途中，她遇见了一位政治上同情爱尔兰的军官，此人称她为自己的妹妹并带她穿过了重重路卡。刊登了她发回的报道《爱尔兰起义现场》的那期《妇女无畏报》很快售罄，于是不得不进行了数次重印。"它在绝望中体现出的勇气，"对于这场起义，潘克赫斯特后来写道，"和随后发生的胁迫与处决就像个人遭遇不幸一样令我深深感到悲痛。"[23]

随着都柏林的数个街区像法国和比利时被战火蹂躏的城镇一样化为瓦砾，复活节起义令所有梦想大英帝国能在人们共同承受的战争磨难面前团结起来的人受到了猛烈一击。没有人比米尔纳更珍视这个梦想。尽管具有惊人的行政才能，但由于与阿斯奎斯的关系并不密切，首相给他的只是无关紧要的闲职。政府内部的崇拜者和军方不断向他讲述战时官僚系统如何将本来能够由他做好的事情弄得一团糟。（"除非看到你成为战争大臣，否则我根本开心不起来。"一位将军写道。[24]）对此忍无可忍的他感到非常恼火，对维奥莱特·塞西尔的爱成了他唯一的慰藉。

然而，此时的她却依旧沉浸在悲伤之中。同当时许多丧失了亲人的妇女一样，为了自我安慰，她曾经试着将儿子生前最后几周的来信编辑好后手工将它们粘贴在纪念册上，一起粘上去的还有他在法国度过的短暂时光里过夜的各个村庄的清单和一幅他死亡的森林的手绘地图。她还目睹了其他自己认识的家庭同样一个接一个地收到关于他们的儿子、丈夫和兄弟的可怕消息。

米尔纳任职的一个咨询委员会建议将一切可利用的田地投入农业生产——以减少英国对进口食品的依赖,毕竟,它们要穿越的大海上还游弋着德国的 U 艇。受此影响,加上感觉原来的世界已经颠覆,维奥莱特很有责任感地将自家在大威格塞尔的花园改为用来种植水果蔬菜的农场,还在草坪上养起了羊。由于农场工人被号召去了前线,德国战俘成了唯一可供使用的劳动力。"这里被那些在田间耕作的德国俘虏污染了,"她写信给丈夫说。"我讨厌……在乔治曾经骑马的地里看到他们。"[25]同样,用人也难以寻觅,因为就像埃米琳·潘克赫斯特曾经希望的那样,年轻女子如今都蜂拥去了向她们敞开怀抱的兵工厂。由于失去了女佣,维奥莱特一度不得不亲自缝纫,亲自下厨。

与此同时,在爱德华·塞西尔家族的所在地、历史悠久的哈特菲尔德庄园,这里的场地和私人高尔夫球场如今都变成了战壕,同时修建的还有一座人工沼泽,而其用途,则是为一种开发当中的试验性兵器提供演习场地,这种兵器就是坦克。国王有一天曾亲自来到这里,观看这些体型庞大的机器在塞西尔家祖传的土地上碾过。这座巨大的建筑拥有收藏了 10000 本皮面装订书籍的图书馆、大理石地面、金叶装饰的天花板和在滑铁卢战役中夺得的敌方军旗,和许多类似住宅一样,这里的绝大部分都变成了供伤员使用的康复医院,剩余的家族成员则只能挤在庄园的一隅。

在复活节起义爆发的同一个月,西尔维娅·潘克赫斯特和她的支持者们在特拉法加广场策划了一场反战集会,来自东区的工人团体和她一起进军到了会场。从来不懂得谦虚的西尔维娅后来写道:"我知道亲爱的伦敦群众是爱我的……怀着愉快的善意,有人在喊:'不忘初心的西尔维娅!'"[26] 不过,广场本身却并未向人们展现太多的爱意。示威群众受到了右翼暴徒和戴着宽沿军帽、以粗暴闻名的澳大利亚和新西兰士兵的袭击。他们将示威者的条幅撕得粉碎,还高声嘲笑他们,以至于根本无法听见演讲者的声音。其他捣乱分子则在现场投掷红色和黄色的染料。西尔维娅努力让自己在喧嚣中被人听到,但她的声音还是被淹没了。最终,两名警察赶在暴力失控前将她强行带离了讲台。而在大西洋对岸,她那正在北美进行巡回演讲的母亲给克里丝特布尔发了电报:"强烈批判并谴责西尔维娅愚蠢而毫无爱国心的行径……将这段话公开。"[27]

西尔维娅并不是唯一发声的人。早在一年以前,由于公开主张"自由之战不该发生在浸透鲜血的法国大地,而应该发生在离我们更近的家中——我们的敌人就在家门内"[28],一名叫作威廉·霍利迪(William Holliday)的社会主义者被判处了三个月的苦力。经上诉被无罪释放后,他被再次以某个借口逮捕并最终死在了监狱里。其他敢于大胆发表意见的人包括:首位拒绝被征兵的人,数名工会主义者,少数议员和一些知识分子(伯特兰·罗素是这些知识分子——他们每个人都曾因言获罪,在狱中待上了几个月——中最著名的一位),还有杰出的记者埃德蒙·迪恩·莫雷尔(Edmund Dene Morel)。

莫雷尔是个干劲十足的魁梧男子,[29] 在1914年以前的十多年间,作为20世纪首场国际人权运动的推动者,对于比利时利奥波德二世从刚果攫取利润的强制劳动制度,莫雷尔揭露得比任何人都要多。在英国,他是今天被我们称作调查记者这一职业最具经验的实践者。战争爆发后,莫雷尔成为"民主治理联盟（Union of Democratic Control）"的创始人，该联盟团结了一批自由主义、社会主义和劳工运动的名人与团体，他们都认为英国的参战是个巨大的错误，而其原因也许正是对外政策的制定是在非公开并缺少议会制约的状态下完成的。附属于"民主治理联盟"的组织大多是地方及区域性的工会团体，到战争结束，他们的会员总数将超过650000人。"民主治理联盟"提出，战争要通过和平协商的方式结束，协商应基于几个原则，其中的一条原则是未经当地人民投票表决，任何土地的所有权都不得在和平协议中转手。

莫雷尔通过不间断地写作书籍、文章和小册子表达自己的观点，他提出，战争的爆发不单是由于德国的侵略，还与各种秘密条约与协定——其中包括英国之前与法国达成的协议——以及失控的军备竞赛有关。他写道，在战争爆发前的数年间，欧洲每个主要大国的领导人都在一直告诉他们的人民，"他们自己无比渴望保持和平，但他们的邻居却是一群爱吵架的人，唯一能让他们闭嘴的办法就是武装到牙齿"。实际上为纳粹的崛起创造了条件的《凡尔赛合约》签署的三年前，即1916年，他就在作品中把握了问题的实质，即战争最危险的后果将是任何一方获得彻底的胜利——"一场能让一方将自己的意愿毫无克制地强加于另一方的战争……一场在所有人精疲力竭中结束的战争，随之到来的，将是令人愤懑的和平"[30]。尽管莫雷尔在揭露刚果黑幕的过程中为自己赢得了广泛尊敬，但大小报章如今却在对他进行攻击，说他是德国特务，很快，他的作品就遭到审查，邮箱中塞满了谩骂他的信件，警察还抄了他的家，拿走了他的私人研究成果。

在征兵制的刺激下，全国的反战运动迎来了新生。作为例子，1916年，大约有二十万名英国人在一份倡议和谈的请愿书上签了字。除了第二年爆发革命的俄国，主要大国中还没有哪个能掀起如此规模和声势的反战运动。当然，他们当中也没有哪个国家拥有像英国一样能使这样的运动兴盛起来的深厚的公民自由传统。到战争结束前，共有超过20000[31]名适龄参军男子拒绝进入英军服役。一些人接受以拒服兵役者的身份参加替代劳动，但还有超过6000名反抗者被扔进了监狱——通常的原因是他们从原则上拒绝接受这个选项，或者他们拒服兵役者的身份被否决了。今天的人回首往事之时很容易就能看到第一次世界大战在多个方面造成的悲剧性后果，但在炮火连天的当时，面对亲朋好友支持战争所带来的难以抗拒的压力，反抗真的需要非常大的勇气。

在这些反战组织艰苦抗争的同时，他们的办公室受到突击搜查，他们的邮件被打开查看，他们的组织遭到了告密者和密探的渗透。很快，当局开始突击检查体育比赛现场、电影院、剧院和火车站等场所，逮捕没有穿军服的人。全国各地对和平主义者的愤怒情绪都在增加。一份由"一个孩子的母亲"创作的宣传册非常有代表性地发出宣示，"我们妇女……再也不愿忍受诸如'要和平！要和平！'之类的口号了……全英国的妇女只有一种情绪，这种情绪已经来到高潮……我们妇女将献出自己'仅有的儿子'，让他们当士兵来填补战场的空缺"。[32]这份小册子在几天之内售出了75000份。"拒服兵役者是繁殖的真菌——人间毒瘤，应该事不宜迟将他们连根拔起。"[33]一份叫作《约翰牛》（John Bull）的小报叫嚣道。《每日快报》宣称，拒服兵役者们受到了德国人的经济资助。反战人士对排挤已经习以为常，有时不被排挤，他们自己甚至会吓一跳。当莫雷尔的一位老友在街上热情地向他打招呼时,面对已经穿上军装的对方,感动万分的莫雷尔突然放声大哭,同时还带着哭腔大声说:"没想到如今还会有人愿意和我说话。"[34]

1916年4月,最大的抵抗运动团体,简称NCF的"反征兵协会(No-Conscription Fellowship)"召集了2000名支持者,在伦敦贵格会的教友集会大厅举行了一场集会,同一时间,愤怒的群众在外面的街道上游荡。青年编辑芬纳·布罗克韦写道,协会会长"不希望我们的欢呼声进一步刺激外面的人,引得他们向我们发动攻击。因此,他要求人们默默地表达热情,台下大批听众则以绝对的服从回应了他的话"[35]。当伯特兰·罗素在集会上发表演讲时,迎接他的"是上千人手中挥动着的手帕,上下翻飞的手帕发出低沉的风声,除此之外,再听不到任何其他的声音"。

罗素不断地发表文章,撰写书籍,给报纸写信,阐述自己清晰的道德观。他一直在说,自己憎恨德国军国主义,热爱英国的自由传统,相较德国取胜,他更愿意看到协约国赢得胜利。可随着战争不断深入,它在令上百万人遭到戕害并创造一个满是仇恨与危机的战后世界的同时,也愈发令英国像德国一样变得军国化。他为反征兵协会贡献的不仅是自己巨大的声望;战争大部分时间,人们每天都能在NCF总部看到他顶着一头浓密蓬乱的灰发,由于拒绝被征兵,原来的会长进了监狱,罗素成为协会的执行会长。他出现在对拒服兵役者进行审判的军事法庭现场,到监狱看望他们,还花时间处理最普通的文书工作,给全国各分支机构写过大量以"亲爱的同志"开头、附上"你的兄弟,伯特兰·罗素"的署名作为结尾的信件。他向所有人表明,为了自己的信仰,他愿意牺牲自由,就像围绕在他身边更年轻的男女们所做的那样。当政府对散布一份NCF传单的人进行起诉时,他直接给《泰晤士报》寄了一封信:"由于发放这份传单,六人被判处了不同刑期的监禁,同时还要从事繁重的体力劳动。我希望让大家知道,我是这份传单的起草人,如果有人要被起诉,也应该是我负主要责任。"[36]因为这件事,他被处以100英镑的罚金,剑桥大学解除了他的教职,为了到哈佛大学演讲而提出的签证申请也遭到驳回。当局仍旧担心将这样一位杰出的知识分子投入监狱会在美国对自己的形象造成恶劣影响。顺便说一下,和当时英国成千上万的人一样,罗素的家庭内部也存在着分裂:他的堂兄弟是陆军部的官员,有一次曾亲自下令对NCF总部进行突击搜查。

相信自己的大部分领导人迟早都会被逮捕——事实也的确如此——的NCF参考潘科赫斯特一家战前创建的WSPU制度建立了一套"影子"架构。不管哪位干事入狱,都会有其他人按照事前的设计自动接替此人的工作。根据一位成员的记载,与之类似,"许多秘密地点都藏有每一份可能会被查获的文件的复制品……它们被埋在萨里郡的果园里,锁在不受怀疑的城市商人的保险箱里,或者在组织同情者地处偏远的房屋里书架的后面"[37]。这些文件包括被逮捕、受到军事审判和被监禁人数的每日简报,还包括记有每名拒服兵役者下落的档案卡。任何虐待他们的行为都会被记录在案,这些记录会被转交给一小撮支持他们并愿意就此在下议院进行质询的议员中的某一位。他们在通信中常常使用密语:如果电报中说一项会议将在曼彻斯特召开,那么它实际要表达的就是纽卡斯尔。由于苏格兰场的巴兹尔·汤姆森手下的干员们频繁对NCF的办公室展开突击搜查,协会的工作人员会很小心地在桌子和架子上留下足够多不太重要的文件，这样一来，警方就会认为他们查获的东西是有价值的。

抵制服兵役的人在狱中度过刑期的方式是承担苦役。头两个星期，犯人在七英尺长、十二英尺宽的牢房里连睡觉的垫子都得不到。狱中的劳动通常是用粗大得像是烤肉扦一般的缝衣针缝制厚帆布邮包。保持自由身的 NCF 成员会对狱中成员的家属提供救济，每到像圣诞节之类的特殊日子，他们还会在监狱墙外唱起圣歌和劳动歌曲。"唱歌的人肯定不知道，当我们想象着他们的到来之时，心里是多么期待这个夜晚，"[38]一位在苦艾丛监狱服刑的拒服兵役者在写给 NCF 出版的生机勃勃的周报的信中写道，这份报纸在巅峰时的发行量能达到每周 100000 份。"千言万语，都无法表达我对这些身份不明的朋友们的感激。"

不管谁以何种理由要求兵役豁免，不管是作为拒服兵役者还是因为从事"国家重要行业"，他都要先去分布于全国各地的众多特别法庭中的某一间走一趟。在其中的一间法庭上，军事代表向一名社会主义激进分子提问道："你是在国家重要行业工作吗？"[39]"不是，"他回答道，"但我参与了国际重要事业。"

在一起案件的庭审现场，当代表政府的律师阿奇博尔德·博德金（Archibald Bodkin）（在历史上，他是因为使詹姆斯·乔伊斯的小说《尤利西斯》在战后英国被禁止出版而出名的）宣称"如果所有人都认为战争是错误的，战争没办法被发动了"[40]。NCF 成员顺水推舟，推出了一幅将他的话一字不差地印在上面的海报，还署上了博德金的名字。当局随后以张贴这幅颠覆性宣传海报的名义逮捕了一名 NCF 成员。作为回应，NCF 的律师要求逮捕博德金，理由是他才是这些犯罪言论的始作俑者。协会的报纸——故意讽刺性地叫作《审判席报》①呼吁博德金自己起诉自己，还说如果他被投入监狱，NCF 将向他的妻子和孩子提供救济金。

1916 年春，NCF 办公室接到了一连串电话，这些焦急的呼叫透露出的危机就毫无幽默可言了。征兵制刚开始实行时，如果特别法庭拒绝通过某人拒服兵役者身份的申请，他将被默认召入军队——而在军队，一旦到了前线，作为惩罚，战时违抗军令的后果可能就是被行刑队枪毙。这样一些申请失败的拒服兵役者被强行召入了军队，他们拒绝服从命令而后遭到监禁，他们被关在哈里奇的一座拿破仑战争时期由囚犯用花岗岩修建的堡垒中，在暗无天日的牢房里忍受着恶劣的饮食。一天，一位军官前来告知他们，说他们将被送往法国前线。"越过海峡，"他说，"你们在议会还是别的什么地方的朋友就都没法再为你们做任何事了。"[41]

随后，这 17 人被押上了驶向南安普顿港的火车。当列车经过伦敦郊外时，他们中的一人从车窗扔出了一张字条。幸运的是，这张字条被激进的国家铁路工人联盟组织中的一位同情反战运动的成员捡到了，接到他拨来的电话后，NCF 办公室迅速展开了行动。两天以后在议会收到质询时，阿斯奎斯首相发誓自己对这件事毫不知情。主管征兵事务的德比勋爵——且不论是好是坏——倒是给人一种他知道此事的印象，他声称军队的做法是完全正当的，并在谈起那 17 个倒霉的拒服兵役者时说道："如果他们违抗军令，被枪毙是当然的，这么做完全没有问

---

① 原词 tribunal 在一战期间特指英国的兵役免除审理处，即文中提到的特别法庭，全称为 Military Service Tribunals，此处翻译为审判席。——译者注

题！"[42]

更多开明人士在媒体上发表抗议文章，陆军部则以自己的宣传攻势作反击。伯特兰·罗素加入了一个拜访阿斯奎斯的代表团，请求他为这些人开恩。"当我们快要离开时，"罗素后来写道，"我以近乎圣经式的口吻向他发表了一场谴责演讲，我告诉他，他的名字将在历史中遗臭万年，从今以后我再也不想看到他。"[43] 与此同时，这些人忐忑不安的家属和伙伴们却还是对他们遭遇的命运一无所知。他们当中九个人的母亲拜访西尔维娅·潘科赫斯特，并向其求助，西尔维娅·潘科赫斯特代表她们对陆军部展开了游说。5月末，军方又将额外几批来自全国各地的拒服兵役者送到了海峡对岸，有些人全程戴着手铐。此时，已有将近50名拒服兵役者身在法国，一旦拒绝战斗，迎接他们的就将是行刑队。在威尔士，当一帮人穿过军营大门被带走时，乐队奏起了葬礼进行曲。

"在法国，军事法庭可以在国内民众毫不知情的状态下建立并判人死刑，"[44] 罗素在写给一家报社的信中说，"遇害者的名字会被简单地登在阵亡名单上，直到战争结束，事情的真相都不会泄露出去。"

囚犯的家人和支持者们起初对他们的下落全然不知。后来，NCF在1916年6月初的一天得到了一条线索：一张被设计用于节省军队审查员阅读邮件时间的战地明信片。成百上千万张这样的明信片被发给了驻扎海外的士兵，它们上面有好几种印好的话，使用时可以在下面画线或是勾掉。这张明信片上署名的是27岁的教师伯特·布罗克莱斯比（Bert Brocklesby），失踪的人之一。他把上面所有的话都勾掉了，只留下了两句，一句是"我正在被派往基地"，另一句是"我好久没有收到你们的来信了"。不过，布罗克莱斯比又聪明地在上面轻轻划掉了许多字母，于是剩下的信息就变成了："我正被派往布洛涅。①"

于是，NCF 立即派了两名牧师前往布洛涅。

不过，他们能及时赶到吗？正当两位牧师穿越海峡时，另外一则消息被偷偷带出法国，交到了一位名叫斯图尔特·比维斯（Stuart Beavis）的贵格会教徒的母亲手中。"我们今天被警告说，我们正身处战区，"他在信中坦然地写道，"军方拥有绝对权力，如果抗命的话可能会遭到非常严厉的惩罚，很可能是死刑……如果最坏的情况最终发生，请不要意志消沉；许多人曾欣然赴死，但他们的牺牲却在为更邪恶的事业做贡献。"[45]代表自己和其他同志，他向 NCF 的《审判席报》发出了一则简讯，他在结尾处写道："我们毫不后悔。"[46]

正当被囚禁在布洛涅的拒服兵役者们等待着自己的命运时，长期消失在欧洲视野之外的探险家欧内斯特·沙克尔顿突然在地球最南端岛屿之一的南乔治亚岛现身。他的船之前先是被浮冰团团围住，随后在与浮冰相撞后沉没了。经过几个月随浮冰漂流的生活后，他和船员们最终逃到了南极大陆上。为寻找救援船只，他和自己精心挑选的六名船员一起乘着小船进行了一场史诗般的 800 英里行军，他们在穿越世界上暴风雨最猛烈的海域后抵达了南乔治亚，并在那里遇到了挪威捕鲸站。此时，沙克尔顿与外部世界已失联长达一年半之久。面对大吃一惊的

---

① 原文的两句话分别为 "I am being sent down to the base" 和 "I have received no letter from you for a long time"，在划掉字母后，留下的文字是 "I am being sent... to.. b... ou... long"。其中，"b... ou... long" 即指代 Boulogne。——译者注

捕鲸站站长,他问的第一个问题是:"告诉我,战争是什么时候结束的?"[47]

"战争还没结束,"这个挪威人回答道,"数百万人被杀死了,欧洲疯了,全世界都疯了。"

疯狂还在继续蔓延,不仅限在敌对双方交战的地方。例如,在俄国与奥斯曼土耳其交战的高加索地区,土耳其人声称亚美尼亚人与俄国人勾结,先是将他们从家园放逐,随后对这些帝国的臣民展开了种族灭绝式的屠杀。没人知道亚美尼亚人死亡的具体数字,但据大多数学者估计,这一数字应在一百万到一百五十万之间。

战争令众多历史久远的民族纠纷死灰复燃,这场大屠杀只是由此引发的事件之一。奥斯曼帝国对境内的希腊人同样烧杀抢掠,在造成数千人死亡的同时,还将数百人强征为苦力。在长期危机四伏的巴尔干地区,利用塞族人、克罗地亚人、穆斯林、保加利亚人及其他部族相互之间长久以来的不和,奥匈帝国在占领塞尔维亚期间实施了残酷的统治。战争结束时,按照人口比例,这个小国在所有参战国中的死亡人数是最高的,军民全部计算在内,其国民死亡比接近五比一。似乎,战争已令各地长期保持克制的仇恨之水如决堤般喷涌而出。

陆地上多条战线激战的同时,日德兰海战于1916年暮春时在北海爆发,这是战争中规模最大的一次海战,英国与德国海军共投入了大约250艘舰只和10000人的兵力。"如果我们一开始就把手套摘掉,用海军的拳头狠揍他们,"吉卜林气呼呼地说道,"我们很可能会使战争早点结束。"[48]然而,尽管日德兰一役是100多年以来规模最大的一次海战,但这场被期待已久的真刀真枪的海上较量却和在法国战壕中发生的战斗一样,虽然血腥，却无法为战争一锤定音。

和陆军一样，英国海军同样也面临着通信手段与火力不匹配的古怪问题。舰队中巨大的战列舰和战列巡洋舰拥有破坏力惊人的火力，射出的炮弹每枚重量接近一吨。可是，一旦要发送指令，舰队司令们却像活在上个世纪的人一样，令人难以理解地不愿使用舰上装备的新式无线电台。他们在夜间喜欢用闪光信号灯，白天用的则是来自帆船时代具有神圣传统的彩色信号旗系统——在暴风雨和大炮与烟囱产生的浓烟中，二者都很难，或者说，不可能被看到。战斗开始前，天空中起了雾，英军两艘巡洋舰相撞，一艘战舰与商船相撞，还有三艘驱逐舰彼此相撞。战斗打响后，战场上爆发了更大规模的混乱：双方舰队高大、笨拙的战舰互射炮弹将对方击沉；船只在弹药库被击中后爆炸；双方数以千计的水手要么被炸成碎片，要么随着自己变为巨大的钢铁棺材的船只沉到海底。相较英国人，德国人击沉了更多的敌军船只，杀死了更多的敌军水手，但也无法彻底将皇家海军打残从而突破其对德国的海上封锁。幸存下来的舰只带着累累伤痕沿着不同方向回到了国内，他们都宣布自己赢得了胜利。

在更遥远的非洲前线，从大陆西岸的喀麦隆，到大陆南端附近由德国控制的西南非洲①，再到东非的坦噶尼喀，由英国、南非、法国和比利时组成的分遣队——与它们一起的还有数量多得多的非洲动员兵——与德军（也带着自己的当地动员兵）四处交战。精疲力竭的士兵死于热带疾病之时，双方的高级将领却还在以旧大陆的礼节彼此相待：有一次，指挥东非英军的

---

① 今天的纳米比亚。——译者注

南非将军扬·史末资派出了一位打着白旗的信使向他的德国对手、被切断了与母国联系的保罗·冯·莱托-福尔贝克道贺。德皇刚授予其德国最高荣誉勋章。

正如德国公然觊觎能让其非洲领地形成横跨整个大陆的条带——柏林战略家们将此称为"中非（Mittelafrica）"的法国和比利时的非洲中部殖民地一样，协约国也同样在策划着夺取德国的非洲领地。英国内阁组建了一个"领土扩张委员会"，其作用正是密切关注此类兼并机会——不仅仅在非洲。对于一个军队越来越依靠石油来驱动的帝国，波斯湾周边大部分由奥斯曼帝国控制的石油储量丰富的土地就很有吸引力。所有这些行为都被约翰·巴肯以崇高的目标进行了粉饰。他写道，德国在用"鞭子和锁链"[49]经营非洲殖民地，而英国则慷慨地容许"古老与全新的生活方式并存"。

受类似野心的驱动，更多国家投入了战争：被许以塞尔维亚大片领土的保加利亚加入了同盟国；被许以土耳其部分领土的希腊和眼睛盯着奥匈帝国领土的罗马尼亚则在1916年晚些时候加入了协约国。太平洋上，日本也加入战争，在窃得部分原属德国的岛屿殖民地的同时，它还在英国的协助下获得了德国在中国控制的青岛港。澳大利亚和新西兰此前就已向欧洲和地中海派出军队受英军指挥，他们得到的是德属萨摩亚、德属新几内亚和所罗门群岛。从沙漠到雨林，再到遥远的珊瑚岛，战争已将全世界卷入其中。

黑格的部队为攻破德军在索姆河附近的防线进行准备之时，大批物资经由法国各大港口运送而来。五十万英军被集中部署在了18英里长的前线上，其人数是在卢斯发动进攻时的三倍。

单在第一天，他们当中的十二万人就将出动攻击。这次行动将成为一场"大进军"，将规模如此之大的兵力与火力集中在如此小的区域，德军的防御必将在潮水般的攻势面前门户洞开。英军将领们相信，一旦这样的情况发生了，涌入敌军阵地的士兵们手中的刺刀将成为关键性武器。军中首席刺刀专家、眉毛浓密的"嗜血少校"罗纳德·坎贝尔是强健体魄的忠实信徒，被打断的鼻梁和受伤的耳朵是他作为陆军中量级拳王的骄傲证据，他来到英军在法国的各个基地，向士兵们示范刺刀的使用，还向他们发表演讲。"当一个德国佬举起手说'朋友——我有一个妻子和七个孩子'的时候，你该怎么办？——嘿……你就将刺刀狠狠地戳进他的身体，然后告诉他，你再也没有妻子和孩子了！"[50] 当德国人在战壕里被刺刀收拾得差不多时，事情就变成了黑格口中的"在开阔地与敌人的交战"[51]，于是，英军在没有战壕的场地上进行了大量穿越演练。当然，最终将在敌人防线缺口发动冲锋的肯定是来自三个骑兵师的骑兵们。

这样的计划也许根植于过去的几个世纪，但其准备规模至少属于大生产时代的。英军布设了总长度达 70000 英里的电话线。数以千计的士兵在巨大的弹药库里搬搬抬抬；在夏日的酷暑中，为加快补给品向前线运输的速度，其他人光着膀子、汗流浃背地不停挥舞着手中工具修建专用公路与铁路。为在索姆河发动攻势，英军新建了 55 英里长的标轨铁路，轨道路基用的碎石由于当地数量不足还是从英国进口的。将要发动战役的区域塞进了足有一个大型城市的人口那么多的士兵，英军不得不在当地打井，并铺设了几十英里长的输水管线。马匹、拖拉机，更多的则是汗如雨下的士兵，他们一起将沉重的大炮部件运到了阵地之上——一门 8 英寸口径榴弹炮就有 13 吨重，这可不是件轻松的工作。

按照计划,英军将一波接一波地向无人区进军。一切都规划得很精确:每波士兵要形成一条与下一波士兵保持100码距离的接连不断的队伍,并且要以每分钟100码的速度稳步前进。面对曾经在卢斯造成重大伤亡的机枪火力,他们如何才能够安然无恙?很简单:发动攻势前将有炮击,这不仅将摧毁德军铁丝网,还会将为他们的步枪兵与机枪手提供庇护的战壕与火力点荡平。当每17码长的战线就有一门大炮的火力覆盖,这些大炮又能在整整五天时间里向德军战壕倾泻150万枚炮弹时,以上目标怎么会实现不了呢?"炮击结束时,"作为大部分参战部队的指挥上将,亨利·罗林森爵士断然向属下保证道,"一切都将不复存在。"[52]要是这还不够,当士兵爬出战壕时,英军还会赶在到达敌阵之前进行最后一波"弹幕"炮击,不管有多少先前存活下来的德军士兵,只要他们从地下掩体走出来并试图抵抗进攻,移动的弹幕会将他们炸成筛子。

首日攻击计划书长达31页,里面的地图已经将计划要占领的德军战壕改成了重新起的英文名字。像这样的周密准备是很难被隐藏住的,偶有令人不安的迹象表明德军对计划的了解与英军一样多。当一支预定参加进攻的部队进入阵地时,他们看到对面的德军战壕里竖起了一则标语:29师欢迎你。

在这一年半的时间里,德军并未在索姆河区域发动过大规模进攻,相反,他们把时间都用在了构筑防线上。根据零星线索显示,他们防线的坚固程度令人震惊。此时此刻,双方的坑道兵都正忙着在对方战壕下方挖掘隧道以埋设炸药;一队本以为自己的作业面远低于德军堑壕体系的英军坑道兵惊讶地发现,自己在无意间打通了德军的一处避弹壕。不过,种种显示德军防御体系挖掘之深的迹象英军却没有理会。

进攻发起几个星期以前，罗林森将军和其他167名军官一起在亚眠的古德伯特酒店参加了伊顿校友的晚宴，靠着驻扎在附近的索姆河前线等待进攻的英军士兵，这座法国城市的酒吧和妓院生意兴隆。在用拉丁语唱到校歌《伊顿卡门》的副歌时，罗林森和其他伊顿毕业的校友们一起提高了嗓音，

> 只要仁慈之光庇佑着英格兰的海岸，
> 伊顿就会兴旺！她将永远兴旺！[53]

等待着大型攻势发动的普通士兵们则以其他方式为自己找乐子。在这几个月中，有人在一艘沿着一条战线后方的运河顺流而下的红十字会驳船上拍摄了一则纪录片，在令人印象深刻的镜头里，上百名协约国士兵脱得光溜溜的，有的在戏水，有的在洗澡，有的在温暖的夏日的运河岸边享受日光浴，看到摄像机，他们纷纷微笑着挥手。他们没戴头盔也没穿制服，我们无法分辨他们的国籍；赤身裸体之下，他们唯一的身份是人。

骑着一匹黑马，身边像往常一样伴随着枪骑兵护卫队，在以地面上的白色胶布代表德军战壕的训练场上，黑格检阅了麾下正在为7月1日的进攻进行演习的部队。这位总司令在6月20日写给妻子的信中说："情况正变得对我们越来越有利。"[54] 6月22日，他又在信中说："目前为止，我感觉自己计划的每一步都得到了上天的帮助。"[55] 为了得到上天更多帮助，他将自己最喜欢的传教士邓肯邀请到了前线指挥部。6月30日，进攻开始的前一天，此时，大规模的密集炮火已经呼啸了四天，黑格在这一天的日记中写道："士兵们的精神极其饱满……铁丝网

从来没有被切断得如此顺利,炮火准备也从来没有这么彻底过。"[56] 保险起见,英军还向德军防线释放了致命的氯气毒雾。黑格的记录中唯一值得警惕的是他对位于进攻前沿北端的两个师的抱怨,他们连一次成功的突击侦察都没有实现过,如果英军的炮弹真的摧毁了德军的铁丝网,在夜幕的掩护之下,这本应该是件轻而易举的事。

随着决战时刻越来越近,1916 年 7 月 1 日早上 7 点 30 分,十枚巨型地雷在德军战壕下方的深处被引爆。今天的人们在法国的拉布瓦塞勒镇附近依然能看到其中一枚装有 30 吨高爆炸药的地雷爆炸后留下的弹坑,一个被围绕在农田中间光秃秃的豁开的大洞;即便经过了一个世纪的侵蚀,这个被逐渐填满的大洞依然有 55 英尺深,直径则能达到 220 英尺。

阿尔弗雷德·米尔纳在他位于肯特郡①海岸附近的乡村庄园就能听到炮击低沉的轰鸣声,而当密集的炮火达到最高潮时,英军在最后的 65 分钟里发射了 224221 枚炮弹,隆隆的炮声甚至在伦敦汉普斯特德·希思公园内都能听到。英军在这个星期发射的炮弹比战争第一年里他们消耗的总数还要多;五天不间断的轰炸结束后,有些炮手的耳朵开始流血。在戈默库尔附近的一座森林里,所有树木都在炮击之下被连根拔起并被抛向空中,森林也燃起了大火。在巨大的爆炸声中,萨默塞特轻步兵团一营的士兵们坐在他们战壕的护墙上欢呼雀跃。军官们向即将踏入无人区的士兵们下发了大量朗姆酒作为配给。东萨里军团第八营的 W. P. 内维尔上尉给手下的四个排各发了一个足球,并向他们承诺自己将对第一个成功将球踢进德军战壕中的排进

---

① 与法国隔海相望。——译者注

行奖励。有一个排在球面涂上了字:

  大欧洲杯

  决赛

  东萨里 VS 巴伐利亚人

14 上帝啊,上帝啊,其余的小伙子去哪啦?

第一批来自英国并被强制送到法国的拒服兵役者与其他士兵一起被带到了一座军营的练兵场上,在那里,他们接受了"向右转!齐步走!"之类的训练,而在同一时间,索姆河攻势的准备工作已经进入了白热化。其他人离开时,他们17个人选择了按兵不动。作为惩罚,军方扣除了他们五天的津贴,这令他们感到有些可笑,因为从原则上说,他们本来就已经拒绝接受军队的任何津贴了。除此之外就没什么能博人一笑的事了。时不时地,他们会因为有人擅离军队或是违抗军令被判处死刑而被叫去听取通告。当然,他们也听说了爱尔兰复活节起义的领导人刚刚被执行枪决的消息。有时候,他们也能听到前线炮火的轰鸣声。

他们拒绝做任何事。愤怒的军士们用一种被称作"战地一号体罚"的手段对他们进行惩罚,也就是将他们绑在炮架车或是监狱围栏之类的固定物体上,他们会在上面以双臂像老鹰展翅一般的痛苦姿势一次待两个小时。"我们当时脸是冲着内部围栏的铁丝网的,"[1]一位名叫科尼·巴里特(Cornelius Barritt)的拒服兵役者回忆道,"我的脸离围栏特别近,想要扭一下头时,我必须非常小心才能避免脸被铁丝划伤。更加令人不舒服的是,天上开始下起了雨,冷风直接从山顶吹了过来。"但他们并未因此而情绪低落,因为,趁军官不注意时,普通士兵向他们展现了出人意料的善意。有位士兵将自己的晚餐给了一名叫作艾尔弗雷德·埃文斯（Alfred Evans）的拒服兵役者，另一位爱尔兰近卫团的军士在上司离开后自掏腰包在战地食堂为他们所有人买来了蛋糕、水果和巧克力。显然是出于对这些人的和平主义思想可能对军队造成的影响的担心，军方先是将他们从基地转移，然后把他们关在了布洛涅码头上一座被改成惩戒军营的鱼市场里。在那里，他们被锁在集体牢房里，除了一天四块的饼干和水之外得不到任何其他的食物。

牢房里的人只有通过木制墙壁上的孔洞才能与其他牢房的人交谈。整组人——其中包括一名教师、一名钟表匠、一名学生传教士、几名职员和一名来自工会家庭的天主教徒——竭尽所能举行着各种辩论会：马克思主义、托尔斯泰式和平主义以及人造国际语言世界语的优点都是他们的话题。他们当中的几位贵格会教徒还组织了一场贵格祈祷会。在他们当中，有些人由于宗教信仰而身陷囹圄；其他人则是由于信奉共产主义；而对许多人来说，二者皆为原因。他们演唱的歌曲既有基督教赞美诗：

> 只要一息尚存，就要信耶稣
> 直到死亡来临，都要信耶稣

又有著名的劳动者之歌《红旗》：

> 人民的旗帜颜色最红
> 常常作为殉道者的裹尸布
> 未等身体僵硬变冷
> 他们的心血，早已将每个褶皱染红

"耗子是常见的造访者,"巴里特回忆道,"它们常常趴在消防水桶的边上喝水,偶尔还会在人们吃东西时爬到他们的背上……我们的牢房这时已经关进了十一个人……我们倒是可以一侧躺六个,虽然脚几乎能碰到一起;不过在牢房里找地方安置'搞卫生'用的水桶就成了问题。那里的牢房只有 11 英尺 9 英寸乘 11 英尺 3 英寸那么大。"[2]

一开始,无法理解这么多人会凭自己的良心行动,军方认定巴里特和另外三人是让其他人抗命的元凶。经过军事法庭的审理,他们几个被认定有罪。他们中间没人知道之前偷偷递出去的消息是否到了英国——也不知道那能否起到作用。就在预定展开索姆河攻势的两周以前,1916 年 6 月 15 日,四名"罪魁祸首"被带到了附近的军营,执行了死刑。

"我往多佛白崖的方向瞄了很多眼,"其中一人回忆道,"因为这也许是我们最后看到它的机会了。"[3] 他们被带到了一座大练兵场上,场地的三面集结着将要见证行刑的数百名士兵。这时,场内响起的号令让所有人肃静。"我在向前走时瞥了一眼自己正要被递给行政参谋的判书。判书顶端红色的大字底下画了两道横线,上面写着'死刑'。"

每个人走上前时,行政参谋会大声读出他的名字、编号和罪行,然后拖着长音说:"以枪决执行死刑。"此处有一个停顿。"经道格拉斯·黑格元帅批准。"然后是一个更长的停顿。"减为十年劳役。"

在随后的数天时间里,当火车和卡车车队在他们周边忙着将发动大型攻势所需的最后一批物资运到前线时,被关押在法国各地军营、总计 34 人的英国拒服兵役者们被告知说,自己原本被判的死刑被减为了十年劳役;其他大约 15 人受到的判决更轻。他们对伯特兰·罗素以及其他反征兵协会的成员[4]拜访阿斯奎斯的事一无所知，但这件事对拯救他们的生命却起到了至关重要的作用，正是在此之后，首相才立即向黑格下达了不许枪毙任何一个拒服兵役者的密令。第一次宣判发生两个星期以后，他们返回了英国，并被送进了普通监狱——后来的拒服兵役者也都受到了同种待遇。当他们在南安普顿登陆时，围观的人群一边嘲讽他们，一边向他们投掷鸡蛋和西红柿。可是他们明白，在受到死亡威胁之时，他们依旧坚持了自己的信念。"当我站在那听着其他人的宣判结果时，"那天也出现在练兵场上的一名拒服兵役者说，"我的内心涌动着快乐与成就感，能够享此殊荣……向世人证明一项他们目前还无法理解，但总有一天会被当作人类最宝贵遗产的真理，我感到很骄傲。"[5]

不列颠群岛各地成百上千万的群众都在紧张地期待着这场大型攻势的消息。"医院接到命令，要将康复了的患者清理出去，为迎接即将到来的大批伤员做好准备，"当时在伦敦做护士助理的作家维拉·布里顿（Vera Brittain）回忆道，"我们知道大规模的炮击已经开始了，因为我们能感觉到大炮带来的震动……康复患者不断离开，我们则在不断地添加一长排一长排的预备床位，一个个空荡荡的白色床位等待着自己的住客，看上去十分不祥。"[6]

黑格也在自己位于战场10英里外的博凯讷庄园的前线指挥部中焦急地等待着。终于，7月1日的黎明来临了，一名皇家飞行队的观测员向下望去，发现自己看到的是一团将前线部分区域笼罩在内的浓雾，雾峰之上，"你能看到……由下方的狂轰滥炸震荡形成的波纹。那种感觉看上去就像上千块石头被扔进了一个由浓雾组成的大型湖泊里似的"[7]。随后，英军的持续轰炸了五天的炮火突然停止，战场陷入了一片寂静。

冲锋的军哨在早上7点30分吹响，一波又一波的士兵按照计划开始了他们每分钟100码的行军。由于携带物资超过60磅——200发子弹、手榴弹、铲子、两天的食物和水，还有其他许多东西，每个人移动的速度都非常缓慢。可当真的爬上战壕的梯子越过护墙时，他们却看到了令人惊骇的景象。德军战壕前方一排排的铁丝网和分布在周围防御工事中的机枪阵地几乎毫发无损。

之前透过潜望式望远镜观察敌情的军官们的内心有着同样不祥的预感，几个克服重重困难穿过密集的炮火抵达英军防线的德国逃兵也报告了同样的情况。然而，任何攻击计划本身都带着巨大的势能。愿意承认自己犯下灾难性错误的指挥官是十分罕见的。叫停攻击行动是需要勇气的，因为一旦这样做的话，当事将领就要承担背上懦夫骂名的风险。黑格并不是个愿意承担这样风险的人。军哨响起，战士们喊声雷动，东萨里军团的内维尔上尉麾下连队的士兵们踢出了四颗足球。所有人都抱着一线活着的希望——有的人心中的希望还要多些：纽芬兰军团的官兵们听说，家乡①一位年轻的社交名媛许诺将会嫁给该部队中第一个赢得维多利亚十字勋章的人。

事实证明，之前的炮击之所以令人印象深刻，主要是由于它产生了巨大噪声。英军发射的炮弹有超过四分之一都是哑炮，钻进土里后，它们就算真的爆炸，也是几年甚至几十年以后被哪个倒霉的法国农夫用钉耙碰到之后的事了。发射的炮弹

---

① 翻译成家乡是因为当时纽芬兰只是英国的直属殖民地，尚未成为加拿大的一部分。——译者注

中三分之二都是榴霰弹,面对用混凝土、钢筋和从附近民宅掠夺而来的石头建成的机枪阵地,它们基本毫无用处。除非在地面上方恰如其分的高度爆炸,否则,这些榴霰弹撒出的小钢珠同样无法摧毁德军像灌木丛般密集的铁丝网。可惜,它们的引信非常不可靠,常常在钻进土里之后才会引爆,不仅破坏力丧失殆尽,由于爆炸后在土壤中嵌入了大量金属,在黑夜或是浓烟中试图辨认方向的士兵有时会发现手中的指北针已无法正常工作。

英军余下发射的都是高爆弹,它们倒的确能摧毁德军的机枪阵地,但这只有在精确命中的情况下才能做到。在从数英里外进行炮击的情况下,这样的事情几乎不可能发生。在拍摄于西线的众多照片中,土壤被炮弹爆炸的冲击波向上抛起之后像喷泉一样,这便是炮弹落在泥泞的地面后将能量毫无意义地用在了将泥土炸向空中的普遍证据。德军各机枪小组在位于地表下方最深可达 40 英尺的防空壕内等待着炮击结束,里面有电、有水,还有通风设备。对他们来说,在地下待上将近一周、基本不能合眼再加上偶尔还要佩戴防毒面具的生活确实令人非常不爽,但这样的生活却很难谈得上致命。7 月 1 日当天,英军只在少数地点抵达了德军防线,而他们在其中一处发现,那里防空壕的电灯还是亮着的。而当英军以数万人死亡的代价最终占领了更多德军战壕后,有位士兵报告说:"我连一座顶棚被我们的炮火贯穿的防空壕都没有看到。"[8]

莫名其妙的是,决战时刻到来前的十分钟,一颗地雷在德军防线的下方爆炸了,这成了进攻将很快开始的明显信号。随后,就像对德国人发出的最后警报似的,剩下的地雷纷纷在 7 点 28 分爆炸,为了等待地雷碎片落回地面——爆炸将它们抛向

上图：夏洛特·德斯帕德，
妇女参政论者，和平主义者，共产主义者，爱尔兰共和军支持者
public domain, wiki commons

下图：陆军元帅约翰·弗伦奇爵士，骑兵，西线总司令，爱尔兰总督
public domain, wiki commons

上图：布尔战争中的骑兵冲锋
public domain, wiki commons

下图：拉迪亚德·吉卜林肖像
Author: John Palmer, public domain, wiki commons

上图左：阿尔弗雷德·米尔纳
Author: Elliott & Fry, public domain, wiki commons

上图右：维奥莱特·塞西尔
Author: Noemi Guillaume, public domain, wiki commons

下图：埃米莉·霍布豪斯
Author: Henry Walter Barnett, public domain, wiki commons

上图：克里丝特布尔·潘克赫斯特 ©TPG

下图：埃米琳·潘克赫斯特与两个女儿克里丝特布尔和西尔维娅
public domain, wiki commons

上图:受审的烈属,右起艾丽斯·惠尔登,她的女儿赫蒂、温妮以及女典狱官 ©TPG

下图:社会主义者基尔·哈迪进行反战演讲 ©TPG

上图：威廉二世和尼古拉二世
public domain, wiki commons

下图：乔治五世和玛丽王后在印度德里加冕
public domain, wiki commons

上图：陆军元帅道格拉斯·黑格
Author: Elliott & Fry, public domain, wiki commons

下图左：约翰·巴肯
public domain, wiki commons

下图右：伯特兰·罗素
public domain, wiki commons

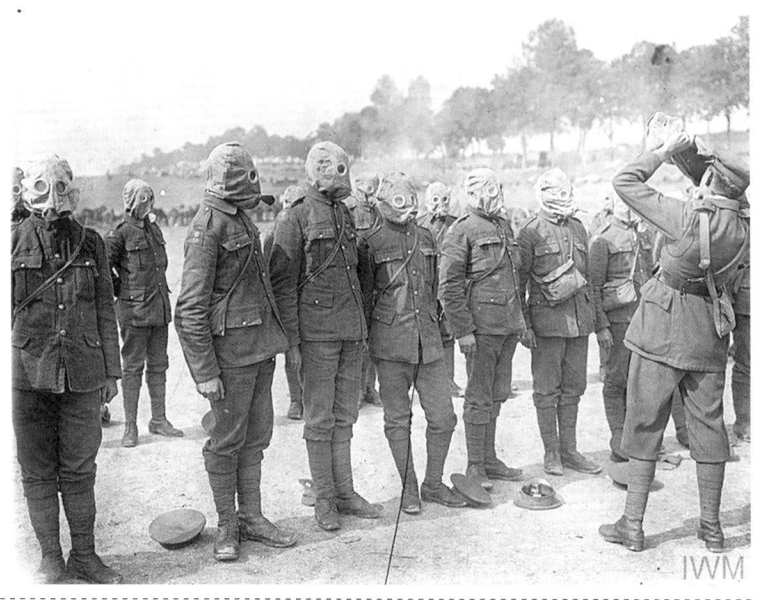

上图：拉迪亚德·吉卜林之子约翰·吉卜林
public domain, wiki commons

下图：1916 年，索姆河战役的防毒面具演习
Author: Brooke, John Warwick, public domain, wiki commons

上图：1916 年索姆河战役
Author: Brooke, John Warwick, public domain, wiki commons

下图：1917 年帕斯尚尔战役
Author: Brooke, John Warwick, public domain, wiki commons

1914~1918年双方发起的宣传活动 ©TPG

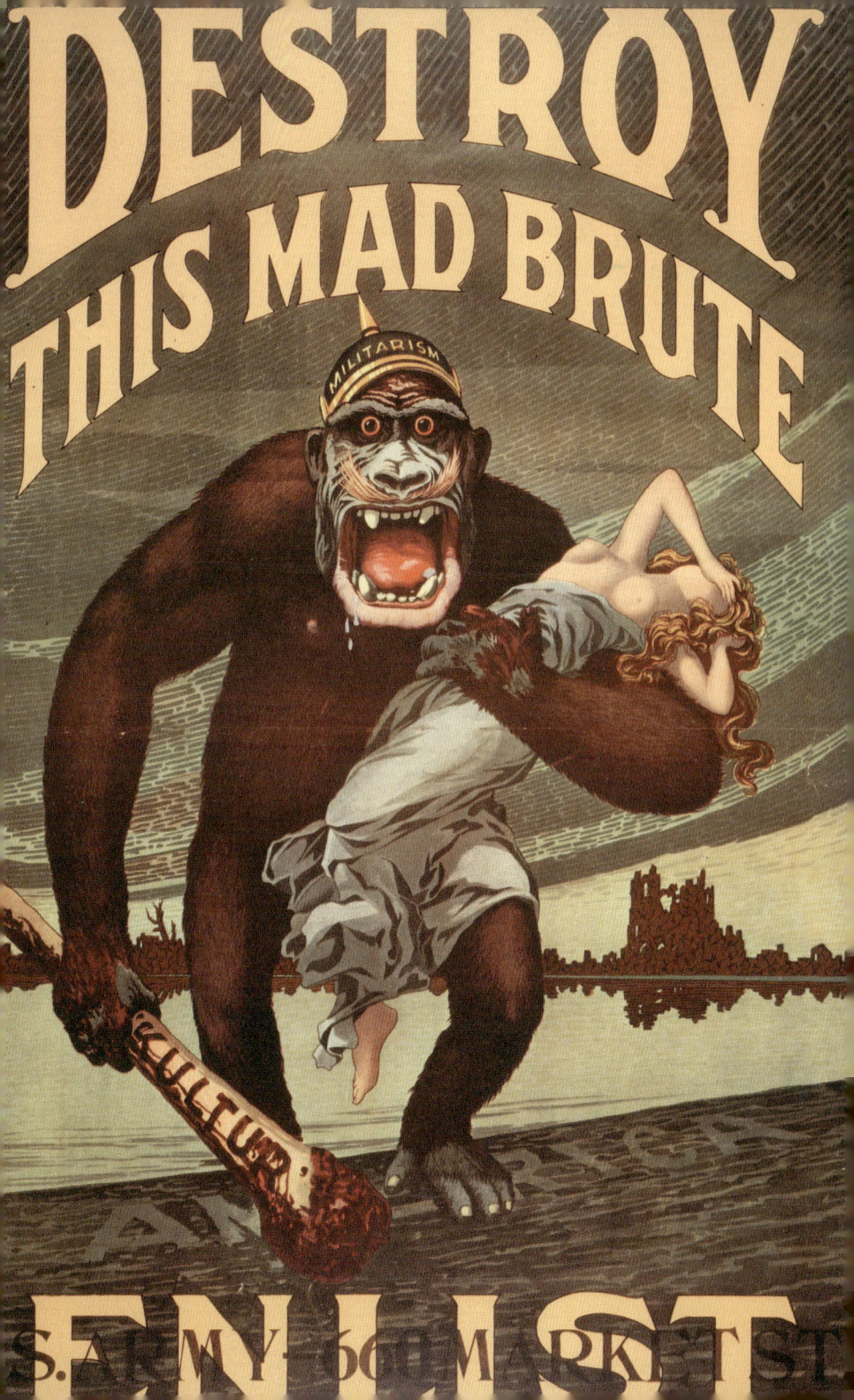

DESTROY THIS MAD BRUTE

ENLIST
U.S. ARMY

反战活动 ©TPG

了几千英尺高空,英军又过了两分钟才爬出战壕开始进军。趁着这两分钟,德军机枪手迅速爬上梯子,跑上台阶,从防空壕离开进入了地面防御工事,这样的工事在受到攻击的德军防线共有将近一千个。也就在这两分钟里,英军士兵们听到了召唤他们向阵地集结的不祥信号。

实际上,德军部分机枪在英军离开战壕前就已经开始了射击,土块与草屑被擦过英军护墙顶端的成串子弹弹到空中,这是个可怕的信号,说明五天的密集炮火完全没起作用。其他德军则并没有在英军前进时开火。进攻部队接到命令是,除了在一些例外状况下,他们都可以步行前进,不用跑步前进。"他们不紧不慢地稳步向前推进,就像认为我们战壕里的人都死光了一样,"一位当时与英军对垒的德军士兵回忆道,"英军打头的队伍与我们距离不到 100 码时,整条防线上的机枪突然嗒嗒地喷出火舌……红色烟火射向了蓝天,收到信号,后方的炮队立即发射了大量炮弹,它们呼啸着划过天空,然后在前进的敌人队伍四周爆炸了。"与英国人一样,德军也装备了大量火炮;为了不向英军侦察机暴露位置,它们被覆盖上了伪装网,并且在攻击行动开始前的一个星期一炮未发。此时,它们终于开始射出夺命的榴霰弹,其产生的效果被德国人看在眼里:"整条战线上,到处都能看到四肢被炸飞的人倒下后一动不动的场景。重伤的人则在痛苦中满地打滚……先是大声求救……然后发出临终前的哀号。"

和他们的对手一样,德国人也无法摆脱传统的对军事荣誉的看法,同许多英国人的描述类似,到最后,对战役首日的大屠杀的描述所注意到的并不是这次攻击行动的自杀式本质,而是士兵们的无畏。"交战双方展现出了史无前例的英勇、胆识和斗牛犬一般的决心,这样的场面实在是太了不起了。"[9]

随着士兵们分成了四散在小丘和弹坑寻找掩护的小股部队,排成横队有序向前推进的计划很快便被抛弃了。不过,受到沉重打击的英军是不可能回头的,每个营都安排了专门指派的"战场督察",其任务是将掉队的士兵往前轰。"在被告诉了不一样的情况后,当我们抵达德军的铁丝网时,看到它们完好无损的样子,我感到彻底惊呆了,"一位英军二等兵回忆道,[10]"上校和我在一座小土堆后面找到了掩护,可过了一会,为了更好地观察敌情,他用膝盖和双手撑起了身体。就在这时,一颗子弹击中了他的前额。"由于之前的炮击几乎没对铁丝网造成什么伤害,英军士兵不得不聚集在为数不多的几处能够通行的缝隙里——这使战场更像是一座打靶场了。许多士兵,尤其是身穿宽松的苏格兰短裙的苏格兰士兵的死亡都是由于衣服被铁丝钩住动弹不得从而直接暴露在敌人的火力之下导致的。"我们连只有三个人通过了铁丝网,"一位第四泰恩赛德苏格兰营的二等兵回忆道,"分别是我的中尉、一名中士和我自己。剩下的人好像在无人区就全都被打死了……中尉直说:'上帝啊,上帝啊,其余的小伙子去哪啦?'"[11]

本应将德军机枪手和狙击手压制住的"徐进弹幕"炮击①被吹上了天,但效果微乎其微。炮火按照事先制定的时间向前徐徐移动——于是,当本应跟随着炮火脚步前进的英军被一团团剪不断的铁丝网勾住的时候,炮击还在毫无意义地逐步向前推进,将他们远远甩在了身后。部队完全没办法通知后方炮兵改变既定计划。英军骑兵还在战线后方待命,等来的却只是一

---

① 也叫徐进式弹幕射击。——译者注

场空。在无人区幸存下来的人有时会等到天黑之后爬回本方战壕,可即便到了这时,德军的机枪还在不停地射击,英军的铁丝网被子弹击中后溅出阵阵火花。

1916年7月1日这天投入战斗的120000名英军士兵中,当天便有超过57000人死伤——相当于前线的每一码土地上有接近两人伤亡。19000人被杀,大多死于进攻开始之后灾难性的第一小时内,超过2000人受重伤,后来死在了医院。德军的伤亡人数估计8000人。和以往一样,军官的伤亡最为惨重,他们当中共有四分之三的人死亡或是负伤。他们当中的许多人在几个星期以前参加了伊顿校友晚宴;7月1日当天,超过30位伊顿毕业生失去了生命。东萨里军团那个给手下发足球的内维尔上尉在投入战斗后几分钟就被一枪爆头了。

期待获得维多利亚十字勋章迎娶那位以身相许的年轻女子的纽芬兰军团几乎全军覆没。该团共有752人顶着德军的机枪火力爬出战壕向前方一座只剩枯枝的苹果园废墟前进;到当天结束时,共有684人死亡、负伤或失踪,其中包括全部军官,而这些纽芬兰人要攻击的德军则毫无伤亡。英军仅仅在攻击区域最南端3英里长的前线地带实现了重大突破——前进了大约1英里。过去的一天,成为战争当中最血腥的24小时。

参与进攻的士兵被下令不得救助受伤的战友,要将他们留给后面的担架兵。然而,担架兵也有数百人伤亡,完全提供不了足够的人手将重伤员及时抬到急救站去。担架也用光了;有的伤员两个人躺在一副担架上被抬走,有的则干脆被安顿在了波纹铁皮上,波纹铁皮锋利的边缘经常割伤抬担架人的手指。许多人负伤后熬过了第一天,但再没能成功脱离战场。几周后,他们的同伴常常会在弹坑中见到他们的尸体,他们曾在生前爬进这些最后的庇护所，掏出圣经，把自己裹在防潮布里，然后在痛苦和孤独中迎来了死亡。

即便一切都已经过去，但这个可怕的日子还在以别的方式夺人性命。目睹自己手下士兵死伤五百多人的两个月后，当时指挥了一个营军队的 E. T. F. 桑迪斯（E. T. F. Sandys）中校在伦敦一家酒店的房间开枪自杀了，临死前，他在给一位军官同僚的信中留下了遗言："7月1日以后，我的灵魂再未享受过片刻安宁。"[12]

黑格在战役第二天得到的消息，截至当时，英军已死伤超过40000人——虽然是对真实情况的严重低估，但这也依旧是个令人震惊的数字。"考虑到投入的兵力和敌人受到攻击的防线的长度，"他在日记中写道，"这样的伤亡并不算大。"[13]

战斗仍然在继续，但收获却极少：这边前进半英里，那里前进几百码，而有的地方则一动不动。黑格的乐观情绪从未动摇。大屠杀发生一个星期后，他在给妻子的信中写道："两星期以内，在神的帮助下，我希望能取得关键性的成果。"[14]几天之后，他又在信中告诉妻子："就算这次不成功，我们下次也会成功！"[15]

直到今天，黑格的支持者们都认为索姆河战役实现了它的主要目的，也就是缓解了法国人在凡尔登的压力，从某种程度上讲，他们的确没错。然而，早在索姆河战役爆发的一星期前，全力进攻凡尔登却遭到惨败的德国人就已经失去了占领这个战略要地的一切机会——也正是由于同样原因，英军也曾多次领略到这场战争对防守方有多么偏爱，对进攻者又是多么冷酷无情。尽管凡尔登受到的威胁在减弱，但顽固的黑格丝毫没有改变主意，依旧在索姆河一道接一道地下达更多攻击指令，而英军的进攻也将再令人震惊地持续四个半月。

德军最有力的武器还是铁丝网。他们正以每星期7000吨的速度将铁丝网运至前线，长卷的铁丝网在货运列车车厢里被高高地摞成两层，双方使用的都是结实的新型号，其中一些的上面每隔一两英寸就伸出一个尖刺。面对这样的障碍，英军士兵们再也没什么兴致踢足球了。刚刚投入战斗的士兵之中，"几乎没人对参与这场攻势表现出渴望，"一位名叫格雷厄姆·西顿·哈奇森（Graham Seton Hutchison）的连长写道，"他们正以良好的军纪向着阵地进发，但一个个却显得无精打采，就像要面对什么宿命似的……我目光扫过山谷——士兵们排着长长的队伍前进，领头的军官们按照现代战术要求的半蹲姿势探着身体，看上去不像是参与一场伟大攻势的急先锋，倒像是正在向神明祈求的祷告者……这时，炮弹爆炸的白光微微越过山脊*在两边的树丛间闪现……突然响起的敌军步枪和机枪使这里成为地狱……队伍溃不成军。来不及反抗的人们纷纷无力地倒下。子弹擦着地上茂盛的草皮掠过，空气中充斥着它们发出的呼啸声和噼啪声。"

哈奇森与他的手下们一起被困在了无人区，令他感到惊讶的是，他看到了"一支戴着闪亮头盔、肤色黝黑的印度骑兵中队正穿过山谷向陡坡冲锋。此时此刻，除了这些手持长枪和剑

---

* 如果今天有访客去这里，或是去其他西线亲历者回忆录称为丘陵、山谷或是山脊的地点的话就会发现，它们的坡度完全谈不上陡峭，有时几乎无法被人察觉到。（这种反差）提醒我们的一点是，当那些幸存者们小心翼翼地向战壕外张望或是为了躲避子弹而平趴在无人区的地面之时，这就是这些场景在他们眼中的样子。对防守方来说，即便一点点高度也能为他们带来惊人的射程。

发疯般冲向天际线的印度土著骑兵,再没有哪支部队能带来如此令人鼓舞的场面了。少数几个骑兵消失在了山脊的后面:他们再也没有回来。枪炮面前,剩下的人成为活靶子。"[16]

在拥挤不堪的运兵线上,开往前线执行攻击任务的士兵们在往反方向行驶的列车上看到自己的未来。"一眼望不到头的救护车车队载着如潮水般从索姆河战场下来的伤患向后方撤退,"战地记者菲利普·吉布斯写道,"一排排的重伤员们有的躺在帐篷外面的草地上,有的躺在被血染红的担架上,等着轮到自己上车……稍微起点风,整条路上都散发着氯的味道。"[17]

在公文中,黑格开始了对"成功"的再定义:"突破"不见了;用"消耗战"杀伤德军成了新的口头禅。他大肆宣扬自己在索姆河取得了成功,不是因为夺得了一点点土地,而是在于令德军付出了伤亡的代价——这是他在说辞上发生巨大转变的第一个迹象。将敌人的损耗作为定义成功的标准变得比用土地得失衡量来得更实际,但这么做的一个问题是,对方的损失总是无从得知的——于是,他便指望着敌人的损失至少和自己差不多。8月的一次交战过后,几乎没什么证据的黑格在给伦敦的报告中说,德军的伤亡"不可能比我方更低"[18]。

当黑格认为英军的损失太小——经过联想,德军的损失就同样也很小,这样的荒谬逻辑有时会令黑格勃然大怒。第49师在9月对德尔维尔伍德发起了一次进攻后,心情十分不爽的黑格在日记中谴责前者"整个师总共才损失了不到1000人!"[19]最高统帅的态度为下属们树立了一个强有力的榜样。第二年的9月30日,罗林森上将在日记中写道:"受到了劳福德的宴请。他的情绪很好。他的师自7月31日以来已经损失了11000人。"[20]

一些平民当中的极端爱国者和黑格看法一致,他们也相信高伤亡是衡量军事成功的标志之一。索姆河战役爆发的一个月后，黑格收到了一封表达上述意见的匿名崇拜者的来信："人类的未来就靠您——'雄心勃勃的黑格'了，我们在国内就是这样称呼您的。您肯定会带来五十万人伤亡的消息，但帝国之魂将承担起这样的损失。您必将率领英国和法国的骑兵取得重大突破，赢得历史上最伟大的胜利……继续前进吧，伟大的将军！"[21]

选择对巨大伤亡视而不见是黑格能如此轻松地表达自己对高伤亡诉求的原因所在。"他觉得自己没必要视察前线伤员救助站①，"他的儿子写道："因为去那种地方访问会令他感到浑身不舒服。"[22]

若是黑格到这样的地方视察，他会看到些什么？以下是皇家陆军军医队的一名军官对索姆河战区附近的一座前线救助站的描述：

> 地下室的地面和通道、露在地表以外的残破不堪的掩体和进入救助站的道路全都被担架挤得水泄不通。在简陋的梳妆台上做手术，救治躺在担架上的伤员，帮助或坐或蹲着的人们，我们经常要夜以继日地工作，得不到片刻休息……不断有担架兵摇摇晃晃地抬着担架出现，他们努力着通过地下室的阶梯，寻找进出的空间和一点点能将负担卸下的地方……有时候，担架上的人会突然猛烈呕吐，吐得自己和旁边的人浑身都是。我曾见到过有骑兵被带进来时，身上解开了绑腿的马裤里正渗着稀屎。偶尔还会有正躺在担架上的人突然大口喘着气死掉。所有这一切就是每

---

① 这样的救助站一般都在前方炮火范围内。——译者注

天的日常。所有人都不怎么说话……我们只是不停地干着手上的工作。[23]

上述救助站设置在一座庄园的地下室里。其他许多救助站的条件比这里还要糟糕得多：泥浆没过双脚，没有自来水可用，或者要面对敌军的炮火。可以想象一下，将每一个待在这样条件的救助站的人的体验放大 2100 万倍——这是战争中的伤员总数——是怎样的一个场面。

黑格在日记中几乎没怎么提到过伤者，不过在有些情况下例外，例如这一条，1916 年 7 月 25 日，他记录了一名外科医生对他说的话，"伤患们的精神配得上任何赞美……所有人都信心十足，满心欢喜，勇气十足。不列颠民族的确是世界上最优秀的民族！"[24]

作为情报负责人，约翰·查特里斯（John Charteris）准将每天都会将可靠的乐观报告摆上黑格的案头。在一位军官同僚的口中，查特里斯是个"精神矍铄的人，总是表现得与别人过分亲密，他像伏尔泰小说《老实人》里的憨第德一样乐天，巨大的胜利每每就像帽子里的兔子一样被他从一次次血腥的一百码推进中变出来"[25]。查特里斯是黑格在印度时的门徒组织"印度帮"的成员，开战伊始仅仅是个上尉的查特里斯随着导师一路飞速升迁。查特里斯的情报评估在应付诸如敌军在何处部署之类的问题还算专业，可当遇见德军士气和继续作战能力如何之类模糊的问题时，就常常会变得要多乐观有多乐观。例如，他在 1916 年 7 月 9 日向黑格保证，如果英军将攻势继续六个月，德国人届时将再无后备部队可用。

由于阵亡的人数太多，英军不得不将死者埋葬在万人坑中。装满伤员的医疗列车一辆接着一辆地驶进查令十字车站和滑铁卢车站，站台上挤满了焦急万分的妻子们和母亲们，陆军部也开始在电文中客气但焦虑地质问黑格，为何牺牲了如此之多——收获却如此之少。大屠杀仍然在继续：9月中旬，一天之内就有30000名英军死伤。"'当权者'们开始对情况感到有些不安，"[26]黑格在帝国总参谋部参谋长发来的电文上草草地写下这句话，但他所给出的回复仅仅是"以攻势对德军保持稳定压力的最终结果肯定是德军的彻底失败"[27]。没有人挑战他的意见：国王亲自造访了蒙特勒伊，公开宣布自己对局面感到非常满意；阿斯奎斯也来过，尽管在日记中对首相喝掉了太多白兰地的行为颇有微词，但黑格还是觉得他"很有魅力"。多年以后，当时黑格日记节选已经出版，温斯顿·丘吉尔在对一位客人劝酒时说："我亲爱的孩子，再来一杯吧。我是绝不会把这写到日记里的！"[28]

战斗持续到了阴雨连天的9月，就在英军发动另一场攻势之前不久，一位名叫阿瑟·瑟弗利特（Arthur Surfleet）的二等兵和一位朋友经过了一座位于他们军营附近的墓地。令他们感到诧异的是，他们发现在那里干活的人正在挖掘墓穴——为还没有死的士兵挖墓穴。"如果这都不算冷酷无情的话，那我不知道什么才算。我们只是转身离开，踩着满地泥泞回到肮脏的营房，除了有点恶心之外并没有什么其他的感觉。这样的事实让我感觉到，大老远来到这里之后，我们身上发生了某种古怪的变化。"

这的确是个古怪的变化，而瑟弗利特也并不是唯一有这种感觉的人。在"大进军"的宣传高潮过去之后，对许多英军士兵来说，索姆河骇人的伤亡使1916年下半年成为转折点。人们并没有转头去发动起义,而是形成了某种坚定的犬儒主义思想,不再相信战斗会带来任何改变。士兵们依旧忠诚地开往前线,可是却不再歌唱。有位士兵在走进战壕时手中拿着一卷上面绑着红丝带的地图,结果他听见一位战友喊道:"看在上帝的分上,让他过去吧,这个家伙身上可是带着《和平条约》。"[29]

面对大规模的死亡,士兵们渐渐不再质疑战争的目的,而是与和自己一起忍受战争的人们建立起了愈发深厚的友谊。例如,瑟弗利特就"感受到了一种团队精神,也可以说是同志情谊——我也不知道那到底是什么"。[30] 他觉得他可以"看着其他小伙子们的脸,宣布自己是他们中的一员"。有时候,向其他人传授经验也能带来满足感。伯根·比克斯特思(Burgon Bickersteth)参军前是圣公会的世俗传教士,他描述了一次将战壕中的位置移交给新来的部队时的场面:

> "移交"会给人带来一种非常愉快的感觉。一方觉得自己在知识和经验上胜过另一方,他们不想让新兵变得过分"担惊受怕",但还有点想让他们对驻地留下一种"血腥"的印象。"这里的敌人会在白天展开狙击""晚上的时候,德国佬会从那边大卷的铁丝网后面偷偷爬出来"——等等。最后几天这么做,吓人的同时,他们也在假装乐观。"但是没问题,"有人会赶紧补充,"这还是相当轻松的,没什么可担心的。""哦,不。"新兵则颇为不安地回应道。[31]

在这样的话语中,我们感受到了一种确保士兵几乎不会发生哗变的力量的存在,与此同时,这种力量也使更宏大的战争目的——或者是这种目的的缺乏——变得与这些实际参战的人几乎毫不相关。社会主义者口中人人皆兄弟的可能性是完全存在的，只不过，他们此时轻易体会到的兄弟情谊源自共同经历的战斗洗礼。这种经历越让人纠结痛苦，他们对这种平民几乎无法体验到的兄弟情谊的归属感就变得越强。尽管诗人罗伯特·格雷夫斯（Robert Graves）认为战争是一种"邪恶的愚蠢行为"，同时，他也在回忆录《向一切告别》中对战争的幻灭感做出过经典陈述，可在战争中期由于负伤回到家后，他却发现自己"几乎不可能"与父母正常对话。最终——格雷夫斯并不是唯一这么做的人——本可以在英国待更长时间的格雷夫斯提前返回了前线。"一旦投入过她的怀抱，"另一位西线老兵、作家盖伊·查普曼（Guy Chapman）谈起战争时写道，"你就不再会移情别恋了，也许你会讨厌她，也许你会诅咒她，可你无法拒绝她……任何美酒都无法比她更令人沉醉，任何毒品都无法比她更令人兴奋……即便是那些对她恨之入骨的人，在她的符咒面前也无处可逃。他们挣开了她的臂弯，受尽洗劫与玷污，事实或许令人感到惭愧，可他们依旧是她的阶下囚。"[32]

什么才能够将这夺人性命的死局打破？取得战场突破的希望逐渐渺茫，疲惫不堪的军人们渴望一种超级武器的出现。不管这种武器是什么，它都必须能够做到防弹，最重要的是，还要能在铁丝网中间开辟道路。民间也同样渴望出现一种能为他们神奇地赢得战争的装备，他们不断传播着关于这种武器的流言。终于，1916年9月中旬，英国人正式推出了他们最新的秘密武器：坦克。讽刺的是，用这种技术上异常复杂的武器来对付的却是一种构造无比简单的装置，为了对付这种简单装置，人们曾尝试过各种方法，从抓钩到给鱼雷装上轮子。当新式武器坦克在隆隆声中出现在战火蹂躏下的索姆河乡间时,铁丝网的难题似乎终于被攻克了。

型号最早的坦克像个巨大的长菱形铁块,两条履带包裹住了整个坦克的边框。坦克的侧面装有机枪炮座,有时车体前后也会被装上机枪。它全身被装甲板覆盖,重28吨,长32英尺。可以想象,当德军士兵看到这些像经过草地一样从铁丝网上碾过的庞然大物穿过无人区向着自己隆隆驶来时,内心该是多么恐惧。如果只靠外形就能赢得胜利,坦克已经直接赢得了战争。

直到下一次世界大战之前,移动迅速的坦克都在被当成骑兵的替代品。可是,第一代坦克与自己的晚辈比起来就像河马之于羚羊:它们的平均时速只有2英里。不仅如此,某些型号的坦克还将散热器安装在了狭窄的乘员舱里,这些散热器会迅速飙升到125华氏度;由于酷热和发动机冒出的黑烟,乘员们有时候会集体昏厥过去。坦克同样深受那个时代奇怪的火力与通信手段错配之苦:它没有安装无线电,只有随车信鸽,坦克手只有一边盼望着它们能飞回指挥部,一边将它们从车体上开的小洞里放出去。共有49辆这样的笨重机械在首战中亮相,除了18辆以外,其余的要么在战斗开始前或战斗进行中出现了故障,要么被深一点的弹坑卡住,成为敌军炮兵的活靶子。就像一年前初次使用毒气的德国人没能完全发挥其威力一样,首次亮相,坦克的奇兵作用——如果黑格能等到有更多坦克可用,他们本来可以发挥大得多的威力——被浪费了。

就在设计师们急着对坦克进行改进(德国人则急着研究穿甲武器)的时候,黑格再一次用回了自己令人熟悉却也令人痛苦的战术:在大规模炮击后发动步兵进攻。双方在为期四个半月的战斗中一共向对方发射了3000万发炮弹。(即便到了今天,每当春季大雨来临时，当地都会发现闪着金属光泽的炮弹；仅在战斗过去将近90年后的2005年那一年，法国的爆炸处置小组就从索姆河战场移除了50吨炮弹。[33]）黑格依旧在固执地命令自己的士兵向前推进。他在1916年10月7日向帝国总参谋部打包票说，"在我们的前线，即便不是全部，也有数量庞大的德军发现，他们已经没有能力阻止我们前进的脚步了。"[34]

不过，德军前线所处的位置却讲述着不一样的故事：到战斗由于秋季的降雨和泥泞暂停为止，英军部队已经在索姆河前线损失了几乎50万人[35]，其中至少包括12.5万人死亡。同样参加了战役的法军士兵则有200000人伤亡。协约国共夺得了大约7平方英里的土地。

然而，仅仅将索姆河战役视为道格拉斯·黑格愚蠢的见证就把问题过于简单化了。德国人也将自己特有的致命固执带到了战场上，这主要体现在其参谋长埃里希·冯·法金汉灾难性的"寸土不让"的命令上。它意味着不论任何时候，哪怕英军依靠进攻仅仅夺得了一小块废墟，德军也要奋力将它夺回来，和自己的敌人一样，他们也常常会径直向着能将一切撕碎的机枪火力进军。据估计，在这场为期数月的战役中，德军共发动了超过300场这样的反击战，更重要的是，这些反击战令德军在索姆河几乎付出了和协约国一样惨重的代价。记者菲利普·吉布斯就曾见证过这样的一次行动，当时，德军士兵"肩并肩地向着我方进军，队伍就像一条结实的木棒。这完全是自杀。我看到我们的人扣动了机枪的扳机，那条移动木棒的右端一点点地消失，然后，整个队伍倒在了干枯的草地上。另一支队伍跟了上来。他们的个子很高，前进时丝毫没有犹豫……看走路的样子，他们就像意识到了自己正在走向死亡似的。"[36]在这场战争里，没有什么是被其中的任何一方完全垄断的。

15　丢掉武器

经过两年的鏖战,这场战争中的死亡人数早已远远超过了长达十五年的拿破仑战争死亡人数的总和。死亡并不仅仅发生在军人身上。尽管英法两国曾将德国对他们的城镇的空袭视为令人震惊的野蛮行径,可如今他们自己也在空中轰炸德国,依靠着严密实施的海上封锁,皇家海军间接杀掉的平民数量更多。通过对直布罗陀海峡、苏伊士运河、英吉利海峡和北海的咽喉要道的控制,英国将同盟国困在了几乎铜墙铁壁一般的屏障内。正因如此,从棉花到铜矿,再到战前占消费总量25%的进口食品,德国与各种原料的主要来源地之间的联系被切断了。除此之外,由于德国农业一半的化肥需要进口,国内庄稼的生长状况同样堪忧。

德军最高指挥部之前从未针对以上情况制定过任何对策,这是因为他们对战争将在短期内结束拥有十足的把握。由于陆军和海军总是优先得到食物,平民的饥饿程度在不断加深,到战争结束时,他们中有几十万人都是饿死的。1916年末恶劣的天气状况使接近半数的土豆歉收,这给德国和奥匈帝国带来的是被称为"芜菁之冬"的艰难时光。两国先后爆发了50多场由食物引发的骚乱。一位外国访客描述了一匹马在一个早晨瘫倒并死在柏林街头之后的场景:"妇女们手中拿着小刀迅速冲向马的尸体,就像她们早就为这一刻准备好了似的。每个人在叫喊中为了得到最好的肉而展开争夺。马血溅到了她们的脸上和衣服上……最后,那匹马除了一副骨架之外什么都没有剩下，人们小心翼翼地将血淋淋的肉紧紧护在胸口，消失得无影无踪。"[1]

欧洲之前从未经历过这样的战争：上百万平民被动员起来投入制造武器的工厂，一方想方设法使另一方的全体国民陷入饥饿，从而逼迫其投降。作为对英国封锁的回应，德国派出U艇游弋在北大西洋、北冰洋、地中海与北海，透过划过水面溅起浪花的潜望镜，艇长们主要想追踪的并不是敌军战舰（由于速度快，战舰几乎总能避开追踪），而是协约国商船的动向。商船运送的是武器、工业品还是食品都无所谓；它们全部都是攻击目标。到战争结束时，U艇发射的鱼雷共将5282艘商船击沉，数千名水手与船一起葬身海底。到目前为止，尽管情势逼人，协约国不断进行着各种努力，但他们还未能找到在U艇下潜时对其进行侦测的办法。

全面战争还为欧洲民众带来了其他令他们陌生的事物。成千上万人——从比利时到东欧，再到法国和俄国被占领的地区——被召入劳动营，投入到从在德国工厂生产军火到在前线挖掘战壕等一系列工作中。这些男男女女通常住在条件恶劣且四周环绕着铁丝网的集中营里。协约国的双手也并不干净：他们已经在非洲殖民地使用强迫劳力数十年，这与德国人的做法一样，不过此时，双方都大量征召非洲搬运工在汽车不能通行的地区长途运送军事物资，这类劳工的数量大幅增长，他们的工作条件愈发艰苦得令人难以忍受。

仅仅25年后，平民的大规模死亡与强制劳改营就将在欧洲各地变得稀松平常，而1914~1918年的一项特别措施则离奇地成为20世纪更晚些时候的一段历史的预演①。为阻止比利时占

---

① 指后来的柏林墙。——译者注

领区的平民逃往中立的荷兰，德国人于1915年在两国的边界修建了铁丝网围栏，并接通了致命的2000伏高压电。一些人成功实现了穿越，但至少有300人在试图通过时死亡。

这场战争与古往今来的任何战争不同的地方在于，战斗激烈进行之时，交战双方并没有在幕后进行和平谈判。他们都致力于血战到底，如今，战争已进行了两年时间，对于任何一方位高权重之人来说，哪怕是主张和平对话，都将被视为与叛国无异。伊顿公学的校长爱德华·利特尔顿（Edward Lyttelton）牧师在一次布道时对可能终止战争的一些潜在的妥协方案进行了概述，结果引起了一片哗然，最终他被迫因此辞职。

对于那些并不身居要职的人来说，他们周旋的余地暂时要大一些。伯特兰·罗素从一开始就提出了包括诸如向德国保证不使其损失"真正的德国领土"——不包括像阿尔萨斯、洛林或是其在比利时等国的占领区——之类的和平条件。他建议未来应成立一个"国际理事会"，在争端转化为战争之前将其解决。在1916年写给伍德罗·威尔逊的信中，他敦促后者利用其影响力进行斡旋，尽快进行和平对话。

尽管一生中的大部分时间都在剑桥和伦敦文学界曲高和寡的小圈子中度过，但令罗素感到惊讶的是，他发现自己有能力同更广泛的受众对话。1916年夏天，他在南威尔士的工矿城镇进行了为期三个月的倡议和平谈判的巡回演讲。尽管捣乱者、制服警察和便衣警察亦步亦趋，但在这个立场坚定的少数派①

---

① "radical"与大多数人不一样，所以翻译成少数派地区，直接译成激进似有不妥，因为可能会导向完全相反的意思（例如支持战争也是一种激进）。——译者注

地区，台下热情欢呼的听众有时依旧能达到 2000 人甚至更多。官方不让他使用会议厅，他就露天发表演讲。行程结束后，两名苏格兰场的侦探来到罗素家中，通知他不许按计划到苏格兰和英格兰北部地区继续发表更多此类演讲。"这令我热血沸腾。"他写道。[2] 陆军部的一位官员提出可以撤回演讲禁令，但前提是罗素愿意放弃政治，回归数学。

罗素和其他反战者继续就和谈议题进行演讲与写作，但有一位活动家却做出了更加大胆的举动。她为真正开启这一进程做出了唐·吉诃德式的努力，她亲自前往德国。

在战争初期，埃米莉·霍布豪斯先在法国一个贵格会教徒发起的救济组织活动了一段时间，后来，为了完成 1915 年海牙妇女和平大会的后续工作，她又在荷兰待了几个月，这令白厅颇为愤怒。通过书信和电报，惊恐不已的英国官僚之间不停交换着关于禁止向她发放护照和未来旅行许可有关事宜的意见。维奥莱特·塞西尔的姐夫、一名外交部的高级官员在一封信中称霍布豪斯是"一名沉溺于不良的荒诞行为的女子"[3]。

1916 年晚春时分，来自交战双方和几个中立国的社会主义者代表在瑞士小村金塔尔（Kiental）的一间酒店召开了会议，一向独来独往的霍布豪斯是其中唯一的英国人[4]。他们花了一周时间对诸如"无产阶级在和平问题上的态度"之类的问题展开辩论——这使仅有 43 名代表的会议诞生了七份相互抵触的决议。会议最后的妥协宣言大声疾呼"消灭战争！"，并于劳动节当天公布，此刻外面世界对此毫不关心。各自走上回家的路时，代表们的心中只有沮丧，因为此时此刻，各条战线上的工人们依旧在拼尽全力杀死对方。1916 年的劳动节并没有成为国际无产阶级团结一致的典范。然而，希望的火花曾在柏林短暂地闪烁过，社会主义者卡尔·李卜克内西在那儿发动了一场小型和平示威。与他的同志罗莎·卢森堡一起,二人很快被投入监狱。不过,在他接受审判的当天,50000名柏林军火工人放下了手中的工具——这是战时德国爆发的首次表达政治抗议的罢工活动。

霍布豪斯凭借一己之力对抗英国在布尔战争中推行的集中营政策的努力曾经在全世界引起了回响;几乎没有人能这样单枪匹马地将一个议题推上国际议程。现在,为了与另一场规模要大得多的战争对抗,她希望自己能将历史重演。6月,霍布豪斯突然出现在了柏林,与她会见的人中出现了德国外交大臣戈特利布·冯·贾高(Gottlieb von Jagow)的身影,二人在战前就互相认识,这令英国当局非常惊恐。双方的谈话内容被她一厢情愿地夸大了,离开时,她相信贾高已准备好利用她作为渠道与英国政府交换可能的和平条件。而在与另外两位不具名的"政府高层"对话时,她的一厢情愿似乎丝毫没有减少,她相信他们在暗示德国也许愿意将阿尔萨斯和洛林让给法国以作为实现和平的交换条件。霍布豪斯还在柏林访问了一座关押英国平民的收容所,他们在战争爆发前一直居住在德国,此外,她还与冯·贾高就交换平民俘虏展开了对话。

带着她特有的自信,霍布豪斯在返回英国首都当天给外交大臣爱德华·格雷爵士(Sir Edward Grey)发去了电报,她认定后者愿意听一听自己从柏林带回来的一手消息:"(我)已于正午时分抵达伦敦,在威斯敏斯特宫酒店恭候(您的)善意指教。"[6]她的等待是徒劳的。不过,一向不屈不挠的她最终还是设法与至少一名外交部人士、多位议员、几位报社编辑、坎特伯雷大主教,甚至还有她在南非时的敌人阿尔弗雷德·米尔纳举行了谈话。"我们需要一座桥梁,"[7]她在给布尔人的领袖、此时已成为备受英国人信任的盟友老朋友扬·史末资的信中写道,"就让我成为那座桥梁吧。我已经开始造桥了——并且,我不忌惮成为独自跨过它的第一人。"

官方似乎并不相信阿尔萨斯和洛林的归还一事——毕竟德国此前并未释放过相关的其他信号——霍布豪斯便转而就俘虏交换的一则详细计划对他们展开游说。为什么英国和德国不能至少完成对所有非适龄参军男子的平民俘虏的交换呢?即便外交部也不得不承认,这样的想法"非常合乎情理"。对于如何部分解除英国海军的封锁以使急需的食物能够被运往处于被占领状态下的比利时,霍布豪斯也有自己的想法。然而,英国政府不但兴致阑珊,还拒绝向她颁发再次离境的护照。愤怒的议员在国会质询,为何作为英国公民,她能够成功在敌人的版图内度过几个星期。令人意外的是,事实证明,并没有任何明确规定说这样的做法是违法的;经过这件事之后,这项规定才被匆忙颁布。尽管如此,和以往一样,英国政府还是很担心制造任何殉道者。"经过大量讨论,"阿斯奎斯向国王报告说,"内阁认定,对她进行指控或是软禁都是不明智的行为。"[8]

造访柏林并不是霍布豪斯行程的全部;在严密的监视之下,她还在德国占领下的比利时进行了为期两周的旅行。她在发给西尔维娅·潘科赫斯特的《妇女无畏报》的报道中称,德国人的占领远没有英国人在南非放火烧毁布尔农场那么残酷。这样的说法也许符合实际,但德国人一向残忍预示他们将在第二次世界大战期间对占领区实行更加无情的统治。他们蓄意射杀了超过5000名比利时平民,放火烧毁了上千栋建筑,除此之外,他们还给著名学府鲁汶大学的图书馆浇汽油,并将其付之一炬,23万册图书和750册中世纪手抄本的珍贵馆藏也一同葬身火海。占领当局将比利时银行金库中保管的财物、工厂中的设备、超过全国半数的牛、将近一半的猪和三分之二的马运回了国内。霍布豪斯对这些几乎毫无所知,因为她不被允许同任何比利时人交谈。在苏格兰场结束对她的问询后,巴兹尔·汤姆森报告说,霍布豪斯"得到了某种德国人希望她得到的结论"[9],他在很大程度上说得没错。

尽管英国政府并未将功劳归于霍布豪斯,而是坚称他们原本就一直在计划着类似的行动,不过,她的奔走游说的确在一个问题上取得了成效:外交部向议会递交了一项关于交换平民俘虏的提议,里面的内容似乎就是从她的设想借鉴而来的。几个月以后,英德两国政府就此达成协议。除此以外,霍布豪斯并未能达成更多的目标。可是,不论她的独狼外交是多么没有成功的希望,不论她对自己在比利时的所见所闻表现得有多天真,在这场全世界到此为止经历过的最惨烈的战争中,一路走来,霍布豪斯是所有参战国中为了寻求和平前往对立阵营的唯一的人。

当权者毫不犹豫地选择无视霍布豪斯,可她却在一个人身上打下了永久性的烙印。斯蒂芬·霍布豪斯是埃米莉的叔父之子,出生在一个十足的特权之家,战争爆发那年,他刚刚三十出头。他的父亲是一名议员,同时还是个富有的地主。在一系列家庭女教师的陪伴下,斯蒂芬在一座建于 1685 年的富丽堂皇的乡村庄园中长大,后来他被送入伊顿公学就读,在此期间,由于学习成绩优秀,他得到过一本书(《英伦著名战役纪略》①)作为奖励,由于枪法精湛,他还赢得过两座银杯,一

---

① 全名为 Deeds that Won the Empire: Historic Battle Scenes。——译者注

座是对其精湛枪法的表彰,另一座则是由于伊顿公学来复枪志愿兵团中他所在并负责指挥的队伍表现最为优异。1897年,也就是在女王加冕六十周年那一年,志愿兵团行军到了临近的温莎城堡,在城堡的中庭,他们手擎火把为维多利亚女王合唱了祝寿歌曲。

随后他在牛津大学迎来了新的生活,在泰晤士河上泛舟,参加狩猎聚会,出席社交季在伦敦举办的舞会。然而,布尔战争刚一爆发,斯蒂芬却发现自己"对大不列颠的爱国热情"[10]受到了挑战。"与堂姊埃米莉在一起时尤为如此,我与她经常见面……与她严肃辩论的情景令我记忆犹新……因此,毫无疑问,我的内心已为觉醒做好了准备。"

20岁那年,斯蒂芬在牛津火车站花六便士买了一本托尔斯泰所写的小册子,读过之后,斯蒂芬·霍布豪斯成为一名虔诚的和平主义者。作为长子,他很可能要继承家族"半封建"式的1700英亩的土地,而在他21岁生日那天,按照要求,他要依照传统向聚集在一起的佃农和他们的家人演讲致意,这些都令他感到惊恐不已。他在给一位姑妈的信中写道:"应该在多大程度上向现实妥协,以及是否应该为了还原它们本来的面貌而展开斗争,我还没有下定决心。"[11]

最终,他并未向现实妥协。宣布放弃继承家产后,他成为一名贵格会教徒,还经营起了一间面向伦敦贫民区儿童开放的儿童俱乐部。他一直承受着多种健康问题的折磨,曾经两次精神崩溃,有一回还患上了猩红热,然而,这些都没能阻止他搬到一个工人街区中的一间没有热水的简陋公寓中,在那里,他效仿其他房客,也将报纸当作桌布。为帮助1912~1913年爆发的巴尔干战争中产生的难民,他曾作为一支贵格会救济队的成员前往希腊与土耳其,就像他的堂姊十年前在南非经历过的那样,他也目睹了战争是如何将农场和村庄化为一片瓦砾的。

1914年,就在英国宣战的前两天,斯蒂芬聆听了绝望的基尔·哈迪在特拉法加广场上的纳尔逊纪念柱脚下为争取和平发出的绝望请求。第二年,他在一场由基督教和平主义者举办的宴会上遇见了未来的妻子罗莎,埃米莉意识到,一段正在萌芽的爱情发出了它的第一缕微光,"堂姊脸上展现出的热切而深情的好奇心"[12]令斯蒂芬十分感动。他们于数月后完婚,不过,决意过俭朴生活的二人是坐着公共汽车从婚礼现场回到家中的。1916年初,罗莎与夏洛特·德斯帕德一起在独立工党举办的一次会议上登台发表了演讲,没过多久,她便因为散布反战传单而在监狱中度过了三个月。同年,面对征兵,声称自己具有"国际社会主义者"和基督徒双重信仰的斯蒂芬对正式役和替代役都说了不。

斯蒂芬在军事法庭上的公诉人是一位名叫 A. V. 内特尔 (A. V. Nettell) 的年轻少尉。内特尔知道犯人的健康状况之脆弱确实不适合参军,但他未能成功劝说斯蒂芬接受军事体检。与其他许多在拒服兵役者羁押期间粗暴对待他们的军官不同,内特尔对斯蒂芬和与他一起被关押的另外11名拒服兵役者十分礼貌。判决结果自然是12人要服苦役,不过在被带走之前,斯蒂芬送给了内特尔一本附有12人全体签名的华兹华斯诗集。这份礼物给内特尔留下了非常深刻的印象。"我还没有被什么事情如此打动过……真心感谢上帝能让我认识他。"[13]半个世纪以后,内特尔在给斯蒂芬的遗孀罗莎的信中写道。

斯蒂芬的家人本来就害怕他的身体会在狱中垮掉,结果,更令人忧心忡忡的消息传来，他被单独关押。

随着越来越多的家庭接到他们的儿子或是丈夫在战斗中被杀或失踪的电报，那些嗅觉敏锐的英国人做起了一门利润丰厚的生意。交给他们一些费用，他们就会举办一场通灵会，悲伤的亲属们可以借此与失踪士兵的灵魂取得联系，这些灵魂则会通过留下乙醚痕迹的方式来告诉人们他们被俘的地点。当然，已经确认死亡的人是无法被他们召唤回来的。从最遥远的苏格兰岛屿到伦敦的上流社会，战争一直在制造无穷无尽的伤亡。1916年9月15日，正当雷蒙德·阿斯奎斯带领部队在索姆河前线参与另一场战斗时，德军的子弹击中了首相之子的胸口。为了尽量维持手下的士气，他在倒地之后点上了一支香烟，故意装出一副若无其事的样子。最终，他死在了前往急救站的路上。

许多人都死在了对一块块面积小到几乎在欧洲地图上都看不到的土地的争夺上。这一切要如何向国内解释？没有谁比那位高伤亡信徒本人更在意这一问题的存在。"毫无根据的急躁情绪……是我们国家不得不面对的危机，"黑格在1916年年中时写道，"军事史上充斥着太多这样的例子，正确的军事原理在孤陋寡闻的大众的民意压力下不得不被抛弃。为了阻止这样的危机发生，媒体是我们手头的最佳工具。"[14]

正是因为如此，媒体不但被动员起来了，还被施加了比以往任何时候都要严格的管制。正如约翰·巴肯后来所说的那样，"就英国而言，如果没有报纸，这场战争连一个月都坚持不了"[15]。大批对报社刊登内容做出规定的条例出台，政府会定期就哪些主题"不应该被提及"通知编辑，令人感觉不祥的是，他们还运用边界模糊的权力指出哪些是"应该避免谈起或是要非常谨慎对待的主题"。[16]这些条例本身的存在也是被禁止提及的。劳合·乔治甚至告诉伯特兰·罗素说，如果《登山宝训》对战争动员造成了妨碍，他一样会毫不犹豫地起诉出版它的人。战争结束后，宣传员们自然是受到了嘉奖：战时的报纸记者、编辑或经营者中，至少有十二人受封骑士，六人成为贵族，其中，贵族身份大多被赐给了各报社的经营者。

前线记者的日常工作则是对英军的损失进行粉饰。在索姆河的血腥杀戮进行期间，来自《每日邮报》的威廉·比奇·托马斯（William Beach Thomas）曾对一名战死的英军士兵做出过如下描述："即便已经战死沙场，比起别人，安静之中，他显得更加忠诚，纯粹之中，他显得更为坚定。"[17]比奇·托马斯在法国度过了战争中的大部分时间，他后来承认："我对自己曾经写下的东西深深感到毫无保留的惭愧。"[18]在黑格眼中，六名西线长期记者就是一支额外的大军。他为他们配发了上尉制服，还为他们提供了司机、警卫和舒适的住宿条件。一次，由于对他们在报道中体现的爱国基调感到高兴，黑格召见了他们，并对他们给出了自己最高的评价："先生们，你们像军人一样完成了自己的工作！"[19]

相比前线士兵，他们的工作在国内的读者身上起到了更为显著的效果。据 C. E. 蒙塔古回忆，普通战地记者的任务是引导舆论与审查，而他们的工作对象则正是黑格口中的军人，他们的作品中"言之凿凿的乐观口吻激起了参战士兵对作者的愤怒。他们的报道通篇都在暗示着一种轻松愉快的气氛：没有什么能比'跳出战壕的一刻'更令官兵感到享受；战斗只是一场艰苦但快乐的野餐；对军人来说，战斗永远都持续得不够长……

在绝大多数军人的一生当中,他们曾始终相信'报纸上说的'是可以被推断为真的事实"[20]。这种事再也不存在了。蒙塔古曾遇见过一名中士,后者告诉他:"你看的这些我一个字都不信,先生,你相信吗?"

备受信赖的约翰·巴肯是向公众报道战争的关键人物,此时的他在前线担负起了一系列令人眼花缭乱的任务。除了继续以接近每年一本的速度出版间谍题材爱国主义小说,按照现代人的说法,他还成为一名嵌入式记者①,为《泰晤士报》和《每日新闻报》撰写报道——与此同时,他又穿上了军装,成为黑格的情报部队中的一名军官,负责起草每周发给媒体、英国各驻外机构其他组织的公报[21]。不仅如此,亲切的性格与在文学界的声望使他成为重要访客在前线参观时完美的导游人选。黑格曾特意将《泰晤士报》的所有者诺思克利夫勋爵(Lord Northcliffe)和其他几家报社的所有者交给巴肯,后者带领他们进行了为期一周的高规格旅行。后来,这位将军满意地发现,"诺思克利夫非常渴望以各种可能的手段对陆军提供帮助"。[22](诺思克利夫此后又对前线进行了访问,我们的最高统帅在日记中扬扬得意地记下了前者的提议:"只要《泰晤士报》上出现任何不合我心意的内容,我都可以写信给他。"[23])

凭借小说家特有的视角,巴肯的确敏锐地观察到了黑格的一些特点,只不过,他在战争结束几十年以后才与读者分享了这些故事。例如,巴肯注意到,刚一成为最高统帅,黑格的苏格兰腔就在演讲时变得听上去没那么明显了;在某种程度上,他的口音似乎在向南部靠拢。他还观察到,面对萍水相逢的士

---

① 所谓嵌入式采访也就是同吃同住随军行动。——译者注

兵，黑格并不具备"约翰·弗伦奇爵士的讲话天赋。我记得他有一次曾试着这样做过。当时有个二等兵孤零零地站在路边，黑格强迫自己同他讲话"。

"黑格：这个，我的兄弟，你第一次参与的战争是在哪里？"

"二等兵（整张脸吓得惨白）：先生，我向上帝发誓，我从未发动过任何战争。①"

"这成了他的最后一次尝试。"[24] 餐桌前的黑格也同样表现得有些笨拙。"当有教养的知名来宾前来访问时……为防止总司令坐在那说不出话，人们必须备好某种谈话清单。举个例子，沃尔特·佩特做过黑格的家庭教师，他曾经同黑格讲过艺术风格的问题，而这些黑格还记得，那么把话题引到那个方向就再好不过了。"[25]

与此同时，文学活力如泉涌的巴肯还在继续没完没了地推出他的分卷本畅销书《纳尔逊战争史》。战场上的硝烟几乎才刚刚散去，关于索姆河战役的几卷篇幅较短的分册就在1916年末问世了，它们在政治宣传上获得了成功，因为巴肯的文章总是聚焦在一般人易于理解的事件上：夺取一座战壕，占领一个村庄，成功控制一座山丘等。书中的地图同样采用了特写的比例，由于对英军的推进路线进行了放大，路线图可以占据整个页面。既然这位著名作家宣称这个小村子"很重要"，那条山脊具有"战略意义"，对于那些在战前从未听说过这些法国小村庄的读者来说，他们又怎么可能产生怀疑呢？

巴肯在索姆河战役的几卷里充满了描写英雄人物的小故事，

---

① 二等兵听成了你是在哪儿发动这场战争的？（Where did you start the war?）——译者注

例如来自皇家爱尔兰步枪团的麦克法登,为了保护战友,他用自己的身躯压住了两枚马上就要爆炸的手榴弹;或者卢卡斯勋爵,作为飞行员,他只有一条腿,后来在德军防线上空人间蒸发。所有这些人,"不论是店员还是伙计,农夫还是羊倌,撒克逊人还是凯尔特人,大学毕业生还是码头工人,经常在地球上的野蛮角落遭遇险境的人,还是平生最大的冒险就是在周末骑自行车兜风的人"[26],都曾为国英勇效力,自然,每一名英国人都为他们感到骄傲。书中的照片同样拍得积极向上:苏格兰军人们弹奏着手风琴,向前线进军的部队一边欢呼,一边扬起头盔向镜头致意。

新型坦克首次短暂的亮相遭到的尴尬失利根本无法阻止巴肯对它进行歌颂;他很有预见性地为它们赋予了那种公众不久之后才会感受到的传奇色彩:"这些像蟾蜍怪一样的奇怪机械从容地爬过铁丝网与战壕护墙,撞翻房屋,将树木拱到一旁,再费力地越过厚重的墙壁……开坦克的士兵——他们管坦克叫'国王陛下的陆上战舰'——似乎也沾染了一些英国水手无忧无虑的天性……他们以无限幽默的口气讲述着坦克被卡住时,敌人是怎样围住他们,又是怎样白费力气地试图打破装甲的,而同一时间,他们却坐在坦克里哈哈大笑。"[27]

巴肯没有提到的是,被炮弹击中油箱后,坦克内的士兵都会被烧成焦黑的骷髅,同样,他也没有披露索姆河前线将近50万英军死伤时诸如此类的细节。相反,追随着黑格与查特里斯上将脚步的巴肯一口咬定,敌军的士气已受到"毁灭性的打击"[28],并多少有些含混地做出了"我们已经实现了主要目标"[29]的结论。当然了,这才是英国人迫切想要感受到的结果。

巴肯相信这些吗?当然不是。他在步兵团中的密友很明白那些屠杀发生得有多盲目;实际上,根据研究政治宣传的历史学家彼得·比滕赫伊斯的推测,正是巴肯在写作有关索姆河战役内容时的"口是心非"[30]令他很快在后来患上了胃溃疡①并动了手术。不过,我们永远都无法得知真相,因为巴肯从来没在任何作品中承认过自己曾对战争有所怀疑。

与巴肯一样从作家变成宣传员的拉迪亚德·吉卜林因为儿子的死深受震撼,尽管还在各条战线继续进行报道,可他的作品却变得更加尖刻与黑暗。"不论何时,只要德国人得到了适合繁衍生息的土壤,"他在1916年中时写道,"他们就会给文明人带来死亡,他们与引发疾病的细菌一模一样……德国人就是伤寒和鼠疫——一群条顿害虫。"[31]他在一次演讲当中称,全世界的人分为两种,"人类和德国人"[32],不过,他对自己口中的"人类"当中的一部分人——犹太人、爱尔兰人和令国家军火短缺的懒惰的工会主义者——的愤怒同样在与日俱增。

吉卜林无法摆脱约翰下落不明的影响。通过与卢斯战役中超过20名生还者写信及面谈,他和妻子整理出了一张约翰失踪当天最后已知动向的时间表,并将这些动向——标注在了地图上。走投无路之下,吉卜林还曾印制过德文的寻人小册子,并安排陆军航空队将它们投向了德军战壕。

作家赖德·哈格德(Rider Haggard)找到了最后见到约翰活着的爱尔兰近卫团的战友,他确认约翰在失踪前已经负伤。这名士兵告诉哈格德,约翰一直在痛苦地大叫,因为一枚炮弹弹片打烂了他的嘴。哈格德不敢将消息告诉吉卜林,正因如此,

---

① 精神紧张或忧虑,多愁善感,脑力劳动过多都是本病诱发因素。——译者注

毫不知情的吉卜林才能继续保持幻想:

> 我的儿子在因某事大笑时被杀死,我知道一定是这样。那是什么事,它或许能在我笑不出来时逗我笑。[33]

来到吉卜林位于苏塞克斯的乡村庄园的访客们发现,这位作家变得更加苍老,头发变得更加灰白,脸上也平添了更多皱纹。他的美国友人朱莉娅·卡特琳·帕克(Julia Catlin Park)前来探望他时,吉卜林只在前者动身离开时才提到了自己的儿子;随后,他紧紧地握住她的手说:"朱莉娅,你该跪下感谢上帝,你没有儿子。"[34]

索姆河的离奇大屠杀使军方遇到了迄今为止最难对付的公关问题,纸媒之外,新的宣传手段开始引领风骚。当局比在战场上倾注了更多精力进行沟通方式的创新,他们将目光转向了作为新媒体的电影,推出的影片成为有史以来最早也最有影响力的宣传片之一。两名带着笨重的手摇式摄影机的摄影师破天荒地得到了随意进入前线地带的许可,由他们拍摄的 75 分钟电影《索姆河战役》(Battle of the Somme)于 1916 年 8 月被火速送往各大影院放映,而在同一时间,战役才进行了一半不到。单在伦敦一地,就有 34 家影院进行了首映,影片的 100 份拷贝很快发行到了全国各地。影院外排起了长队,在西伊灵区,警察不得不出面维持焦躁不安的人群的秩序。上映头六个星期,超过 1900 万人观看了这部影片;到最后,英国绝大多数人或许都看过这部电影。[注意到影片取得的成功,德国人匆忙间也推出了一部自己的影片:《索姆河英雄实录》(With Our Heros at the Somme）。]

这部影片的画面闪烁、抖动，有时还会模糊不清，中间穿插着默片时代的那种印制字幕。电影此时依旧算是一种新的媒介，在影片的每一幕场景里，所有人都会好奇地看着摄影机，包括那些你觉得他们心中一定在想着更要紧的事情的人：正在前往战斗途中的英军，被俘的德军，仍能行走的伤员，甚至还有一个在战壕里慌忙赶路的英军士兵，画面中，他肩上正扛着一名战友，银幕上的字幕告诉我们，他的战友30分钟后就死了。

对于只习惯看那些在阅兵仪式一类的正式场合拍摄的程式化的新闻短片片段的观众来说，电影完全是一种惊人的存在。同时，它的黑白画面还能展现出丰富的前线普通工人阶级士兵的生活细节，这一部分内容正是国内的民众再熟悉不过的生活日常的军队版本——喂马饮马，生火做饭，阅读信件，在路边池塘洗漱，在泥地里参加礼拜——再加上搬运拆卸无穷无尽的沉重炮弹箱的苦差。

影片收录的许多场景的目的是引发人们的惊叹，例如巨大的地雷在德军防线下方爆炸或是重型榴弹炮开火时的镜头。巨炮轰击着德军战壕，字幕是这样写的。包括那个展示进攻士兵蜂拥冲出战壕的同时有人中弹跌落在地的著名场景在内，今天的人们相信有些场景是伪造的，是在后方拍摄的，不过在当年，不论观众还是评论家似乎都没有注意到这一点，他们被这些看上去来自真实战争的逼真画面深深迷住了。

肯定有数百万人怀着对看到熟悉面孔的渴望——或者说，怀着对此的恐惧——观看了《索姆河战役》：如果有人的丈夫或是儿子在银幕上出现，或死或伤，那该怎么办？尽管战斗中的伤亡有时以动情的方式呈现——曼彻斯特军团的宠物狗与向

"但泽走廊"冲锋的主人倒在了一起,有时则带有误导性——伤员正在明登兵站等待救护。画面显示,伤员很快就得到了照料,可是,事情之所以显得不同寻常,是因为这些伤亡被明明白白地展现了出来。这部电影与这场战争以往的任何宣传都不同的地方在于,它从不回避展示英军的死亡和数量惊人的伤员——能走的,跛行的,普通担架上抬着的,轮式担架上躺着的。

《星报》写道,这部电影中的画面"在伦敦激起的巨大热情自战争〔爆发〕以来没有任何事情能与之比肩。每个人都在讨论电影里的场景……很明显,相比之前的文字与照片,它们进一步缩短了我们与战争之间的距离"[35]。男观众在银幕上出现进攻画面时欢呼雀跃;女观众在看到伤员时流下眼泪;上演英军士兵疑似中枪倒地的镜头时,人们则会发出尖叫。

刚刚与亲人生离死别的人们就这部电影(这里的"电影"有时会被加上复数,当时的人有时会对长度需要好几盘胶卷才能装下的电影采取复数的称呼)写来的信件被大量刊登在报纸上,许多来信讲述的都是同样的主题。"我在战争中失去了一个儿子,"这是一封刊登在《泰晤士报》上的典型信件,"这部索姆河的电影我已经看了两遍。我还会再来看的。我想要知道,我亲爱的儿子们曾经忍受着什么样的生活,在生死攸关之际经历过什么,我想(通过这部电影)重新陪伴在他们身边。"[36]

政府对于允许这样的画面出现在全国的影院中带来的风险心中有数。此时刚刚成为陆军大臣的大卫·劳合·乔治认为,不论这部电影给观看它的民众带来多少痛苦的感受,它都将增强他们对战争的支持力度——他说对了。按照舆论令人不寒而栗的情感逻辑,战争的苦难越骇人,死者与伤者们做出的牺牲就越崇高——而他们倾尽所有想要实现的目标肯定就更有意义。

历经四个半月的战斗，如今的战场是怎样一副光景？有位平民获得了近距离观察战场的难得机会，他向几位知己生动地描述了 1916 年 11 月中旬时索姆河战区的景象，此时，英军漫长却毫无结果的攻势刚刚停止：

"所有的村庄……都被彻底夷为平地……连两块立在一起的石头都看不到。视线所及之处，你在大片的废墟中唯一能看到的只有几组光秃秃的树干，树叶和枝条都被剥得一干二净……你在任何地方都找不到哪怕两平方码没有受到过炮火轰击的土地。"每一条道路都是"淤积着能没过脚踝的黏稠泥浆，各种数不清的车辆在挣扎着向前行驶，骑兵一脚深一脚浅地颠簸行进，进军的部队，所有人走的都是同样的道路，有的正干干净净地向前方战壕进发，有的则从头到脚都溅满了泥浆，疲惫不堪地踏上回程的旅途"。在两军争夺数月之久的德尔维尔伍德，"枯萎的树木四周，尸体、头盔、英军和德军的步枪、挖掘工具、炮弹、手榴弹、机枪的子弹带、水壶、各种你能想象得到的武器碎块和衣服的碎片散落一地"。

这位在为期八天的独家旅行结束后，写下上述内容的目击者正是阿尔弗雷德·米尔纳。穿过海峡后，他"与不舒适略微沾边的体验"就是在一名法国农夫家中度过的那个夜晚。除了这一次，他睡觉的地方一直都是被强行征用的庄园。在其中一处庄园里，"这里的一切都很舒服，我的卧室也棒极了……师部的乐队在晚餐时演奏了音乐——水平还不赖。大老远来到这里，乐队可是非常重要的，这儿的乐队数量并不够多"。与将军们会面，在军官的陪同下骑马，在陆军航空队基地停留观看最新款的战斗机，观摩新型坦克，四处奔波的米尔纳每天都在繁忙中度过。他看到过正在发射的德军防空炮（"炸开的炮弹看上去就像许多小小的白云"），听到过大炮"巨大的轰鸣声"，还在他人带领下去过几处被英军占领的德军防空壕，其中一座的内部"有一连串完好无损的地下室，墙上嵌着木板，有的地方还装上了软垫，彼此之间用走廊连接"。

他三番五次地与自己在南非时就认识的军官会面，当然，其中也包括最高统帅本人。他曾与黑格和他的参谋们有三个晚上共进晚餐，每一次，他都在日记里骄傲地写道："晚餐后，在我要返回大客厅、他要投入工作之前，黑格与我在他的房间进行了半小时到四十五分钟的私人谈话。"尽管在人群中讲话的将军也许会表现得十分笨拙，一旦面对那些有影响力的人物，他就成了一位能让他们觉得自己很受重视的专家。米尔纳并不知道，这种在晚餐后进行的私人聊天是黑格接待重要访客时的标准流程。星期日那天，我们的将军还带着米尔纳参加了自己最喜欢的传教士邓肯牧师主持的礼拜仪式。在指挥部的最后一个早晨，吃过早餐，米尔纳"被黑格领进了自己的房间，在一副挂在墙上的巨大地图前，他快速地向我讲解了昨天的行动，然后展示了我们取得的土地的准确地点，还向我解释了他之所以认为这些地方重要的缘由"[37]。黑格愿意在一个不在政府任职的访客身上耗费如此精力的行为或许显得有些奇怪，不过，对于谁将成为伦敦政坛冉冉升起的新星，谁又将前景黯淡，黑格的眼光可以说是非常敏锐的。当初邀请米尔纳来到前线的人正是黑格自己。

两年多以来，黑格变得越发焦躁不安，他坚信自己要比围绕在个性乏味、令人无趣、似乎对打破没有止境的战争僵局毫无头绪的阿斯奎斯身边的人们更有能力。被人嘲讽地起了一个"斯醉酒"外号的首相喝酒喝得很厉害，天大的事都不能打扰他每天晚上两个小时的桥牌时间，不仅如此，成千上万的人在死亡，他却在每个周末都优哉游哉地到朋友的乡村庄园休假。一次在唐宁街 10 号出席晨会时，他的一身高尔夫球服让人们惊讶不已。包括由米尔纳创建的、坚定支持战争的英国工人联盟旗下的报纸在内，批评者们纷纷抱怨，"斯吹牛"使整个政府受到了影响。

对于米尔纳和他的崇拜者来说，征兵制——米尔纳曾积极拥护这项制度——成功使战壕里填满士兵的事实似乎证明了他的远见卓识。此时此刻，他的脑子里则装满了对其他许多问题的看法，有些时候，这些看法的形成源自他的军队高层的友人私下里提供给他的消息。1915 年，他成为在上议院公开支持英军从损失惨重的加里波利滩头阵地撤退的第一人——这样的直言不讳在战时的公众人物当中极为罕见。他对增加宣传攻势有很多想法，也对很多事情感到生气，他曾愤怒地表示，德国人在日德兰"巧妙地战胜了"皇家海军。

不论何时提出质疑，他的讲话都会被详细刊登在《泰晤士报》上。刚刚成为陆军大臣的劳合·乔治成为米尔纳的盟友，考虑到二人曾在布尔战争的问题上是针锋相对的政敌，现在的联盟着实令人感到惊讶。1916 年初，一小群具有影响力的政治人物和新闻记者在米尔纳家中举办了第一次工作晚餐，从此以后，他们便开始定期举办秘密会议，劳合·乔治有时也参与其中。这个被人们称为"周一晚间阴谋小集团"的团体拥有一个共同目标：通过精心策划，将阿斯奎斯赶下台。几乎可以肯定的是，黑格之所以邀请米尔纳来到法国，正是由于他对他们的会议内容有所耳闻。

尽管这场战争能让大多数人记住的都是那些大型战役，可是，即便没有任何著名战役正在进行，西线的天空中也始终充斥着飞舞的子弹、迫击炮弹、炸裂的弹片和致命的毒气（此时人们已经开始使用炮弹来装载毒气）。这些不断进行中的小规模战斗造成的伤亡便是英军指挥官们口中每周五千人的"正常损耗"的一部分。对士兵们来说，与大型战役相比，这些报纸从来不会提起的小型战斗很可能同样也是可怕致命的。

就以1916年11月26日黎明前寒冷的几个小时为例，事情发生在一段人们本来认为风平浪静的前线区域内，在它的北边，索姆河战役才刚刚告一段落。驻防此地的是几支被称为"矮脚鸡营"的部队。战争开始时，按照募兵的要求，新兵的身高至少要达到五英尺三英寸，低于这个身高的志愿者将被拒之门外。然而，随着人力需求的增加，身高超过五英尺的人也开始被获准进入特殊的部队，并被配发枪托更小的步枪。由于身高不足常常是童年时期营养不良所导致的，因此，这些营队当中全都是些在穷人家长大的孩子，通常来自苏格兰或者英格兰北部的工业城市。许多人入伍前做的是矿工，干这一行，身材矮小是一种优势，在一些北部煤矿内，地下煤层只有三英尺高。思想传统、认为士兵越高大越好的英军将领们瞧不起他们，德国人也隔着无人区学公鸡打鸣嘲笑他们，不过和所有人一样，他们也在战死沙场。索姆河战役开始的头两个月，参加战斗的"矮脚鸡"中有超过三分之一的人死伤或者被宣布失踪。有支小队曾编过一首歌曲：[38]

我们是小个子连队的

矮脚鸡兵

> 身高不高，打仗不赢
> 我们到底哪行？
> 当我们来到柏林，德皇说
> 我的老天爷，高，真高，小个子连队
> 多么优秀的一群人

232 "矮脚鸡"们把守的前线地带经过一处名叫"国王坑"的地点，距离德军战壕只有50码。部队里，有一位叫作约瑟夫·"威利"·斯通斯的代理中士。他25岁，已成家，并有两个女儿。他来到法国已一年，赢得了上司的赞扬并获得两次晋升。11月26日凌晨2点15分左右，斯通斯正和一名中尉巡查前线战壕，突然遭遇了十多名夜袭的德国兵。德国人开枪打死了中尉。斯通斯逃了回来。他离开战壕向后方跑去，嘴里拼命地大喊："德国佬进到国王坑啦！"

同一时间，德国人也从对面冲进了英军战壕，他们到处射击，向防空壕里扔手榴弹，随后绑架了一名俘虏穿过无人区撤退。这只是德军当晚在前线的这一区域发动的数次突袭行动之一。其他英军部队彻底陷入了恐慌，他们一边逃离前线战壕一边大喊"快逃命吧，德国人来啦！"这些逃兵中有国王坑附近一处观察哨的负责人一等兵约翰·麦克唐纳，还有之前待在附近一座防空壕中的一等兵彼得·戈金斯。斯通斯和另一名士兵在与后方还有一段距离时被叫住，人们发现他俩身上没带枪——这是非常严重的罪行。

黑暗中突然回荡起德国人的声音、手榴弹的爆炸声和受伤士兵的惨叫声，在这样的情境下，我们很容易就能想象得到士兵们当时该是一种怎样可怕的感受。根据另一位当时见到过斯通斯的士兵的证言，逃跑之后，斯通斯的腿"似乎不听使唤了。他坐了好一会儿，几次尝试着想要站起来"[39]。即便已经接到命令返回前线，他的腿"仍旧动弹不得"。（来到"矮脚鸡"营以前，斯通斯曾两次向军医诉苦说由于风湿病自己的腿非常痛。）据一位中士的描述，斯通斯"非常疲惫，浑身打着哆嗦……他说德国人之前一直在战壕里追他……他看上去彻底累垮了"[40]。

在战争指挥者的眼中，按照对斯通斯的正式控告中的说法，惊慌失措并不能成为一个士兵"丢掉武器逃离前线"的借口，同样，即使他宣称自己是接受垂死的中尉的命令前去警告后方战友，那么他也不能"丢掉武器逃离前线"。1916年12月，针对那个痛苦的夜晚发生的事，26名来自"矮脚鸡"营的军人被军事法庭判处死刑，斯通斯、戈金斯和麦克唐纳都在其中。

每次有人被军事法庭判为死刑，将军们总是会建议对他们宽大处理，拥有最高决定权的黑格通常也会批准，战争期间，经他过目的死刑犯中有89%[41]的人获得了减刑。约瑟夫·斯通斯有充足的理由盼望自己也会被减刑，因为他的连长和旅长都主张对他们宽大处理。"我个人曾与斯通斯一起到无人区执行任务，也总能看到他的机智与勇敢。"[42]他的连长写道，"很有把握地讲，要是说到懦夫行为，他绝对是我最后一个能想到的人。"然而，师长和更上级的两位将军批准了死刑[43]，这样一来，所有被定刑的"矮脚鸡"营官兵的命运就掌握在了黑格手中。

面对敌情丢掉武器并不是揭示英国军事司法体系严苛之处的唯一一项罪责。同年的12月，一名来自附近另一支部队的士兵做了一件对平民来说完全无罪的事：给报纸写信。

阿尔伯特·罗切斯特（Albert Rochester），他32岁，年龄比一般士兵要大。他在战争爆发伊始就入伍了，把怀孕的妻子和三个孩子留在了家中。过去他是大西部铁路公司的信号员，负责用旗语通知火车司机是否能够通行，除此之外，他也是一名忠诚的社会主义者，还是国家铁路工人联合会旗下报纸的专栏作家。他在索姆河战役期间负过伤，1916年12月时，他在前线被升为下士。尽管成千上万像罗切斯特一样的志愿参军的工会会员曾让基尔·哈迪感到痛心疾首，可入伍本身并不意味着他们会将一切阶级意识抛诸脑后。

和大多数军队一样，英军也带着国内社会的影子，每一名军官都配有勤务兵或是私仆。这样的现象令罗切斯特非常气愤，在自己口中位于战线后方好似"老鼠乱窜、污秽不堪、地上浸着大粪、泥泞、泛着恶臭的牲口棚"的休整兵站里，他写下了那封以此为主要话题的怒火中烧的信。他把信寄给了伦敦的《每日邮报》，来自该报的记者威廉·比奇·托马斯一直在向国内发回"描写军官与士兵相亲相爱的荒谬报道。"令罗切斯特生气的正是此人。

在步兵勤务部队，被征召做仆人的人数不少于60000人（或者相当于3个整装师）。下一个让我们看看各步兵旅的指挥部——每个指挥部有6名军官。在这六个人身边，仆人、马夫、餐厅服务员等人的数量是15到18人。这么一算，这些指挥部就又占用了另外5000人（5个营的兵力）……全部的将军、上校、少校以及许多的上尉和中尉都配备了坐骑和马夫……人们普遍承认的一点是，每隔两个星期要骑马遛弯,除此之外马对在法国的军官几乎毫无用处……至于这些马和马夫要在饲料、军粮和马具等等东西上消耗多少国家的财力,我还是留给读者们猜一猜好了……如果在军队花名册里摘出勤务兵、马夫、仆人、侍者以及担任各种有军衔和没军衔的"美差"的人,人们很可能会发现,五十几万人从事的工作对赢得战争可有可无。

在信的结尾,我们既能看到罗切斯特的爱国主义情怀,又能体会到他心中的社会主义信念:"作为一名士兵,我想代表几百万参军的公民提些意见……不要把军官当成贵族;他们最好自己擦鞋,自己拿食物,自己打刮脸用的水。这样兴许不仅能让平民百姓更加尊重这些同胞,还将为更重要的军事任务释放更多的人力。"

罗切斯特的信压根就没被寄给《每日邮报》。信被审查官截住了,它的作者被押上了军事法庭,被指控"损害军纪与良好秩序"。

庭审过程中,罗切斯特在自我辩护时极尽讽刺之能事。他说,如果像温斯顿·丘吉尔一样的现役军官能畅所欲言,那么一个"二等兵"就一定也有这个权利。此时提起没有任何一名审查官能够驯服的丘吉尔简直再合适不过了。丘吉尔曾于1916年上半年在前线担任步兵营长,不过他于年中告假回国,并在下议院发表了一番攻击海军管理层的演讲。

如果成为律师,罗切斯特肯定属于非常难对付的那种。"我理解,"他说,"出台审查条例的目的之一是防止各种材料落入敌人之手,毕竟拿到这些,他们可能会认为我们内部存在着不满情绪……[可是]我只不过在努力增加我军的战斗力,就这一点来说,我觉得我的信没准能让敌人气馁……我认为这封信能向敌人展示出普通百姓想要尽可能给予他们致命一击。"除此之外,他还指出自己两周以前休假时曾路过伦敦,如果想要逃避审查,他为什么不在当时亲自把信送到《每日邮报》?

罗切斯特所在师的牧师是这场辩护的唯一见证者,他拐弯抹角地对前者表达了认可:"我和被告人已经认识了三个多月……我认为他是一个非常真诚的人,是一名真正的爱国者;对于政治问题,他或多或少地发表过意见;我相信,他愿意称自己为社会主义者;他一直有就政治问题公开发表有几分激烈的看法的习惯……但我并不是在暗示他的观点一定会削弱他服从纪律的意愿。"

军事法庭判定罗切斯特有罪。他的朋友在他服役的旅的军官餐厅干活时曾在无意间听到负责审查的军官们愤怒地谈论起早先他寄到家里的信,所以他们很可能一直在等待机会找借口来惩罚他。根据罗切斯特的说法,信件被披露后,他首先被带到了主管将军面前,这位出身印度军队的老兵对他怒气冲冲地说:"老兄,我要整垮你:我就要把你的精神搞垮。"

他被剥夺了下士军衔,被处以"一号战地惩戒",此外还要从事杂役工作,每天进行上下午各一个小时的"负重操练"——穿戴全套装备进行急行军。那位将军决心要整垮他,"坦白地讲,"罗切斯特后来写道,"我感到害怕了。"

一位身材魁梧的中士将他带到了一座周围有哨兵把守、被当作最近的军事监狱的附属小屋里。这是个特别寒冷的冬天,河面冻得梆硬,没等战壕里的士兵吃完饭,他们手中盘子的边缘就会结冰。在这个寒冷刺骨的夜晚,还有几个人和罗切斯特一起关在一间牢房里。"每个犯人只能盖一块毯子,所以为了取暖,我们就在脏兮兮的稻草上铺一块毯子,然后把剩下的盖在身上，紧紧拥在一起。活蹦乱跳的老鼠……搅得我们几个小时无法入睡，于是我们就开始相互吐露心声。罗切斯特在与他们彻夜长谈时意识到，其他人的麻烦要比自己大得多。他的狱友都是来自矮脚鸡营的人，其中就包括斯通斯、戈金斯和麦克唐纳。"

罗切斯特发现，他们三人都是和自己一样的工人阶级子弟：斯通斯和戈金斯是从英格兰最北边的达勒姆来的煤矿工人，那里激进的工会运动十分有名，麦克唐纳则是来自临近的桑德兰的钢铁工人。"他们在我旁边蜷缩着，"罗切斯特回忆道，"……谈起无罪开释，每个人都满怀着希望。可怜的人啊！"

次日清晨，在吃完令人难以下咽的早餐后，宪兵拿着手枪将三名被判死刑的"矮脚鸡"士兵带到了另一间更偏僻的牢房。与此同时，罗切斯特被一左一右两名哨兵带到了一间仓库，他领到了三根木桩、三根绳子和一把铁锹。随后，哨兵将他押到了一座小山上，"在一个被树木环绕着的僻静地方停了下来"[44]。一名军官和两名中士随后赶到，他们在雪地里做了三个彼此相隔几码远的标记，然后命令罗切斯特在上面各挖一个坑。他突然间意识到，这里正是他的三位狱友要被枪毙的地点——除非黑格替他们减刑。

对于英国国内的反战者而言，这是个令人压抑沮丧的冬天。几千名拒服兵役的人被关进了监狱，他们一直期盼的反战海啸却几乎没有要爆发的迹象。然而，鼓舞人心之事有时却会从意想不到的地方来到。12月，伯特兰·罗素收到了一封信，信的开头这样写道："就在今晚，在索姆河前线，我刚刚读完您的《社会改造原理》……您这样的思想和您这样的人的存在似乎成了让人在战争中活下去仅剩的理由……您一定很愿意知道，有人是理解您、钦佩您的，有人是愿意与您共事的。"[45]这封信的作者是阿瑟·格雷姆·韦斯特少尉，来自牛津郡和白金汉郡轻步兵团第六营，他牺牲于三个月后，时年25岁。

临近年末，赫伯特·阿斯奎斯终于为自己作为领袖却不作为付出了代价。米尔纳和其他批评者提出动议，要求建立一个由劳合·乔治领衔的小型委员会——后来被称为"战时内阁"——来对战争进程实施牢固的绝对控制，重压之下，阿斯奎斯屈服了。不久以后，随着来自议会的支持进一步削弱，阿斯奎斯来到白金汉宫向国王递交了辞呈。劳合·乔治成为他的继任者。新首相很快确定了战时内阁其他四名成员的人选，到战争结束，这个拥有无上权力的团体一共召开了超过500次会议。

1916年12月8日晚，米尔纳在伦敦的住所收到了新首相召唤自己的消息。动身前，他向维奥莱特·塞西尔发信告知了这一消息，并补充说："按我自己的意思，我完全不想进入政府，除非成为最高决策层的一员，我是根本不想参与进去的。"[46]不过，虽然担任的是不管部大臣，可他即将成为其中一员的新战时内阁小圈子的任务正是协调战争事宜。历经超过十年的在野生涯后，64岁的阿尔弗雷德·米尔纳突然间成为自己所钟爱的困难重重的帝国内部最有权势的人之一。

第五部分
1917 年

16 狮口求生

虽然三名被判死刑的矮脚鸡营士兵还在等着看黑格会不会为他们减刑,但他们有充分理由对此报以希望。毕竟在过去,十件死刑判决几乎会被黑格免去九件。遭到逮捕之后,约瑟夫·斯通斯曾给姐姐写过一封信,里面看不出他有一丁点不好的预感:"我想借这封短信说一声,我一切都好。在这之前,我一直没有时间写信……就快到圣诞节了,我希望你们所有人节日快乐。要是我能在家让你们开心就好了。"[1]

然而黑格的做法却清楚地表明,在他看来,有些时候极刑的判决是完全合理的。这里有个例子,在索姆河战役的最初几个星期,一位名叫阿瑟·厄普(Arthur Earp)的二等兵由于脱离自己所在的前线战壕的哨位而受到了审判。军事法庭按照规定判了他死刑,但也同时建议对他宽大处理。收到判决结果后,指挥厄普所在师的将军和比他高一级的军团司令均对此表示同意。可在案件抵达黑格手中之后,正经历着巨大人员伤亡的他完全没心情发慈悲。他批准了死刑。军事法庭在报告中说:"考虑到被告的优良品格和当时正面临着猛烈炮击,本庭建议对被告宽大处理"[2],可黑格却在有关炮击的那段表述下方画了线,并写道:"这样的请求如果被批准,我们还怎么可能会赢?"他随后下令将此意见"向军师两级军官传达"。在军事礼节上,这算是措辞相当激烈的训斥了;在此之后,每一名将领都不得不在黑格的批注下面写上了"明白"[3]。

流言像暗流一般传回英国。"我们不断收到消息,前线有许多人被判了死刑,"西尔维娅·潘科赫斯特在伦敦东区对一个被执行枪决的士兵悲痛欲绝的家属进行走访后写道:"经常有人难过地告诉我们说,参加过那种每次要枪毙六七个可怜家伙的行刑队。"[4]战壕内的血腥僵局还在延续,军纪也逐步变得严苛,战争打到现在,英军被执行枪决的人数每一年都在令人不安地急剧增长[5],大多数都是因为他们当了逃兵:1914年4人,1915年55人,1916年95人(实际总人数会稍微高些,这是因为在西线参战的100000名印度士兵的处刑记录遗失了。)我们通常认为德军的纪律更为严苛,可在整个战争期间,人数多得多的他们却只有48人遭到枪毙。

军方严苛的纪律守则并没有将一种被称作炮弹休克症的疾病考虑进去。简单来说,一旦受够了落在眼前自己毫无还手之力的倾盆弹雨,即便最忠于职守的士兵也会经常失去自我控制。这可能会以多种形式表现出来:陷入恐慌,临阵脱逃,无法入睡,或者——像约瑟夫·斯通斯一样——无法走路。"炮火过于猛烈,以至于除了那些已被炸成碎片的人,爆炸半径一百码以内的所有人都很可能在之后的好几个小时里丧失理智,"英军一名中尉在伊普尔经过一番迫击炮弹的洗礼后写道,"七营不得不将好几名口齿不清、丧失了行动能力的士兵送下火线。"[6]由于有太多军官和士兵受到炮弹休克症的折磨,到战争结束前,英国共设立了19家专门对他们进行治疗的军医院。由于很少亲历战火,像黑格一样的高级将领们对此并不理解。他们并不从精神疾病的角度去看待问题,只会考虑士兵到底有没有履行职责。

当对矮脚鸡营官兵的死刑判决一路经过指挥系统来到黑格

面前时，他为绝大多数人提供了减刑。可是，面对斯通斯、戈金斯和麦克唐纳，他采取的却是更加严格的标准，黑格之所以这样做，很可能是由于他们都是军士。"我批准了对这三人，"他在日记里写道，"也就是那一个中士和两个下士的诉讼。"[7]

几天以后，1月的一个寒冷夜晚，大雪覆盖着地面，远处炮声隆隆，在被师部宪兵当作总部的农场门口，卫兵的刺刀在月光下闪着寒光，一辆指挥车驶进了谷仓前的空地，四名军官走下汽车。三名犯人被带出室外，手上戴着手铐。一名军官展开了一份文件，借着手电筒的光，他高声朗读了黑格对死刑的批准。一名犯人大口喘起粗气，其余二人则默默无语。

黎明之前，三名犯人被一辆救护车从农场拉到了刑场。他们被铐住双手、蒙住双眼，绑到了阿尔伯特·罗切斯特之前挖的坑里插着的木桩上。一名军官用别针在每个人的心脏位置别了一个作为靶子的白色信封，此时此刻，罗切斯特就在一旁注视着。一支12人的行刑队分别瞄准了三人；随着一名军官一声令下，36发子弹破膛而出。确认行刑完毕后，这名军官走向尸体，用左轮手枪朝每个人的身上补了最后一发子弹。

"作为一名军事犯，"罗切斯特后来写道，"我帮助清理了三名犯人留下的痕迹。我放倒了那几根柱子——他们将成为宪兵第二天早餐的柴火；绳子则被拿去马厩使用了。"[8]

> 救护车将尸体拉回了谷仓……我帮着将他们抬到了最后的长眠之地；我把所有浸着血的稻草拢到一起点燃了。
>
> 按照宪兵的吩咐，我从死者们的外衣里取出了他们全部的随身物品……几封信，一支烟斗，几支香烟，还有一张照片。

> 我可以告诉你宪兵们在看到几名死者的妻子满心欢喜写下的情话后狂笑不止的样子；看到一封由一个小女孩写给"亲爱的爸爸"的信后沉默的样子；那些法国农民被鲜血染红的雪地吓得够呛的样子；牧师承认从没有遇见过比这三个人更勇敢的男子，他们在最后的黎明前祷告；我还可以告诉你我发现的其他体现军队"司法公正"的案例……可是又有什么用呢！

244 视线拉回达勒姆，作为斯通斯的妻子，莉齐此前一直靠军人家属每周17先令加六便士的津贴来勉强维持自己和两个年幼女儿的生活，此时她被告知，约瑟夫的死意味着将停止发放这笔钱，同时，她以后也没有资格领取遗孀抚恤金。一位煤矿工友曾向斯通斯做出过承诺，如果后者没能从战场上回来，他将会照顾莉齐。后来他与莉齐结了婚，可由于这场死刑带来的耻辱，他们从达勒姆搬走了。

罗切斯特从来都不是一个能管住嘴的人，尽管自己还在因为那封未能被刊登在《每日邮报》上的信服刑，他依然愤怒地告诉看守自己的宪兵，在他看来，这三个人受到的惩罚是毫无道理的。很快，他开始为自己的安危担心起来。他问自己，如果在自己服刑期满以后，那些因自己谴责享有特权而生气的军官将诸如在夜间到无人区巡逻修理铁丝网之类的最危险的任务派给自己，该怎么办？

然而有一天，他在狱中收到了一封偷运进来的信。"亲爱的罗切斯特，"信上写道，"我听说了你的处境，我感到非常遗憾。别担心，我正在采取措施，把事情纠正过来。"[9] 这封信的作者是全国铁路工人总工会的主席。一位与罗切斯特同一个排的士兵回国休假期间向这位主席告知了有工会成员入狱的情况及其原因。罗切斯特没过多久便收到消息，自己被定的罪已经被推翻了，他很快就会被释放。工会主席之前与陆军大臣进行过会面，后者愿意给对战争动员意义重大的工会一个面子。

　　罗切斯特被分配到的新工作，是在法国行驶的英国军用列车上做列车员。这份工作也有其危险性，因为铁路被他挖苦地称为"一阵阵令人愉快的狂轰滥炸"的关键目标。不过，这份工作当然比在无人区进行夜间巡逻要好。罗切斯特与法国的工会成员聊政治，还嘲讽过英军运输系统总干事富丽堂皇的豪华列车："盥洗室、吸烟室、进餐室；从胸针到绒毛地毯，从图书室到拖鞋再到香槟，它就是个载着厨师、男仆、士官长和有军衔的废物们的移动俱乐部……"[10]虽然对活下来的结果心存感激，但他也立下了誓言，一旦有了这么做的自由，他一定要将那三个没那么幸运的狱友的故事讲给别人听。

　　作为英国政坛的新鲜事物，劳合·乔治的战时内阁与这场规模史无前例的战争很是般配。它并非完整内阁下设的专门小组，但它的五名成员承担的却是统筹战争的全部责任。其核心，是建立起令人匪夷所思的良好工作关系的劳合·乔治和米尔纳。劳合·乔治贫困潦倒的父亲年纪轻轻就去世了，他是在自己的鞋匠叔叔的帮衬下长大的，同一时间，牛津出身的米尔纳却在全国的精英中间左右逢源；劳合·乔治的口才在他的年代数一数二——不论英语还是母语威尔士语——而声音尖利的米尔纳在公众场合却是个蹩脚的演讲者。十五年前，布尔战争曾让他们产生过巨大分歧，不过面对眼下这场英国的命运之战，二人则显示出了极为合拍的一面。按照新首相稍微有点古怪的习惯，每天早晨他都会喝一种由鸡蛋、蜂蜜、奶油和波尔图葡萄酒调成的奇怪的混合物；然后，他、帝国总参谋长、米尔纳会在上午 11 点钟会面。除了在一旁记录的助手，直到中午时分，才会有其他的战时内阁成员加入其中。米尔纳是核心人物中的核心。

劳合·乔治明白，由于实在不够平易近人，米尔纳绝对不会成为他的政治对手。取而代之的是，在这位首相的心中，米尔纳是个第一流的管理者，能发现人才，着眼于减少繁文缛节。他为米尔纳提供了广阔的空间，米尔纳也迅速地成为英国第二号最具权势的人物。在一张当年拍摄的照片里，最终重获大权的米尔纳戴着圆顶硬礼帽，一只手戴着手套，另一只手拿着雨伞，迈着坚定的大步走在唐宁街上。随着 1917 年的到来，他开始将旧日的"南非幼儿园"成员、那些年轻聪明的牛津毕业生安插到政府各个岗位上：这儿来一个副部长，那儿来一个局长；有位"幼儿园"成员甚至被安排做了首相的私人秘书。这些媒体口中的"米尔纳的人"很快就填满了众多为给战时人满为患的办公空间分流而在唐宁街 10 号的后院盖的临时小屋，人们为它们起了个名字："后花园"。米尔纳建立的英国工人联盟的主席也很快被任命为劳工部长。想要为宣传工作赋予更高优先级的米尔纳将他多年来的门徒约翰·巴肯带上了一个权力巨大的新位子，他成为直接向劳合·乔治汇报的新闻部部长。巴肯对此无疑感到很满意，虽然在公共场合一副谦恭有礼的样子，可他却在书信当中表露了自己对高官位置的强烈野心。巴肯工作狂的本性一如既往，他继续写作自己的多卷本历史书和小说，还曾用自己在柏林的同行、德国宣传工作负责人冯·施图姆的名字为某部作品中的一个恶棍命了名。

随着外界对英军在索姆河遭到的惊人损失有了彻底了解，新成立的战时内阁开始质疑黑格代价高昂的攻坚战略。劳合·乔治提议将英军的武器和人员派往别处，派到任何他们不会迎面撞上德军由铁丝网和机枪组成的铜墙铁壁的地方去——例如，到埃及攻击土耳其人。或者，为什么不去意大利呢，去对付东拼西凑成的奥匈帝国？可是，相比这些自己名义上的领导，黑格向世人证明，自己才是那个更强大的狡猾的拳击手，他在法国和比利时的军队几乎没有被转移到其他战线上。

在这场秘密交锋中，黑格对诺思克利夫勋爵的栽培体现出了重要价值，因为，利用自己报业大亨的地位，诺思克利夫旗下的报纸曾对劳合·乔治称颂有加，同时不断对阿斯奎斯进行连珠炮般的批评，为后者的被迫下台提供了帮助，在一定程度上，劳合·乔治是欠他一份人情的。当劳合·乔治和他的战时内阁开始设法以一种为人温厚的阿斯奎斯想都不敢想的方式对军事战略进行干预时，黑格向诺思克利夫求助，他在日记当中透露，这位大亨"完全意识到了自己在推劳合·乔治上位过程中所负的责任"，并且"下定决心，要么让他走上正途，要么就逼他辞职"。[11]黑格与皇室广为人知的关系同样为他带来了好处。"带着巨大的压力与满足感，"乔治五世国王写信给他说，"我要告诉你，我已决定将你任命为我的陆军元帅……我希望你把这当作一份我本人和国家给你的新年礼物。"[12]

黑格安然无恙，可人们也不会在西线——甚至不会在陆地上——看到1917年的重大军事进展了。

尽管有数百万士兵在过去的两年间死伤，可在整个长度接近500英里的前线范围内，任意一方都没能在某处将战线推进哪怕是步行几小时的距离。这样的事情在军事史上从未发生过，而德国人的挫败感丝毫不输给协约国一方。

不仅如此，德国是在同时与东西两个方向上合计兵力比自己多得多的敌人交战，其国内情况也一直岌岌可危。这个本来就面临着极端食物短缺的国家如今又迎来了异常严寒的天气，平时用来输送煤炭的天然与人工河道都结了冰，正如历史学家戴维·史蒂文森所言，上百万城市居民"忍受着前工业化时代以来闻所未闻的饥寒交迫"[13]。

奥匈帝国的状况甚至还要更糟，它在军事上也未给德国带去本来应有的同盟作用，反而更像是后者的负担。除了华丽的制服，它那像是从喜歌剧里走出来的军队在其他方面一无是处，开战前八个月，维也纳的一家贸易公司——经由中立国——靠着向俄国军队出售食品和药品生意兴隆[14]，无能的政府却一直懒得阻止。攻占凡尔登的失利令德国对英国或是法国发起新的正面攻势的希望化为了泡影。那么，接下来要怎么办？与劳合·乔治一样，德国人也在不停思索破解西线僵局的办法。思考的结果成就了他们在战争中的一场豪赌。

自从战争爆发以来，德国潜艇已经击沉了数以百计的协约国船只，其中就包括1915年用鱼雷击沉英国邮轮卢西塔尼亚号的臭名昭著的事件。它们攻击的主要目标，是那些穿梭于大西洋之上、运送必需的食品、各式武器和工业制成品的船只，这些都是英法两国从美国的供应商手中购买的。然而，德国人对击沉美国船只表现得很谨慎，因为这很可能激怒中立的美国，从而使其加入协约国一方。

这场豪赌的筹码是德国在1917年初宣布的无限制潜艇战，一切驶向协约国港口的船只都将遭到攻击——包括中立国船只。德国人希望，切断对英法维持战争至关重要的大西洋补给线能迫使两国乞和。当然，无限制潜艇战也是有风险的，这么做一定会击沉美国船只，杀死美国水手，因此早晚会导致作为世界上最大经济体的美国参战。尽管这看上去有些不计后果，可按照德军最高指挥部的预测，切断英法的大西洋生命线足以扼住两国的咽喉，他们用不了六个月就会投降，即便美国宣战，等到它有能力将足够多的士兵训练好再派到欧洲，一切都为时已晚。尽管美国是个大国，可其现役部队规模在当时却只能排到世界第 17 位。无论如何，美国士兵要怎样横渡大洋呢？德国海军将领们坚信，由于协约国搜寻潜艇水下位置的技术仍然原始到近乎毫无作用，美国的运兵船也好，商船也罢，都将成为 U 艇的牺牲品。

1917 年 1 月，德国共击沉协约国及中立国船只 171 艘[15]；在 2 月宣布实施新战法后，这一数字变成了 234 艘；3 月，281 艘；4 月，373 艘。按照吨位计算，损失看上去还要更加惨重：仅仅在 4 月，德国击沉的商船吨位就超过了 880000 吨，以这样的破坏速度，用不了三年，全世界海上行驶的所有货船都将被击沉。而造成这样沉重的代价的，却只是给定时间内航线下方待命的平均 30 艘潜艇。按照英国官方的估算，每四艘从英国港口起锚出海的船只里就会有一艘无法返航。面对这样的概率，许多停靠在英国港口上的中立国船只的船长拒绝出港。

德国人终于找到了击中英国要害的办法。发动无限制潜艇战的前六个月，共有 47000 吨肉制品沉入海底，其他种类食品损失的数量还要多得多。对损失的悲观情绪主导了战时内阁的会议。看上去，没等皇家海军的封锁将德国人饿死，U 型潜艇没准已经更快地把英国人饿死了。"按照这个速度，五个月以内,英国就将被迫屈膝投降,"写完这句,丘吉尔补充说,"时间一直被英国视为刚正不阿的盟友,可它似乎就要站在敌人那一边了。"[16]

没有什么比一场进展不顺的战争更会引起间谍的恐慌。如果食品短缺,报纸充斥着沉船的报道,如果士兵正成千上万地死去,而前线却一动不动,人们很容易就会相信,所有的一切不仅是敌人的错,更是由于看不见的叛徒在后院捣鬼所致。从约翰·巴肯的快节奏间谍小说,到克里丝特布尔·潘科赫斯特的《不列颠尼亚》及其对高层中的亲德叛徒的尖刻斥责,再到极具煽动性的演说家和编辑提出应把拒服兵役者押到伦敦塔上枪毙的人如其名的霍拉肖·博顿利(Horatio Bottomley),英国人的妄想得到了多方面的滋养。

当空气中到处弥漫着恐慌情绪时,不论高低贵贱,揪出内奸当然就成为全民事业。英国从来就不缺渴望这样的人,在苏格兰场,温文尔雅却总想自我炒作的巴兹尔·汤姆森就是其中之一。对他来说不幸的是,货真价实的德国特务少得令人沮丧。尽管人们努力将工厂起火或者其他事故怪罪在他们头上,可整个战争期间,英国没有发生过一起已知是由敌人发动的破坏行动。因此,这位野心勃勃的间谍搜捕者想要加官晋爵并吸引公众关注,就要从逮住国内的破坏分子着手:作为典型案例,战争中期,人们在一场于南安普顿举行的工会集会上发现,两名侦探十分尴尬地藏在了一架巨大的钢琴里。

许多政府部门开始匆匆成立情报机构。早在1916年,新设立的军需部就成立了一个这样的机构,由于罢工浪潮席卷中西部各郡和苏格兰克莱德河沿岸生产枪支弹药和其他重要战争装备的工厂，当时正是令该部焦头烂额的时刻。出于对物价上涨和住房面积不足的愤怒，苏格兰军工厂的女工们还多次举行集体抗租活动[15]。

与其他许多统治集团中的人不同，阿尔弗雷德·米尔纳对工人面临的包括"部分雇主恃强欺弱、寡廉鲜耻……牟取暴利"[17]在内的实际问题是承认的。可到了处理这些问题的时候，米尔纳却相信"找出煽动者"才是政府应该做的。"仅仅化解人们的不满是无法令煽动者缴械投降的。他们的真正目的是制造事端。"加入战时内阁没多久，米尔纳的桌上就摆满了雪片一般从军需部的情报机构寄来的危言耸听的报告[18]。"当下没人知道工业领域即将迎来的困境会持续多长时间，"一份报告这样写道，"也许会发生总罢工。"[19]工人破坏生产的问题比任何时候都要突出——"他们中30%的人都对国家不忠，并且可以确定他们在消极怠工"——这都是"军队募兵动员使（国内）爱国分子大为减少的缘故"。这份报告还警告说，更糟的是，大批警察参军使原本可以对国内劳工进行压制的力量受到了削弱。

正如历史学家希拉·罗博特姆所指出的那样，写作这些报告的特工往往都是退役军人[20]，他们总是会透过自己的经历审视侦查对象。这些人习惯了明确的权力等级制度与立刻服从命令，在他们看来，一切抗议活动都是某个罪魁祸首煽动的结果，高房租或低工资并不是原因。当看到浑身污泥、无法无天的和平主义者群体时，他们脑海中浮现的会是一条严密的指挥链。越南战争期间，联邦调查局对美国反战运动的监视报告也反映出了同样的心态。

军需部的特工宣称，激进分子设计了好几种不同的方式来传递开始罢工的信号："一共有四条通信线路投入使用，第一个人坐火车，第二个人坐汽车，第三个人骑摩托车。"[21] 与此同时，一封带有密语"女仆们，进来吧"的电报会被发出。在特工们看来，情况极其严重："我们碰到的无疑是一个非常危险恶毒的组织……实际上，这就是一场工业界发动的革命。"[22]

米尔纳和其他几名官员收到的大量报告中时不时会提起密探的隐晦代号："F"和"B"正在提供的消息很有用，"V"设法与一个极其危险的煽动者建立了友情。据一位代号"乔治"的特工报告，在谢菲尔德举行的一场集会上，有位演讲者说："工人阶级一定要拒绝继续为战争制造工具。"[23]

这一时期的英国的确发生了许多次罢工运动，然而，尽管基尔·哈迪曾对此抱有希望，这些罢工却并非直接针对战争本身。令工人们感到愤怒的是，通货膨胀使工资的价值严重缩水，资方却凭国家正处于战争时期这一借口逐步取消了部分由劳工运动辛苦争取得来的加薪。不过，哈迪的精神并没有死去。即便许多反战者都是作家和知识分子，但这一群体当中的许多人仍然来自工人阶级。

以特工们用尽全力监视的约翰·S. 克拉克（John S. Clarke）为例，他的背景与牛津、剑桥或是布卢姆斯伯里①毫无关系。他出生于极端贫穷的达勒姆郡，三位在法国被枪毙的"矮脚鸡"营士兵的老家，在十四个孩子当中他排行第十三，他们当中只有一半的人活到了成年。克拉克全家都在马戏团讨生活。10岁那年，他开始登台表演，骑在没装马鞍的马背上变戏法。12岁时，他成为水手，曾在一艘不定期货船上目睹了一场凶杀，自

---

① （一批文人经常聚会的）布卢姆斯伯里文化圈。——译者注

己也在安特卫普海滨的一间酒馆里被人用刀刺伤过。他在南非弃船逃走,设法回到家里前,他在祖鲁人的村子待了两个月。每当找不到自己愿意与之一同航行的船只时,他都会回去做家里的老本行。一天晚上,由于另一名喝得烂醉的演出者被绳子绊倒后不省人事,他不得不临时顶上去。于是,是年17岁的他在马戏团就这样成为伦敦最年轻的驯狮人。

克拉克后来写道,狮子最危险的地方不是牙齿,而是他的爪子。曾有一头脾气暴躁的狮子似乎并没有意识到这一点,在克拉克表演生涯初期,他的大腿曾被它咬在嘴里。"我没有动,而是温柔地跟它说话,直到它松口为止,然后,一边继续说话,一边缓缓抽身。"[24]与各种各样的动物一起工作使他身上留下了许多伤疤。很快,他被卷入了当时的激进运动,1906年,21岁的克拉克被捕,理由是他参与了一场阴谋,从苏格兰向俄国的革命分子走私军火。他几乎没受过一点正式的学校教育,基本上靠自学成才,这使他写作的各种文章、小册子和打油诗在表达政治观点时很风趣:

> 地主叫他租金,眼睛眨来眨去
> 商人叫它盈利,深深叹息一声
> 银行家叫它利息,把它装进包里
> 可是小偷,我们诚实的朋友,只会叫它黑金。[25]

又经历了包括经营动物园在内的各种奇遇后,克拉克加入了激进的左翼小党社会主义工党,并成为它旗下报纸《社会主义者报》的编辑和作者。他和自己的党内同志们进行了坚决而激烈的反战行动。"你给我们战争,"该报煽动读者告诉统治阶级,"我们就还给你们革命。"[26] 到战争结束时,尽管报纸的印刷厂不断受到袭击和骚扰,但它还是实现了20000份的发行量。该报经常刊登克拉克对战争和工业界奸商的攻击,与此同时,它也会赞扬其他国家的反抗行为,例如在1916年,它就刊登了社会主义者卡尔·李卜克内西在德国接受军事法庭审判时发表的大胆演讲。

该报的读者集中在苏格兰与英格兰北部地区,党内的积极分子曾在两地发动过数次罢工,令当局情报人员恐慌不已。在接到一名警察友好透露的自己很快就将被逮捕的消息后,克拉克逃离了苏格兰,为了避人耳目,他在一名支持者位于德比郡附近的农庄住了下来,他一边靠做工糊口,一边与其他几人一起继续秘密编辑《社会主义者报》。

作为劳工激进运动的中心,德比郡城中布满铁路场和老旧的红砖厂房,空气中煤烟充斥,众多为军队生产导火线、飞机引擎和枪炮零部件的工厂就设立于此。来自军需部的间谍捕手们有没有意识到这里是克拉克和《社会主义者报》的秘密基地,我们不得而知。不过,在搜捕破坏分子的过程中,他们的确对可以肯定说是帮助安排克拉克藏身的一位朋友[27]实施了监控。对这些想要获得荣誉、实现擢升的密探来说,将左翼活动的好几股力量汇集到同一屋檐下的她似乎是个完美的目标。

主妇模样的艾丽斯·惠尔登(Alice Wheeldon)外表坚定,那一年52岁的她靠在德比郡梨树街上一间屋子的前厅卖二手衣服养活自己。她对胡言乱语零容忍,这一点人尽皆知:一次,有人在她发表政治演说期间起哄,结果被她用雨伞敲了头。她是个铁路机车司机的女儿,年轻时做过女用人,目前正与自己做机修工的酗酒丈夫分居。女儿内莉在她的旧衣店帮忙,另外两个女儿赫蒂和温妮都是二十多岁，是学校教师，直到1916年被军队征召以前，他的儿子威利也是老师。由于申请拒服兵役者的身份遭到拒绝，目前他藏了起来，希望能逃到国外。长久以来，他们全家人都是左派：直到潘科赫斯特家的妇女社会和政治联盟支持战争以前，艾丽斯和两名教师女儿一直都是其成员；和他们的朋友约翰·S.克拉克一样，他们全部都是社会主义工党的成员。赫蒂·惠尔登同时还是反征兵协会德比郡分部的书记。尽管温妮已经结婚，但军需部特工们兴奋地报告说，她信奉自由恋爱，一度还是个无神论者。

在特工们眼中，重要的一点是，惠尔登一家一直在为逃脱征召的人——他们被称作"飞行军"——提供掩护。有些逃避兵役的人是立场坚定的左翼分子，其他则仅仅是吓坏了的年轻人。"许多同志都向这些在逃之人敞开了大门，"[28]一位与这家人很熟悉的激进分子回忆道，"在德比郡，惠尔登夫人的家是所有反战之人的避风港。"1917年初，惠尔登一家藏了一名年轻的社会主义者，赫蒂在给妹妹的信中说："他吓坏了。整天藏在屋里，只有晚上才会出来。"[29]作为他们家的一位常客，一位赫蒂的求婚者引起了特工们的注意，此人在利物浦的冠达航运公司做机修工，是一名劳工煽动者，还利用与激进海员和爱尔兰民族主义者建立的关系将逃兵和抗拒参战的人偷偷运出英国。

在间谍捕手们看来，找到借口将这家人一网打尽肯定会是一场非常精彩的行动。他们开始监控惠尔登家的信件。按照他们的详细记录，艾丽斯寄给和丈夫住在南安普顿的温妮包裹里装着四个肉馅饼，两双袜子和一只填馅鸡。多亏了这些被密切注视着的通信，我们才得以进入这个已身陷重围的家庭内部，一睹这幅生活画卷的动人细节，从日常生活（温妮写信给母亲，为自己月经迟到而烦恼），再到他们读过的东西——里面包括各种社会主义报纸，反征兵协会的《审判席报》和萧伯纳的剧作《华伦夫人的职业》(*Mrs. Warren's Profession*)。即便在战争年代，坚定的社会主义者在生活中也是不断阅读的*。

一天，一名军需部秘密特工以"阿历克斯·戈登"的化名出现在了惠尔登一家的门口，他声称自己是"躲兵的"①，也就是拒服兵役者，正在逃亡途中。凭着一贯的信任，艾丽斯当晚让他住了进来，还向他透露说自己很担心正在逃亡的儿子将面临危险。她说，自己正努力安排威利、同样担心自己被征召的温妮的丈夫和另外一名逃避兵役者通过秘密途径离开英国。高兴的戈登很快又把自己的顶头上司赫伯特·布思带了过来，并介绍他是"伯特同志"，据说他是一名军队逃兵。尽管赫蒂有些怀疑，但艾丽斯却似乎相信了他们，二人随后便布下了罗网。

1917年1月30日，艾丽斯与女儿赫蒂、温妮和温妮的丈夫阿尔夫·梅森（Alf Mason）尽数遭到逮捕，两个女儿是在任教的学校被捕的。透过教室的窗户，赫蒂的学生们惊讶地目睹了带着圆顶硬礼帽的便衣侦探将他们的老师带走的场面。一直以来，他们全家对于自己帮助反战逃亡者存在的风险心知肚明，可如今遭到指控还是让他们惊愕万分。指控中说，四人"彼此勾结，进行了居心叵测的非法密谋，他们联合以来，一致商定……意图实施蓄意谋杀"。指控中他们要共谋杀害的人是谁？大西洋两岸的报纸头条都在大肆报道这条惊天新闻：他们的目标是作为战时

---

* 大约六个月以前，伯特兰·罗素在威尔士进行反战巡回演讲期间给情人写信时提到，"我的集会上全都是对精神食粮感到饥渴的工人子弟[30]……他们当中读过我的《哲学问题》的人的数量令我非常惊讶。"

① 此处作者使用的是 CO 的俚语形式，conchie。——译者注

内阁成员之一的阿瑟·亨德森和首相大卫·劳合·乔治。

对一个渴望令反战运动声名狼藉的政府来说，再没有什么能比这更引人注目的指控了。英国首席检察官一路来到德比郡，亲自在预审听证会上陈述了对被告的指控依据。错愕之中，一家四口在监狱里等待庭审的来临。

在惠尔登一家被捕的当月，战前往返于开普敦航线的豪华蒸汽邮轮"基尔多南城堡号"在一艘皇家海军驱逐舰的护卫下悄悄驶离了苏格兰的奥本港。这一行程并没有在媒体上公布。船上载有一支由英国、法国和意大利的军方将领与文职官员组成的高级代表团，共有51人之多。英国代表团由阿尔弗雷德·米尔纳领衔，这是他加入战时内阁以来执行的首次海外公务。

代表团正在前往俄国的路上。据米尔纳估算，迄今为止，该国在战争中的伤亡人数已经达到了惊人的600万。它庞大而不堪一击的军队不断以令人难堪的方式被人数少得多的德军击败，后者此时已经占据了俄国大片领土，俄国领土出产的粮食、煤炭、铁矿和其他财富变成了德国的战争给养。英法两国的领袖们越发对自己盟友的无能感到气愤。他们能做些什么？

尽管不断遭到德国潜艇的攻击，但协约国的船只一直在向俄国北冰洋的港口输送大量装备和物资。举例来说，两年以来，英国卖给了俄国250万发弹药，100万支步枪，27000挺机枪，800万枚手榴弹和总数接近1000架台的战斗机和飞机引擎。可是，英国武官们却几乎没看到过任何迹象表明这些武器真正被投入俄军战场。原因何在？想要从讳莫如深的俄国官方那里得到信息非常困难，俄国大使们却还不停要求提供更多物资与支付相应花费的大额贷款。作为战争伙伴，他们真的能对俄国有所指望吗？这些达官贵人们的使命就是为此寻找答案。

当邮轮与护卫舰沿着欧洲大陆北端的边缘行驶时，瞭望员总是能不断看到德国 U 艇的身影。船上的所有人都知道，在这样冰冷刺骨的海水里面，没有人能存活超过几分钟。然而，第一件令协约国代表团震惊的事情却发生在"基尔多南城堡号"抵达罗曼诺夫港以后，今天这里叫作摩尔曼斯克，是俄国在北冰洋上唯一的不冻港。几千个装着英法两国的军需品的箱子被堆放在市内的码头和空地上。装着分解好等待组装的索普威思和纽波特战斗机部件的板条箱被大雪覆盖着。尽管船只在以日均 1500 吨的速度输送物资，可由于设备短缺和官员的腐败，离开港口的铁路每天能够运走的数量只有 200 吨。

想要抵达帝国的首都，代表团不得不走同样的线路。列车龟速行驶着，即便是贵宾专列，700 英里的路程也用了三天三夜，中途受到沙皇尼古拉二世特使接待的各位阁僚和将军们才抵达了这座此时被称为彼得格勒的城市（突发爱国主义奇想的俄国人刚刚废除听上去有德国味的"圣彼得堡"名称）。在城外皇村的宫殿，身穿全套军礼服的宫廷武官护送协约国代表团来到沙皇面前。米尔纳向沙皇转交了几封他的堂弟乔治五世的书信，两天以后，二人又进行了将近两个小时的私人谈话。在一次有皇后和几位子女出席的午餐宴会结束后，米尔纳告诉自己在代表团的朋友、英军资深将领亨利·威尔逊上将，尽管皇帝夫妇"非常友善"[31]，但他们已"明确表示，不会容忍任何探讨俄国内政的行为"。

一连串没完没了的高级宴会、欢迎招待会、歌剧演出和勋章颁布仪式令素来讲求效率的米尔纳很是恼火。一位旁观者注意到，在一次活动现场，他"一直坐在椅子上，抱怨声听得一清二楚"[32]，最终他嘀咕着："我们这是在浪费时间！"在一场英俄联合午宴上，人们的推杯换盏加上抒发两个伟大盟国间友谊的冗长发言将活动拉长到了令人痛苦的五个小时，这令米尔纳感到沮丧不已。然而，代表团中的有些人却玩得极为开心*。[33]

直到在莫斯科与一些具有改革意识的官员会面后，米尔纳才觉得终于可以有话直说了，这些官员坦言俄国山雨欲来风满楼。同一时间，威尔逊对前线进行了一次短暂访问，他在那里了解到，尽管战争已经进行了两年半，但俄军士兵却依旧没有装备剪线钳。他们被要求用手拆毁德军的铁丝网，有的人还问威尔逊英国士兵是不是也这么做。代表团在莫斯科期间，街头爆发了由饥饿引起的暴动。通货膨胀失去了控制，由于政府印发新货币的速度太快，这些钞票上甚至连序号都还没有。

出于对德国间谍贿赂俄国官员搜集情报的极度担心，回国那天，协约国代表团是在半夜离开彼得格勒的，每个人都牺牲了一双鞋。这些鞋子被摆在他们各自旅馆房间的门外等着上油，就好像他们还在屋里，而不是正在去赶第二天早上的船。经过又一趟慢动作般的火车之旅，起航返回英国的米尔纳的心情也跌倒了谷底。在他刚刚离开的彼得格勒，大街上正举行着一场反战示威，据驻俄英国武官估计，已有整整一百万俄军士兵逃离了军队，绝大部分都潜回了自己的村庄。

然而，刚回到国内的米尔纳一反常态突然一厢情愿起来，

---

* "我戴上了荣誉军团大军官勋章、巴斯勋章和我的各种奖章"威尔逊上将在日记中写道。"全都戴上的我大放异彩！我在外交部晚宴和随后的招待会上引起了大轰动……我还和大公夫人共进午餐……这座美丽的宫殿能够俯瞰涅瓦河。"

他告诉战时内阁,"对于(俄国)革命,特别是关于所谓其军队不忠的说法是极其言过其实的。"尽管亲眼见证了(俄国的)铁路的瓶颈,他却依然敦促同僚竭尽全力为其提供更多军事援助,以此作为支持,能确保物资抵达前线并被投入使用的协约国技术人员也大概会被一并奉上。他别无选择。有一个无能的盟友在东线总比什么都没有强,根据他的推断,如果沙皇的军队没有武器与德国继续作战,革命爆发的危险要大得多。"如果剧变发生,"他写道,"它也许会给战争进程带来灾难性的影响。"[34]

17 世界就是我的国

事到如今，这场战争已经成为自14世纪黑死病瘟疫爆发以来欧洲经历的最具毁灭性的灾难。"以前我没在信里告诉你们真相，"1917年1月，一位名叫巴格尔·辛格的士兵在西线给家里写了这封信，里面的文字被监督军队士气的审查官复印了下来。"我现在要写的是真相……把我当成在今天或是明天就要死掉好了。我们绝对没有任何希望回家了……没人能幸存下来。我每天每夜都在悲痛中度过。"[1]另一名印度士兵在2月写道："我们就像是被屠夫拴在木桩上的山羊……完全没有逃跑的希望。"[2]

当然，与黑死病不同，这一次肆虐于欧洲大陆的灾难完全是人为的——对此有组织的抵抗的规模一直很小。尽管俄国的逃兵们用脚投了战争的反对票，可发动公开抗议却很危险，在其他大部分国家，反战者遭受到的也是同等残酷的对待。然而，即便反战者们拥有更多的自由，抗议活动也许也不会很多。战争所之处，民族沙文主义情绪高涨，全民搜捕卖国贼，任何明显缺乏战斗决心的言行都能令大众愤怒不已。

能为大规模反战运动提供政治空间的只有英国，然而，就在米尔纳于1917年3月初从俄国返回后不久，那支代表团中的几名成员就成为战争中第一场大型审判秀的主角。首席检察官F. E. 史密斯之前就宣布自己将亲自审理惠尔登一案。作为一名言行乖张的右翼分子，史密斯为人所熟知的，除了对白兰地与雪茄的喜好，还有他的机智风趣和自命不凡。有位刚刚当选为上议院议员的工会领袖不熟悉路，有一次，他问后者去男士洗手间怎么走。"穿过走廊，第一个口右转，然后第一个口左转，再走下楼梯，"[3]史密斯告诉他。"你会看见一扇上面标着'绅士'的门，不过别让它挡住你的脚步。"

利用自己的影响力，史密斯将审判地点从德比郡改为了伦敦，对于这场旨在恫吓反战力量的游街示众，伦敦才是更好的舞台。"本案有关人员，"他宣称，"是一群胆大妄为、极度危险的人……对国家怀有刻骨仇恨，他们是军队逃兵的包庇者，是大不列颠在今日面临的危机之中竭尽全力伤害她的人。"[4]

同一时间，躲避兵役外逃的年轻的威利·惠尔登在南安普顿被抓获。公众对本案的深深痴迷为低俗小报的销量带来了福音：八张照片和一则通栏大标题"劳合·乔治谋杀案"组成了某期《每日快报》的整个头版。其中一张照片里，艾丽斯·惠尔登和两个女儿穿着宽大的囚服，在督察员的监视下在审判席等待着审判。从自己的牢房里，三位女子经常能听到提醒她们战争正在进行的声音：附近的炮兵军官学院响起的炮声。"在我看来，这只是资本主义临死前抽搐的悲鸣。"[5]面对她们即将经受的严峻考验，赫蒂·惠尔登在给一位朋友的信中写道。她的母亲也会在狱中写信，有封信的结尾是这样的："是的，我们将如你所言，继续前进，绝不屈服。同志，再见，请保持信念……我们将再次相聚。"[6]随后，她在签名下方添上了自己对爱国躁狂情绪的挑衅："世界就是我的国。"

审判在"老贝利"举行，法院外墙四周建有高大的石柱，上端的塔楼与穹顶亦十分"庄严"。拥挤得水泄不通的审判室里，记者正与社会名流和反战活动人士攀谈。首席检察官概述了当局对惠尔登一家的指控依据：通过温妮的丈夫、化学实验室助手的阿尔夫·梅森，艾丽斯得到了士的宁和箭毒碱各两小瓶，它们被用医用棉包好装在一个铁盒子里。随后，特工赫伯特·布思站上了证人席并作证道，艾丽斯曾告诉他和他的同事阿历克斯·戈登，劳合·乔治每周六下午都打高尔夫球，所以，先藏在高尔夫球场的灌木丛后面，再像南美印第安猎人那样，用吹管向他发射被毒药浸泡过的飞镖，这应该很容易就能办到。

不夸张地讲，支撑这个没什么实现可能性的暗杀阴谋的证据十分单薄。除了展示那一包毒药，尽管布思在惠尔登家待的时间还没有自己的属下戈登多，公诉人主要依靠的是前者的一面之词。为了让陪审团受到震惊，公诉人指出，温妮曾在一封信中将劳合·乔治称为"那个该死的威尔士鸡奸犯"。法庭上的 F. E. 史密斯是个令人印象深刻的演说家，他和三名助理公诉人发表了一番严词谴责，做出了不少阴险暗示，还提到说英国正处于危急时刻，法官和陪审团被征服了。有好几次，法官不但表扬起公诉人，还与他们一起向证人提问。艾丽斯自豪地承认，一家人确实帮助过他人逃避征兵。从她挑衅式的否认与对请求宽恕不情不愿的态度能够看出，很明显，她和她的"同谋者"们知道，说服陪审团证明自己无罪的机会微乎其微。预审期间，就像要表明这样一场闹剧完全不值得关注一般，赫蒂·惠尔登曾当着所有人的面看起了报纸。而在这次庭审期间，由于其表现"轻浮"，法官也向犯人们提出过警告。可当站在证人席上回答有关自己刚刚因为逃避征兵被判 18 个月监禁的儿子的问题时，被报纸描述为"苍白憔悴"[7]的艾丽斯表现得却一点也不"轻浮"。她哭了。

尽管看上去似乎能够定罪的证据主要来自第一个进入惠尔

登家中的特工阿历克斯·戈登,但史密斯却宣称,"出于我本人认为的充分理由,我不会将这名证人召唤到庭前"[8]。尽管惠尔登一家坚称,他们是在那个神秘人戈登的要求下才帮其弄到的毒药,可他们的辩解完全没有作用。他们强调,戈登曾承诺为艾丽斯之子和其他逃避兵役者出国提供帮助——但他宣称,为了实现目标,自己需要毒死拒服兵役者们被关押的集中营的警卫犬。惠尔登家在其他问题上一直毫无表现的律师徒劳地问道,为何控方选择不传唤自己的关键证人?这位律师后来说,他想亲自向戈登提问,但公诉人就是不肯透露此人的下落。

审判持续的时间不到一个星期。最后,法官表明了自己期望的判决结果,将这起毒杀案命名为"所有阴谋中最危险、最恶劣的一个"。在一个星期六,经过一场令人精疲力竭的十个小时的听证与最终辩论会议后,法官要求陪审团立即商议结论。他们只商议了半个小时。赫蒂·惠尔登被宣布无罪,但她的母亲则被认定阴谋、教唆并策划谋杀。由于在提供毒药过程中扮演的角色,温妮和阿尔夫·梅森被认定为共谋。由于他们还年轻——阿尔夫当时24岁,温妮23岁——陪审团建议宽大处理。

不过,法官对宽大毫无兴趣,他毫不迟疑地判处艾丽斯·惠尔登服十年苦役,阿尔夫·梅森七年,在他口中"受到母亲糟糕且恶劣的影响"[9]的温妮为五年。艾丽斯默默接受了判决结果。看守将犯人们带出了法庭。在法庭的最终陈述环节,法官事实上谴责了大学教育。他说,令自己震惊的是,惠尔登家的两个女儿竟然是学校老师,还用"对于最粗俗的小流氓来说都肮脏无比的语言形容首相……难以想象,在我们的希望之中,教育曾经是一件幸事"[10]。

诉讼行将结束之际,发生了一件对任何正常的刑事审判来说都闻所未闻的事。一个与本案毫无关系的人进入了证人席并在法庭上发言。法官不但批准了她的发言，还要求现场的报社记者们将其"记录下来"。发言之人的衣装华丽与能言善辩一如既往，她就是埃米琳·潘克赫斯特。

她之所以会来到这里，是因为惠尔登家的女人们曾经是她的妇女社会和政治联盟的成员，而事到如今，作为一名忠诚的爱国者，她急于撇清自己和组织与她们的关系。"法官大人，"她对法官说，"鉴于在本案中劳合·乔治阁下的名字与我们联系到了一起，此时此刻，我想说，在我们看来，在这场我国国运面临的危机之中，对于我国的安危，没有任何人的生命能比首相大人的更重要，如有必要，我们甚至愿意使自己陷入危险，以此来保证他的安全。为了妇女的荣誉，我还想说，在我们这些战争伊始就将自己投入到爱国事业的人看来，犯人们的观点、行动和她们表达自我的方式令人憎恶。"[11]

仅仅在四年以前，由于劳合·乔治反对妇女获得投票权，来自妇女社会和政治联盟的愤怒的妇女参政论者们还曾在他在建的房屋里埋过炸弹。"我们炸他的目的是要唤醒他的良知。"[12]埃米琳·潘科赫斯特当时自豪地说道。因为那次的犯罪活动，就在同一间法庭，她曾被判处三年监禁。现在，过去的事被故意遗忘了。下个月，她还将在一次海外使命中为首相提供更大的帮助。

惠尔登案审判结束后，右翼分子惊恐地将这起谋杀阴谋视为社会主义者和逃避征兵者狼狈为奸的产物。然而许多左翼人士坚信，惠尔登一家是被布思和戈登陷害的。对部分战争支持者而言，这起阴谋听上去并不比乔治·巴肯的最新小说里面的情节更可信，数名议员也在议会中发表了令人尴尬的尖锐质询。

与美国的萨科－万泽蒂案一样，惠尔登事件也在后来持续强烈发酵①。本案引出了一个问题：为何在一场激烈战争进行之际，英国政府要花如此大的力气、凭如此牵强附会的指控去起诉这个不幸的家庭呢？

恫吓反战运动当然是他们的主要动机，不过，各种各样的个人野心也被牵扯其中。作为阿斯奎斯政府的遗老，亲自接手涉嫌企图谋杀新首相一案的起诉，首席检察官史密斯为的是赶紧抓住机会来证明自己的忠心。数量激增的反间谍机构之间的激烈竞争同样发挥了作用。军方、苏格兰场的巴兹尔·汤姆森和军需部情报机构全部参与了这场激烈的圈地之争——一项能换来引人注目的法院有罪判决的调查将大有裨益。在军需部情报机构内部，由于在之前的一项任务中出现了严重疏忽，阿历克斯·戈登在巴结惠尔登一家的几个星期以前就察觉到自己的工作正面临危机。他曾在曼彻斯特报告当地一切风平浪静，不料却发现城中的电车司机很快展开了罢工。惠尔登案向他提供了一次弥补过失并重获赏识的机会。

与此同时，雄心勃勃的汤姆森发现，自己正处在进退两难的境地。如果真的有针对首相的谋杀阴谋，他想要靠挫败这个阴谋来赢得荣誉。可是，他也同样渴望证明，抓住犯人的军需部间谍捕手们是群靠不住的家伙，完全比不上自己在苏格兰场麾下的专业人员，应该由他们取而代之（惠尔登案结束后不久，他们真的做到了）。在战后写作的几本自吹自擂的回忆录中，汤姆森终于将以上两项主张都说了出来，他还暗示，"毒杀阴谋"的主意来自阿历克斯·戈登。在他的描述中，这位特工"三十

---

① 以此为灵感，光是最近几十年里就诞生了帕特·巴克的小说《门中之眼》、两部戏剧、两部非虚构类作品、一部BBC电视剧和一本诗集。——译者注

岁左右,身材瘦削,面容狡诈,长长的黑发油腻腻的"。他还补充说:"过去我就担心他可能在像法国人口中的'钓鱼密探(agent provocateur)'一样展开行动。"[13]

汤姆森说对了。要不是因为战时妄想症,这次起诉中计划用吹管和飞镖刺杀首相的故事早就被人识破了,因为,作为声称自己第一个得知案情的关键证人,戈登从未出庭作证。这一点都不奇怪,因为他的存在就是公诉人的噩梦。就在逮捕惠尔登一家与审判开始前的这段时间,公诉团队了解到,戈登似乎不是他的真名,他有前科,曾被人发现是个极度疯狂的人。

后来短暂的特工生涯显示,他的确是个很享受自己角色且不知羞耻的钓鱼密探。就在梅森和惠尔登母女三人接受宣判的当天,一位惊慌的情报人员向米尔纳和其他高层官员通报,"戈登去了莱斯特和考文垂,向一名 A.S.E(一个工会)成员提供了毒药和炸弹"[14]。更多同样类型的报告也接踵而来。很明显,如果让戈登继续边环游英国边给人发毒药的话,他早晚会暴露自己的身份,以令人耻辱的方式使惠尔登一案真相大白。当局迅速找到了解决方案:他们让戈登在普利茅斯登船,然后塞给了他 100 英镑和一张前往开普敦的单程票。

作为惠尔登一家的朋友和政治上的同志,曾经做过驯狮人的约翰·S.克拉克喜欢给自己的政治敌人写墓志铭,即便他们当下还活着。他的"阿历克斯·戈登墓志铭"被刊登在了由其继续暗中编辑的《社会主义者报》上,成为劳工聚会时大受欢迎的朗诵节目:[15]

停下!陌生人,在你旁边

> 看那金属十字架的标记
>
> 有人深埋于此，日益腐烂
>
> 那是阿历克斯长眠的恶臭尸体
>
> 蛆虫成群结队
>
> 争先恐后
>
> 流下刻骨悲伤的眼泪
>
> 不为吃他，而是前来吊唁兄弟

惠尔登案结案不到一个星期，人们所熟悉的世界发生了天翻地覆的变化。

"1917年3月13日下午，"温斯顿·丘吉尔后来回忆道，"伦敦的俄罗斯大使馆向我们通报，他们彻底与彼得格勒断了联系。数天以来，这座城市陷入了一片混乱……如今突然……一切偃旗息鼓……这个我们与之拥有如此亲密的同志友谊的强权，这个没了他们一切运筹帷幄都将失去意义的国家，突然没了消息。凭借俄国人的有效帮助，协约国全体成员也许还能一起攻击。没了他们的帮助，战争很可能会输掉。"[16]

米尔纳和他的代表团成员离开俄国首都没几天，为了抗议永无止境的战争和食品与燃料的短缺，人们走上了大雪覆盖的街道，发动示威游行。他们喊着革命口号，唱着《国际歌》，洗劫商店。这仅仅是开始。在大约20万名如今正开展罢工的军火工人加入后，游行队伍迅速壮大。寒冷且布满路障的大街上爆发了激烈的战斗，沙皇政府失去了对城市的控制。一支部队发生了哗变，在杀死指挥官后，他们连人带枪加入了起义的队伍。接到命令镇压哗变者的其余首都卫戍部队反而也加入了哗变者的队伍，他们横冲直撞地进入政府建筑，大胆地在皇宫的舞厅里安营扎寨。一辆装甲车的车身上用粉笔写着"自由!"在市内穿过。港口停靠的俄国海军舰船上的水手同样发动了哗变。

这样规模的剧变是战争中的每一位领袖都深深惧怕的。3月17日,沙皇被迫退位,由新成立的临时政府掌权,几天以后,在米尔纳曾经于数月前访问过的宫殿,尼古拉二世和他的家人被软禁。彼得格勒主要监狱和秘密警察的档案被付之一炬。在这个幅员辽阔的国家的各个地方,兴高采烈的士兵与平民开始撕毁、砸碎带有罗曼诺夫王朝的双头鹰纹章的旗帜、雕像和匾额。持续时间超过300年的罗曼诺夫政权突然便成为历史。

德国人十分高兴,在焦虑不安的协约国方面施加的强大压力下,宣布将继续参战的俄国临时政府带来的仅有的一点安慰。然而,这样的承诺几乎没什么意义,原因在于,控制彼得格勒市政府的是比临时政府要激进得多的苏维埃政权,或者说,是议会,他们已经开始直接向军队下达自己的命令了。其中一条命令是要所有部队的士兵都要选出自己的苏维埃,这是对传统指挥系统的严重破坏。已经居高不下的逃兵率还在不断增长,水兵私自处决了十几名军官,1917年3月27日,彼得格勒苏维埃在公开声明中表示,欧洲人民应该"亲自决定战争与和平的问题"。它鼓励德国和奥匈帝国的工人加入俄国同志的队伍中,拒绝参加这场"国王、地主和银行家"的战争。俄国陆军部的一名官员向驻俄英国武官承认,军队的纪律正在崩溃:补充兵员被投入到前线时,由于逃兵太多,每四名士兵里只有不到一人能抵达前线。军队还在战斗,可照这样下去,他们还能坚持多久呢?

欧洲大陆各国的激进反战者为彼得格勒传来的消息激动不已。"听说俄国发生的绝妙事件，"在德国，由于举行反战示威而被投入监狱的罗莎·卢森堡写道，"我就像吃了仙丹一样兴奋……我完全可以肯定的是，新的纪元已经开始了，战争不可能持续太长时间。"而令正在伦敦苦艾丛监狱服刑的拒服兵役者们高兴的则是，作为首批行动之一，俄国临时政府特赦了全部政治犯——包括在俄国监狱中关押的超过 800 名反战者。

埃姆里斯·休斯，基尔·哈迪女儿未来的丈夫，当时正在威尔士蹲监狱，另外一名拒服兵役者偷偷塞给他一张包在手绢里的报纸；他转身背对着牢房门上的窥视孔，读到了这条令人振奋的消息："旧制度已经死去，新社会即将诞生。战争结束指日可待。"[17]伯特兰·罗素称赞俄国的剧变为"石破天惊的大事件……比战争爆发以来发生过的任何事情都更令人欢欣鼓舞"[18]。3 月末，为表达对刚刚推翻沙皇统治的俄国民众的支持，一场集会在皇家阿尔伯特音乐厅举行，将近 12000 名伦敦市民将这里挤得水泄不通；还有 5000 多人被拒之门外。在伦敦，这是一年多以来第一场没有被爱国团体破坏的由异见者举办的公众集会。"我真想在最后大喊一声，号召他们和我一起去摧毁苦艾丛监狱，"[19]罗素写道，"他们肯定会照做的……就在一个月以前，这样一场集会是根本不可能成行的。"

"我还记得，"工党政治家安奈林·贝文（Aneurin Bevan）多年后回忆说，"当得知沙皇专政被推翻的消息后，矿工们冲到街上互相握手，眼泪顺着面颊流了下来。"[20]人们在劳动节当天举行了更多庆祝集会：一份左翼报纸宣称格拉斯哥召开了 70000 人集会，伦敦发生了大规模和平游行，利物浦的一场集会的特色是现场有真正的俄国人：150 名恰好在港内的水兵一脸困惑地发现自己受到了英雄般的对待。在曼彻斯特,运输工人的工会主席宣称:"革命要从我做起。"[21]

除了罢工运动,伴随着迎风飘荡的红旗与呼唤和平的演讲者,法国还举行了战争期间规模最大的劳动节游行。一位美国记者在东线透过双筒望远镜看到,俄国和德国的士兵们聚集在无人区,比画着展开了交流:俄国人对着摊开的手掌吹气,表示沙皇已经随风而去了,德国人将刺刀插进了土里。当双方士兵拒绝继续互相杀戮,基尔·哈迪热切期盼的时刻最终真的要到来了吗?西尔维娅·潘科赫斯特兴高采烈地将俄国的变局称为"痛苦的长夜过后的第一缕黎明曙光"[22]。

和在陆地上一样,协约国在海上也诸事不顺。德国愈演愈烈的潜艇战严重扰乱了至关重要的跨大西洋生命线的运作,在水手和乘客当中散播下了恐慌的情绪。一旦被鱼雷击中,爆炸将破坏船只轮机舱的锅炉,在甲板以下释放出阵阵灼热的高压蒸汽,这样的事实意味着他们在沉船时遭受的危险将会被成倍放大。据一位向俄国输送物资的商船上的随船军官报告,整个航程下来,他护送的官员中有些人大部分时间都待在甲板上的救生艇旁边。想到达英国和爱尔兰的大部分港口,船只要从爱尔兰西南部水域穿过,如今,这里被丘吉尔称为"英国船只名副其实的坟墓"[23]。

一旦有潜艇由于发射鱼雷而暴露位置,皇家海军可以用深水炸弹对其进行攻击。可是由于不可能一一护送穿行在大西洋上的数千艘货轮,(一旦情况发生)附近几乎是不会有军舰的。不仅没有几艘U艇被击沉过,令人感觉不妙的是,德军还在扩大潜艇舰队的规模。对于一项可行的解决方案——派出商船队,再由驱逐舰或更小型的军舰作为屏障为其提供保护，海军资深将领们一直持反对态度：商船队又大又笨，还会受到最慢的船只拖累，大批船只一齐抵达时，港口将变得水泄不通。历史学家特雷弗·威尔逊写道，海军司令们"满脑子装着自负的传统，按照传统，到处搜寻敌人似乎才是正道，一路慢吞吞地保护商船则不是"[24]。在某种程度上，海军更想成为海上的骑兵。不过，聪明的头脑最终还是占据了上风。此时的米尔纳拥有管理英国战时整体经济的空前权力，他清醒地意识到了国家对航运的依赖性，在他帮助劝说下，劳合·乔治采纳了船队制度。1917年3月10日，17艘商船和海军护航舰一起从直布罗陀出发驶向英国，在当时每月有超过300艘船只被鱼雷击沉的情况下，船队里的船只无一沉没。

船队的出现令U艇的日子难过了许多，原因在于，如果有货轮被潜艇击中，船队里的驱逐舰能迅速赶往事发地点投下深水炸弹。受电动引擎所限，U艇的水下航速只有八节，连驱逐舰的四分之一都达不到，想要逃脱非常困难。到这一年结束以前，英国超过半数的海上贸易都改为以船队模式进行。U艇的"杀敌数"在剧烈下滑。尽管依旧令人生畏，但潜艇已经不可能赢得战争了。德国在海上的豪赌失败了。

德军最高指挥部早就知道，无限制潜艇战存在将美国卷入战争的风险。正因如此，美国参战了——但比德国人计划中的时间要早得多。3月，美国媒体大肆报道了臭名昭著的"齐默尔曼电报"，英国情报部门兴高采烈地将其破解后交给了华盛顿，在电文里，德国外交大臣阿图尔·齐默尔曼愚蠢地劝诱墨西哥加入德国一方，许诺其将得到得克萨斯、新墨西哥和亚利桑那。不久以后，U艇又击沉了三艘美国商船，在导致众多水手死亡的同时，也令美国国会和媒体义愤填膺。1917年4月7日，美国对德宣战。即便每个人都知道美国要花将近一年的时间才能将大量军队训练好再派到欧洲战场，可英国、法国与意大利的士气依然得到了极大提升。此外，美国驱逐舰的大型舰队迅速加入了英国军舰的队伍，一起为商船队护航。投入欧洲大陆的大规模陆地战争，这在美国历史上是头一遭。世界既有的权力平衡被永远地打破了。

紧接着潜艇战的失败，德国人又发起了一轮风险更大的赌博。尽管俄军已处在崩溃的边缘，但同盟国依然不得不在漫长的东线保持超过百万的兵力。然而，如果革命能彻底使俄国陷入内乱并停止战斗，德军最高指挥部就可以将大部分兵力投入法国和比利时，发动夺取巴黎的决定性攻势，并在大批美军到来前将协约国军队击垮。因此，德国人需要引发俄国更深层次的剧变。

战争爆发以来，德国特工一直与坚定的俄国革命者成立的极端团体、众多领导人流亡瑞士的布尔什维克保持接触。布尔什维克的目标是打倒全世界的资本主义和军国主义，其中也包括德国的。不过柏林更在乎的是这些俄国人想要让自己的国家退出战争的决心。因为他们的流亡领袖与国内支持者之间的联系被切断，此时的布尔什维克丧失了行动能力。作为主导人物，弗拉基米尔·伊里奇·列宁正与妻子居住在苏黎世一间工人阶级公寓里的出租单间中，旁边紧挨着一座香肠厂。尽管他每天都会花时间在公共图书馆研究并撰写预言资本主义即将寿终正寝的文风辛辣的文章和小册子，可与追随者间超过一千英里的距离使他对夺取政权无能为力。

1917年4月初，德国政府向布尔什维克领袖们提供了闻名遐迩的"密封列车"。列车从瑞士边境出发,载着他们横穿德国来到波罗的海岸边,在这里,他们踏上了返回彼得格勒发动革命的旅程。不到六个月的时间,这32位衣着破旧的旅客便从一贫如洗的流亡者跃升为手握巅峰政治权力之人。

列车行驶在黑暗之中,车上还有两名护送革命者的德国军官——其中一人能说一口流利的俄语,不过为了更好地偷听他们的谈话并向柏林汇报,他被下令对此秘而不宣,精神焕发的乘客们唱起了左翼歌曲,可当抵达曼海姆车站时,其中一名德国军官愤怒地命令他们保持安静。在法兰克福,部分站台上的德国士兵听说列车满载着俄国革命者后便冲进去与他们对话。尽管指挥官赶走了士兵,可这次邂逅依然令俄国人非常乐观,他们相信,作为欧洲大陆的工业巨人,德国的革命时机已和自己落后的农业国一样成熟。

在旅途的大部分时间里,列宁都站在列车窗边,大拇指放在西装背心的袖孔里。列车经过田野和村庄时看到的景象引起了他的特别注意:一个年轻男子都没有。他们全都上前线了。

随行军官一路发给他们三明治和啤酒;列宁的妻子用便携式煤油炉为所有人泡茶喝。列车最终抵达了波罗的海,布尔什维克们登上渡轮经瑞典和芬兰回到了俄国,在彼得格勒的芬兰火车站,党内组织者为他们召集了大批欢迎群众。在这样一个饱经战火蹂躏、如今摆脱了几个世纪专制统治的国度里,党的"和平、土地与面包"口号立即引发了强大的共鸣。而在一块厌倦了战争的大陆上,这样的口号极具感染力。

丘吉尔眼中的病菌,却是英国反战者眼中的救星。他们当中几乎无人在意俄国纷繁的左翼派别之间的区别;他们只是希望,如果人民的压力最终能迫使一个国家彻底停止战斗,其他国家也将步此后尘,除此之外再无他求。

与此同时,战争令越来越多的拒服兵役者穿上了英国囚犯满身箭头的灰色制服。斯蒂芬·霍布豪斯也成为其中一员。每换一次监狱,映入他眼帘的都是一栋栋四五层高的大楼,楼与楼中间隔着开阔的地带,里面每一层都是长排的牢房。"一楼中庭铺着整张的金属网,用来接住一切试图跳楼自杀的伤心人"[25],每间牢房的门上都有一个窥视孔,"窥视孔外不时能看到暗中监视犯人的看守的阴森眼神"[26]。为了趁犯人不备抓他们的现行,看守们有时会穿着毡毛拖鞋悄悄地沿着走廊溜达。一天伙食中的两餐都只有麦片粥、干面包和盐;第三顿饭绝大多数时是土豆。每天的生活以倾倒牢房厕所马桶开始。每人每月被允许收发各一封信——不过头两个月一封都不许。监狱里也举行礼拜仪式,不过有一次,"当我一边唱《谢恩赞美颂》(*Te Deum*),一边试图从其他人那里感受到团契①的氛围而四处张望时,看守刺耳的声音打断了我:'B27 号,目视前方。'"[27]

霍布豪斯从意想不到之处获得了鼓励。"每个士兵都明白,相比肉体上的痛苦,忍受精神折磨——譬如由单独监禁造成的折磨等——需要更多的勇气,"[28]他的弟弟保罗写道,后者已两次在前线负伤,此时正在返回前线的路上。"不论我们在行为方式上有多大分歧,我都祈祷当下的处境能让你不那么痛苦,祈祷你能为战后重建保持健康的体魄。祝你好运。"

斯蒂芬之所以会被扔进单人牢房,是因为他拒绝服从禁止

---

① 团契(英语:fellowship 或 communion;希腊语:κοινωνία)即伙伴关系,源自《圣经》中的"相交"一词,意思为相互交往和建立关系,是指上帝与人之间的相交和基督徒之间相交的亲密关系。——译者注

犯人相互交谈的"噤声条令"。几乎所有的拒服兵役者都想出了各自的交流手段：轻声嘟哝，或是敲击贯穿各监区大楼的水管，将其当成发送摩斯电码的共线电话。不过，这些手段斯蒂芬一个都不用。"斯蒂芬有种非常……不合时宜的道德观念，"[29]他的一名狱友回忆道，"爱的精神要求我应该公开与他们谈话。"[30]正因为如此，他告诉看守，自己打算想什么时候和自己的同志对话就什么时候和他们对话。

狱中劳役需要缝制邮包的材料被直接送进了他的牢房。进行每日运动时，斯蒂芬会被与其他人分开。他的弟弟保罗在法国前线给家里捎话："告诉斯蒂芬不要灰心。"[31]

最终，斯蒂芬的耿直感动了自己的看守。在一次月度探视期间，他在看守的监督下得以隔着一张桌子与罗莎谈话，而不是像往常一样，隔着双层的栅栏或金属网。探监结束后，罗莎问自己能否和丈夫吻别，"看守直截了当地拒绝了"[32]。斯蒂芬被带回了自己的牢房。在他的回忆中，没过一会，"我听见了钥匙开锁的声音，那位掌管我们探视的暴君进来了，他请求我相信，他对战争的感受同我们一样不快，看样子，他的看法被深深改变了……我对人性又恢复了信心。"

第一次探视儿子时，家庭司机载着他的母亲来到监狱，这位前马车夫与她一起进入了监狱。"斯蒂芬先生，看到你这个样子，我很难过。"[33]

精力无限的玛格丽特·霍布豪斯习惯我行我素。尽管不是和平主义者，她依然爱自己的儿子，并为监狱的条件可能对他造成的影响深感忧虑，战前他就有精神崩溃史，现在则正遭受着恶心和消化问题的折磨。于是，她找到了一位自己认为帮得上忙的人，向他寻求帮助。还是个小婴儿时，斯蒂芬·霍布豪斯是在自家萨默塞特的庄园附近一间小型乡村教堂里受洗的,由于他的教父当时未能出席,于是,遵照旧习,家族的一位密友成为代理教父。这位密友就是阿尔弗雷德·米尔纳。

在认真听取了玛格丽塔·霍布豪斯的诉求之后,米尔纳尽了最大努力。在英国国家档案馆的档案中,我们能找到大量发给米尔纳和他的下级官员的有关斯蒂芬一案的备忘录和信件,而发件人则是那些急于展现自己对这位部长的关切十分重视的官吏们。苦艾丛监狱也发来了从斯蒂芬写给罗莎的一封信中[34]摘录的片段。一位签名难以辨认的精明官员(对斯蒂芬)给出了这样一则评价:"如果他能以健康原因被免除兵役的话,我不认为他有成为危险的和平运动煽动者的可能。他是个纯粹的空想家……的确,有些人由于仰慕他为这场运动受到的磨难而成为其追随者。但若能给他的'殉道生活'画上句号,他的影响力将会减小,而不是增大。"[35]最终,陆军大臣德比勋爵给米尔纳写了一封信,在以尖刻言语评论拒服兵役者的同时("他们大多都是精神病"[36]),他坚持认为不能释放斯蒂芬或是免除他的兵役,因为"他完全拒绝接受医生检查"。

要是斯蒂芬·霍布豪斯一开始就知道母亲插手了自己的事,他肯定会感到非常震惊。她的母亲还做出了其他努力,而他本人和大众当时却都不了解完整的故事。正如斯蒂芬所言:"尽管她觉得自己的大儿子在拒服兵役问题上采取的极端做法是错误而愚蠢的,但她也愈发坚信,我和其他约1350名服刑的反战者正忍受着残酷的不公正对待造成的磨难。她产生了收集真相并将它们结集出书表达合理诉求的念头。"[37]

《我要上诉》一书于1917年年中问世,封面上写的作者是"亨利·霍布豪斯夫人"。该书迅速售出了18000册,数百个工会支部和其他市民团体都表达了对她呼吁释放被囚禁的拒服兵役者的支持。这本书之所以能引起重视,在很大程度上是由于玛格丽特·霍布豪斯本人是支持战争的——她是保守党党员,英国国教界非常活跃的知名富商的妻子,还有两个儿子在前线打仗。为了让书受到更为广泛的认可,《我要上诉》的前言由著名的牛津大学古典学者吉尔伯特·穆雷撰写,并且得到了他的四位杰出同事的推荐。他们没有一个是反战者,许多对它给予赞许评价的人也不是。"这本小书让我深受感动,"小说家约翰·高尔斯华绥在《观察家报》上写道,"我极力推荐所有人都去读一读。"

直到半个多世纪以后,本书的神秘代笔才由加拿大学者乔·维拉科特找到:伯特兰·罗素。玛格丽特·霍布豪斯终究不是个作家,而罗素却是个出色的作家;他们之间的通信(玛格丽特请求罗素将这些书信销毁,不过后者并未照做)显示,二人都明白,如果玛格丽特被当成作者,这本书的公信度会高得多。

罗素不仅是社会主义者和反征兵协会的执行主席,他还是个坚定的自由思想家。当以流畅的笔触写下那些表面上出自一个作为统治阶级中坚的战争和宗教组织支持者的文字时,他会不会感到好笑?看起来,他的确被逗笑了,因为他根本控制不住自己在书里塞进几个半开玩笑的俏皮段落。本来是在批评狱中的拒服兵役者们的错误信念,《我要上诉》却写道:

> 尽管看起来有些荒谬,可他们坚持认为,相比其他许多事情,战争的胜利对于国家福祉并没那么重要。必须承认,这一观点得到了我主耶稣某些说法的支持,例如,"一

个人如果得到了全世界,却失去了自己的灵魂,这对他又有何益?①"毫无疑问,此类表述应被理解为比喻,可宗教史显示,总有一些一味盲从的追随者倾向于以字面意思来解读宗教创立者们的意思……他们相信……爱能战胜恨……这种想法似乎是由于对《登山宝训》的匆忙阅读得来的。[38]

没有人察觉到作为代笔者的罗素的种种一语双关。米尔纳甚至还将本书赠给了国王。为了感谢罗素,玛格丽特·霍布豪斯匿名对反征兵协会进行了捐赠。守口如瓶的罗素本人在NCF旗下报纸上以真名发表的一篇文章中评论道:"许多有影响力的人对拒服兵役者曾经只有蔑视与嘲笑,如今他们也逐渐相信,无限期延长的关押并不是最明智的做法,这在很大程度上都是霍布豪斯夫人的《我要上诉》带来的结果。"[39]然而,斯蒂芬·霍布豪斯和与他志同道合的同志们的狱中生活还在继续。

大约一百五十万英国士兵在黑格的指挥下继续在西线进行着收效甚微的战争。除了成千上万人的死亡,1917年的春天与初夏期间还发生了一场灾难性的骑兵攻击,劫数难逃的英军骑兵高唱《伊顿船歌》,向敌军展开猛攻,与此同时,19枚装药总量接近一百万磅的地雷在比利时德军的战壕下方被引爆,据信,这是截至当时历史上最大的人造声响。

全世界每天都有数百万人怀着为永无止境的杀戮寻找出路的希望在报纸上关注俄国的消息。尽管俄国临时政府尚未

---

① 《圣经》詹姆士一世版本,马太福音16:26。——译者注

退出战争,但它公布了一项连英国都还不存在的制度:普遍选举制度。列宁回到俄国后,更为激进的彼得格勒苏维埃再进一步,他们发出呼吁,要求得到"以人民自觉为基础、不附带任何割地或赔偿［赔款］条件的和平"。受此态度鼓舞,其他国家的反战力量似乎也群起响应。讽刺的是,尽管英国政府与德皇本人都对此嗤之以鼻,德国议会却以接近二比一的差额在1917年中通过决议,呼吁没有割地与赔款附加条件的和平。本笃五世教皇提出的有些含蓄的和平方案也附和了不要战争赔偿的想法,并且建议各国军队从占领区撤军。此外,奥匈帝国与奥斯曼土耳其这两个对战争没那么热心的德国小伙伴偶尔也会措辞含糊地向协约国提出——不是被断然拒绝就是被置之不理的——和平建议。所有的一切令空气中飘荡着希望的味道。

夏洛特·德斯帕德给俄国妇女写了一封公开信,她在信中将她们称为"我的姐妹",并以自己在其他许多运动中表现出的同样奔放的热情拥抱了她们:"我与你们同在——我们是一家人。"[40]如果俄国民众能够推翻专政、赋予每个人选举权并建立起由工人和士兵组成的市政委员会,为什么英国不能做到同样的事?在她和其他许多人的共同筹备下,1917年6月初,"劳工与社会主义者民主大会"在北部的工业城市利兹召开了。

对此类事件保持着密切关注的米尔纳从一张题为"追随俄国步伐"的传单上得到了会议召开的消息,这令他感到非常恐慌。他向劳合·乔治发送了两张来自一份劳工报纸的剪报,并用下划线标注了令他尤为警觉的段落,其中一段号召"我国与其他所有参战国的人民一起,像俄国人民已经做到的那样,将局面掌握在自己手中"[41]。

"亲爱的首相……我认为指示媒体……不要对利兹会议过分'炒作'还来得及,"他写道,"除非我们希望'追随俄国脚步'陷入衰弱与消亡,否则,采取一些有力措施去阻止这个国家的'堕落'恐怕已迫在眉睫。"[42]

与此同时,大约3000名有志成为革命者的代表在利兹的一座巨大的哥特式砖石结构影剧院里齐聚一堂,管风琴演奏的激动人心的"红旗"和为基尔·哈迪举行的一分钟默哀拉开了大会的帷幕。英国左派主要人物全部到场。许多代表仍然为惠尔登一家遭到的陷害而感到义愤填膺,有位代表对"这个国家的数千个'阿历克斯·戈登'"进行了猛烈抨击。事实上,听众中的确混入了来自多家彼此竞争的情报机构的密探。他们中的一人在给陆军部的报告中满意地写道,利兹的一些旅馆取消了参会者的预订,结果他们不得不待在本地社会主义者的家里。"对任何了解利兹会议的人来说,毫无疑问,"这位特工写道,"它的目的正是在可能的情况下在这个国家发动革命。"[43] 最让他感到震惊的是代表们通过的决议当中对"爱尔兰、印度和埃及彻底独立"发出的倡议,为此,他还用下划线将其标注为了关键短语。

俄国的先例不断激起每个人心中的希望。穿着标志性的黑色披肩头纱、黑色长袍和凉鞋的德斯帕德发表了一场火药味十足的演讲,并获选成为一个由13人组成的"临时委员会"的委员,他们负责在英国各地甄选出"'工人与士兵议会'的代表";她本人负责在纽卡斯尔成立一个这样的"苏维埃"。经过投票,代表们决定向俄国派出代表以彰显团结。西尔维娅·潘克赫斯特向人们暗示,有朝一日,她当选的临时委员会也许将成为"英国临时政府"。

伯特兰·罗素的发言获得了热烈反响："因为四海之内皆兄弟的信念，这个国家正有一千多人身陷囹圄……如今，那些在世界一片黑暗之时被迫开始战斗的人已经认识到……这个世界再也不像过去那般黑暗了，我们每个人的生命中获得的新的喜悦与希望，狱中的他们也感受得到。"[44]自从战争爆发，罗素的表现从未像此时一般乐观："在各个国家，事态的掌控权正飞速从军国主义分子手中滑落……"他在几天后写道："新的风气已流传开来。[45]"

18 陆上溺水

如果说有哪场战争早就应该举行和平谈判,答案一定是这一场。各大国也许在战争爆发前结成了敌对同盟,但他们之间的关系维持得还算可以,皇室互相访问,没有边界争端,相互间贸易额巨大,各国公司共同投资设立合资企业。还有什么样的连环事件会比从萨拉热窝发生刺杀到欧洲大陆陷入一片战火之间短短六个星期之内发生的一切更加离奇?既然如此,大家怎么就不能回到原点呢?

可悲的是,没有谁能提出令双方都满意的和平方案。"不交赔款"对德国很有吸引力——可对目睹自己上千平方英里的土地化为废墟、成千上万国民被德国军工厂粗暴征用的法国与比利时却恰恰相反。从占有领土撤军对法国、俄国、意大利、塞尔维亚和比利时很有吸引力,他们的领土被部分、全部(塞尔维亚)或几乎全部(比利时)占领,可德国与奥匈帝国的态度却截然相反,他们的军队几乎一直完全在敌人的领土上作战,许多地方都是德国扩张主义者渴望能永久占有的。

将各殖民地归还其战前的所有者——某些和平方案中的另外要素——对德国有吸引力,但英国、法国和比利时不同意,经过奋战得到具有潜在经济价值的德国领地的南非也不同意。除此之外,协约国忍受占领带来的耻辱和磨难、同盟国体验封锁之下饥寒交迫以及双方持续不断将敌人描绘成魔头的高调宣传,这些令所有参战国的群众——除了此时正深陷革命混乱中的俄国——均陷入狂怒之中,以至于不论对哪方来说,谈判在政治上似乎都是不可想象的。

与许多战争相伴相生的另外一座(阻碍和谈的)大山也忽隐忽现。牺牲与致残军人的数量已经达到了令人无法想象的地步,任何对和平妥协的探讨都有风险,因为对这些人来说,这样的做法就是对他们的侮辱,会让他们的牺牲失去意义。或者说,这至少是他们在胜利希望似乎依旧存在时的感受。不过,如果西线继续维持僵局,而胜利——对任何一方——似乎均无实现可能的话,情况会有改观吗?这样一来,大众会在最后认识到战争的疯狂吗?和平主义者就坚持着这样的信念,特别是在和平主义者人数最多的英国。

法国于1917年4月发动的大型攻势成为打破西线僵局的最后努力。它的失败是惊人的:在短短几天时间内,法军就有30000人死亡,100000人负伤,而他们只在一处推进了几英里,在有些地方则一无所获。这次行动完全是索姆河战役的重演;二者唯一的区别在于,像稻草一样被收割的士兵的国籍不同。

然而,随后发生的事情却是前所未有的:一场波及全体法军的大规模哗变发生了——最高指挥部则更愿意使用"集体违纪"这样的称呼。在后方休整的士兵高唱《国际歌》,手中挥舞着红旗,拒绝返回前线。一支步兵军团占据了一座城镇后拒绝离开。有几支部队甚至选出了自己的苏维埃。超过30个师爆发了叛乱。军人们并不是像在俄国那样彻底当了逃兵;事实上,许多哗变的参与者还待在自己战壕的岗位上,他们仅仅是在拒绝参加自杀式的新攻势。不过毫无疑问的是,法军已几近瘫痪。法军最高指挥部不得不在严格保密的状态下告知了自己的英国盟友正在发生的一切。黑格来到巴黎与法国高层进行了会晤,凭着自己一贯强硬的作风,他坚决要求继续推进攻势。不过,黑格也在担心:"在法国,潜伏的革命距地表从来都不远。"[1]他在给伦敦的陆军大臣的信中写道:"如今,地壳已非常薄了。"

发动这场注定要以失败告终的攻势的法国将军①丢掉了官职,新任指挥官菲利普·贝当(Philippe Pétain)将军旋即走马上任。他提升了后方休整兵站的住宿条件,改善了军队的伙食,并增加了士兵的假期。在前线视察期间,他与每一支哗变部队展开对话,向他们承诺不再发动让生命毫无意义地被浪费掉的攻击。按照当时军队的标准,他在执行惩罚时表现得非常谨慎:3427人由于参加哗变而被判有罪,正常来说,他们都将被判死刑,可最终只有49人被执行了枪决。尽管种种迹象表明对面的军队出现了问题,但德国人从未意识到敌人内部的混乱究竟到了何种程度——受审查的英法两国报纸的读者们也没有意识到。不过在成功控制了乱局的同时,贝当也付出了代价:他无法命令麾下依旧感到不满的军队参加任何新的大型攻势了。开始重塑法军军纪与士气的漫长工作的同时,贝当也在极力敦促英国盟友亲自发动大型攻势以转移德军的注意力。

究竟还需要另一场攻势吗?当然!黑格对此毫无质疑,他相信德国人"或许会在今年逼近崩溃的边缘"[2],并且也是这么告诉手下将领的,一向乐观的情报负责人查特里斯上将递交的一连串新报告则是他自信的来源。查特里斯笃定地告诉黑格,德国被罢工和骚乱搞得千疮百孔,士兵们的士气不断降低,德

---

① 尼维勒,原陆军总司令。——译者注

军已到了山穷水尽的地步。为确保自己这位上司和英国内阁产生同样的想法，趁黑格和劳合·乔治对一座德军战俘营进行访问之前，查特里斯下令迁走了所有身体健全的俘虏，这样一来，里面就只剩下伤员和一脸病相的人了。

此时的比利时小城伊普尔成为西欧遭到破坏最严重的地方。由于地处英军控制区一处凸起的中心，德军从三面对它进行的炮轰已经持续好几年了。城内著名的纺织会馆只剩下残垣断壁；砖石结构建筑和鹅卵石街道已化为废墟。大英帝国各地前来的成千上万名士兵尽可能地寻找着栖身之处，地点常常在地下室。整个凸起部成了蜂窝状，只有窄轨电车还在将子弹、炮弹、食物和绷带送往前线。以这片饱受摧残的废土为起点，黑格正计划发动下一场大型攻势。

战时内阁十分不安。新的俄国临时政府几乎无法向军队提供食物，部队已山穷水尽，英国决策者预测，德国最多能向西线调动30个师的兵力。正当黑格预言自己的进攻将取得成功时，米尔纳在给同僚的备忘录中讽刺地写道："论点似乎是这样的，因为我们无法战胜没有补强的德国人，所以我们便有理由希望在［他们］得到30个师的补强后战胜他们。真是疯了。"[3]劳合·乔治同样对此心存疑虑，不过，由于黑格在军界的关系实在根深蒂固，首相从来都没能维护住自己对最高指挥部的控制权。战争过去很久以后，他才在自己出版的回忆录上抱怨了当年那些将军们一番："他们脑子里塞的都是些没用的垃圾，塞得满满当当。"[4]

到最后，不论黑格的计划有多疯狂，战时内阁都提不出务实的替代方案。6月中旬，这位陆军元帅在伦敦展示了自己的计划。"他在一张餐桌上，要么就是办公桌上，摊开了一张大地图，"劳合·乔治回忆道，"说明自己打算如何荡平敌军的时候，他双手的动作令人印象深刻——先是右手在地图表面猛地扫过，然后是左手，最后，他的拇指指甲戳在了德军前线的位置上。"[5]去年消耗（敌人）就是胜利的说法已经消失；黑格的梦想再次变成了实现突破。德军防线被撕开缺口之后，等待已久的骑兵将冲进缺口，英军步兵随后将向左翼进军，夺取比利时的中世纪古城布鲁日。内阁成员视察前线时，黑格手下的军官将他们带到了一座特别修建的瞭望塔上，这里能将黑格计划占领的土地尽收眼底。

考虑到正被调往阵地的士兵人数，（行动）自然谈不上出其不意。据正在巴黎访问的帝国总参谋部参谋长的观察，"在我下榻的酒店，就连电梯操作员都知道进攻开始的日期"[6]。随着发动进攻的日子越来越近，黑格似乎也在以军人的服从与责任为标准看待周遭的一切。当黑格夫人告诉他自己想要第三个孩子时，他以丝毫不带有一点玩笑或讽刺意味的口吻在回信中写道："在这个时候怀上孩子，为其他所有女性树立榜样，以这样的方式尽妇道，你得觉得多自豪啊！"[7]黑格坚信即将到来的战役将使自己青史留名，他建议妻子开始为自己撰写传记。

在英国，德国的轰炸与人们对大战将至的觉察始终令沙文主义狂热情绪高涨，许多叫德国名字的人都认为换个名字才是明智之选——就连王室成员也不例外。由于伊丽莎白女王当年嫁给了德国王子，正式来说，英国王室属于萨克森-科堡-哥达家族。1917年7月17日，就在黑格发动新攻势两个星期以前，白金汉宫发表了一则公告，从今以后，温莎将成为这个家族的名字。

据说，德皇威廉二世在听到这个消息后表示，自己准备到剧院去看一场《萨克森科堡哥达的风流娘们儿》①。

随着1917年的时光逐渐流逝，反战集会吸引的群众也越来越多。夏洛特·德斯帕德和其他几位妇女成立了一个新组织——"妇女和平运动"。"我希望'异族人'和'外国人'之类的字眼能从语言中消灭，"她在一场演讲上说，"我们都是一家人。"[8]德斯帕德进行全国巡回演讲，还到拒服兵役者家中访问，为他们的家属打气。她撰写的一本和平宣传手册售出了十万份。

克里丝特布尔·潘科赫斯特对此很震惊。"我把和平主义者当成一种疾病……一种非常致命的疾病，"这个夏天，她在《不列颠尼亚》上宣称道，"你会发现，历史上消亡的每个国家都受到了这一疾病的折磨。"[9]英国工会敢于在战时发动罢工的现状揭示了她信奉威权主义的一面。"如果一支乐团里的每个人都按自己或者某个委员会的想法演奏，却不听从指挥的节拍，这样的乐团你还能听吗？"她在一次演讲时怒斥道，"这么说吧，工业界发生的事就和这一模一样。我们必须要有权威、控制和纪律。"[10]

一边是只能对控制局面大声吆喝的潘克赫斯特，一边则是能够确保行动付诸实施的米尔纳。他在8月写给掌管警察和监狱的内政大臣的信中提出，每场工人集会都应受到监视，以防止其"变成和平主义者与革命者的聚会"[11]。在接下来的几个月里，警察共对和平主义者与社会主义者团体展开了大约30次

---

① 影射莎士比亚的《温莎的风流娘儿们》。——译者注

突击搜查,他们没收了各种文件、印刷设备和成箱的宣传册,带不走的印刷机就破坏掉,对反战者的信件进行检查。在他们的暗箱操作下,供应紧张的新闻纸几乎全部流向了支持战争的出版物和印制官方许可宣传品的印刷厂。

然而这里也有例外,当局并没有将公开发表反战言论的人投入监狱,也没有禁止举行各种集会。历史学家布罗克·米尔曼(Brock Millman)指出:"英国当局在可以出手的情况下几乎从未采取干预措施,对事态置之不理才是保险或明智的选择。"[12] 当有些官员考虑以写作反战文章为由对萧伯纳进行起诉时,内政大臣成功地劝阻了他们:"萧氏的文章的确能在这里和美国引起巨大的反响……可是,允许这样的文章从英国流传出去的事实将成为我国审查制度宽松的证据和实力强大的……象征。"[13]

到头来,真正有实力的还是主战派。尽管利兹会议通过了令人兴奋的决议,组建工人与士兵苏维埃的努力还是化为了泡影。在伯特兰·罗素主持的伦敦苏维埃成立大会召开期间,巴兹尔·汤姆森授意《每日快报》刊登了会址。数百名敌对的示威者[14] 高唱《不列颠万岁》冲进了"苏维埃"正在开会的公理会教堂。这伙人打破房门,敲碎窗户,扯断煤气管和水管,还打伤了数名代表。直到有人告诉警察罗素是一位伯爵的弟弟,他们才匆匆赶到,将他从挥舞着嵌有铁钉的木板的妇女手中救下来。"一旦变得嗜血,乌合之众将非常可怕。"[15] 罗素当天写道。试图在纽卡斯尔成立工人与士兵苏维埃的德斯帕德运气也没有好到哪儿去。现场出现的只有那些不当班的粗暴士兵,在他们的拳打脚踢之下,集会被迫解散。

批评者当然可以指出德斯帕德与罗素同工人和士兵间的距

离太过遥远的事实。不过,导致他们失败的真正原因在于,英国是一个民主国家,不论它的民主有多不完善。与俄国不同,大众几乎没有对革命压抑许久的渴望,发动战争的政府也是经由选举上台的。尽管激进的利兹会议登上了报纸的头条,可同年在曼彻斯特召开的另一项会议才是衡量英国工人阶级态度更为准确的标尺,在那次会议上,从将近两百万工会成员中脱颖而出的代表们经过投票,以超过五比一的差额通过决议支持英国继续战争,直到德国被彻底击败为止。

1917年夏季伊始,部分主战派工会成员在苏格兰阿伯丁港发生的一场规模虽小但能说明问题的冲突中展示了实力。为了彰显团结,利兹会议挑选出代表前往俄国,可在代表们登船后,他们却迎来了意料之外的麻烦。右倾的国家水手与消防员工会的两名领导人——其中一人是该工会的主席,也是米尔纳的英国工人联盟中的坚定分子——出现在现场,二人告知这些代表,除非他们返回陆地,否则全体船员不会启航。由于有上百名成员死于德国U艇的攻击,该工会并不属于反战阵营。经过了短暂的僵持,代表团成员们被押送下了步桥。

然而,上述两位工会领导却热情地接待了另外两名同样前往俄国的乘客:老牌妇女参政论者杰茜·肯尼和埃米琳·潘克赫斯特。潘克赫斯特之前请求劳合·乔治批准其"向俄国人解释我们这样的英国爱国妇女对战争与和平条件的看法"[16],对此,首相欣然同意。俄军也许正步履维艰,但它们仍然拖住了几十万德国军队,否则这些德国军队将会出现在法国和比利时。劳合·乔治希望潘克赫斯特能让俄国民众中的好战者振作起来的同时挽回那些受革命诱惑的人,不但因为她作为麻烦制造者和反叛者的资历毋庸置疑,而且她在俄国也非常知名,她的自传曾被译成俄文后广泛传阅。

潘克赫斯特抵达彼得格勒时，尽管温和的临时政府还在勉力支撑，但受到领袖乘坐密封列车从瑞士归来鼓舞的布尔什维克的力量却在不断壮大。红旗到处飘扬，在她下榻豪华的阿斯托利亚酒店期间，那里的全体员工甚至还举行了罢工活动。"我是带着英吉利民族对俄罗斯民族的祈盼来到彼得格勒的，"她在向各爱国妇女团体发表演讲期间告诉当地记者，"我们希望你们能继续参加这场决定着文明与自由的命运的战争"[17]。

一位俄国人引起了她的特别关注——埃米莉回到英国以后，此人很快便在克里丝特布尔的报纸上享受到了明星般的待遇：25岁的玛丽亚·波琪卡丽娃（Maria Bochkareva）。在沙皇的特别许可下，波琪卡丽娃加入了军队，她曾在战斗部队服役并参加战斗，用刺刀刺死过一名德军，自己也几次负伤。她抽烟，喝酒，随便起誓，面对任何找碴儿的人，她都会怼回去。语言根据说话者性别不同而发生变化，她总是使用阳性。在一位观察者的描述中，她"是个高大的农妇，壮得像匹马，举止粗鲁，愿意用手吃饭，目不识丁，却是个天生聪明的人"[18]。

坚决支持与德国人作战的波琪卡丽娃最近刚组建了一支名为"黑寡妇营"的部队。它的成员剃光了头发，训练期间睡在光板床上，接受与男性俄军士兵相同标准的体罚，以两根交叉的骨头和骷髅作为自己的标志。[19] 波琪卡丽娃厉行严格的军纪，在她的激励下，这支部队曾成功占领过数座德军战壕，在这个俄军处于崩溃状态的年份里，这样的表现相当罕见。对决心继续参战的俄国人来说，波琪卡丽娃——和埃米琳·潘科赫斯特在英国一样——的出现出人意料，相比好战果敢的女性形象，她表现出的爱国心则更加引人注目。对于这个被阶级冲突撕裂的国家中的右派分子来说,她正是那块永远会被爱惜的珍宝:一位与他们站在一起的工人阶级英雄。

波琪卡丽娃率领她的部队在彼得格勒的圣以撒广场接受检阅时,支持者们向她们投掷鲜花,军乐队奏响了乐曲,一位俄国东正教牧首宣布她们的骷髅旗为圣物。阅兵仪式上,她们喊声震天地从身穿洁白无瑕的亚麻套装、头戴黑色软帽、手上戴着手套的潘克赫斯特身边经过。"黑寡妇营的创建,"她告诉女兵们,"是自圣女贞德之后妇女历史上书写的最伟大的篇章。"[20]

城郊的皇宫里传出消息,被软禁在那里的沙皇和皇后想会见这位来访的著名妇女参政运动领袖。消息来得有些意外,因为沙皇夫妇过去从来不是任何参政运动的拥趸,不论他们要争取的是男性的权利还是女性的权利。由于英国政府希望她不要举行任何可能引发临时政府或布尔什维克愤怒情绪的会谈,潘克赫斯特不得不拒绝了邀请。

1917年的夏天乱作一团。俄军军官不是被士兵杀死,就是被士兵苏维埃取而代之,士兵们则成千上万地持续脱离前线;历史上还从未有过哪支军队能以如此大的规模走向解体。临时政府还在努力说服布尔什维克与其他激进党派继续参战,与此同时,罢工与群情激愤的集会却变得更加频繁。有人建议潘克赫斯特与杰茜·肯尼穿得低调些,以免被当作资产阶级成员而引起注意,潘克赫斯特无视此建议。一群支持她们的军官提出想要担任她们的保镖,也遭到了她的拒绝。透过自己在彼得格勒的酒店的窗户,她目睹了一场高喊"打倒资本主义"[21]"停止战争!"口号的激进士兵发动的游行。在布尔什维克闯进这家酒店并抓捕了40名军官后,她被迫接受了最好尽快回到英国的建议。前景此时已然明朗:布尔什维克即将接管一切。

这正是她的女儿西尔维娅热切期盼的。期待阶级战争能终结这场国际战争的西尔维娅将自己报纸的名字从《妇女无畏报》改为了《工人无畏报》。她开始公开煽动英军士兵放下武器，还在报纸上刊登前线士兵写来的批判信件，不断试探着审查制度的底线。夏天过半，就在母亲还在俄国访问期间，西尔维娅的报纸引起了巨大反响。她的报纸第一个站出来，刊登了一篇在这场战争中史无前例的声明——一位在战争中立下赫赫战功的前线军官发表了一篇振聋发聩的宣言，表达了自己想让战争停止的想法：

> 我发表这篇声明，为的是表达对军队当权派坚定的反抗态度，因为我坚信，这场战争正在被那些有能力终止它的人故意延续下去。[22]
>
> 我就是一名士兵，我坚信，自己的想法能够代表全体官兵。刚参战时，我相信这是一场卫国战争，可如今，它却已成为一场侵略与征服之战。

信的作者是西格夫里·萨松（Siegfried Sassoon）少尉，他刚刚出版了一本广受赞誉的战争诗集。绰号"疯狂的杰克"的萨松曾经因冒着猛烈炮火将一位伤兵转移到了安全地带而在法国赢得了军功十字勋章。后来，由于单枪匹马占领了一座德军的战壕，他又获得了维多利亚十字勋章的提名，但他没有接受该勋章。萨松不仅自己的军人履历毫无瑕疵，他出身的家庭也颇为显赫：他的堂兄菲利普·萨松（Philip Sassoon）爵士，一位准男爵和下院议员，是黑格的私人秘书。

喉咙被子弹击穿后，他被送回了英国，在伦敦一家医院康复期间,他阅读了一本伯特兰·罗素的反战文集《战争年代的正义》,受此激励,他投入到了反战运动中。他与罗素会面,后者鼓励他大胆说出自己的想法,帮助他起草宣言,并将宣言交给了一名支持反战运动的议员。他的信被西尔维娅·潘克赫斯特刊登两天以后,这封信被在下议院当众宣读。巴兹尔·汤姆森的特工对《工人无畏报》和反征兵协会的办公室同时进行了突击搜查,查抄到了100份信件的副本。萨松期待自己被送上军事法庭,这样一来,他就能更详细地表达自己对战争的谴责了。对和平主义者来说,这将是一个向公众传播反战思想的绝佳机会:一场对目睹自己手下士兵死亡的功勋军官的引人注目的审判。

出人意料的是,尽管正忙着在格拉斯哥绿园慷慨激昂地对反战群众发表演说并尝试组建苏维埃,德斯帕德依然十分珍视与弟弟甚少的会面机会。"对我来说,我觉得他比任何人都更珍贵,"她写道,每一次会面当天"都是值得记录的喜庆日子"。约翰·弗伦奇1917年的日记里记录了一次他对德斯帕德的酒馆的顺路造访,在他的姐姐开展的形形色色的事业中,这家为士兵开设的禁酒酒馆或许是唯一他能以国土防卫军总司令的身份现身而不会引起争议的。弗伦奇还是一如往常地花钱如流水,德斯帕德因此再次借了钱给他。他们在这一年里还失去了一位共同的亲人,他们的一个在巴尔干前线做志愿护士的妹妹被炮弹弹片杀死了。

这位前陆军元帅仍处于失意之中,就像他后来与一位朋友所讲的那样,"在黑格的煽动下……我被赶出了法国……不论以后发生任何事,都将无法弥补我在1916年、1917年和1918年半年里失去的战地时光"[23]。他不得不无奈地接受现实,终日在英国各地奔波,不是视察军队、训练基地、海岸防御与防空炮,就是胸前别上勋章前去探望穿着亮蓝色病号服的伤兵。经过逐步暗中经营,弗伦奇成功当上了劳合·乔治的私人军事顾问——获得这一职务,他就能将自己听到的任何反对黑格的议论扩散出去。由于过分热衷此道,他还被国王叫到白金汉宫狠狠地训斥了一顿。弗伦奇到西线访问期间,黑格拒绝向他提供接待,而当陆军大臣邀请二人共赴伦敦的一场晚宴时,弗伦奇拒绝到场。他在给情人威妮弗雷德·本内特的信中哀怨地写道:"我真的很想再听到枪炮的声音!"[24]

枪炮的声音倒是不绝于耳,在另一场战役开始前,黑格的炮兵又按照过去的习惯开始了炮击,超过 3000 门大炮共发射了超过 400 万枚炮弹,作为战斗第一个要拿下的目标,一个小村庄因为这场战役留下了它在今天为人所知的名字:帕斯尚尔(Passchendaele)。每次在西线发动大型攻势,英军总会带来某种新鲜元素,满足人们长期以来对实现突破的期待。在卢斯是投入了史无前例的兵力且第一次使用毒气。在索姆河战场,是期待能将德军战壕炸得四分五裂的持续了一个星期的炮击。那帕斯尚尔呢?任何能让这场战役显得与众不同的新战法或新武器都没有。最后,将这场战役与之前的血雨腥风区别开的是一个令所有人始料未及的可怕事实:在这个与大海完全不沾边的地方,除了牺牲在德军枪口下的士兵,数千名英军是被淹死的。

这片欧洲的一隅之地长期以来被人称为低地国家是有充足理由的:在比利时的大部分地区,地下水位距地面不足两英尺。黑格似乎完全没有考虑过这一点,他的炮击将会摧毁运河与排水渠,让成千上万个弹坑迅速被灌满水。"黑格的计划需要像埃塞俄比亚那样的干旱气候才能确保成功。"[25]他的传记作家杰拉德·德格鲁特（Gerard De Groot）评论道。战斗发生地与之前在伦敦肯辛顿公园修建的用沙袋堆成的干燥、整洁的战壕模型的环境毫无相似之处。（柏林一家公园里也有一座同样脱离实际却吸引了许多参观者的类似战壕。）

当英军步兵于1917年7月31日清晨发动攻击时，伊普尔周边地区正笼罩在薄雾之中。很快，薄雾变成了几乎片刻不停的大雨，这是大约30年以来最大的一场雨。侦察机不能起飞，武器无法运转，积过水后，月球表面一样的弹坑地带上的黏质土变得黏稠；一位军官将黏土比作奶酪蛋糕，另一位军官形容它们像麦片粥。大炮几乎无法移动，积水最深之处，拉着弹药车的骡子和马能被没到肚子，不得不靠人力脱困。运送伤兵的救护车频频冲下湿滑的路面。夏去秋来提醒了人们，英军士兵的冬季大衣是不防水的。像海绵一样不停地吸收水和泥浆之后，这些衣服能增加高达34磅的重量。随着战斗的持续进行，英军曾在一天之内就遭受了26000人的伤亡。尽管如此，黑格仍在继续发兵。

"我们战斗时所处的条件简直无法形容，"后来成为著名考古学家的约翰·莫蒂默·惠勒（John Mortimer Wheeler）写道，"不管我怎么写，尽管看上去像是夸大，但它们其实与真相还相距甚远……现场与其说全是烂泥，不如说就是个深不见底的黏稠沼泽。弹坑大都连成了一片，而在没连片的地方，把它们隔开的也仅仅是几英寸黏糊糊的烂泥……炮手们在齐膝深的水中进行操作。"[26]由于后坐力太大，在泥里陷得太深，英军有些大炮下沉到了地平面以下；炮手们要竖起旗子来标识自己的位置。

来自皇家燧发枪团的二等兵查理·迈尔斯（Charlie Miles）

是负责送信的传令兵——这个说法有些不合时令:"刚一出发,你就能感受到那种可怕的气味……从某种程度上讲,泥浆没能将你吞噬反而显得更糟……[然后]你就知道自己是踩在尸体上了。这太可怕了。也许你踩在了尸体的胃上,里面的气体发出咕噜咕噜的声音,一股脑地向外面扩散……那种味道能让你吐出来。"[27]击中地面时,炮弹的冲击波会将吸饱了水的腐烂尸体抛向空中,落下的尸块劈头盖脸地砸在仍然活着的士兵身上。

英国、澳大利亚和加拿大军队逐渐缓慢地接近了帕斯尚尔小村,各大报纸却已在头版发表了胜利宣言:"我军阵地前移;新推进中的英雄主义(《泰晤士报》)""碉堡之战的彻底胜利;黑格毁灭性的一击(《每日镜报》)"。然而在战场上,有些弹坑的积水深度已经足以没过人的头顶,士兵们开玩笑说,是时候召唤皇家海军了。如果一名全副武装在弹坑旁边蹒跚行进的士兵滑倒、绊倒或是为躲避即将落下的炮弹跳进弹坑,浸泡过人或马匹的腐烂尸体的脏臭泥水也许会让他永远失去生命。

"伤兵的呻吟声与哀号声在黑暗之中从四面八方传来,"是年19岁的陆军中尉爱德温·沃恩在一个雨夜的日记中写道,"有长时间啜泣着的微弱呜咽,也有绝望的尖叫……为了寻求庇护,很多重伤者之前肯定爬进了新的弹坑里面,现在,他们周遭的水位正在上涨……我们一点也帮不了他们;邓纳姆在我旁边轻声哭泣,每个人都被这令人哀怜的哭声感染了。"[28]雨已经下了几个小时,雨停下之后,"伤兵们的声音大部分都消失了……原因再明显不过,弹坑里的水已经没顶了。"在伊普尔地区的英军伤亡名单中,被记为"失踪者"的超过88000人,没有人知道他们当中有多少是淹死的。直到今天,比利时农民仍然能在犁地时挖出他们的骸骨。

除了溺水以外,新的恐惧也一并袭来。芥子气开始被德国人投入使用。除了淡淡的气味和在受害者皮肤上燎起的黄色脓疱以外,这种强力毒气和芥末毫无关系。它经过了高度浓缩,不再需要笨重的容器盛装;只需将很少的剂量装入高爆弹即可。不仅如此,由于这种化学物质能轻易穿透衣物,造成直径最大可达一英尺的血疱,即便没有吸入,士兵也会受到戕害。如果士兵无意中坐在了受污染的地面上,他们的臀部和生殖器区域很快就会长满硕大的脓疱。由于这种毒气起效慢,人也许要过六到八个小时才能发现自己受到了感染。吸入了空气中的毒气飞沫的士兵下场最惨,由于脓疱出现在体内,渐渐增大之后,它们会堵死咽喉和支气管,而这一过程可能会持续四到五星期之久。由于窒息而痛苦翻滚的患者有时不得不被绑在床上。数千头骡子和马匹也因芥子气死于非命。不过,它们至少能被驯马师的一发子弹快速了结,这也许算是不幸中的万幸了。

1917年11月,在部队占领了最后一块距离7月发动攻势时的起点不到5英里的土地之后,黑格最终将战斗叫停。超过15000名加拿大士兵在夺取帕斯尚尔村的最后战斗中死伤——按照计划,这本应在四个月以前、攻势发动后第四天完成。由于这样的牺牲明显毫无意义,随后在伦敦举行的一次会议上,加拿大总理罗伯特·博登爵士大步走到劳合·乔治面前,揪住后者的衣领用力摇晃。

追悼会和报纸用美化过的语言将这些加拿大士兵和在这三个半月的战斗中失去生命的大英帝国士兵称为"阵亡者"。然而在帕斯尚尔的泥沼中,只有幸运者才能受枪伤而死:"'A'连的一队人向前线进军时……发现了一个膝盖以上没入沼泽中的士兵,"皇家沃里克郡军团少校C. A. 比尔回忆道,"他们四个人一齐努力,将步枪支在他的腋窝下,但一点效果也没有,因为没有落脚点,即便手边有铲子,想将他挖出来也是不可能的。在军人天职的驱动下,他们继续赶往了前线。两天以后原路返回时,那个不幸的家伙还在那;不过,他只有头还露在外面,嘴里则在疯狂的呓语。"[29]

19　求你别死

作为新闻部部长,约翰·巴肯一手操控了这个当时世界历史尚未出现过的最复杂的宣传行动。它推出了大量爱国主义宣传材料,包括被派往前线的特派战争画家的画作,各种画报,将德国人描写为嗜血蛮夷的儿童冒险故事,香烟画片,还有每月揭示一项新暴行的《德国罪恶实录》。在它发给国内外新闻界的电报中,战争的最新消息总是被改写得更为乐观。它的一个部门印制了传单,并用气球撒在德军战壕上空。从受反战激进分子的影响威胁的英国工业区到美国,演讲者被派到各地——他们在美国时接到指示,要避免谈到爱尔兰这一敏感话题。每一名美国天主教神父每个月都会从一个据说是由英国天主教徒组成的独立委员会寄来的信中收到战争的消息。美国的编辑、记者和国会议员们一到英国便会受到巴肯新成立的"盎格鲁-美国协会"的接待,他们能作为重要人士到法国前线参观,住在前线附近的庄园中。和恩主米尔纳一样,巴肯也欢迎各殖民地与自治领投入这场大战,在他的努力下,大量以《加拿大人在西线》和《新西兰军队在法国》等为标题的电影问世。1917年的一部短片甚至还歌颂了南非派来的黑人工兵营;片中的黑人跳着传统舞蹈,疯抢一枚大笑的白人军官向他们扔出的硬币。为了重振民众对战争的支持,20辆被称作"电影车"的卡车携带着放映机巡回英国各地,将电影投射到建筑物外墙上进行放映。军乐队、名人演讲者以及偶尔会出现的大炮都被用来在集会上吸引眼球，同时，飞机也可能俯冲下来向人群投放传单。

巴肯和他的雇员们很快就发现，尽管去年在战场首次亮相的坦克无能得令人尴尬，可民众对神奇的高科技武器依旧表现得十分渴望。这些履带巨兽在大银幕上取得了巨大成功，1917年中拍摄的一部反映坦克作战的纪录片吸引的观众人数估计达到了 2000 万。矛盾的是，就在这一年的晚些时候，英军在法国康布雷进行了第一场真正的坦克战，这些笨拙的机器只前进了几英里就像往常一样乱了套，德国人一场反击就将大部分被占土地夺了回来。

然而，坦克到此时为止取得的最大胜利并不在战场上，而是在国内。康布雷激战正酣之时，一个名为"特拉法尔加广场坦克银行"的机构正由于销售战争债券生意兴隆。名流站在坦克上面向人群致辞，冷溪卫队军乐队奏响音乐，数百人排起长队，透过坦克侧面炮塔上的小洞购买债券。据称，这些参观者中有 90% 的人之前从未购买过战争债券，于是，坦克被火车拉到了英格兰、苏格兰和威尔士各地的 168 座城镇中。当局宣称，"坦克银行"总共售出了价值 3 亿英镑（约等于现在的 170 亿美元）的战争债券。由于新式武器以令人印象深刻的方式证明了自己在国内战线上的重要作用，有些坦克甚至为了承担这一任务而被从法国召回了。

几天之内，巴肯的弟弟和两位好友接连在战斗中被杀，尽管当时并没有人从他的工作状态或是他在公开场合的表现中看出什么，但对他来说，1917 年的确是糟糕的一年。然而，巴肯干劲无穷；写起书来，他表现得似乎和其他人在餐桌上谈话一样轻松。巴肯了解到，最近刚刚遭到废黜的沙皇的大女儿、俄国的奥尔加女大公也是自己的读者之一。沙皇全家此时正被囚禁在偏远的西伯利亚城市托博尔斯克的一座宅子中，奥尔加从那里写信给巴肯说，妹妹们、父亲和自己都非常喜欢他最新推出的间谍小说。

同往常一样，他于1917年中旬开始写的小说《顽固先生》中也充斥着身手矫健的秘密特工挫败德国人的神秘阴谋之类的情节。不过，为了反映这一年中的各种罢工、俄国剧变与更加壮大的反战运动的时代背景，巴肯让人们熟悉的英雄人物理查德·汉内渗透进入了格拉斯哥的激进工会圈子，后者在当地发现，绝大多数苏格兰工人都是忠实的帝国拥趸。书中有一章出现了一名拒服兵役者，他在最后作为非战斗人员加入了军队，重伤将死之际，此人冒着猛烈的炮火游泳渡河完成了重要消息的传递。

另一位著名的文坛巨匠也在这一年重操旧业：借着间谍偏执的东风，阿瑟·柯南·道尔爵士结束了歇洛克·福尔摩斯的退休生活。在《最后的致意》中，福尔摩斯老练地潜入了战争爆发前夕来到英国的德国顶级秘密特工、为人阴险的冯·博克成立的间谍组织当中。有些人坚信，尽管战争令人恐惧，但它却是一种有益健康的净化，是炮火带来的洗涤，柯南·道尔就是他们中的一员。展望未来时，福尔摩斯说："东边的风就要吹来了，华生……这样的风从未吹打过英国大地。这场风将寒冷刺骨，华生，我们中会有许多人在它的冲击下凋零。尽管如此，可它却是上帝之风，风暴过去之后，一片更纯净、更美好、更强大的土地将屹立于阳光之下。"[1]

在比利时，风的确寒冷刺骨。在被官方称为第三次伊普尔战役的帕斯尚尔战役中，尽管英军的伤亡总数还存在争议，但最低估算也达到了260000人[2]；绝大多数估算结果都要比这高得多。黑格不停地将帕斯尚尔战役鼓吹成一场胜利，但几乎没人对此表示认同。"我们赢得了伟大的胜利，"战役结束时，劳合·乔治以一种非同寻常的直白口吻说道，暗示着他对黑格于事无补的失望情绪，"看到可怕的阵亡名单后，有时我真希望我们不需要赢得这么多。"[3]

在其他战线上，战争的情况甚至更糟。10月末，意大利北部传来了灾难性的消息：经过一场雨雾中发动的奇袭，德国和奥匈帝国军队突破了卡波雷托，向前快速推进了大约80英里。由于防毒面具数量不足，士气低落的意大利人陷入混乱当中，死亡、受伤及被俘的人数超过了五十万。

与以上种种相比，在佛兰德斯占领一两个泥泞荒废的小村庄似乎就没什么值得吹嘘的了。战地记者和小说家菲利普·吉布斯后来写道："第一次，英军丧失了乐观的精神，在我接触到的军官和士兵中，许多人都产生了严重的沮丧情绪。他们看不到战争的尽头，视线所及之处，只有持续不断的屠杀。"[4]人们讽刺地开着玩笑，讨论1950年时前线的位置在哪。一位军官计算，如果继续按目前的速度向前推进，英军将在180年后抵达莱茵河畔。

1917年秋天，西线英军几乎到了哗变的边缘：在法国埃塔普勒的大型补给和训练基地，几千名士兵断断续续地进行了为期六天的骚乱，一名士兵被宪兵杀死。抗议集会上短暂地打出了红旗，一名反叛者后来经过审判遭到了枪决。逃兵和酗酒率增长，军方提高了士兵中的宪兵人数比例。"增援部队……摇摇晃晃地经过大炮，脚步拖沓，脸上一副知道自己无疑是在赶往死路的表情，"[5]谈起10月的伊普尔上空弥漫的情绪，一位老兵写道,"他们无精打采地经过我们身边,双方都没有打招呼;阴沉的寂静当中,他们一个接一个地快步消失在了牺牲的道路上。"和往常一样,黑格依然无法容忍不同意见。当一位勇敢的上校告诉他,继续徒劳地进攻将耗尽明年春天发动攻势的资源时,脸气得发白的黑格说:"罗林斯上校,出去。"[6]

随着11月降雨增多,黑格平庸至极的参谋长中将朗斯洛特·基格尔爵士(Sir Launcelot Kiggell)罕见地开启了一场前线之旅。接近帕斯尚尔战场时,透过指挥车的车窗,他第一次目睹了大片散布着灌满水的弹坑的恐怖泥沼。据说——尽管捍卫他的人对此否认——他说:"老天爷,我们真的把士兵送到这样的地方打仗了吗?"然后便放声大哭起来。不久之后,军医诊断他正受神经衰弱的折磨。他被匆匆送到了根西岛,在那里,他成为压力更小也更受人尊敬的军队指挥官和副总督。

在俄国,1917年11月6日、7日两天夜晚,协约国政府担心了几个月的时刻最终到来。布尔什维克夺取了彼得格勒的政权,占领了电报局和关键政府部门的大楼,并对临时政府总部——冬宫——展开了猛攻,大约三年以前,正是在冬宫的阳台上,沙皇和皇后曾在战争爆发时感受过下面的爱国群众的狂热欢呼。此时,这座城市的街道上到处都是举着胜利的红旗行进的工人和长大衣上挎着交叉子弹带的喜气洋洋的革命士兵。

为表明自己与以往的外交事务相比更重视对和平的承诺,新政权在几天之内公开了其在政府文件中找到的俄国与协约国各国签订的秘密条约。这些条约揭示了各方对增加领土的期待。例如,里面能找到将奥斯曼帝国解体——或者彻底将其分裂,或者建立多个名义上的独立国家——然后在俄国、意大利、法国和英国中间进行分配的详细计划。协约国还在口口声声说自己正在为自由而战的时候,这些文件已在全世界引起了震动——在某些地方更引起了人们持续不断的愤怒。在英国人的敦促下反抗自己的土耳其主子的阿拉伯人期待的是在战后能够自治,而不是成为任何人的傀儡。

一场非正式停战很快便席卷了东线战场的大部分地区:照片里,一对对穿着笨重的冬季大衣的俄国与德国士兵在无人区跳起了舞,更多人则排好队形,有的站着,有的单腿下跪,就像正在为照相摆姿势的同一个运动队的成员一样。在一个已被战争折磨得不像样子的欧洲,有了榜样的存在,谁又知道革命会不会轻松蔓延开来呢?

阿尔弗雷德·米尔纳担心,没了俄国,协约国也许就无法击败德国了。对于既有的秩序,革命的扩散也许将成为相较于德国更危险的敌人。他很疑惑,为什么英法不结束与德国的分歧——然后一起完成对俄国的分割呢?不用说,英国的那一份将囊括俄罗斯帝国与波斯和阿富汗毗邻的中亚部分,那里是与印度接壤的战略边境。如果德国愿意的话——当然,它还要愿意从法国和比利时撤军——俄国可以用许多种吸引人的方式进行分割。在接下来的一整年里,米尔纳一直在秘密但坚定不移地推销他的主意。没有明确证据表明他或是其他任何人与德国人有过接触,很明显,他的提议也从未超出英国政府内部秘密讨论的范畴,但它与乔治·奥威尔后来在《1984》中描绘的那个超级大国同盟动辄变换的世界有种奇异的相似性。

与此同时,各地的社会主义者与和平主义者正为布尔什维克的政变欢欣鼓舞。大国出现一个致力于推翻资本主义——和立即退出这场持续时间超过三年、屠杀欧洲年轻男子数百万的战争——的政权,这还是头一回。"来自俄国的好消息!"[7]驯狮人约翰·S.克拉克的《社会主义者报》的头条标题写道。"希望他们能够打开那扇大门,"西尔维娅·潘克赫斯特在她的《妇女无畏报》上写道,"打开那扇全世界人民通向自由的大门!"[8]

在英国,没有任何群体能比狱中的反战者对俄国革命最新进展的消息更感到高兴。尽管正在利物浦沃尔顿监狱服苦役的29岁的芬纳·布罗克韦依然在进行着编辑工作。虽然有噤声条令的存在,他仍通过《沃尔顿领袖》将彼得格勒的重大消息传递给了狱友,拒服兵役者在狱中创办的秘密报纸至少有九份,《沃尔顿领袖》就是其中之一。报纸的书写用的是布罗克韦和其他犯人用胶布粘在脚底偷运入监狱里的铅笔芯;每期报纸的"出版"载体是四十张正方形的棕色厕纸。每位犯人使不完的补给厕纸就是订阅费。直到一年后被看守发现为止,每隔两星期,新的一期报纸——当然,只有一份能被"出版"——就会被放在犯人们共用厕所的隔间里。得益于一位服刑逃兵的消息,《沃尔顿领袖》成了英国少数对帕斯尚尔发生的屠杀进行未经审查的报道的"媒体"之一。相比之下,俄国的政变,布罗克韦后来写道,则令拒服兵役者们展开了想象,"我们监狱的大门被工人和士兵同志们打开了"。[9]

英国的和平主义者希望,即将对西格夫里·萨松展开的军事审判能够成为让"伟大的日子"更早到来的事件。不过,他们白等了一场,因为当局最不希望看到的就是上流社会的英雄变成大众眼中的殉道者。"(萨松)的确违反了军纪,"陆军部一位发言人谈到萨松挑战权威的公开信时说,"但他并未遭到处分,根据医疗委员会的报告,由于萨松少尉一直忍受着精神崩溃的折磨，因此他不需要对自己的行为负责。"[10]

萨松根本就没有被投入监狱，而是被下令在利物浦的一家酒店待命。在这期间，他愤怒地将自己的军功十字勋章连绶带一起扔进了默西河——不过由于现场没有目击者，他当时的动作没有被记录下来。他没能像希望的那样，在大众面前登台亮相，而是被安排去了苏格兰一家环境舒适、供患炮弹休克症的军官疗养的康复医院。他的异议言论很快也从报纸上消失了。他在医院度过的时光没能为和平运动提供任何助益，可对英语文学来说，这段时光却意义重大。由于负伤和患炮弹休克症而正在恢复当中的威尔弗雷德·欧文（Wilfred Owen）是萨松的病友，在这期间，年纪更大的萨松对这位有抱负的 24 岁作家的鼓励起到了至关重要的作用。欧文后来成为一战期间最伟大的诗人。

陆军部极其狡猾。经过了三个月的医院生活后，完全不需要治疗的萨松发现自己变得愈发焦躁不安。最终，他接受晋升成为中尉并返回了前线。他这么做并不是因为抛弃了之前的观点，就像他回到自己在法国所属的军团后在日记中所写的那样，原因在于，"我来这仅仅是为了照顾一些人"[11]。这件事深刻地提醒了人们，对集体的忠诚拥有凌驾于政治信念之上的可怕力量——萨松坚信自己祖国口中所谓的战争目标是个骗局，这一信念在过去毫无动摇，在他此后的一生当中也依然如故，考虑到像他一样的人也会如此，这就更加证明了其力量之强大。

1917 年末是令英国统治集团极为紧张不安的一段时间。《泰晤士报》发表了一系列文章讨论"革命的动荡"，当局对传媒的控制也加强了，按照新规定，所有涉及战争——或是和平前景——题材的书籍和小册子都要接受审查。超过4000名审查员投入了对媒体和信件的监控工作中。两期《妇女无畏报》遭到了警察的禁发。坊间盛传德国人正在以某种方式资助反战组织，巴兹尔·汤姆森被要求将他的监视活动升级。巴兹尔对官方愈演愈烈的猜疑能为自己带来更大的影响力心知肚明，在一份递交至战时内阁的报告中，他半暗示地指出，作为反战运动的领军人物之一，勇敢的调查记者E. D. 莫雷尔可能受到了德国人的暗中支持："由于莫雷尔先生的活动无疑符合德国人的利益……因此，他的活动并非出于纯粹的利他主义，这样的概率相当高……公众相信，莫雷尔先生不但过去受到了德国人的资助，他也许还期待未来因为自己开展的和平运动而受到金钱的嘉奖，人们这么想是无可指摘的。"[12]然而，汤姆森在日记里的说辞却截然相反，他承认，"我很确定，根本没有德国资金"[13]流向和平运动。

正如外交部的一位官员所言，当局早就想封住莫雷尔的嘴并将他"妥帖地安顿在监狱"[14]了。米尔纳对采取行动的呼声尤为强烈。"除了我国，"他在一封短信里向劳合·乔治抱怨说，"他在任何一个国家都不可能如此聒噪。"[15]由于已经超过了服役年龄，莫雷尔无法因拒绝征兵而被起诉，因此，他最终受到的指控是违反了一项禁止向国外发送和平主义材料的鲜为人知的规定，并被判处了为期六个月的苦役。

莫雷尔的刑期是在伦敦的本顿维尔监狱度过的。他所在的那排牢房里显然没有其他反战者：他旁边的囚室关着一个强奸了一名儿童的男子；对面的囚室关着一个偷了三瓶威士忌的人。英国人的阶级意识即便在牢狱之中也依旧盛行，另一名由于噤声条令只能与莫雷尔耳语的犯人会管他叫"先生"。只有周日在小教堂礼拜时,莫雷尔才能和监狱其他片区的拒服兵役者短暂地交换彼此的笑容。在这期间,牧师会鼓吹战争的正义,官员会公布战场上的"胜利",看守则坐在每一列囚犯最后面的高处,确保他们没有彼此交谈。

莫雷尔要在一间充斥着灰尘的房间里缝制帆布邮包,还要为海军用绳子制作吊床和席子。有时候,他还必须要把100磅重的黄麻纤维板抬进车间。苦役犯的口粮本来就已经少得不能再少了,U艇对英国食物进口造成的损失则令狱中的粮食配给遭到了进一步的削减。由于煤炭供应短缺,几乎没有煤炭会调拨给监狱用于取暖。本顿维尔的犯人们晚饭时在囚室单独进餐,谈起吃的东西,莫雷尔写道:"一块面包,半品脱凉掉了的麦片粥,盛粥的铁罐白天装的可能是红鲱鱼,仍有痕迹残留在罐子里,一品托滑腻的热可可,被我们当成了名副其实的诸神的琼浆玉液,尤其是在寒冷的天气里。"[16] 到了夜晚,能指望的只有一间"透心凉的牢房"——里面的寒冷世间罕有。任何东西似乎都无法抵挡这样的严寒。

当时44岁的莫雷尔本是一个体格健壮的人,然而,监狱摧毁了他的健康。"昨天我见到了E. D. 莫雷尔,自从他被释放以来,这是第一次,"第二年,伯特兰·罗素在给一位朋友的信中写道,"半年徒刑造成的严重后果给我留下了深刻印象……他彻底垮了,不论肉体上还是精神上,这主要是食物不足引发的结果。他跟我说,里面的人一天只有45分钟的阅读时间——剩下的时间全部都要用在狱中劳作上。"[17]

尽管拒服兵役者们的食物和工作条件一样恶劣,但他们至少被关在一起,还能偷偷进行交谈。(被人们在温彻斯特监狱传阅的地下报纸的名字就叫作《低语者》。)"在狱中的小礼拜堂里,我第一次见识到了人们克服噤声条令制约的手段。"[18]芬纳·布罗克韦写道,"我们当时正在唱一首圣歌。然而,我听到的不是祈祷书里的歌词",而是这个:

> 欢迎你,芬纳小子
> 你是几时到来的?
> 早上的稀粥怎么样?
> 愿主可怜我们!

布罗克韦在小礼拜堂学到的要领在于,要利用吟唱歌曲的方式将信息传给紧挨着自己的人,不要转头,也不要流露出任何认识别人的迹象,以免引起看守注意。犯人们通过他们缝制的邮包暗中交换书籍,甚至还玩起了象棋;在梅德斯通监狱,一度有超过半数的拒服兵役者参加了一场象棋联赛。由于有时一天才能悄悄告诉对手一步棋的走法,下完一局棋可能要花一个月乃至更长时间。不过,违规行为将会受到的惩罚也非常严厉:被当局发现自己用厕纸制作的报纸后,布罗克韦受到了六天最低限度饮食的惩罚。(到这时为止,他已经成功出刊了超过100期报纸,其中还包括一期他的引路人基尔·哈迪忌辰二周年的特别纪念号。)在他服刑过的一座监狱里,普通刑事犯人会被定期带走处决。"每到这时,那里都会一片死寂,每个人都在留意各种声音,死囚牢房的开门声,通往绞刑架的脚步声,然后是附近钟表发出的标志最终时刻到来的响声和宣告一切刚刚结束的敲钟声。"[19]

在这个阴郁的秋天里,艾丽斯·惠尔登和她的女儿女婿也在狱中服刑。艾丽斯服苦役的地点位于艾尔斯伯里监狱,在这里每间囚室的门上都画着一只眼睛,睫毛、眉毛和瞳孔,窥视孔就在眼睛的正中间,片刻不停地凝视着犯人。要在这样的环境里待上十年,这令她非常愤怒:她咒骂看守,对禁止与其他犯人交谈的规定也抗命不从。她遭到过裸体搜身,按照官方说法,为避免与其他犯人产生"不受欢迎的接触",她和温妮二人在狱中的工作地点从花园变成了洗衣房,这件事也令她十分气愤。根据一位看守的忠实记录,她将监狱长称为"浑身冒火的吸血鬼"。她进行过好几次绝食抗议,温妮和阿尔夫·梅森也一样;当一位医生试图给她喂食时,艾丽斯打掉了他手中的杯子并摔碎了它。不过,愤怒和反抗的背后却是失望:看守曾在夜里听到她在哭泣。

1917 年 12 月 21 日,艾丽斯又开始了新一轮的绝食抗议。由于身体愈发虚弱,四天后,她被移送到了监狱医院。"圣诞节的早晨,"一位女看守听到她这样说道,"魔鬼该笑得多高兴。"[20]监狱上下从一开始就被告知要对她的行为进行密切监视,他们也的确向内政部发去了一连串电报。"她说,"一位看守报告说,"自己决心一定要离开监狱,'不管是走出去,还是被装在盒子里带出去'。"

当然,她的全部通信也都受到了监视。不过,直到这些信件在八十年后最终公开,人们才听到温妮·梅森绝望的呼喊,她为母亲要老死狱中而焦虑得发狂。

当局将身体逐渐衰弱的母亲转移到另外一座监狱后,没能劝说她结束绝食抗议的温妮慌了。在艾尔斯伯里,她们至少还有机会彼此"联系"。"噢,母亲,一想到我曾经有那么多机会吻你,和你说话,"温妮笔迹潦草地写道,"我就不知道该如何下笔了,为了不让我们联系的机会受到威胁,我一直克制着自己……最近的两个星期，我真的度日如年……每一分钟，我的思绪都飞向你的身边。我知道你身体很差……我只是忍不住去想你正受到的煎熬……你一直都是个战士，可是这场战斗不值得你去送死……我几乎写不下去了……重新为我们所有人活下去吧。"[21]

"噢，母亲，"温妮在信中哀求道，"求你别死。"

像惠尔登一家这样的激进主义思想会向军队蔓延吗？对此极为关切的黑格让情报官和审查员们就士兵们的思想倾向随时与自己保持沟通。士兵们"有时候会表达标新立异的社会主义乃至无政府主义观点"[22]，黑格写道。在形形色色的人群中，他对澳大利亚人的存在也很担心，因为他们的颠覆性观点可能会传染给英军。他们的军队远比英国人的更平等，士兵得到的军饷更多，因为该国缺少几代担任军官的地主阶级，许多军官在未被授衔以前就在军中服役。（"抓紧点，"一位澳大利亚军官据说在接受英国指挥官检查前告诉手下士兵"……听着，看在上帝的分上，不要叫我'澳洲佬'。"[23]）澳大利亚和英国士兵本来就在不同的部队中服役，可黑格却要求他们在医院和基地兵营里也要保持距离。"和我们的人在一起时，他们带来的麻烦太多了，"他写道，"他们向我们的人的脑袋里灌输了太多革命性的观点。"[24]

如今，黑格的支持者变得越来越少。报业大亨诺思克利夫勋爵也已对他失去了耐心。劳合·乔治循着上下级的关系找到了战争大臣德比勋爵，要求其将黑格解职；一贯忠心并力挺这位陆军元帅的勋爵表示拒绝，并以辞职相威胁，首相选择了让步。这里的问题在于，靠着早前诺思克利夫勋爵自家的报纸和约翰·巴肯手法娴熟的宣传机构的努力，黑格已经登上了神坛，如此一来，想要将他拿下在政治上已经不可能了。一旦尝试，劳合·乔治、米尔纳和他们的同僚无法不担心军队和大众的反应。

如果真的能将黑格换掉，他们心仪的人选是面颊红润、大腹便便的赫伯特·普卢默（Herbert Plumer），普卢默或许是英国在战时最优秀的将领，尽管身高比其他将领矮上几寸，可他的才干却比他们都高。与其他指挥官相比，普卢默为人称道之处在于，单凭精心的策划与巧妙布置大炮和地雷的位置，他就能在不挥霍士兵生命的情况下夺取地盘。他绝不是那种通过己方伤亡衡量作战成功与否的人。不过，用来衡量普卢默的资深将领们本来也不是一群才子，一位军事史学家评论道："战争期间他的主要优势常常在于他并非当事者本人。"[25]

黑格国内的敌人唯一做到的就是向报纸透露了他的几名下属的负面消息——由于参与了其中部分行动，首相本人还因此遭到了公开指责。尽管被披露的都是些无足轻重的事，不过，靠着这样的手段，他们成功地扳倒了黑格的情报工作负责人查特里斯上将，后者遭到明升暗降，被调到了为他保存颜面的新岗位上。黑格在伦敦的支持者们的帮助下一直消息灵通，他在得知自己的帅位无虞后便继续一意孤行。他的批评者缺乏的不仅是能让其他将领取而代之的政治影响力，对于如何赢得战争，他们也拿不出更好的主意。即便到了今天，无论怎样事后诸葛亮，我们也依然很难发现有什么军事战略能迅速让协约国取得胜利。堑壕战的本质决定，除非某一方由于精疲力竭、牺牲过大与资源耗尽从而再无法继续战斗，否则它就注定会一直继续下去。不管黑格多么无知，这样的现实至少他是明白的，而那些希望寻找胜利捷径的政客们却看不透。

公众渐渐意识到这是一场消耗战,自从一个多世纪前拿破仑威胁入侵以来,英国人的心情还从未如此沮丧过。成千上万人的手臂上出现了黑纱。为死去的士兵建造的撒满鲜花的自制神龛开始出现在街头。为了提升士气,巴肯领导的宣传队伍试图复制索姆河战役和坦克题材的电影曾经取得的巨大成功,但他们的努力失败了:新推出的纪录片能够吸引的观众寥寥无几。

英军在帕斯尚尔遭受重大伤亡的消息和大批伤兵一起回到了国内,与没完没了鼓吹胜利的报纸头条标题形成了可怕的鲜明对照。生还者当中,有的人坐着轮椅,有的人拄着拐杖蹒跚前行,还有的人安上了木头假腿。面对各地结成"手脚并用队"来到板球场的伤兵,他们的对手也愿意在投球的时候温柔点。在南部海岸附近炮声清晰可闻的皮尔丹,一位旁观者在观看了一场这样的比赛后写道:"大炮无时无刻不在佛兰德斯发出怒吼,因此,我们能一边用双耳听到战争,一边用双眼见证战争带来的悲伤结果。"[26]

随着空袭的增加,拥有数百万女工的军工厂的死亡人数也与日俱增。炮弹工厂特别容易爆炸:1916 年的一次爆炸就导致了 26 名妇女的死亡;1918 年时的一场爆炸还将夺取 134 名工人的生命。负责向弹壳里装弹药的妇女们发现,自己的皮肤被化学物质染成了黄色——她们叫自己金丝雀——事实证明,这些污染物不仅能破坏表皮,有时还会使人过早死亡。

战争以各种方式压榨着人们的日常生活。由于大批煤炭和 370 辆铁路机车被调往法国,英国有大约 400 座小型火车站遭到关闭。公共汽车、有轨电车和火车永远拥挤不堪。随着另一个异常寒冷的冬季的到来,伦敦强制实行了煤炭定量配给制度,为了买煤装煤，排成长队的人们把从篮子到婴儿车在内的各种家什都拿了出来。由于纸张短缺，报纸在尺寸变小的同时也提高了售价。熏肉、黄油、人造黄油、火柴和茶统统陷入了供应短缺状态，购买食物的长队也出现在街头，排队的都是些妇女、儿童和老人。做面包时，麦麸和土豆成为面粉不足时的填料，婚礼上撒米的做法变成了刑事犯罪。到1917年末，一个接一个的城市开始对食品实行定量配给。各地工人开展一日罢工来抗议物资短缺。11月，狱中的拒服兵役者们发现自己的面包配额被减半，每天只剩下11盎司。

战争的胜利还能够到来吗？事到如今，就连上流社会中也传出了对战争怀疑和失望的声音。1917年11月，面对一位记者，身为报纸经营者的罗瑟米尔勋爵内心的情感突然爆发了。"我们一直在说谎，我们不怕告诉公众真相，我们损失的军官比德国人更多，突破西线是不可能的。你们已经看到那些记者了……他们没有说出真相，我们对此心知肚明。"[27]

军官的死亡率继续比士兵的死亡率高，特别是下级军官。尽管英国步兵军官们在战争头六个月后就不再佩剑了，可是，通过他们的轻便手杖、手枪和抛过光的皮革武装带，德军狙击手依然能将他们轻松辨认出来。在驾驶结构松散的战斗机的年轻军官中，坠机的人和被德国人击落的一样多。截至1917年，英军战斗机飞行员抵达前线后的平均预期生存时间连三个月都不到。

直到此时为止，那些质疑战争是否值得为之付出如此牺牲的人几乎还都来自政治的左翼。可是，随着1917年接近尾声，来自国家统治阶级最高层的人们也出乎意料地发出了相同的声音。兰斯当勋爵是一位大地主，曾先后做过印度总督和陆军大臣，数年以前，他在担任外交大臣的时候缔结了事实上导致英国参战的谅解协议。开战初期，他失去了一个儿子。他对这种为了无条件胜利而进行战斗的行为产生怀疑是在索姆河战役之后。作为一名典型的上层人士，他尤其对英军军官死亡的数量感到惊骇。"虽然速度缓慢，但我们无疑正在将英伦三岛上最优秀的男性公民消灭殆尽……"[28] 他先是写信给阿斯奎斯，然后是首相，"这个国家需要几代人的时间才能从损失当中恢复过来。"

他的担忧与日俱增，帕斯尚尔战役让他最终决定公开发声。1917年11月29日，在被惊愕不已的《泰晤士报》拒绝刊登后，他的一封公开信出现在了《每日电讯报》上。"我们不会输掉这场战争，"兰斯当写道，"但它的旷日持久将使文明世界化作一片废墟，给饱受折磨的人类带来无限的痛苦。"他还预言般地觉察到了这场大战将在未来导致的后果："正如这场战争比历史上的任何一场都要可怕一样，也许我们能够肯定的是，下场战争可能会比这场还要可怕。为了纯粹的毁灭性目的将科学滥用的现象是不大可能就此打住的。"随后，他就媾和问题列举出了包括在未来对国际争端实行强制仲裁在内的一些建议。他对政府情报报告中披露的德国和奥匈帝国许多有影响力的人物都赞成谈和的情况是了解的。他相信，劳合·乔治所谓的"致命一击"的豪言壮语只会给决心战斗到最后一刻的德国死硬派输送弹药。他还写道，协约国应该通过承认"并不想彻底消灭作为强国的德国"，以此来加强对"德国境内的和平团体"的影响。

令兰斯当困惑的是，对他展开攻击的是许多他从前的同僚和右翼爱国者，对他热情相待的却是一直令他厌恶的社会主义者。伯特兰·罗素称赞了他的勇气，针对主流媒体对兰斯当的愤怒，罗素讽刺地评论道："人们不久以后可能会发现，他的叔祖母是在基尔出生的，或者，他的祖父是歌德的崇拜者。"[29]吉卜林则认为兰斯当是个"老蠢货"[30]，之所以他会持有如此懦弱的立场，原因只有一个，他受到了某些女性的"影响"。

地下情报人员在他们关于公众情绪的秘密报告中开始愤怒地提及"兰斯当主义"[31]。然而，许多士兵却写信给他，对他的勇气表示称赞。不过，兰斯当的观点并不能代表许多人，他也并未引发新的和平运动。事实上，就在他的信发表之后不久，英法两国发表了一份强硬的声明，明确关闭了通往谈判的大门，给希望在德国增加影响力的温和派的背后捅了致命的一刀。今时今日，摆在一切媾和机会前面的还有另外一个障碍：英法两国政府正指望着美国允诺的数百万生力军能最终为协约国带来胜利。

玛格丽特·霍布豪斯仍然在为自己的儿子能被释放到处奔走，在她的努力下，26位主教和超过200名牧师共同签署了一份声明，要求进一步宽大处理拒服兵役者。在米尔纳的幕后操纵下[32]，1917年12月，1300多名服刑的拒服兵役者中大约300人被以健康状况为由释放。知道这项政策不是仅仅针对自己，斯蒂芬·霍布豪斯选择接受自由。在议会承诺剥夺进过监狱的拒服兵役者五年公民权后，对大规模释放拒服兵役者的反对声浪才得到平息。通过让从前的"幼儿园"成员、如今的《泰晤士报》主编在正确的时间节点炮制一篇关于这一话题的社论，看上去，米尔纳娴熟地策划了这场特别的讨价还价。

斯蒂芬写道，霍布豪斯家族是一个会"搁置观点分歧"[33]

的家族。（不过他又补充道："我的父亲是永远都不可能忘记他的长子带给他的耻辱。"）他的两个弟弟此时都在国内休假，他们二人和斯蒂芬夫妇一起在父母家中度过了圣诞节。尽管伤势已经恢复，保罗·霍布豪斯的心中却似乎有种不祥的预感。"我觉得他说话的语气变了——他的乐观不见了，"一位在保罗出发返回前线之前见到过他的亲戚写道，"他变得更严肃、更沉默了。"[34]

与此同时，在欧洲的另一边，1917年的圣诞季见证了这场战争的重大转折点。为了通过谈判结束俄国与同盟国间的敌对状态，一支布尔什维克代表团打着白旗穿过东线战场来到了古老的河畔城市布列斯特-利托夫斯克附近，这里原属俄国领土，此时被德军占领。等候在城中巨大的红砖要塞的，是一群准备要来为德国及其盟友谈判的身穿军礼服、头戴有尖头盔的将军和官员。这群被领进要塞的布尔什维克党员不同于欧洲历史上其他任何外交人员或谈判代表。面对他们，几乎被贵族垄断的德国和奥匈帝国外交部门上层难以掩饰他们的惊讶。

隔着长长的谈判桌坐在两国外交大臣对面的，是一支由一名蓄着胡须的犹太知识分子带领的布尔什维克代表团。拥有博士学位的阿道夫·越飞（Adolph Joffe）[35]曾经流亡过，他在维也纳接受过弗洛伊德的精神分析。他的首席助理是列夫·加米涅夫（Lev Kamenev），革命运动中的另外一名犹太裔上层人物。为了向世界证明这次的外交活动非同以往，布尔什维克代表团中的其他成员包括了一位工人、一位士兵、一位水手、一位农民以及一位名叫阿纳斯塔西娅·比岑科的妇女，为了刺杀沙皇的前陆军大臣，她曾在西伯利亚度过了17年。其中的那位老农名叫罗曼·斯塔什科夫，他是最后一刻才被纳入代表团的。越飞和加米涅夫在驱车前往彼得格勒火车站的途中突然意识到，出于政治原因，他们的代表团需要加入一名来自俄国最广大群众所在社会群体中的代表。就在这时，他们发现外表一看就是个农民的斯塔什科夫正走在街上，停车之后，他们发现他还是一个左翼政党的党员，于是便邀请他同行。在闪闪发光的枝形吊灯下，留着没有修剪过的灰色大胡子的斯塔什科夫稀里糊涂地全程参与了这场在布列斯特-利托夫斯克举行的会议，但他总是忍不住习惯性地用革命前的方式称呼其他代表，管他们叫作老爷（barin）或是主人。

1917年12月15日，两支代表团公布了一项停战协定。同盟国与俄国之间造成数百万人死伤、成千上万平方英里土地化为废墟的战争结束了。消息传出，在全世界引起了轩然大波。

俄国和从前的敌人们立即展开了针对签订永久和平条约一事旷日持久的谈判。希望加快谈判进程的德国人举行了一场宴会，一场被记录在案的不同寻常的聚会。外交官们身穿高领礼服，德国和奥匈帝国的将军们胸前挂着闪闪发亮的勋章，而俄国的工人代表们则穿着日常服装，用叉子剔牙。由于对红酒不熟悉，大胡子老农斯塔什科夫先是问红酒和白酒哪个劲更大——然后便高兴地喝醉了。奥匈帝国外交大臣奥托卡尔·切尔宁伯爵密切关注着比岑科，那个刺客。"她似乎对身边发生的一切都漠不关心，"他观察道，"只有国际革命的伟大理念被提及时，她才会突然回过神来，整个人的表情都会改变；她的存在会让人想到那种盯着附近的猎物、随时准备将它们扑倒撕裂的猛兽。"[36]

尽管德国和奥匈帝国的代表毫不怀疑自己的猎物身份，可他们也相信自己是有教养的谈话高手。坐在温文尔雅的越飞两边的人,一个是东线德军总指挥、陆军元帅、巴伐利亚的利奥波德亲王,另一个是认为他口音"亲切"的切尔宁伯爵。越飞对切尔宁说:"希望我们也能在你的国家发动革命。"切尔宁当晚在日记里讽刺地写道,如果整场战争不能尽早结束,"我想,在内部爆发革命的问题上,我们几乎不需要任何来自善良的越飞的帮助;人民自己就会行动起来"。[37]

第六部分
1918 年

20　无路可逃

如果有来自其他星球的观察者曾在 1918 年开始的时候近距离审视过地球，那么，令他震惊的或许并不仅是人类自相残杀的奇特嗜好，同时还有他们长途跋涉去这么做的意愿。这么多人前往如此遥远的地方打仗，这样的事情在历史上还从未出现过。在西线，来自加拿大、南非、西印度群岛、澳大利亚、新西兰和印度——到战争结束为止，仅此一地派出的漂洋过海前往各条战线的士兵就将近一百万——的士兵接受着英国的指挥。后来赢得了维多利亚十字勋章的加拿大二等兵约翰·科尔（John Kerr）曾从自家位于艾伯塔省的农场徒步 50 英里前往征兵点；为加入一支在非洲作战的部队，北罗得西亚的英国拓荒者阿瑟·达维尔·达德利（Arthur Darville Dudley）在土路与遍布灌木的小径上骑了 200 英里的自行车。牙买加与其他加勒比岛屿上来的士兵发现他们的战斗地点不止在东非和西非，还包括巴勒斯坦那些自己从《圣经》上了解到名字的城镇。为帮助协约国保卫地中海航运，日本派出了一支海军分遣舰队。威尔特郡和德文郡出身的英军在希腊与来自保加利亚——德国的盟友之一——的士兵激战。这一年晚些时候，来自法国塞内加尔殖民地的非洲人将与塞尔维亚士兵并肩作战。英国从埃及征调来的大约 80000 人在马赛和欧洲其他地方的码头工作。为驻法英军施工及在港口卸货的是超过 90000 名华人。其他军事劳工来自太平洋上的斐济、印度洋上的毛里求斯、南部非洲巴苏陀兰的山区和法国的越南与老挝殖民地。为了阻止亚非劳工们相互交往从而萌生平等意识——这样的企图并未完全得逞——他们在西线后方的住所几乎全部用栅栏与外界隔开。

在三块大陆上战斗的军人们头上戴的不只是钢盔,还有土耳其毡帽、包头巾、法式平顶军帽和热带太阳帽。在法国,大炮和补给由牛、马、骡子和卡车拖向战场,在中东则是由骆驼完成,精疲力竭的人是到处都需要的。在非洲,士兵死于疟疾和昏睡症,对在阿尔卑斯山上用冰雪构筑的防御工事里战斗的意大利士兵来说,夺人性命的则是冻伤。能够用来衡量交战双方在战争中付出的巨大代价的不仅是人的生命:到1918年,英国的战争相关支出已经达到了国民生产总值的70%——这一数字是拿破仑战争最激烈时期的三倍,比第二次世界大战时的支出还要高。靠着巨额贷款,这一切才成为可能,而随着日后贷款的偿还,参战国的纳税人们要在未来的岁月里承受由此带来的负担;例如,英国国债的发行量在战争期间增长了十倍。人们看不到战争有要结束的迹象:劳合·乔治和其他官员很快就将开始制定持续到1920年及其以后的战争计划。

协约国眼前的种种迹象并不乐观。一年以前,西线每两名德军对应着大约三名大英帝国、法国或比利时士兵。如今,穿越德国疾速行驶的列车每个星期都在运来再也不需要同俄国人对抗的士兵——正如成千上万的英法士兵被紧急从西线调去支援正在崩溃的意大利军队一般。正因为如此,到1918年1月,西线德军与协约国士兵的比例已经变成了大约四比三。美军在这时还帮不上什么大忙:尽管有数百万人应征入伍并接受训练,但来到欧洲的至多不超过100000人,几乎全都没有作战经验。

如果英军继续保持目前的伤亡速度,光是填补损失的兵员,他们下一年就需要再找到超过600000人——这已远远超出了征兵体系的供应能力。正如丘吉尔所言:"十八九岁的小伙子,上至四十五岁的中老年,仅剩的幸存下来的弟弟,母亲唯一的儿子(母亲则是寡妇),作为家庭唯一支柱的父亲,体弱者,肺痨病人,三次负伤的人——所有人现在都必须做好抄起镰刀的准备。"[1]尽管如此,黑格仍然想在天气条件允许的情况下在比利时发动新的攻势。战时内阁对此十分忧虑。

米尔纳还在继续暗中宣传自己的理念——真正的敌人不是德国,而是革命了的俄国,由于这一观点过于刺激,几乎所有对此的提及都只在日记中出现。与米尔纳共进晚餐后,一位战时内阁的工作人员在日记中预言,战争余下的议程"将是决定英-德边界在亚洲何处穿过"[2]。相似的记录还出现在了人脉广的作家比阿丽斯·韦伯(Beatrice Webb)的日记中,1918年初,她在刚刚与劳合·乔治见面后写道:"首相和米尔纳正在考虑用牺牲俄国来实现和平……如果能分割俄国,世界版图就能被随心所欲地重新划分了。"[3]

然而,没有任何迹象表明德国人对此感兴趣:他们已经击败了俄国,战斗结束后,他们为自己额外赢得了大片俄国土地。他们为什么要与人分享战利品?下一步,他们决心从英国和法国身上夺得相似的胜利,然后实现一种由我支配的全欧和平。米尔纳还在幻想对这个饱受折磨的世界进行重新划分的时候,德国人却在准备发动新的攻势。

尽管西线的军事天平偏向了德国,但此时基本控制了政府运行的德军最高指挥部的耳边却能听见两个时钟的滴答声。他们清楚自己必须要在夏天到来前赢下决定战争结局的大战役;

否则，几十万、很快将变成数百万的美军就将加入战斗。德国内部的种种迹象也在显示，这个国家也许无法支撑太久了。

平民的遭遇比任何时候都来得更为痛苦。金属由于进口遭到英国海军封锁而变得极为稀缺，以至于一切可用的东西——水壶，饭锅，门把手，黄铜装饰品，电话线，还有超过10000所教堂的钟——都在充公后被融化用来生产军火。地下管线被从街面下拉拽出来。煤炭供应短缺，又由于仅有的皮革都被省下给士兵做靴子了，那些排队等待买煤的人常常穿的是用木头做底的纸板鞋。由于马匹被大量派到前线，就连柏林动物园的大象都加入了在街上拉货车的行列当中。非军工行业的实际薪资几乎跌到了战前水平的一半。曾经被用来生产化肥的硝酸盐转而成为炸药的原料，令食品变得更加短缺。面包是土豆皮和锯末做的，咖啡是树皮做的，市面上常常只有猫肉和狗肉出售，连马肉都成了珍稀的奢侈品。富人可以依靠一片繁荣的黑市，穷人则只能到收割完毕的田地和城市的垃圾场里尽可能地寻找谷物和食品残渣。（德国）每日卡路里消耗量不足原来一半，这意味着战争期间德国成年人的体重平均要下降百分之二十。奥匈帝国的情况更加糟糕。

才华横溢的激进理论家罗莎·卢森堡此时正被关在布雷斯劳的一座监狱中，她忍受饥寒交迫，身体也很差，头发都变白了。她神色严峻地注视着驶进监狱场院的马车，车上装满了从受伤及战死士兵身上扒下来的军装，有些衣服上面还能看到子弹和弹片造成的破损与斑斑血迹。囚犯们的工作是清洗和修补这些衣物，以便于他们重新穿在被发往前线的新兵身上。有天她看到了一辆由水牛拉来的车，装着来自东欧的战利品。"车上的东西堆得太高了，水牛根本没法拉着车通过大门进来。一位在场士兵……开始用手中鞭子粗的那一头抽打这些畜生,因为打得太狠,监工气愤地叱问他。'你难道对这些动物一点怜悯之心也没有吗?''本来也没人对我们有过怜悯之心!'他回答道。"[4]还有数百万人与他有同样的感受。

战时的贫困加剧了德国人心中愤怒的民族主义情绪,它产生的全民狂躁将在二十五年以后达到难以想象的高潮。右翼势力欺骗性地宣称犹太人在逃避履行军事责任,在他们的要求下,军中的犹太人遭到了特别调查。反犹书籍、宣传册和演讲数量激增。到1918年,泛德意志联盟的头目号召"对犹太人实施无情打击"。

然而,相比反犹主义,革命才是令将军们更为担心的事情。受布尔什维克夺取俄国政权的激励,1918年1月末,大约40万名厌倦了无尽的战争和物资短缺的工人在柏林展开罢工,他们要求实现和平,要求劳工得到新的权利,还要求建立"人民共和国"。罢工不但蔓延到了其他城市,军纪不如陆军严明的德国海军也受到波及,海军内部发生了一系列哗变和抗议,这些事件全部被隐瞒了起来。在摇摇欲坠的奥匈帝国,罢工规模还要大得多,民族分裂也开始出现:波兰、塞尔维亚、克罗地亚和斯洛文尼亚在帝国议会中的代表大声疾呼,要求实现自治或独立。八百名驻扎在亚得里亚海的奥匈帝国水手发动兵变并打出了红旗;海军司令部不得不派出三艘由效忠当局的士兵驾驶的军舰对他们进行镇压。如果战争继续下去,整个风雨飘摇的帝国就将面临解体的危险。作为德国的另一个主要盟友,奥斯曼土耳其的民众已经走到了饥荒的边缘。由于经济状况螺旋式下滑,为填补战争支出,土国当局不计后果地印发了大量纸币。数十万土耳其士兵开始逃跑,到乡村以当土匪为生,许多人仍持有武器。

俄国的先例无比清晰地表明了一个事实：前线会发生什么暂且不论，一个国家从内部崩溃也是有可能发生的。德国当局在柏林和汉堡宣布戒严，并将成千上万名罢工者征入军队。尽管付出了让左翼分子在军队扩大影响的代价，但这样的举措的确暂时结束了动荡局面。为避免未来继续发生罢工，德国需要马上在军事上获得决定性胜利。1918年3月初，一份情报出现在了黑格眼前，"本月将会出现大规模攻势"[5]。

在像堡垒一样的伦敦霍洛威监狱里，艾丽斯·惠尔登的绝食抗议最终有了结果：她击败劳合·乔治赢得了胜利。内政部的一位官员记录道，首相的私人秘书打来电话说，劳合·乔治"认为没有任何理由让她死在狱中"[6]。十年刑期过去不到十个月之后，监狱沉重的大门敞开了，艾丽斯重获自由。她的提前释放再次证明了英国政府在避免创造殉道者问题上表现得小心翼翼。

官方对反战力量保持着一贯的高度警惕。陆军部反情报部门1918年寄出的新年贺卡上印着"隐藏的手"的字样，戴着头盔、身上裹着国旗的布列塔尼亚正手持三叉戟与一只名为"颠覆者"的大胡子长毛野兽搏斗。野兽的嘴里喷出烟火，正在爬向一名英国战士，准备从背后戳死他。1月末，巴兹尔·汤姆森就"和平主义思潮的突然发展壮大"[7]对战时内阁提出了警告。

超过1000名拒服兵役者仍在狱中，参加和平集会的人数不断增长，此时被称为苏俄的俄国派出的驻英公使马克西姆·利特维诺夫（Maxim Litvinov）发表演讲后受到了左翼团体的热烈追捧，这令当局惊恐不已。对于此类组织当中的英国人来说，美国同志同样能够给他们带来鼓励。美国的激进主义者嘲笑伍德罗·威尔逊关于民主和民族自决发表的豪言壮语，他们强调，美国为了协约国取胜参加战争的真正目的，是确保借给英法的巨额战争贷款能够得到偿还。美国很快开始征兵，尽管美国的反战者数量从来不像他们的英国同行那么多，但还是有超过500名被征召入伍的人由于拒绝服任何形式的替代役而被投入监狱。1918年，数年前哈迪曾为其进行过助选活动的劳工领袖尤金·V. 德布斯在出院后发表了一系列反战演讲，他也因此进了监狱。法官告诉他，如果悔罪，他也许会得到轻判。"悔罪？"德布斯问道，"悔罪？因为像个顶天立地的男人所以悔罪？"[8] 1920年，作为社会党总统候选人，仍在亚特兰大联邦监狱的牢房里服刑的德布斯收获了将近100万张选票。

英国的官员们害怕，另一场像帕斯尚尔一样代价巨大的"胜利"会让他们的国家像俄国一样面临动乱的危险。随着监控力度的加强，汤姆森麾下特工的人数已增长到了700人，不过，此时他还面临着来自军队的竞争。军方忙碌的特工们为约翰·弗伦奇的本土部队指挥部编纂了卷帙浩繁的《每周情报总结》，其中包括《公众舆情》和《背叛行为》在内的八个不同品种。各卷分类报告的贡献者是全国各地的陆军地方司令部，其中一个司令部还为报告补充了第九个品类——《爱尔兰人运动》。就连军队厕所里的涂鸦也被特工们尽职尽责地记录了下来；约克郡一间厕所的墙上出现过这样的涂鸦："我们在为何而战，我们只是在为资本家而战。"[9]

在这些机密的《每周情报总结》里，作者们的口气有时听上去就像布尔什维克一样，他们也在对革命将横扫欧洲做出预言。"在目前的英国，"1918年初，一位来自伦敦军区司令部的军官在报告中悲观地写道,"几乎没有哪个社团或群体不是在以愈发增长的热情思考社会主义和极端民主控制的原理的……没有哪场工人集会不是认为资本主义已经被证明失败了。"[10]对西尔维娅·潘克赫斯特、埃米琳·霍布豪斯和夏洛特·德斯帕德的演讲记录也出现在这些文件中:"德斯帕德女士整个演讲都是以反对当局为基调的。"一位特工报告。[11]那些发表"正确见解"的人同样会被忠实地记录下来:"潘克赫斯特夫人和克里丝特布尔·潘克赫斯特小姐正在所有的重要工业中心开展爱国活动,能够看到对此进行赞赏的报道。"[12]经劳合·乔治同意,一批商业大亨赠给克里丝特布尔 15000 英镑(换算成现在的货币,其价值超过 850000 美元)供其开展反社会主义活动。

西尔维娅的《妇女无畏报》也许是几份反战报纸中传阅最为广泛的,军方情报人员忙不迭地将上面的文章做成剪报放进他们的报告里。同时,她也参与到了一个名为"人民俄国情报处"(the People's Russian Information Bureau)的新组织的工作当中。与反布尔什维克的主流媒体相反,该组织允诺要把俄国革命光辉的真相展现在大众眼前。

由于对经由选举产生却让欧洲卷入战争的各国议会失去了耐心,一些来自其他国家的激进主义者对这件事不以为意。

与此同时,在大张旗鼓的宣传意外缺席的情况下,另一个国家的立法机关也向前迈进了一步,如果发生在战前,这一事件肯定会成为年度新闻的。英国给予了妇女投票权。

尽管自己与议会此次通过这项特别法案的关系不大,可埃米琳·潘克赫斯特依旧感到非常高兴。作为全面选举改革的一部分,为了这向前的一大步,众多妇女曾为此奋斗,为此入狱,有些人还为此付出了生命。除了其他规定,新法案还授予了几乎全体21岁以上男子——如果在军中服役则为19岁以上——选举权。然而，考虑到英国目前已有大约50万士兵被杀的事实，许多议员担忧，授予全体妇女选举权会让她们成为选民中的大多数——显然，这是他们无法接受的。如何才能避免这样的情况发生？很简单：新法案只授予30岁以上妇女选举权。即便这一点也不是无条件的：财产要求和其他资质要求更进一步将这些大龄妇女中约22%的人排除在外。

法案中的妇女投票权条款获得通过时，下议院支持与反对票的比例达到了令人震惊的七比一。在一个长期反对妇女参政的议会里，这怎么可能会发生呢？首先，由于众多妇女正在为前线制造军火，填补男人们走后的岗位，甚至还在妇女消防队中效力（虽然她们的衣着还是很谨慎），给予几乎所有参战男性投票权的做法令拒绝给予妇女同样的权利变得非常困难。再者说，难道像潘克赫斯特夫人一样的众多妇女参政论者没有在国家需要的时候向它表达忠心吗？最后则是俄国革命的不祥先例。谁知道什么样被压抑的不满会在战后的英国激烈爆发？给予大多数妇女投票权则肯定能消灭其中一项不满。

对俄国人来说，革命引发的一系列事件所带来的，并不是它的支持者曾经设想的光辉灿烂的未来。可对西方国家没有公民权的人们来说，这场革命则是他们巨大的福音，革命向精英阶层展示了长期拒绝给予人民公平待遇的下场，对革命的恐惧使不甘心的他们被迫做出了让步。英国妇女成了它的第一批受益人。

从二十年前的恩图曼战役结束那时起，温斯顿·丘吉尔就一直有种本领，就是成为那些必将被载入史册的时刻的亲历者。

1918年3月21日那天,丘吉尔正以自己作为军需大臣需要履行职责为由在前线视察,当晚,正当他在法国北部的一个师指挥部过夜时,德国人发动了英国人早就预测过的最终进攻。在这座位于高地之上的指挥部,数英里之外的前线景象尽收眼底。"在不到一分钟时间里,我听到了这辈子最猛烈的炮火声,那种声音,就像钢琴师一路将琴键从高音部按到低音部一样,"他写道。[13]德军的弹幕"在我们周围扫荡而过,跃动的赤焰织成了一张宽大的弧形帷帐……天罗地网,绵延不绝"。

迄今为止,这是英军经历过的最猛烈炮击;隔着英吉利海峡,作家伦纳德和弗吉尼亚·伍尔夫在他们位于萨克森郡的家里也能听见炮声。短短五小时之内,德军的重炮集群史无前例地倾泻了超过一百万发炮弹——相比之下,索姆河战役爆发前大约一个星期的时间内,英军发射的炮弹数是一百五十万枚。"凌晨四点半时,"一位英国军官回忆,"我觉得世界末日就要来了。"[14]在炮火猛轰之下,一些士兵感到很无助。"首先受到影响的是那些刚来到前线的年轻人,"回忆起当晚,一位老兵说道,"他们会到老人那里去——这里的老是按服役时间来说——没准还会依偎在他们怀里放声大哭。"[15]

攻势来得很不是时候,这么说是因为黑格的军队此时正在进行一场纷繁复杂的重组,减少各师营级部队的数量便是内容之一。德军的炮击还击中了英军的另一个弱点:英军的防线才刚刚延长,他们从法军手中接管了总长约25英里的战壕,分散了兵力不说,部分战壕修建得还相当糟糕——此外,为这部分战壕提供补给的道路通向的是巴黎,而不是英军基地。最后,在1915年、1916年与1917年,英军重大伤亡中的绝大部分都是由自己主动进攻造成的,过了三年没经历过德军大规模攻势的日子后,黑格的自信心过于膨胀,英军防御阵地也没达到应有的坚固程度。尽管已有情报表明(德军)攻势即将到来,刚刚,他还是批准了88000名士兵的休假请求。

从德军角度看,四大因素令这次攻势可怕至极,不过,它们中只有三个来自将军们的亲自筹划。第一是出其不意:德军为弹药供应站进行了遮盖,从空中无法被发现;攻击部队是在夜间被调往前线的;同时,与在帕斯尚尔发动攻势的英军不同,没有了为期两周的炮击,这次的攻势没有给敌人留下足够他们事先发觉的余地。全部炮火都集中在了这五个小时里。第二是火力惊人:德军悄悄向阵地调来了超过6400门大炮和3500门迫击炮,在他们发射的密集炮火中,既有高爆弹,又有毒气弹。后一种炮弹里还混入了催泪瓦斯,受到刺激后,许多不够谨慎的英军士兵为了揉眼睛摘下了面具,而后果则是他们吸入了几小时后就会致人死亡或失去行动能力的毒气。第三是德国人的作战方式与以往不同:他们投入56个师,对这些部队进行了为期三周的严格的二次训练。数十万大军再也不是战场上的活靶子了,他们不再一目了然地排成绵延战线几英里的横队,而是被分散为一个个七到十人的"突击小队",他们不必再追随后方将军制订好的计划,取而代之的是来自现场军官的指挥。利用沟壑或其他天然掩体做掩护,各小队快速奔袭,绕过英军机枪点,打击后方以为自己不在任何步兵攻击范围内的炮兵。

他们之所以能如此成功地完成任务,原因主要在于第四个因素的出现,来自大自然的意外帮助。浓密低沉的大雾一直到中午才散去,使突击小队得以在基本不被机枪手发现的情况下到达并穿过英军前线战壕,若非如此,他们肯定会遭到后者重创。绝大部分英军士兵已被猛烈的炮火搞得头晕目眩,直到已经足够接近并开始向英军战壕扔手榴弹,这些德国人才被发现。堑壕战进行至此,德国人找到了最富想象力的新战术,并且还奏效了。"德国兵来了!"的惊呼声回荡在英军战壕中。截至当天结束,德国人共占领了98平方英里的土地,英国人则从40平方英里土地上撤了军。从两军自三年多前掘壕固守开始,丢掉如此大量阵地的情况还从未出现过。

德国人知道,自己必须打败一支军队,要么是法军,要么就是英军,他们决定,拿后者开刀。他们的目标是,先在英军防线深深打入楔子,随后掉头向西,向法国沿海方向推进,将几十万英军困在英吉利海峡边。德国最后的豪赌开始了,从今往后,它的手中将无牌可打。在这个国家,城市的货架缺少食品,年轻男子已从农场和工厂失去了踪影。它就像一名拳击手,比赛已经到了最后一轮,鲜血淋漓的他正赌上剩余的力气,打出击倒对手的一拳。指挥此次攻势的埃里希·鲁登道夫(Erich Ludendorff)大将宣称,如果胜利需要一百万人死亡,他愿意付出这样的代价。攻势如果失败,他说:"德国必将灭亡。"[16]

第一天结束,德军有40000人损失——对于这场战争中的攻势而言,这个数字是惊人的——几乎与英军的38500人持平。然而,形势依旧对德军有利,由于人员伤亡中大约三分之二的人都只是伤员,所以许多人在恢复后还能重新回到战场,而英军则有21000人以耻辱性的方式一去不返:他们成为战俘。利用新战术,突击小队靠奇袭捉住了他们。"我以为我们已经拦住他们了,"一位二等兵说,当时,他一直在用机枪透过浓雾瞄准前方,"我感到后背挨了一下。转身一看,发现一名德国军官正用左轮手枪抵着我的后背。'跟我走,英国兵,你做得已经够多了。'于是我转过身去,对他说:'非常感谢,先生。'"[17]

由于撤退，英军被迫放弃了在之前的战役中战死的军人的墓地。医院里挤满了伤员，带着财产逃亡的法国平民则挤满了道路。"路上能看到身穿黑裙子的老太太，"一位英国军官回忆，"推着独轮手推车的驼背老头；穿着自己最好的衣服的女孩子——穿上它们是保管这些衣服最好的方式；装着大杂烩的农用马车、母鸡、家猪、家具、小孩、床垫和垫枕乱放一气；还有闷闷不乐的奶牛，小男孩们负责驱赶它们。"[18]身后，人们的农场和村庄升起了浓烟，火是协约国士兵放的，为的是不给德国人留下任何有用的东西。

德皇非常高兴。"我们赢得了战役，"[19]登上私人列车时，他兴高采烈地对在站台上守卫的士兵大喊，"英国人已经被彻底击败了！"他给德国的学龄儿童放了一天假，还授予德军总司令、陆军元帅保罗·冯·兴登堡（Paul von Hindenburg）一枚星芒大铁十字勋章，这种勋章上一次的颁发对象还是击败了拿破仑的格布哈德·冯·布吕歇尔（Gebhard von Blücher）元帅。他赐给本次进攻的实际缔造者鲁登道夫大将的，是根据自己的形象制作的铁制小雕像。他能够再一次想象自己成为全欧洲的主人了。在柏林，人们打出了旗帜，教堂也敲响了钟声。

在伦敦，借此机会，约翰·弗伦奇再次强烈要求劳合·乔治炒掉黑格。为调查损失情况并报告，阿尔弗雷德·米尔纳从首都连夜赶赴法国。离开之前，他匆匆给维奥莱特·塞西尔写了一封消极的短信："即便以这场战争的标准，我们受到的打击力度也是史无前例的，是令人始料未及的。"[20]与英军指挥官们商讨过后，他与黑格、弗伦奇、法国总理乔治·克里蒙梭和法军领导人一道，在中世纪以来就战争不断的杜朗小镇举行了一场紧急会议。会址位于镇公所，复斜式屋顶下，心有余悸的大员们围坐在一张椭圆形桌子的周围，头顶上是一盏枝形吊灯——米尔纳面色苍白，一脸严峻，穿着军装和靴子的黑格不苟言笑，克里蒙梭身材矮壮，此时此刻，头发日益稀少的他正在担心自己的国家会彻底沦陷——一眼望去，现场充斥着绝望的气氛。回荡在他们耳边的是持续不断的隆隆炮声，和为阻止德军突破防卫城镇周边的英军坦克发出的粗重的嘎吱声。士兵们憔悴不堪，浑身沾满尘土，正沿着街道进行撤退。

尽管没了出其不意的成分，尽管不再像第一天那样迅速而突然，但德国人的推进还在继续。对英军士兵来说，要从自己付出了如此恐怖的代价才在索姆河与帕斯尚尔战役中夺取下来的土地上撤退尤其令人心碎。到4月初，德军已经前进了40英里，侵占了1200平方英里的法国土地——不过仍不足以按计划挥师海岸——在英军损失的兵力中，成为战俘的人数继续保持着令人震惊的高比例：90000人在遭到进攻的头两个星期内成为战俘。他们被德国新闻影片摄影师与战斗场景和新占领的法国及比利时城镇一起兴奋地记录了下来。成筒的胶片被火速送回柏林，人们很快便在德国各地的大银幕上见证了这场对巴黎看似势不可挡的猛攻。

德军的推进还将另外一种恐怖的新式武器带入了战争，当它在攻势开始两天以后首次发出登场信号时，巴黎市民被一连串每隔20分钟一下的巨大爆炸声吓得够呛——巴黎东站前，塞纳河码头边，杜乐丽花园里，沙蒂隆的郊区以及其他分布广泛的地点都能听到。倒塌的建筑砸死了里面的人，街上的人脚步匆匆地寻找掩护——不过他们并不清楚自己躲避的是什么，毕竟，德国人还在大约70英里开外的地方，湛蓝的天空上也并没有飞机。一位目光敏锐的法军飞行员花了好几个小时才发现，正在轰击巴黎的是一座被安装在铁道列车上的特制大炮，炮管长度超过100英尺。每一枚巨大的炮弹需要大约三分钟才能飞完与城市之间的距离，它们在爬升至弹道顶点时的高度达到了25英里。这是人造物体在当时所能达到的最大高度，由于炮弹飞行得实在太高，炮手们在计算炮弹着落点时不得不将地球自转因素也考虑进去。来自平流层的致命弹雨倾泻在平民头上，这还是战争史上头一回。

　　米尔纳回到伦敦后，他的朋友们发现他的脸色看上去很苍白。他和其他战时内阁成员为黑格寻找到了新的兵员，可他们采取的办法却显得有些走投无路：他们从巴勒斯坦和意大利分别召回了两个师和一个师，并将军队征兵的最小年龄要求降低到了17岁半。当局同时实施了一项被推迟已久的重大举措：宣布将征兵制扩展到爱尔兰。由于担心爱尔兰和爱尔兰裔美国人的反应，这项措施以前从未被实施过，如今英国人抱怨，军方凭什么在连17岁的人都要招募的同时放爱尔兰人一马？

　　英法两国召开了多场高层紧急战略会议，这几个月里米尔纳大约有一半的时间都待在法国为双方消除分歧。由于两国将领几乎无人能熟练使用对方的语言，米尔纳流利的法语便起了作用；有时候他会为劳合·乔治当翻译。返回国内期间，他会向国王做汇报，后者有一次还邀请他到温莎城堡过周末——然而维奥莱特显然无法与他同行。

　　从纯粹的军事角度来讲，1918年的春天是黑格最美好的时光。矛盾的是，在高层哪怕表现一点点软弱与优柔寡断可能都是致命的，那些令黑格在索姆河与帕斯尚尔战役中毫无意义地牺牲掉大量英国军人的特质——他的顽固、他对英国事业的正义性坚定不移的信念和他那在坏消息面前近乎愚蠢的乐观主义——在这时被证明是至关重要的。正是这些特质让他成为英军所需要的那个冷静而坚定地进行防守的指挥官。

由于俄国的崩溃令德国人得以向其西线部队补充令人震惊的44个师的兵力——超过50万人，德国人可供调遣的军队数量仍然比协约国更多。当德军于4月初在伊普尔附近发动另一场由突击小队领衔的攻势后，黑格面向全体士兵发表了一封信，他的笔迹还是那样沉着自信，信几乎是一气呵成写完的。"如今，我们当中的许多人已经厌倦了战争。我想对这些人说，胜利是属于坚持最久的人……每块阵地必须守至最后一兵一卒：这里没有退伍一说。因为已无路可逃，因为怀着对我们的正义事业的饱满信心，我们每个人必须战斗到最后一刻。"[21]

英军将士的确感到自己已经无路可逃了。黑格的话语中还包含着不一样的内容，那是在多年来的战前激励中都没有出现过的东西：诚实。"胜利属于坚持最久的人"的说法最终承认了一个事实，赢下这场战争靠的不是激动人心的骑兵突击，而是消耗战。哪支军队会率先将自己消耗殆尽？德军正行走在早已成为废墟的大地上，脚下是被炮火新凿出的弹坑，他们还在继续推进。

4月中旬，撤退的英军承受着与德国的四年战斗中最猛烈的打击，就在他们且战且退之时，米尔纳成为战争大臣。如今，寄往士兵家中的慰问卡上出现了他的签名，签名下方是标准的慰问语：国王命我向你们传达他与王后对你们所遭遇的不幸的真切同情。你们为之哀悼的人是为了最崇高的事业而牺牲的。

这些卡片被源源不断地寄出（军官的家人会通过一封饰有

德军攻势，1918年

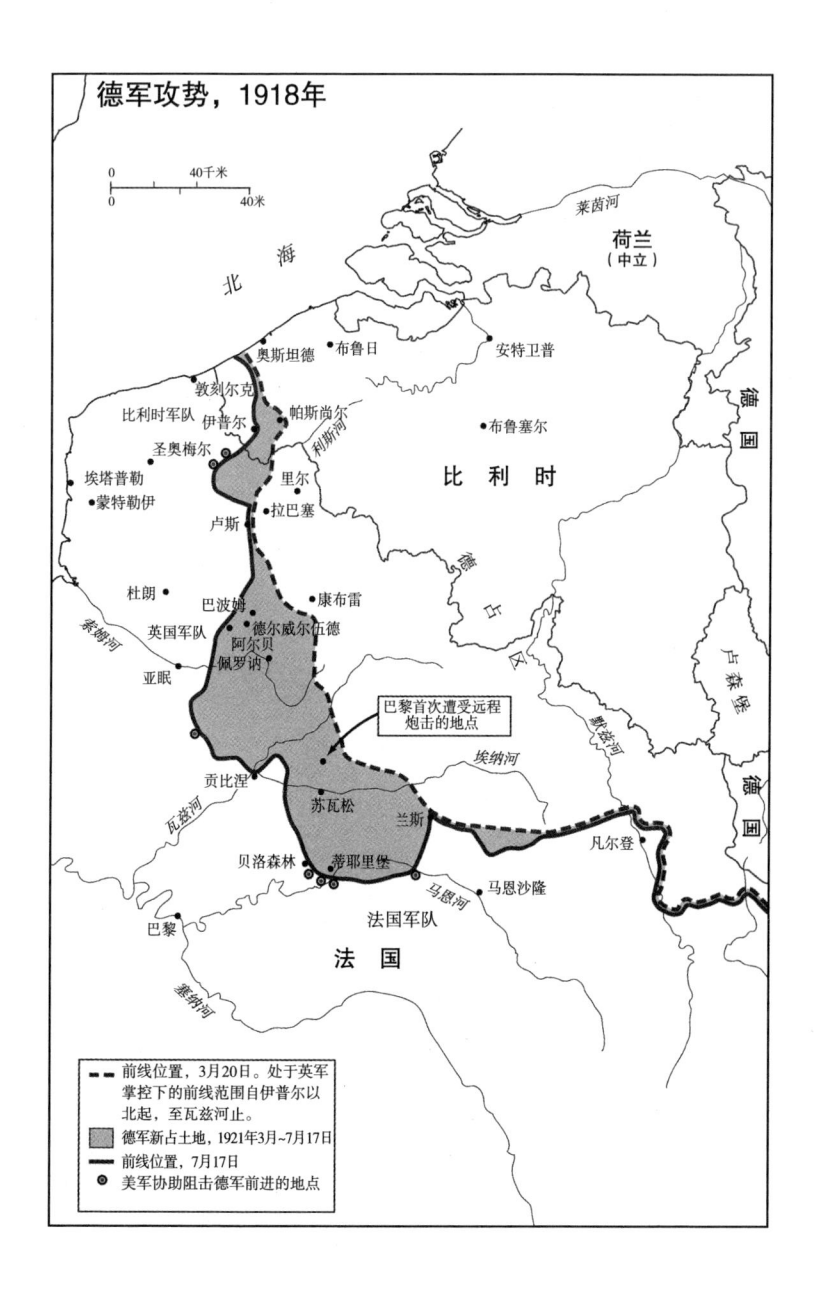

- - - 前线位置，3月20日。处于英军掌控下的前线范围自伊普尔以北起，至瓦兹河止。
- 德军新占土地，1921年3月~7月17日
- 前线位置，7月17日
- ◉ 美军协助阻击德军前进的地点

黑边的电报更早接到通知)。然而到了斯蒂芬·霍布豪斯最小的弟弟那里,他的父母却和其他许多父母一样,收到的只是23岁的保罗在德国发动新攻势期间"失踪,推定死亡"的消息。他所在部队的阵地被攻陷时,有人看到了他战斗和倒下时的场面。几个月以后,保罗的一位同僚带来的他受伤后在德国成为战俘的传闻为这个家庭重新点燃了希望。通过中立国联络人转寄的信件,斯蒂芬与一个柏林的和平主义者委员会进行了接触。"我很高兴能够通过这种方式展开对我的弟弟保罗的搜寻。唉,完全找不到他的下落。六个多月了,我那可怜的母亲……始终怀着美好的信念,相信保罗一定会回来。"[22] 这段时间里,玛格丽特·霍布豪斯从未停止给自己的儿子写信,尽管最终这些信件都被标注上"无法投递,返回发件人"退了回来。保罗的尸体始终没有被找到。

对英军来说,德军在1918年三四月间的攻势是一次严重的挫折,但它一点都没有成为反战情绪的催化剂。当军人们已无路可逃时,民众也几乎不再对质疑战争的目的感兴趣了。罢工造成的停工日的数量在下降。苏格兰军区司令部在一期《每周情报总结》中告诉前线的陆军指挥部,"近期西线的激烈战斗似乎对公众舆论产生了非常有益的影响"[23];在阿伯丁,超龄男性纷纷志愿参军,"鉴于处境严峻",一位逃兵选择了自首。还有一位特工报告说:"在利物浦,近期发生的事件起到了稳定人心的作用。"[24] 激烈的战况在德国起到了相同的效果,激进劳工造成的威胁暂时消失了。

拉迪亚德·吉卜林正在为提升平民士气加倍努力,他在军火工厂发表演讲,面对高层官员滔滔不绝,发言时,他会带上自己长篇大论、事无巨细的备忘录,从发动"牧师和神父"为战争动员效力，到将纪录片——他亲自起草了六部电影脚本——带到工厂放映以令工人们能够亲眼见证自己生产的武器起到的巨大作用，里面的内容五花八门。英国工人"对口才卓越之人非常尊敬"，他宣称，"……几乎与电影院同样重要的是，电影放映完毕后登场的演讲者……军火工人最愿意听被认为是来自他们自己所在阶层的人的话"[25]。约翰·巴肯同样将宣传攻势瞄准工人阶级，他把工会会员带到前线巡游。到1918年年中，共有超过1000名工会领导人和普通会员参与了这样的旅行。在前线服役的工会成员被鼓励给他们在国内的支部写信，特别是在有可能发生罢工的时候；军中审查员负责确保只有爱国信件才能被放行。奉行极端爱国主义的报纸《约翰牛》刊登了一幅卡通画，一名拒服兵役者坐在壁炉边的安乐椅上，说明文字写着"这只小猪待在家里"[26]。

在这个令人沮丧的春天，伯特兰·罗素最终加入了其他服刑英国人的行列。罗素在反征兵协会的《审判席报》上预言，正在前往英国和法国的美军或许将被用来破坏罢工，"美军在国内时就对这项工作很熟悉"[27]，当局正是抓住了这篇文章中的几个句子作为借口。公诉人在法庭上宣称这段话将会造成"极其恶劣的影响"，破坏英国与关键盟友的关系。高声宣布"这是一项非常卑劣的犯罪"的法官判处了罗素六个月监禁。抵达监狱开始服刑后，罗素写道，狱卒在登记他的详细信息时"询问我的宗教是什么，我回答他'不可知论者'"[28]。他问我如何拼写，然后叹叹气说："这个，宗教是有很多，但我觉得它们尊崇的是同一个上帝。"

出于对罗素在知识界的声望和贵族出身的敬畏，官方批准他成为英国全体反战者当中唯一享有"第一等级"囚犯地位的人——得到这项古老的特权后,犯人可以保留自己的谋生工具,这意味着罗素能继续读书写作。他被允许收到《泰晤士报》,书籍、鲜花和水果也能被从外面送进来,他还被分配到了一间特大号牢房和一位室友,后者会为他打扫房间,并每天因此收到六便士。感情生活五彩斑斓且超凡脱俗的罗素躲开了通信限制,他偷偷给自己正在交往的两位女性捎信,同时还依旧与第三位女性保持着名义上的婚姻关系。他的其中一位情人是个年轻的女演员,给她的信都用法语写成,罗素知道,这些看守是看不懂的;罗素让看守们相信,这些信是从他的研究材料里复制下来的历史文档。他将给另外一位女性的信塞进了《伦敦数学协会会报》没有裁开的书页里,并告诉她,里面的内容要比表面看上去更有意思。那位女演员会通过《泰晤士报》上的"人事广告"版块给罗素写爱情留言,直到在罗素生日当天看到报纸上出现了"祝长命百岁"的口信苏格兰场才恍然大悟。汤姆森手下的一名侦探当面对她进行了质询。一向严于律己的罗素每天写作四个小时,除去其他各类创作,他还在狱中完成了70000字篇幅的《数理哲学导论》。

在监狱的高墙外,骑警捣毁了在伦敦芬斯伯里公园举行的一场集会,事发时夏洛特·德斯帕德正在发表演讲。当局尤为渴望关停反征兵协会一直针对疯狂的战争发表不敬言论的《审判席报》。由于不想因为直接将其取缔而玷污英国言论自由的形象,他们采取了其他手段。

警察来到了印制《审判席报》的全国劳工出版社,并拆毁了这里的出版设备。报纸的印刷转移到了一家新的印刷厂,但这里的设备很快也遭到突击搜查,且遭破坏。靠着一台小型手动印刷机,标题耀武扬威地写着"我们回来了!"的一页纸传单让报纸很快再次复刊。用于制作大写的大标题的铅字用光后，操作这台印刷机的两个人从在诺思克利夫勋爵旗下狂热支持战争的《每日邮报》工作的两位友好的印刷工那借来了新的。在接下来的几个月当中，这台秘密印刷机由于多疑邻居的存在偶尔会被转移，虽然由于分发困难——警方一直在监视他们的邮件——导致发行量大幅下降，报纸却依然在被不停地印刷着。巴兹尔·汤姆森的手下从来没有找到它。

试图弄清《审判席报》印刷地点的特工们对反征兵协会实施了两次突击搜查，他们对后者办公室的监视也从未间断。一位外表贫困的妇女每隔几天就会推着婴儿车造访办公室所在的建筑，她显然是为新闻稿而来，但从未引起特工们的注意。《审判席报》的校样是被她塞在婴儿车的毯子下面偷偷带走的。实际上，由于反征兵协会的男性领导人一个接一个地因为反抗征兵被投入监狱，妇女已经成为组织的中坚力量。凯瑟琳·马歇尔是一位很有天赋的组织者，也是妇女参政运动中的老兵，直到1917年末由于过度疲劳身体垮掉之前，她一直是组织的中心人物。作为《审判席报》的编辑，琼·比彻姆因其在报纸上发表的一篇文章而在狱中度过了一个月，维奥莱特·蒂拉德则由于拒绝向警方透露报纸的印刷地点而被关了两个月。

狱中的拒服兵役者变得越来越难以驾驭。以斯蒂芬·霍布豪斯为榜样，1918年5月，部分关押在利物浦的拒服兵役者宣布，他们将打破一切他们认为"无人性与不道德"的狱中规定，其中就包括噤声条令。十天的时间里，狱中回荡着歌声、笑声与谈话声。后来，看守采取了镇压措施，并将那些他们认为是罪魁祸首的人转移到了其他监狱。部分拒服兵役者采取了绝食抗议，结果却和妇女参政论者一样被强制喂食。作为政治犯，自己并不孤单，许多人正是在了解到这一点后得到鼓舞的。由于参与了此次的利物浦监狱的抗议行动，受到惩罚的芬纳·布罗克韦被关进了单人牢房，食物也遭到削减，一天，一位在监区附近干零活的年长的模范犯人塞进他的牢房一张字条："亲爱的布罗克韦——刚刚听说你在这里。我们能为你做些什么？……我们是爱尔兰人，你想要什么我们都能做到——除了把你弄出去。记得在明天'模范犯人①'叫你的时候准备好你的答复。加油！"[29]

15年以后，这些爱尔兰犯人中一个名叫埃蒙·德瓦莱拉（Eamon De Valera）的人成为这个国家的总理。在他们的帮助下，布罗克韦不但偷偷寄出了给妻子的信，还得到了他最为渴望的东西：包括他曾担任过其编辑的《工人领袖报》在内的各种报纸。通过他从囚室的窗子降下的线绳，那些他看不见的爱尔兰朋友会把这些珍贵物资系在下面。布罗克韦会在囚室中一个不时开启的窥视孔看不到的角落如饥似渴地阅读报纸。"只有那些被切断过与家人、朋友和世界的联系的人才能理解它们之于我的意义。"[30]

由于爱尔兰正处在混乱当中，布罗克韦的狱友们并不是唯一一批入狱的爱尔兰爱国者。如果说两年前对复活节起义领导人的处决是为长期积累的民族主义情绪火上浇油，对爱尔兰人进行征兵的计划则像是最后的致命一击。为什么要被迫参加一场大概是为比利时完整而战的战争，而爱尔兰的相同目标却遭拒绝？从不以激进而闻名的岛内天主教主教们发表了一份反对征兵制的铿锵有力的声明；爱尔兰各工会发动了一场为期24小时的总罢工，各地（信仰新教的北部除外）的工厂、报社、火

---

① 此处一语双关，Trusty 既是模范犯人又是信任，也可以指向他们表达信任。——译者注

车、有轨电车和出租马车纷纷停摆。酒馆甚至也都关门歇业了。

处在欧洲大陆上的英军步履维艰的当口,这起爱尔兰发生的新叛乱引发了一场危机。为了对事态进行控制,英国内阁认定需要一位手段强硬、经验丰富的军方人士出场。1918年5月4日,米尔纳代表劳合·乔治任命约翰·弗伦奇为爱尔兰总督。

五天以后,这位身材矮小、长着一副罗圈腿的陆军元帅搭乘邮船来到了爱尔兰海的另一边。将这次的职务当成军事任命的他既没有带妻子,也没有带威妮弗雷德·贝内特(不过后来后者探访过他很多次)。在都柏林城堡宣誓就职几天后,他下令逮捕了一大批独立运动的领袖。弗伦奇一直坚信爱尔兰血统给了他特别的洞察力,在自视比民族主义者们更"爱尔兰"的他看来,这些人"是骨子里透着丑恶与犯罪的暴徒,血管中爱尔兰血液的比例微乎其微"[31]。他相信,一旦这一点被广泛接受,"爱尔兰人会像对待猪猡一样将他们驱逐出去"。

他告诉劳合·乔治,爱尔兰人无非就是一大群"害怕挨揍的吓坏了的孩子"[32]。只要采取适当的惩戒措施,一切都会好起来的。再加上巴兹尔·汤姆森的情报网这一重要助力,新总督弗伦奇对迅速恢复秩序充满了自信。

在弗伦奇出发前往爱尔兰的当月,为了激发战争热情,埃米琳·潘克赫斯特启程前往美国开展巡回演讲。同一时间,克里丝特布尔在《不列颠尼亚》上一边对母亲提供始终如一的全力支持,一边号召"全民成为处刑人"[33]来烧毁一切社会主义书籍。结束美国行程回国后,埃米琳在伦敦的女王音乐厅告诉听众:"谈起帝国与帝国主义,某些人的言论听上去就像它们是什么应该遭到反对的令人感到可耻的东西一样。对我来说,能成为大英帝国的后代荣幸之至。"[34]

在西尔维娅眼中，姐姐和母亲的转变依旧显得不可思议。"我只能迷惑不解地看着这一切，"她在给被放逐到澳大利亚的阿德拉写信时说道，"然后问自己，'她们俩真的神志正常吗？'"[35]

与此同时，战争传来的消息越来越糟。5月末，德军先是在不到五个小时内发射了两百万发炮弹，随后又在巴黎东北部发动了另一场出其不意的大型攻势。三天之内，德军将陷入恐慌的协约国部队向后驱赶了20英里，由于推进速度太快，在他们占领的一座军用机场，里面的飞机仍然一架不缺地停在场地上。欢欣鼓舞的德皇不断往返于柏林与前线之间，对实战部队、新占领的村庄和那门轰击巴黎的大炮进行考察。然而，在这场"要么普鲁士－日耳曼道路——正确、自由、荣耀、有德——继续受到尊重，要么盎格鲁－撒克逊道路让拜金主义登基封王的两种世界观间的冲突"[36]中，法国在德皇眼中并非主要敌人，英国和它的帝国才是。

面对此时距巴黎仅有37英里的敌人，克列孟梭正在考虑从城中撤离。成千上万的巴黎市民向南方逃去，火车站的站台上塞满了高叠的行李。对于伦敦那个还要同时应付酝酿中的爱尔兰动乱的政府来说，未来显得黯淡而可怕。内阁曾一度探讨将全部英军从欧洲大陆撤出的可能。黑格与劳合·乔治各自的支持者就谁该对英国的损失负责在议会辩论，并在媒体上展开了激烈攻讦。一位高级将领丢了官职，不过黑格却再次挺了过来。

"我们必须做好法国和意大利双双被打到屈膝投降的准备，"[37]6月初，又一次越过海峡展开紧急旅行的米尔纳在信中告诉劳合·乔治。作为米尔纳的朋友，上将亨利·威尔逊爵士曾在1917年的那个革命前夜开赴俄国的代表团中担任军方代表领队,面对似乎不可阻挡的德国人,米尔纳对协约国崩溃的担忧令此时担任伦敦帝国总参谋部参谋长的他感同身受。"这将意味着什么?"威尔逊在日记中写道,"我军在法国的毁灭吗?"[38]

21 "死者比生者更多"

从圆形石塔顶部筑有防御护墙的都柏林城堡，以爱尔兰总督的身份，约翰·弗伦奇子爵开始对他的叛逆领地发号施令。他设立秘密预算奖励告密者，命令警察关闭各大会议厅，没收印刷机，向伦敦申请增援部队，并且下达了一连串事实上令爱尔兰部分地区在不同程度上进入戒严状态的命令。他还向国王发送特别报告，由于显然看不懂他的笔迹，后者特地要求弗伦奇发来打印版。他于1918年7月4日下达禁令，不得在爱尔兰全境开展任何未经批准的游行和集会。可是在疏忽之下，他没有禁止足球和爱尔兰式曲棍球的比赛，很快比赛场地成为绝大多数激进民族主义者的集会地点。

"推行征兵政策的任何犹疑和本可以避免的拖延，"他告诉国王，"对这个国家的未来都是致命的。"[1]弗伦奇相信，征召爱尔兰人将立刻解决两个问题，向四面楚歌的英军输送急需的兵员，"彻底将无能、懒惰的十八岁至二十四五岁的青少年与成年男子"[2]从爱尔兰赶走。（极度渴望新部队抵达前线的黑格同样迫切要求在爱尔兰推行征兵制，在这个问题上，两位死敌达成了罕见的一致。）可当弗伦奇试图开始征召爱尔兰人时，英国内阁却阻止了他。不似弗伦奇对民意的迟钝，劳合·乔治和米尔纳明白，下令在爱尔兰征兵的确暂时满足了英国大众。然而，一旦真正推行这一政策，爱尔兰民族主义者将因此获得极具煽动性的凝聚力。数月当中，失去耐心而气愤不已的弗伦奇一直不停向伦敦发去抱怨的电文。

随后的事态逐渐表明，对西线来说，爱尔兰的应征士兵也许根本就没那么急需。

尽管新近占领的法国土地形成的一大块凸起不祥地向巴黎方向延伸，德国人却并非一帆风顺。"美军的威胁就像雷雨云一样在我们其他敌人的后方聚集"，[3]一位德国军官在日记中写道，而且，每过一个星期，威胁都变得更近。德国取得决定性胜利的短暂机会正在渐渐丧失。

除此之外，德军的高速推进还造成了一个指挥官们之前没有预料到的问题。面临食物短缺数月之久，日常饮食严重依赖萝卜和马肉，精疲力竭的德军经常违背军令停下脚步，对撤走的协约国军队遗留下来的法国红酒、英国朗姆酒、牛肉罐头、面包、果酱和饼干大快朵颐，杀掉从法国农民手中抢夺而来的牛和鸡。看到协约国的优良伙食，德军的士气遭受了沉重打击——尤其是在士兵们曾被告知U艇作战令敌人忍饥挨饿之后。

1918年5月末到6月初的这段时间里，抵达马恩河天堑的德国人在蒂耶里堡和贝劳森林周围的麦田遭到了刚刚登场的美军猛烈的反击，德国人的攻势也因此陷入停滞，上述两个地名成为美军传奇的一部分。当正在撤退的法军士兵催促一位美国海军陆战队军官一齐走时，这位军官回答道："撤退？该死，我们才刚到这。"[4]贝劳森林为期数周的战斗是美军自南北战争以来进行过的战斗中规模最大的。6月末战斗结束时，大约已有75万美军抵达欧洲，几乎每天都有船只在将更多部队运来。西线的力量对比永久性地改变了。

除了要面对渴望战斗的美国人，德军最高指挥部还在其他地方面临着危机。俄国革命的影响开始波及德军。随着东线各师被运往法国和比利时,将军们发现,与他们一并到来的还有革命思想。在读过布尔什维克散发的德语报纸或是与正在快速解体的俄军中的士兵进行过友好往来以后,许多人已经失去了对战斗的热情。

"我们在东线的胜利大军受到了布尔什维克主义的腐蚀,"[5] 一位德军高级将领在战后告诉一家美国报纸,"事情已经到了这种地步,我们都不敢将某些东线师转移到西线。"被运往西线的士兵会变得暴躁,从列车窗户向外开枪,1918年5月,一辆载有631人的运兵车沿途共有83人逃跑。士兵们嘲讽着用粉笔在拉着他们西行的列车车厢侧面写上了"运往佛兰德斯的牲畜"的字样,六座德国城市出现了帮助士兵逃跑的地下网络。左翼同情者们——德国的惠尔登一家——向他们提供临时住所、现金、伪造的证件和配给卡,并告诉他们溜过边境前往中立国荷兰的最佳地点。

然而,作为西线德军总指挥,鲁登道夫并未放弃,他在6月发动了更多攻势。鲁登道夫对现实的理解出现了偏差,他命令行将崩溃的土耳其盟友在美索不达米亚采取行动,并相信这将成为威胁英国对印度控制的第一步。他并不是唯一对最后一刻出现奇迹抱有希望的德国人。即便局势已对他的军队愈发不利,德皇威廉二世还是再次来到了西线,还亲自登上了一座高耸的木制瞭望塔视察战场,"他把眼睛紧紧贴在望远镜上,除了远处的硝烟和模糊的影子,他什么也看不到"[6]。后来,丘吉尔写道:"此时此刻,他的帝位已摇摇欲坠。"

发动1918攻势后的五个月时间里,德军遭受了50万人的伤亡,训练有素的突击小队的损失首当其冲。增援的救兵们不是超龄就是岁数太小，德军开始撤退。协约国军队的士气随着大批美军的到来得到了提升：每个月都有超过 200000 名戴着宽边帽的美军士兵涌入法国。尽管许多人还需要额外训练，但在饱受战争折磨的英国和法国人眼中，他们的营养状况看上去好得令人吃惊，他们简直就像奥运会选手。"他们看上去比普通人块头更大，"当时正在法国护理英国伤员的作家维拉·布里顿回忆道，"他们高大挺拔的身材和我们渐渐习以为常的面色苍白的矮小新兵形成了鲜明对比。"[7] 由于美国人对战斗过于渴望，美军后方支持部队频频遭遇士兵"逃往前线"的状况。这些渴望战斗的"逃兵"有超过 3000 人被杀。

由于没时间构筑钢筋混凝土机枪碉堡、大面积铺设铁丝网、修建其他在三年多的堑壕战中夺走大量协约国士兵生命的各类防御工事，高速推进的德军在反击面前表现得十分脆弱。7 月中旬，法军和美军的联合反击令德军在一连串战斗中后撤。在其中一次战斗中，阿道夫·希特勒下士与一位刚抵达战场并认定继续战斗十分愚蠢的士兵打了起来。根据其所在部队一位士兵的说法，希特勒"怒不可遏，用可怕的声音大喊和平主义者和罢工者必将输掉战争"[8]。

1918 年 8 月 8 日，由于没有事先进行炮击，英军和法军新发动的强大攻势令德国人猝不及防。同样感到意外的还有劳合·乔治：为了炫耀自己对军队事务的全面掌控，黑格甚至懒得在攻击开始前同首相打个招呼。这场被称为亚眠战役的攻势成为未来 20 世纪战争的预演：协约国军队最终学会了如何有效使用坦克，他们部署了超过 500 辆坦克，都是故障率更低的新型号（米尔纳刚刚来过设在法国的坦克指挥部试驾最新型号的坦克）。人类对突破步兵限制的探索由来已久，从今以后，速度和装甲将使得骑兵的地位被坦克取而代之。一些军队的坦克团会因为篡改骑兵的双剑徽章而激怒传统主义者。

英国人终于学会了如何将各种各样的新式战争科技整合到一起：坦克压碎铁丝网以使步兵得以通过；通过记录声波三角定位德军的火力点，据此设置反击火力破坏敌军大炮；捏造无线电通信欺骗德军，让他们以为大量军队正在被调往别处；用伪装误导侦察机；用大集群飞行的飞机掩盖正向进攻位置移动的士兵发出的噪声。飞机甚至被用来向推进步兵空投弹药，这一举措解决了穿过四年战争累积下来的重重弹坑、生锈的铁丝网和陈旧的战壕向前线运输补给的恼人问题。黑格和身边的人最终明白了一个道理，如今的战争已经成为一套复杂的工业化流程。尽管并不情愿，没有亲口承认这个道理的黑格还是开始了他对骑兵时代的告别；曾经由其指挥的五个骑兵师被悄悄缩减到了三个。

比在这一波新攻势中夺取土地更重要的是，作为这场战争中传奇般的战士，一夜之间，德国人开始投降了，面对人数比自己更少的协约国部队，他们频频扔掉步枪，举起双手。正是这一点，而不是丢失的土地，开始令惊愕的鲁登道夫上将确信德国已经输掉了战争。协约国发动最后一波攻势的8月8日，"是德军的灾难日"[9]，他在回忆录中写道。两天以后，他向德皇递交了辞呈，后者拒绝同意。战争还在继续，但高层出现悲观情绪的流言却渐渐流传开来。后方的几十万士兵[10]要么当了逃兵，要么军装在身却逃避执行上前线的命令。德国最高指挥部愈发担心的是，一旦军纪和士气崩溃，比协约国取胜还要更糟的情况可能会出现：那就是国内爆发革命。

革命的幽灵同样令英国的统治者惊恐万分。1月,10万名抗议食物短缺的工人在曼彻斯特市政厅举行了游行示威。英国工会会员数量增加,劳资纠纷在1918年导致了580万个工作日的损失,达到了战争期间的最高值。7月,由军火工人发动的一系列罢工在爱国倡议、威胁和骗术的组合拳下得到了平息。巴兹尔·汤姆森向受罢工影响的地区派出了一名苏格兰场特工,在一间被罢工工人频繁光顾的酒馆混熟后,酒过三巡,这位特工神秘兮兮地抛出消息说,自己为国家征兵部门工作,来到这里的目的是安排发布征兵通知。人们问他,怎么才能避免被征召?很简单,他说:立即回到工作岗位上。一旦根植于人们的内心,谣言将产生奇效——或者说,汤姆森是这样宣称的。

尽管如此,罢工依旧在蔓延。伦敦帕丁顿车站曾短暂关闭,部分火车线路也未能幸免。部队进入戒备状态,一个整建制的旅被调往罢工运动中心纽波特,苏格兰卫队的一个连被派往东伦敦向铁路工人纠察队展示武力。《泰晤士报》提出,应由军方在战争非常时期接管铁路。

令统治阶级感到尤为不安的是一件英国从未经历过的事的发生:警察发动了罢工。英国工薪阶层的薪水一直跟不上不断高涨的生活开支,对于他们中的绝大部分人来说都是如此。1918年8月30日,占据警察队伍大多数的12000名英国警察开始罢工,甚至一些苏格兰场特工——他们的日常工作是监视企图罢工的人——也加入了罢工者的行列。当局匆匆调来士兵把守公共建筑,并在劳合·乔治召集紧急会议后承诺提高警察的工资和养老金。警察们两天内纷纷回到了工作岗位,但首相后来说,他感到英国从未"比这一次更接近布尔什维克主义"[11]。

尽管1918年上半年的西线有时对兵员的需求十分强烈，不过，研究英国国内安全措施的细心的学者布罗克·米尔曼却以令人信服的例证表明，出于对国内爆发革命的恐惧，当局在召回部队和装备。例如，四艘皇家海军的战列舰停靠在泰晤士河河口，看不出有任何军事目的。更加说明问题的是，1918年初，英国本土大约有150万军队。根据米尔曼的计算，即便将驻扎在爱尔兰的部队、训练当中的部队、负伤后康复的士兵、年龄不足以到海外服役的和防空部队的士兵全部考虑在内，仍然有额外175000名训练充分的士兵在本土的军事基地待命。

根据应急部署计划，如有需要，这些部队将会被派往工会活动肆虐区域的临近地区，例如苏格兰克莱德河流域一带，但不会被派到这些区域的内部。米尔曼认为，[12]这能让士兵距执行镇压罢工任务的事发地足够近，同时，不至于近到让他们离岗后在当地的酒馆和足球场与他们要镇压的罢工者混在一起，后者的存在没准就会让他们想起那句社会主义旧谚："刺刀这种武器，两头都是工人兄弟。"在罢工频发的1918年7月，经过调整，英国军区与全国警区划分实现统一。当局还秘密制定了一份名单，只要一声令下，名单上面的人就将被实施预防性拘留。

法国政府同样害怕革命。与黑格不同，克里蒙梭对骑兵在前线毫无用处一事心知肚明。然而，担任内政部长且与罢工运动交过手的他对马背上的武装士兵在人群中能够引起的恐惧有着清晰的认识。1918年3月，也就是德国发动大型攻势的当月，他将四个骑兵师从前线调到了国内其他地区，镇压罢工者时，他们将随叫随到。

几乎没有人比米尔纳对革命的担忧更加强烈，不过，在考虑抑制革命的问题时,他的思维并未受到大不列颠边界的限制。他在一封写给劳合·乔治、被标记为"极密"的信中强调,英国的势力范围"要真正从巴勒斯坦的地中海沿岸延伸至印度边境……我们还要独自力保南亚不失"[13]。同样,在与其他人谈话时,他的目光也放得很远。"就未来在欧洲、俄国和西伯利亚将要采取的行动,我与米尔纳进行了大量探讨。"[14] 威尔逊上将在日记中写道。当时,德军的节节败退已确定无疑。"从顿河左岸到印度都是我们的地盘与利益所在。"对于米尔纳"我们真正的威胁不是德国兵,而是布尔什维克主义"的看法,威尔逊表示同意。

由于刚刚爆发了内战,俄国成为米尔纳和他的同僚特别留意的对象。革命的红军正在几条战线上与反布尔什维克的各方势力交战。战争引发了饥荒,许多人因此成了受害者,死亡人数飙升至数百万,各方都在枪毙囚犯和平民人质,幅员辽阔的国土各地发生了激烈的战斗。作为早期受害者,沙皇尼古拉二世和他的家人全部被布尔什维克处死——这令英国民众深受震惊。在西线战事依旧如火如荼进行之际,米尔纳成为协约国采取的支援行动的关键缔造者,为了在新生的意识形态向西欧扩散前将其扼杀,他们向俄国的右翼反布尔什维克势力提供武器、训练和补给,并最终派出了军队。

米尔纳对维奥莱特·塞西尔的爱历久弥新,他们经常见面,不过他总是在日记里将她称为"爱德华夫人",就像有人会偷看他的日记一般。协约国最新获得的成功令平民——至少是那些社会关系优越的平民——到法国旅行的可能性更大,她有一次便得以在法国与米尔纳会面。在克里蒙梭的安排下,她得到许可进入军事区参观了儿子的坟墓,这里刚刚又经历过战斗。"墓地遭到了炮轰,"她写道,"不过他的坟墓毫发无损。我在树林里和他的墓旁都待了一会。"[15]

尽管做出了无数努力,可她的邻居吉卜林一家依旧不知道自己的儿子尸骨何存。吉卜林仍然在大量发表作品——诗歌、短篇故事、文章、小册子、演讲,可他深切的悲痛却充斥在全部作品当中。借助官方文档、不计其数的面谈和从战壕中发现的有时溅着泥浆和鲜血的军官日记,他将自己投入撰写《大战中的爱尔兰近卫兵团》的计划中,这本超过 600 页的两卷本史书记录了年轻的约翰所在的军团的事迹,最终他花费了五年半的时间才完成。在这本与自己的其他作品大不相同的书中,他以严肃而克制的笔触一丝不苟地重现了一场又一场战役,一次又一次交火,损失情况,增援过程,人员晋升,勋章授予,将领的贺词,还有全部牺牲军官和士兵的冗长名单,所有的一切均被有条不紊地记录下来,这注定是一部只有书中提到过的人才会亲自阅读的历史记录。

解释为何要以这种缺乏感情的风格写作本书时,吉卜林提到了这些死者:"他们……在与一位少尉共度人生后逝去。或许,他们的密友心中还保存着一份关于他们未能实现的诺言的回忆,还记得某一句他们令人久久难忘的只言片语,一件偶然目睹、体现着他们的勇敢或善良的事迹……在大多数情况下,编写者只要列出事实就足够了;对他来说,为死亡堆砌辞藻并非合适的行为。"[16]一场场用更加现代化、更加致命的武器进行的战斗被他用传统的交叉剑式样的小标记标注在了书中详尽的地图上,约翰·吉卜林参战死亡的地点也是如此。他的父亲只在几句话里提到了儿子,它们的结尾是这样写的:"在这里,克利福德少尉被击中后受伤或死亡——尸体后来才被找到——吉卜林少尉受伤后失踪。"[17]

吉卜林对这四年的流血杀戮最语出惊人的评价来自他的《战争墓志铭》中的这组意味深长的对句：

如果有人问我们为何死去，
告诉他们，那是因为父辈的谎言

他的意思是，宣称英国已经对大型战争做好了充分准备的政客们在战前撒了谎，就像他常常说的那样？还是说，他所提到的谎言有着更深层的含义？或许，作家本人也不知道。

鲁登道夫说对了：1918年8月8日的确成了他的部队的灾难日，在此之后，情况更是变得越来越糟。到9月为止，西线协约国军队总人数已经增至600万，其中将近三分之一都是美军。消耗战令德国国内付出了惨重代价，德国人的士气正在走向崩溃。在位于埃森的克虏伯巨型工厂，他与愤懑的军火工人们展开了对话，痛斥造谣者和反战煽动者，号召他们战斗到底，由于紧张，汗珠在他的脸上清晰可见。"我们每个人都有自己的使命，"他说，"对你来说，使命是用好手中的锤子；对他来说，使命是操作机床；而对我来说，使命则是守护我的王座！"[18]尴尬的是，除了无尽的沉默，迎接他的只有稀稀落落的笑声。

数日之内，英国和比利时军队重新夺取了曾经耗费英国几个月时间与几十万伤亡才在帕斯尚尔战役中占领的土地。由于前线位置在不停地变动，黑格开始将更多时间花在他由列车改装的指挥部里，在各支推进部队间来回移动。

他的德国对手的指挥部坐落于小镇斯帕，一个位于比利时东部丘陵地带的温泉疗养胜地。尽管名义上的最高指挥官是陆军元帅冯·兴登堡，国家元首是德皇，但德国方面真正的决策权却掌握在鲁登道夫上将手中。此时此刻，在这场被众多反战者认定为疯狂的战争中，第一次，一位战争的关键人物自己也开始显现出发疯的征兆。9月末之前，剧烈的情绪波动和恐慌症一直在折磨着鲁登道夫。他曾跌倒在地，一些目击者还曾看到过他口吐白沫。一位被匆匆招来的心理学家强烈建议他通过早晨醒来时唱民谣的方式来让自己保持冷静。事与愿违的是，他依旧对手下参谋、德国的失败主义者、正在令他的军队受到传染的社会主义煽动者、意志薄弱的盟友甚至德皇大发雷霆。然而，没有人敢将他轰下台。

10月初，德国向伍德罗·威尔逊总统请求展开和平谈判，他们更希望与他打交道，而不是同与他们积累了四年怒火的英法。可是，威尔逊对提议表示拒绝。悲剧的是，尽管结局到此为止无疑已经注定，但战斗却还将以残酷的激烈程度继续下去；仅仅在战争的最后五个星期里，双方合计就还要遭受另外五十万的人员伤亡。协约国军队向前无情地推进，可对那些已经战斗了四年的人来说，这样的推进并不能带来任何喜悦。威尔弗雷德·欧文在家书中写道："我的知觉已经麻木了。"谈到整理手下们的信件时，他补充道："当我为他们在各自的信上标注'已卒'时，我都没有把叼着的烟放下。"[19]

同盟国中的其他成员也开始乞和：保加利亚请求在9月末实现停火；一个月以后，奥斯曼土耳其和正在快速走向解体的奥匈帝国也发出了同样的请求。无论如何，后者的军队都在大规模流失，陷入狂热的离心民族主义情绪的大爆发中，帝国内部各少数民族群体一个接着一个宣布独立。统治该国的哈布斯堡王朝的饰徽与他们已经陷落的俄国亲戚罗曼诺夫王朝使用的有些相似，两年时间内，人群第二次冲上了一个帝国街头，各色旗帜、标志和带着双头鹰标记的匾额都被他们拆掉了。

　　遭到重创的德军的后方受到侵蚀；据柏林警察局长估计，超过 40000 名逃兵正藏匿在他的城市中。这些精疲力竭的士兵由于脱离了前线阵地而如释重负，他们有时会对着赶赴前线的补充部队大喊"工贼"！鲁登道夫急切地命令着手下的指挥官们"将我们从不断加剧的军纪缺失造成的巨大危机中解救出来"[20]。又一场粮食歉收减少了同盟国本就已十分匮乏的食品供应。罢工与反战和平示威不断爆发。当海军最高指挥部命令舰队到海上与英国进行最后死战时，数千名水兵对这一自杀式行动抗命不从，司炉熄灭了船上的锅炉。在基尔港，3000 位平民举行示威对他们表示声援。抗命的水兵们接管船只，升起红旗，闯入军械库夺取枪支，他们当中有数千人前往了柏林和其他城市宣传革命理念。

　　德皇本想派军队重新夺回基尔，但在将军们的劝说下，他打消了这个念头；靠着乔装成为卡车司机，他的弟弟、波罗的海舰队总司令才得以逃离这座城市。在其他德国城市，公爵和亲王们逃出了自己的宫殿，工人和士兵们成立了苏维埃。10 万名工人以及其他左翼分子云集在慕尼黑城中的一块空地上，为巴伐利亚独立的革命共和国的成立欢呼雀跃，附近一座军营中的士兵也加入了他们的行列。其他地方也爆发了类似的起义，工厂和市政厅纷纷失守。这是个反噬效应的例子——用更现代一点的术语来说，而且是个大型案例。在德军最高指挥部的帮助下，乘坐密封列车回到俄国的列宁引爆了一场革命，而如今，这场革命已经蔓延回了德国自己的领土上。

试图延缓崩溃进程的德皇宣布大赦政治犯，可换来的却只是20000名柏林市民集体出动，迎接乘坐火车回到这座城市的社会主义者卡尔·李卜克内西。当鲁登道夫和冯·兴登堡电告手下军官，拒绝他们所提出的和平条件并下令"战斗到底"时，一位在军队中做无线电报务员的社会主义者将这一消息泄露给了自己所在党派在议会中的代表，消息很快就被公布了。在数年时间里，两位指挥官形成了事实上的军事独裁。不过，了解到自己已经输掉战争的事实后，在他们的精心策划之下，一个新的平民政府上台了——有史以来第一个对议会而非德皇负责的总理诞生了——这样一来，卷入必将令人痛苦不堪的和解进程而被扣上黑锅的人将会是平民。

绝望之中，德皇来到了斯帕的西线德军指挥部。依旧相信自己能以某种方式保留帝位的他告诉将军们："直到停战协定签署以前，我都会一直留在斯帕，然后带着我的军队回到德国。"[21] 可是，当将军们一个接一个地告诉他再也指望不了士兵们效忠时，他震惊了。柏林驻城司令发来了一份电报："士兵全部逃走了。局势已彻底失控。"

更糟的还在后面：革命者们夺取了德皇在柏林的宫殿，透过这位帝王曾经向人群发表演讲的同一座转角窗，卡尔·李卜克内西宣布成立苏维埃共和国。红旗和路障在城中大量涌现；一位上了年纪的将军被年轻人拽出了出租车，他们折断了他的佩剑，还扯下了他的勋章。即便在斯帕当地，已经停止向长官敬礼的士兵们也在组织成立苏维埃，还有报告表明，后方被命令开赴前线的士兵正在切断电报线路与破坏铁路车厢。鲁登道夫先是辞了职,随后,他戴上假胡子和蓝色眼镜,先后逃亡丹麦与瑞典寻求避难。一通柏林打来的电话让德皇震惊不已,电话中说,柏林当地已经宣布了他的退位,"先生们,这是叛国行为!"[22]惊愕的皇帝对在斯帕的随行人员说道,"厚颜无耻、胆大包天的叛国行为!"随着自己的世界变得支离破碎,德皇流亡到了荷兰,与此同时,一个由一名工会成员和前马具工人①领衔的社会党政府接管了柏林——他们正好来得及签署一项耻辱的和平协议。

谈判已经开始了。经过无线电沟通,斯帕的德军总部与协约国商定在当地一条贯穿前线的可供通行的道路附近停火,德国人的和谈代表团分三辆车出发,头车打着白旗,还有一名年轻军官站在脚踏板上负责吹喇叭。在他们穿越前线后,一位法国喇叭手接替了他的位置。经过法军士兵身边时,这些人问他们:"战争结束了吗?"随后,代表团被簇拥在一大群协约国记者和摄影师人群中。"去巴黎!"有人大声叫道,嘲讽的口气提醒着人们1914年时德军运兵列车两侧用粉笔写着的(相同)字迹。换乘法国汽车完成了剩余旅程的代表团抵达了法国的费迪南·福煦元帅设在贡比涅一节火车车厢里的指挥部。尽管英国军官也出席了谈判,但他们对自己——部分领土仍处于被占状态——的盟友做出了让步,满足了后者向德国代表口述协约国条件的愿望。

虽然几天后签署的协议在德国代表团的抗议之下被称为停火协议,但事实上,它就是德国的投降书。不过,尽管伤亡惨重,德国的投降军队依旧是一支装备齐整、人数高达数百万的

---

① Friedrich Ebert,弗里德里希·艾伯特。——译者注

大军——并且几乎全部驻扎在敌人的土地上，考虑到这一点，德国的投降几乎是史无前例的。尽管在几个月以前他们几乎要叩开巴黎的大口，似乎已摆好架势赢得战争，可是，面对混乱不堪、濒临饥荒边缘的国内局面，以及后方部队的溃散，继续战斗已经不可能了。德国政府的胜利宣传持续到了最后一刻——新闻短片里从未出现过士兵撤退或投降的镜头——这让许多平民以为，不管自己的遭遇如何，这个国家的士兵是真的就要胜利了。

由于前线军队回国时排着齐整的队形进入德国各大城市，街道上也满是欢呼的人群和欢迎横幅，这样的幻觉在战斗停止后持续了很久。政客们在演讲中称赞他们是战场上无人战胜过的英雄——在某种意义上，这是事实。当然，当纳粹在数年后开始编造他们那虚假却又影响力深远的传说——高尚的德国士兵受到了背叛，共产主义者、和平主义者和犹太人夺走了他们的光荣胜利——之时，所有这一幕幕都成了他们的原始素材。为了曾经失去的一切进行复仇的德国人在1940年的新战争中占领了法国，在希特勒的命令下，法国在同一节火车车厢里签署了投降协议。

代表协约国制定停战协定条款的福煦元帅身后的国家遭受的伤亡是惊人的：1390000人死亡。根据这位元帅的要求，德国要从法国、比利时、1870年从法国手中占领的阿尔萨斯和洛林省以及俄国撤军，还要放弃自己的部分领土，特别是莱茵河西岸的全部土地。除了支付驻扎在那的协约国军队的开支，德国还要做出其他更多赔偿。在几个月以后的凡尔赛，还有另一份规定更加详细、负担更加繁重的和平协议将被强加于德国人头上。

许多人甚至在一开始就预见到了如此苛刻的条件将会带来的危险。当被问起下一场战争还有多久会爆发时,退役的第一海务大臣、海军元帅约翰·费舍尔(John Fisher)回答道:"二十年。"[23]令人意外的是,尽管有他自身的局限性,总是对政治保持着敏锐嗅觉的道格拉斯·黑格的心中也泛起了相似的担忧。就在战争快要停止但协约国的要求已经昭然若揭的时候,这位陆军元帅在给妻子的信中说:"我们的政治家……不应该试图如此这般羞辱德国以令他们产生在未来进行报复的渴望,这非常重要。"[24]

停战协定于1918年11月11日凌晨5点在福煦车厢签署完毕,并于六小时后生效。协约国的步兵和炮兵对此毫无意识,在没有任何军事或政治企图的情况下,他们的全力进攻持续到了上午。停战协定签署完成后,在这最后半天的战争中,双方共有2738人死亡,超过8000人负伤。英国在战争中的第一名与最后一名死者——殁年16岁的约翰·帕尔(John Parr),来自北伦敦的芬奇利,一位谎报年龄参军的高尔夫球童,以及殁年40岁的乔治·埃里森(George Ellison),一位来自利兹的矿工,挺过了整场战争,却没能挺过最后的90分钟战斗——阵亡的地点都在比利时的蒙斯附近,中间仅相距几英里。巧合的是,人们在最近发现,他们都被埋葬在了圣西弗里安公墓的松树和蔷薇丛下,隔开他们的距离是七码。

通过爱尔兰狱友偷偷给自己的报纸,芬纳·布罗克韦读到了社会主义者在德国夺取政权的新闻。听说停战协定将于11月11日上午11点生效的消息时,他仍在监狱的牢房中接受饮食惩罚。由于狱中不允许戴手表,他已经学会了通过射在墙上的阳光位置判断时间。

> 我记得自己坐在墙皮剥落的牢房里的架子上，脚放在凳子上，看着阳光一点点向着十一点的方向爬去。我无法想象当时内心的混乱与紧张。
> 四年的屠杀就要结束了吗？……我就要见到家人和孩子了吗？我就要看到田野与森林，丘陵和大海了吗？
> 墙上的阳光接近了十一点的位置。[25]

当号声在全城吹响时，布罗克韦哭了。

在伊普斯威奇的一座监狱里，另一位名叫科德·卡奇普尔（Corder Catchpool）的反战者记录下了当天下午他和其他拒服兵役者在运动场上时发生的一件事："一架飞机突然从3000英尺的高空俯冲下来，掠过我们头顶的时候，身穿黑色制服的飞行员挥舞着手臂，手中拿着一块沾满油污的破布。这个小插曲令我深受感动。在我眼中，这是军方向我们表达的和平姿态——一则面向未来的友好消息，过去的事就让他过去吧，所有的互相指责与误解，一切的怨恨都结束了，都被这块充满善意的脏布拂去了。"[26]

前不久被释放出狱的伯特兰·罗素走在托特纳姆考特路上时，看到了伦敦市民从商店和办公室中冲到大街上欢呼雀跃的景象。往事涌上心头，四年多以前，他亲眼见证了宣战后人们高涨的情绪，此时此刻与当年何其相似。"人群依旧那么的肤浅，在这段恐怖的日子里，他们什么也没有学到……在这喜庆的海洋里，我却有种怪异的孤独感，我就像个外星幽灵，只是碰巧到此一游。"[27]

当天早上,阿尔弗雷德·米尔纳是被停战协定签署完毕的消息唤醒的。上午 11 时,天空升起了烟花,军号和教堂钟声响起,历经超过四年的沉寂后,大本钟再次发出轰鸣。当天晚些时候,米尔纳和其他来自陆军部的官员受到了国王和王后的接见。从白金汉宫出来后,他们汇入了人山人海之中,当王室成员们在宫殿阳台上现身时,迎接他们的是热烈的欢呼,乐队在一旁奏响了乐曲。另一群人在特拉法加广场点燃了庆祝的篝火,伦敦公共汽车侧面的标语被他们撕掉当成了柴火。当天晚上,"爱德华夫人与我共进了晚餐。"[28] 米尔纳在日记中写道,不改自己的官员本色,他继续写道,护送前者回家时,"我们穿过拥挤街道上的欢庆人群——他们非常有秩序。我又走回了家,一直熬夜工作到第二天凌晨两点。"

教堂的胜利钟声响彻英国全境之际,卡丽·吉卜林在日记中写道:"世界将被重建,我儿却已成故人。"[29]

约翰·巴肯来到了新闻局,与自己的部下逐一握手。他首先感到的是精疲力竭:"直到战争结束,我才意识到自己有多么疲劳。"[30] 战争夺走了他的弟弟和一半好朋友的生命。他在终战之际写道:"死者比生者更多。"[31]

殁年只有 25 岁的维尔弗雷德·欧文从未出过书,可他在自己的笔记本上写下的诗歌却是 20 世纪记录这场战争中的体验的作品中最优秀的。11 月 11 日中午,就在庆祝活动开始一个小时后,欧文的母亲收到了陆军部发出的饰有黑边的电报,电报告诉她,一周以前,他的儿子在行动中牺牲了。

关于这一天,另一位诗人写下了一段诗句,他的名字叫托马斯·哈代。

宁静降临。天国赐予了宽恕
凡间重获和平,天空陷入沉寂
有人摆脱了痛苦,有人沉湎于过去
"就是这样!"邪恶的鬼魂讥讽地冷笑。
"为什么?"悲悯的精灵喃喃自语。
曲终人散

第七部分
谢幕

22　魔鬼之手

战争留下的是丘吉尔口中"残缺破碎的世界"。由于好几个记录伤亡情况的政府在战争结束前就因混乱或革命走向了解体，战争造成的整体伤亡已不得而知。即便根据最保守的官方统计——由美国陆军部在六年后做出——各条战线上死亡的士兵也超过了850万。其他统计数字大部分都更高，[1]通常会高出100万左右。"人们每天都能遇见悲伤的妇女，她们面容憔悴，走起路来无精打采，"停战协定签订一个星期后，作家贝特丽丝·韦伯在她的日记中写道，"没人敢向别人打听她们的丈夫或儿子的情况。"[2]死亡并没有随着战争的结束停止：《泰晤士报》每天继续刊登"阵亡名单"，上面都是由于受伤而死去的人们，直到几个月以后才结束。除了少数几个幸运的中立国，欧洲几乎每条街道上都能找出丧失了亲人的家庭，那景象就像威尔弗雷德·欧文曾经所写的一样，"每一次夜幕徐展，都铺就着吊丧的挽联。"

超过2100万人受伤；有的人体内携带着弹片，有的人丢掉了胳膊、大腿或是生殖器。太多老兵留下了一张残破的脸，他们中的法国人甚至还成立了全国性质的毁容士兵联盟；在英国，41000人被截肢，10000人成了盲人，65000位老兵直到战争过去十年后仍在接受炮弹震荡症的治疗。

年轻人的伤亡尤为惊人。从战争爆发到战争结束，英国18到32岁的男子当中，每20人就有3人死亡，6人受伤。和殁年

18 岁的约翰·吉卜林一样出生于维多利亚女王钻石庆典那一年的士兵成为死亡率最高的一批人之一。如果英国的死者能够复活,他们四人并排,并且每天行进 24 小时,需要两天半的时间才能全部通过一个给定的点。尽管本书主要关注的是共有 722000 名士兵死亡的英国(这还没算上超过 200000 名来自帝国其他地区的牺牲者),可在奥匈帝国,这一数字要高出一半以上,法国的死亡人数接近英国的两倍(其人口要比英国少),俄国超过了两倍,德国则将近英国的三倍。数百万对悲伤的德国父母中,我们不知道有多少人觉得自己的儿子是为了某种高尚的目标牺牲的,我们也不知道有多少人会从一对英国夫妇在自己的儿子位于加里波利的墓碑上刻下的墓志铭中获得共鸣:"耶和华啊,他可曾有哪里伤害过你?"

被宣布失踪士兵的父母有时无法接受自己的儿子再也不会回来的事实。"我是一个在战争中失去了两个孩子的母亲,他们其中一个是海军军官",停战协定签订两个月以后,《泰晤士报》刊登了一封信,信的署名是"希望","我恳请政府,你们能否批准对埃及北部海岸与地中海上的岛屿进行仔细搜寻⋯⋯以寻找失踪的英国男女?⋯⋯那里也许有人失去了记忆,或是被当地渔民救下了"。[3]

一些活动会周期性地暴露这块大陆的巨大悲痛。当英国的无名烈士墓于停战两周年之际被安葬在威斯敏斯特教堂时,当天上午 11 点,全国各地的人群纷纷矗立在街道上,轿车、公共汽车、火车、流水线以至于地下采矿机都停止运转加入了两分钟静默的行列。然而,到处都听得到妇女的啜泣声。

比军人死亡数量更高的是战争中死难的平民数,能达 1200 万至 1300 万[4]。他们当中,有些人死于炮击和空袭,更多人则死于以战争为借口的屠杀,例如土耳其对亚美尼亚人进行的种族灭绝,而比屠杀制造了更多死亡的则是同盟国及其占领区濒临饥荒的处境(为了向德国施压迫使其签订《凡尔赛和约》,协约国维持了皇家海军的封锁,由此造成的死亡在战争结束后又持续了很多个月)。一战还引发了其他冲突,平民和军人的死亡人数达到700万至1000万的俄国内战就是一例,我们难道不应该将他们也计入死亡总数吗?

同样,我们难道不应该将那些战后自杀率上升反映的死亡事件计算在内吗?当然,许多事都能导致一个人最终决定结束自己的生命,可有些时候,种种迹象指向的是战争,甚至指向特定的时间和地点。以穿插在索姆河战役中被遗忘的弗罗梅勒之战为例,在1916年7月19日和20日之交那个失败的结局早已注定了的夜晚,超过2000名澳大利亚和英国士兵在对半地下混凝土地堡里可怕的德国机枪工事的进攻中死去。H. E. 艾利奥特(H. E. Elliott)准将在这之前就向黑格提出了抗议,他表示自己的部队被要求执行的是不可能完成的任务。战斗结束后,艾利奥特是流着泪与生还者握手的,回到办公桌后,他抱头痛哭。十五年以后,他在世界另一端的澳大利亚自杀了。

再比如那些营养不良的非洲脚夫,他们常年在雨林、沼泽和草原穿梭,运送伤员,一次搬运60磅重的食物和弹药,动辄还要遭受鞭笞的惩罚,对于和他们一样的人的死亡,各国政府却基本懒得进行统计。随着战局的变动,有些原本被强迫替一方工作的人后来还要为另一方搬运物资。遭受强迫的劳工总数超过了200万,他们的死亡人数估计能够达到40万[5],绝大部分是病死或累死的——比西线英军的死亡率要高得多。不但非洲的农民纷纷被征调去做脚夫,交战双方军队还对村民的粮食和牲畜展开掠夺，饥荒也由此蔓延开来。许多妇女儿童为了不被饿死，不得不靠吃草和树根为生。虽然他们的死亡不在统计当中，但在对有关数据的估算中，较低的结果也达到了几十万。[6]

战争还留下了满目疮痍。一战中，双方的军队在几百英里长的战线上对垒，撤退的时候，他们通常会将一切可能为敌人所用的东西摧毁，向水井投毒，破坏道路表面，锯倒基地的果树，向矿井中灌水，将房屋、农场和工厂炸成一片瓦砾。德国人离开后，法国北部面积达到马萨诸塞州两倍的土地——该国之前的工业心脏地带——化作了浓烟滚滚的废墟。单国土狭小的比利时就有超过70000栋房屋被彻底摧毁。在俄国和东欧的广袤大地上，同样的罪行绝大部分是俄国人在撤退时犯下的。

从战争的最后一个月开始，更加致命的灾难席卷了整个世界：一场死亡总人数达5000万或是更多的大流感。[7] 它的扩散与战争直接相关，因为，疫情首次暴发并引起人们注意的地点是一座位于堪萨斯的大型军营，时间则是1918年春。在随后的几个月，几百艘装载美国士兵的船只驶向欧洲，他们身上的病毒也被带了过去。布雷斯特是他们在法国的主要登陆港口，病毒也正是从这里迅速向外传播的。由于有几百万士兵待在运兵船、运兵列车和军队大型营地的狭小住宿空间内，不论身处营房、帐篷、防空壕还是人挤人的船舱，只需一天，病毒就能像击鼓传花一样，让几乎每个人染上疾病。

在大规模兵力调动的助推下，一波又一波疫情席卷全球。仅1918年一年，饥饿的德国就有大约400000人因流感而死。对流行病来说最为罕见的是，在这一次的流感面前，死伤最惨重的正是那些身体最好的人，他们的年龄在20到35岁之间，他们当中的许多人都是对自己能在战争中活下来深感庆幸的士兵。为了与疾病抗争，人体免疫系统会让病人的肺部产生泡沫状液体，虽然这些液体含有免疫抗体，但实际上，它们却经常使人自己溺死；健康年轻人的免疫系统最强大，因此，他们的死亡率也是最高的。1918年和1919年，交战双方的几十万年轻军人因病不治身亡，与受毒气攻击后的体征类似，他们先是脸色渐渐发青，随后，嘴巴与鼻子——有时还要加上耳朵和眼睛——向外渗血，最终会窒息而死。

监狱里的小伙子们同样住得拥挤不堪。虽然资料并不完整，不过，对分别于服刑期间、在替代役劳动营工作期间和出狱后不久死亡的73名英国拒服兵役者来说，流感可能是他们大部分人的真正杀手。

流感的受害者来自社会各阶层。战争中的大部分时间，爱德华·塞西尔都在埃及继续担任殖民地官员，停战一个月以后，流感夺取了他的生命。他的骨灰被葬在了哈特菲尔德庄园附近的家族墓地，与母亲和在和平时期担任过首相的父亲比邻。

大约两个月以后，另一位境况大不相同的人也成为流感的受害者。被劳合·乔治从狱中释放后，艾丽斯·惠尔登回到了德比郡，在车站时，身体由于绝食抗议虚弱不堪的她就连去站台都需要别人的帮助。尽管她的左翼同志们依然对她忠心耿耿，但邻居们排挤她，她的二手服装店也关张大吉了。虽然成功避免了牢狱之灾，他的女儿赫蒂还是丢掉了教师的工作。当西尔维娅·潘克赫斯特前来探访时，她看到的母女俩为了养活自己在一块租来的土地上种蔬菜和在过去商店的橱窗里栽种番茄秧苗。

1919年2月，艾丽斯·惠尔登死于流感。温妮——此时刚被释放——与赫蒂均因病情过重未能出席母亲的葬礼。德比郡一家报社的记者设法找到了没有对外公布的葬礼现场，并以此为标题写下了一篇报道："惠尔登夫人的葬礼；下葬时的惊人景象；对首相的冷嘲热讽。"

这位记者处处针对地写道，惠尔登"简陋异常的橡木棺材"下葬时"没有遵循任何基督教的仪式"，20名送葬者中无一人穿着黑衣。艾丽斯由于躲避征兵被捕入狱的儿子威利刚被释放，他甚至从口袋里掏出了一面迎着冬季的寒风飘荡的红旗铺在了母亲的棺材上。约翰·S.克拉克是报道中唯一提到的发言者，因为此时依旧在躲避警方的通缉，他的出现更显得戏剧性十足。他站在刚刚挖掘的坟墓留下的土堆上告诉众人，艾丽斯·惠尔登是"司法杀人"的受害者。"身居国家高位的劳合·乔治对这个默默无名的可怜家庭步步紧逼，他们先是被投入地牢，如今，又有人进了坟墓。"

在一片"听他讲，听他讲"的叫喊中，克拉克继续说道："惠尔登夫人是一名社会主义者。作为一位先知，她不关注宗教里的甜蜜来生，她只关注现世。目睹了穷人的贫苦和富人的奢侈，她表达了自己的抗议……如果惠尔登夫人可以讲话……她一定会告诉我们……只有比以往更加无畏地进行战斗，人人得到和平与快乐的光辉时代才会到来。"[8]

送葬的人群散去了。为了防止遭到破坏，这座坟墓没有被做任何标记。克拉克又回到了潜伏状态。第二年，赫蒂·惠尔登嫁给了一位来自工会的同志，后者曾经是她们家的反战小圈子的一员，他们后来生下了一个早产儿，可是没能活下来，没过几天，赫蒂自己也因阑尾破裂痛苦地死去了。为了开始新的生活，温妮和阿尔夫·梅森移居到了澳大利亚。威利·惠尔登未能重新回到战前的教师岗位上,他先是在乳制品店工作,然后又去到了德比郡的劳斯莱斯工厂,但因为在一场罢工期间积极参与工会活动遭到了解雇。

伴随着经济崩溃和战争刚刚结束背负的巨额公共负债,动荡的英国迎来了比以往更多的劳工运动。贝尔法斯特与克莱德河沿岸的工人们举行罢工,要求将战时的每周工作54小时缩减为40小时。1919年1月31日,骑警冲进了聚集在格拉斯哥圣乔治广场上的人群,造成约40人受伤。在后来由此引发的骚乱中,红旗曾被短暂地在市议会升起,令当局惊慌不已。在唐宁街10号,苏格兰事务大臣告诉米尔纳和他的同僚们,"将格拉斯哥的情形称为罢工是用词不当——那是一场布尔什维克起义"[9]。内阁迅速向当地派遣了8000人军队和6辆坦克,还在城市周围架设了机枪。

1919年初,英国的军队里甚至也出现了叛乱的星星之火。皇家海军巡逻舰"基尔布莱德"号上的水兵发生哗变并升起了红旗。3000名士兵来到福克斯通市政厅示威游行,并拆掉了火车站的一间候车室"军官专用"的标志。在法国加来港,分布在码头、港内列车、起重机和仓库岗位上的约4000名英军士兵举行了罢工。愤怒的黑格要对反叛者"处以极刑",不过,他的理智头脑阻止了这样的做法。红旗在其他一些军队抗议活动中的露面更加频繁,士兵们还探讨着要与俄国的同志相互支援,可是对他们来说,最大的不满其实来自想要回家的心情。随着军队陆续遣散,此类示威活动也渐渐消失了。

还有一群人同样对回家急不可耐:超过1000名仍在服刑的英国反战者。出于对自己的刑期比战争本身更长的愤怒,他们中有大约130人展开了绝食抗议。在呼吁将他们释放的形形色色的人中间，约翰·巴肯这个名字的出现显得有些出人意料。与自己小说中好斗、易怒的英雄人物不同，巴肯是个宽宏大量的人，战争刚一结束，他就起草了一份写给首相力主将拒服兵役者们释放的请愿书，其他许多知名人士也在上面签了字。"我们中的大多数人都由衷地相信，"请愿书上写道，"他们是出于良心的要求，依照深沉的道德或宗教信仰而行动的。"[10]

到1919年年中，这些拒服兵役者全部都恢复了自由。在接下来的岁月里，随着世人终于意识到了战争的代价，他们与其他曾经因信仰而入狱的人渐渐赢得了过去谴责他们的大众的极大尊敬。芬纳·布罗克韦和其他数人成为议员。在本顿维尔监狱服劳役的五年之后，记者 E. D. 莫雷尔成为工党在下议院的首席外交事务发言人。伯特兰·罗素在继续写作。战争结束几十年后，顶着一头上多下少、已经变白但浓密一如往昔的乱发，罗素身着礼服出现在了斯德哥尔摩，成为极少数凭借非虚构作品赢得诺贝尔文学奖的作家之一。一位名叫阿瑟·克里奇的工会成员曾以拒服兵役者的身份在狱中度过了两年半的时光。30年后，他成为内阁成员。尽管在战争期间并未入狱，工党的反战议员拉姆齐·麦克唐纳却一直处于警方的监视下，在和平集会上演讲时，他也曾屡次遭到投石攻击。愤怒的爱国者们甚至还通过投票将他逐出了高尔夫俱乐部。1924年，他成为首相。

劳工在1919年的激进反抗令全世界的许多国家受到了冲击，即便秩序井然的小国瑞士也未能幸免，爆发了全国总罢工。德国也经历了巨大的动荡，不过，在停战协定中，协约国故意允许德军保留了上千挺用来对付群体性事件的机枪。总是头戴硕大的帽子、手举太阳伞的罗莎·卢森堡依旧是右翼分子的眼中钉,在参与策划了一场失败的总罢工与起义后,她先是被军官殴打,随后遭到枪毙,尸体被扔进了一条运河中。革命从俄国蔓延到欧洲其他国家的希望破灭了。

成为英国共产党早期成员的威利·惠尔登就是曾经感受到了这样的希望的人之一。不过,他很快就开始和西欧几千名男男女女思考起了同一个问题:只有来到俄国,才能在一个革命了的社会中生活。1921 年,时年 21 岁的威利移民到了俄国,他坚信,如果想让约翰·S. 克拉克在母亲的葬礼上所说的"人人得到和平与快乐的光辉时代"成真,这个国家拥有最好的机会。他成为苏联公民,学习了俄语,定居在了伏尔加河畔的萨马拉,还在这座被布尔什维克改造为新工业中心的古老要塞城市娶了一位当地的女子为妻。前些年,他经常写信给姐姐温妮和姐夫阿尔夫。最后,他搬到了莫斯科,成为一名政府译员。从这时起,他们之间的通信就中断了。

另一边,爱尔兰人也希望创造一个与众不同的全新社会,那里的民族主义者正在为最终摆脱英国进行战斗。激进的爱尔兰共和军开始对英国军队和警察的营房发动攻击,约翰·弗伦奇的部队则进行了无情的反击。随后爆发的游击战充斥着伏击、暗杀和严刑拷打,双方共有 1000 多人死亡。戎马一生令弗伦奇看问题的角度无比狭窄,他以军事的眼光看待一切,解雇自己认为过于软弱的官员,还强烈要求建造布尔战争式的集中营。他还做出过如下提议[11]:将平民从部分爱尔兰共和军活跃区域集体迁出,从本土调来飞机,划定类似于半个世纪后在越南出现、后来被称为自由射击区的区域。1919 年 12 月,他在和保镖乘车经过都柏林的菲尼克斯公园时与死神擦肩而过,当时,现场爆发了枪战,爱尔兰共和军游击队向他的车投掷手榴弹,并从树篱后朝他开火。

更令他惊愕的是,姐姐也成为爱尔兰共和军的众多支持者中的一员。此时的二人似乎已经断绝了一切联系,在弗伦奇的授意下,来到爱尔兰访问的夏洛特·德斯帕德遭到了近距离跟踪。"尽管她自己并不知情,但这位可怜的女士身后没人跟着的时间从来不超过五分钟。"[12]科克郡的一名爱尔兰人告诉一位英国来的访问者。一次,德斯帕德正在同爱尔兰民族主义者莫德·冈妮一道对一群支持者发表演讲,弗伦奇的车队从旁边经过时停都没停便呼啸而去。为了收集关于英军暴力行径的证据,这两位女子还结伴在爱尔兰各地旅行。"和她在一起,我才得以有机会单独进入戒严区域内部进行走访。"[13]冈妮在信中告诉朋友。当她们在路障前被叫住时,"军官们脸上茫然的表情太有意思了……他们不断地拦住我们的车,每到这时,德斯帕德女士就说自己是总督的姐姐"。

与此同时,就像整个欧洲大陆被卷入其中的反拿破仑战争结束后发生的那样,意图瓜分战利品的各战胜国于1919年1月聚到了一起。由于协约国各国政府内部的众多分支机构都想在这场重塑世界的会议上派出自己的代表,谈判代表及其随行的秘书、厨师、男仆、翻译、信使、司机和卫兵的总人数飙升到了数千人——单是大英帝国代表团就有524人。经历了几次中断,巴黎和会开了一整年,在会上诞生的一系列条约和决议的助力下,接下来20年的历史走向得以确定,同时,它们也加速了波及范围更大、破坏力度更强的第二次世界大战的到来。为了解决国际争端,听上去无比崇高、实际却没什么作用的国际联盟成立了。胜利者到处重划边界,从芬兰到捷克斯洛伐克,他们承认了一系列令人眼花缭乱的从四分五裂的旧帝国废墟上诞生的新国家。德国被部分解除了武装,它的国土面积也缩小了大约百分之十;同时,它不但要负担高额赔款,还被羞辱性地要求正式承认犯下了发动战争的罪行。

地图的重新规划是全球性的。德国在太平洋和非洲的殖民地——后者部分地区拥有珍贵的金、铜和钻石矿藏——在胜利者中间进行了瓜分。奥斯曼土耳其遭到部分肢解,经过分配,其位于阿拉伯地区的众多领地大部分落入了法国和英国的控制之下。除了头戴黑色高帽、身穿晨礼服的志得意满的首相总理和披挂着绶带与肩章的将军,来到巴黎的还有那些要为各殖民地人民寻求公道的衣着更加粗陋的代表。毕竟,扣响战争扳机的不正是对小国比利时的入侵和占领吗?

这些来访者只是在徒劳地叩门罢了。协约国有关民族自决的外交辞令既不适用于在非洲或亚洲的殖民地,也不适用于已知拥有石油的阿拉伯地区。因为这些傲慢的殖民者出席,也难怪英国代表团的安全问题要由三头六臂的巴兹尔·汤姆森负责了,这一次,已经在英国和爱尔兰控制着几百名情报人员的他又多了二十四名在巴黎的手下。

由于米尔纳是英国代表团的一员——事实上,只要首相不在巴黎,代表团就由他负责,维奥莱特·塞西尔也在巴黎参与了和会的大部分议程。从喀麦隆和德属西南非洲,到被影响深远地拼凑成英国委任统治区伊拉克的三个前奥斯曼帝国省份,每一天,他在日记上记录的都是如何与其他代表对全球不同地区进行处置。

经过战争的黯淡岁月,一个再次站上重大政治事件令人向往的舞台中心的机会摆在了维奥莱特面前。她在布洛涅公园租下了一栋房子，和米尔纳一起在公园散步，拜访劳合·乔治与克列孟梭，并在春天赏玩了这座胜利之城：参观了香榭丽舍大街上一字排开的缴获的德军大炮；参加各种大使招待会；在接连不断的晚宴和舞会上周旋于外交官、将军和法国贵族之间；观看年轻的英国外交部职员业余排演的戏剧——这在战时曾被认为是不合时宜的。军乐队四处演出。克制而乏味的战争岁月已经过去了，妇女们掏出尘封已久的宝石、珍珠和鸵鸟羽毛将自己装扮一新。各大著名餐馆又恢复了战前的兴隆，看到下榻酒店各种各样的食物，忍饥挨饿的德国代表——有护卫保护他们免受面带嘲讽的法国爱国者攻击——惊掉了下巴。

当然，有一种内心的情绪是任何胜利庆祝都无法抹去的。对枝繁叶茂的塞西尔家族来说，这场战争尤为具有毁灭性。作为前首相，索尔兹伯里勋爵共有十个孙子，包括乔治·塞西尔在内，五人死在了前线。维奥莱特再次来到乔治的埋骨之地祭奠，可如今已是1919年，她再也不是唯一拜访墓地——和徒劳无功地寻人——的英国女性了。几千名英国、法国、美国和加拿大战死者的遗孀和母亲正徘徊在这块曾经的战区上。这些悲伤的人挤爆了旅馆，红十字会之前使用的医疗列车不得不被临时征用，为无处落脚的人提供住处。牧场里遍布着坏掉的坦克，从天主教堂到农民的房舍，一切都化作了废墟。沿着数百条乡间小路，欧式风格排成排的法国梧桐或杨树如今剩下的只有光秃的树干，树枝早已成了炮火的牺牲品。哀伤的妇女们心神不安地与正设法挽救自家密布坑洞的田地的法国村民混杂在一起，警察与士兵努力让所有人与尚未爆炸的炮弹保持距离。仍被羁押的德国战俘在清理瓦砾。

提起自己到索姆河战场寻找姐夫的坟墓时的见闻,塞西尔家族一位从战争中幸存的表亲这样写道:"地上到处都是被占领的战壕留下的寻常垃圾——罐头咸牛肉的罐子,饼干的罐子,饭做到一半留下的痕迹……一个箱子上放着一个有凹痕的白色脸盆,里面剩了一点肥皂水;剃须用具上沾满了土,一张简易桌子上全都是泥。上一顿饭剩下的东西还留在原地——马口铁罐装着的橘子果酱和一副生锈的刀叉。一双沾满污泥的靴子已经硬化了……我们能找到自己的朋友吗,或者,死者躺得是不是太密集了——十字架是不是太多了?"[14]

疲惫不堪地在国内与和谈现场往返了七次以后(其中一次回程时,他人生头一回坐上了飞机),1919 年 6 月 28 日——这天是萨拉热窝刺杀事件五周年,终于,代表英国,米尔纳成为在和平条约主要文件最后一页的红色饰带和蜡封旁边签下自己名字的五人之一。他与其他怀疑论者未能说服劳合·乔治降低对德条款的严厉程度。靠着高喊让德国为战争付出代价,这位首相在停战第二个月获得连任,相比之下,法国的克列孟梭的态度甚至还要更加激烈。有传言说,一生两次经历祖国遭到入侵的克列孟梭曾要求死后将自己以站姿埋葬,脸要朝向德国。两位领导人都成了四年半史上最猛烈的政治宣传火力的囚徒:巴肯,吉卜林,其他的许多人,再加上他们的法国同行,都曾为这股仇外洪流的形成贡献过力量。所有这一切,塑造了一批要求德国必须受到惩罚——而且是狠狠地惩罚——的大众。由此诞生的和平协议,外交家及历史学家乔治·F. 凯南多年后写道:"当中蕴含着的未来悲剧就像由魔鬼亲手写下的一样。"[15]

战争真的是由德国与此时已经灭亡了的奥匈帝国发动的也好，他们曾经对占领区实行过残酷压榨也好，《凡尔赛和约》的规定以后会变得软化也好，对德国人来说，这些统统无关紧要。协约国的颐指气使深深激怒了德国内各政治派别，令被迫接受条约的温和平民政权受到的支持遭到了削弱——这样的结果正中鲁登道夫和冯·兴登堡的下怀，也为希特勒的崛起创造了必要条件。就像几年后他在《我的奋斗》中写的那样："看看《凡尔赛和约》会起到什么作用……条约的字字句句都铭刻在了德国人民的心坎上，直到愤怒和耻辱感让6000万男女的灵魂深处燃起熊熊烈火；而这好似从熔炉喷薄而出的烈火，将锻造他们钢铁般的意志，所有人将发出共同的呐喊：'我们一定会重新武装！'"[16]

据说，伍德罗·威尔逊曾经说过，为一战画上休止符所做出的努力将终结一切战争[17]，可在现实到无情的米尔纳口中，《凡尔赛条约》却是一纸"终结了和平的和约"[18]。

20世纪另一个大型集权主义体系也从战争的灰烬中发迹了。俄国内战于1920年结束，一起走到尽头的还有协约国军队支持反革命势力的企图。布尔什维克开始称自己为共产党员，很快，再也没有其他政党被允许在这个于1922年成为苏维埃社会主义共和国联盟的国度存在。

如果说，这一时期像威利·惠尔登一样的部分英国左翼分子将苏联视为了全世界最大的希望，那伯特兰·罗素就是那个看法截然相反的人。1920年，他在访问了苏联后对这个国家感到失望。

西尔维娅·潘克赫斯特也在1920年访问了俄国，同样与列宁进行过会面的她却对后者的印象截然相反，认为后者"勃勃的生机、十足的干劲和满满的朝气是任何人都无法比拟的"[19]。以完全乐观的眼光看待这个国家的她设法说服自己相信，在这个光荣的新社会里，"俄国人民几乎已经忘记了酒精的存在"[20]。此时也在俄国的约翰·S.克拉克同样被列宁迷住了，凭借自己在马戏团掌握的动物知识，他还治愈了领袖病因不明的宠物狗。

最终，西方其他许多渴望在现实中体验西尔维娅曾经勾绘的人人享受和平与富足的"黄金年代"的左翼分子，也在苏联找到了自己的乐园。夏洛特·德斯帕德在1930年访问了苏联，斯大林的统治此时已根深蒂固。一切都让她觉得好极了：饮食水平高，儿童享有特权，教育开明，孤儿院条件一流，法院明智而仁慈。在苏联的监狱，她宣称，最严厉的惩罚"由犯人的自设法庭下达，内容是禁止进入俱乐部活动室一个月"[21]。

值得指出的是，约翰·S.克拉克很快便与这份迷恋渐行渐远，西尔维娅的转身甚至还要更快，公开发出异议呼声的她在1921年就被开除出了英国共产党。不过，将苏联视为饱受战争蹂躏的资本主义欧洲光芒四射的替代选项的左翼分子们对前者依旧怀着深切的渴望。苏联成立后的头十五年里，成千上万怀着梦想的信徒从全世界移民而来。

到了20世纪30年代中期的"大清洗"时，在斯大林的命令下，一波又一波人遭到抓捕，成千上万人或被投入死刑地牢，或被流放至不断扩张的偏远的古拉格。操弄着古老的仇外情绪的秘密警察总是以某人是为外国卖命的间谍或破坏分子为借口实施逮捕，这样一来，许多到俄国定居的外国人便面临着特别高的风险。他们中的数千人消失得无影无踪。[22]直到苏联在20

世纪90年代初解体以后,记载他们中大多数人命运的政府档案才被开放。在档案披露的遇难者中,有一个人在1937年10月5日遭到逮捕,同年圣诞节遭到枪毙,他的名字叫威利·惠尔登。[23]

23 假想中的墓地

帕丁顿,圣詹姆斯教堂,婚礼没有提前通知,只有少量宾客来到了现场。尽管新娘已人到中年,可她那双宽眼距的深色眸子依然能唤醒人们对她年轻时代闻名遐迩的美貌的记忆。与几个朋友吃过午饭后,夫妇二人乘火车悄悄离开了伦敦。普罗旺斯饱经风霜的石头遗址记录着罗马帝国的过去,在这里,他们度过了两周的蜜月假期,或驾车,或步行,邂逅了当年留下的竞技场和引水渠,直到此时,英国报纸才后知后觉地发现了当时最伟大的帝国缔造者之一的秘密婚礼。1921 年 2 月,在他们初次相遇的二十年后,阿尔弗雷德·米尔纳终于和维奥莱特·塞西尔步入了婚姻殿堂。

这一年,他 66 岁,她 49 岁。长久以来,他们之间的情侣关系人尽皆知,由于爱德华·塞西尔已经去世足够长的时间,米尔纳勋爵和夫人最终得到了上至国王和王后在内的所有人的正式承认。与注重传统婚姻形式的时代接近尾声如出一辙的是,米尔纳和他的新婚妻子抱着笃定信念的帝国也迎来了黄昏。这个丘吉尔口中"从不幻想"的男人,如今正面临着自己的最大幻想的死灭。

米尔纳在战争结束后的第一个月成为殖民地大臣,记录帝国逐步走向解体的详细材料每天都会出现在他的办公桌上。在不到十年前乔治五世国王和玛丽王后才被庄严宣布就任皇帝和皇后的印度,莫罕达斯·甘地正在宣扬不合作主义作为反抗英国统治的武器；1919年，一位易怒的将军命令士兵在一场于阿姆利则举行的抗议集会上开火，根据官方的——很可能缩水了的——统计数字，379人死亡，至少1200人受伤。对印度民族主义者来说，这场屠杀成为催化剂；尽管取得独立还要再等将近三十多年，但经过阿姆利则的事件后，独立本身已毋庸置疑。当年晚些时候，由于埃及出现了危机，米尔纳被派到开罗与难以驾驭的民族主义者进行协商。("困难之处在于，"他向劳合·乔治报告说，"如何令埃及与英国的关系比它实际能达到的程度看起来更独立，更有尊严。"[1]）爱尔兰独立——他曾在1914年与其进行过激烈斗争——的危机此时也在逼近，血腥程度亦不遑多让。在他与维奥莱特成婚的第二年，米尔纳的朋友、曾与他一起在1917年前往俄国的陆军元帅亨利·威尔逊爵士在伦敦的自家门口遭到爱尔兰激进分子的刺杀。米尔纳匆匆赶到现场安慰他的遗孀。

颇为矛盾的是，正是这场米尔纳为其胜利贡献过力量的战争为他的另外一个幻想敲响了丧钟：成立拥有共同议会和内阁的"英语国家联盟"。在一次战争期间的自治领总理会议上被提出后，他的想法令人尴尬地遭到了冷遇。在他的想象中，加拿大和澳大利亚一直是这样一个联盟中的两块主要基石，然而，两国政府却无一对此表现出分毫兴趣。事实证明，战争惊人的杀戮在塑造加拿大人和澳大利亚人与英国人完全不同的国族认同上起到了出乎意料的重要作用。对两国来说，战争最苦涩、最无法抹去的记忆是几十万本国子弟在无能的英国将军的指挥下，在帕斯尚尔和加里波利等地遭受的牺牲。战争结束后，各自治领在政治道路上变得越发分化，大英帝国于1931年成为不列颠联邦（British Commonwealth of Nations），到了1949年，最终剩下的则只有"联邦"了。①

像米尔纳、吉卜林和巴肯一样的帝国主义忠诚信徒,曾对超过一百万来自英国殖民地的士兵在战争中为帝国战斗的行为称赞有加。然而,这样的经历只是提高了他们的期望值:他们常常与军饷比自己高得多的白人士兵并肩作战,他们在欧洲看到的是一个只有独立国家、没有殖民地的大陆。没有哪支部队受到的影响比印度部队的更深刻。"在这里,女士们照顾负伤的我们就像母亲照顾孩子一样,"一位身处英国的锡克士兵给在旁遮普的父亲写信说,"……她们会将我们装上汽车,带我们在城市兜风。当我们四点钟从医院里出来时,城里的女士们会给我们水果。"[2] 英国护士为印度伤兵倒便盆的行为令他感动并十分震惊。另一位寄宿在一个法国家庭的印度士兵同样震惊地发现,法国妇女会"满足我们的需求,帮我们整理床铺,还和我们在同一张桌子上吃饭"[3]。这样的经历促进了英国殖民当局长久以来努力阻止的东西的生长:人人平等的思想。

战争经历同样令来自另一块英国殖民地的士兵大开眼界。停战一个月后,在被命令清洗白人士兵的厕所且军饷未能像白人一样得到提升后,数百名英属西印度群岛士兵在意大利塔兰托的一座军营发生了哗变。一人在战斗中死亡,60 人被投入监狱,还有一人被执行了死刑。哗变发生两星期后,在一间军士的食堂里,60 名西印度群岛士兵召开了首次政治集会。会上,来自不同的英属岛屿的黑人士兵就如何团结一致为自己争取权利进行了探讨。"不论我们做什么,"第二年,一位忧心忡忡的政府官员在一份秘密备忘录中写道,"都无法改变一个事实,黑

---

① 1949 年后,英联邦的正式名称变更为 Commonwealth of Nations,不过出于习惯,中文一般沿袭"英联邦"这一称呼。——译者注

人已经开始拥有了这样的思考和感受：自己和白人同样优秀。"[4]

在英属洪都拉斯首都伯利兹，针对自己在故土受到的二等公民的待遇，归乡的老兵们发起了一波又一波骚乱。当局宣布进入戒严。"西印度群岛黑人的参战，"该殖民地总督在一封被标记为"机密"的公文中告诉米尔纳，"引发了他们对欧洲人……巨大而危险的敌意。"[5]办公桌被类似报告淹没了的米尔纳请求皇家海军出借装甲巡洋舰"德文郡号"以做"英国西印度军团出动期间维持牙买加秩序之用"[6]，他还提醒后者，自己也许还会需要第二艘战舰。

1921年，米尔纳从内阁退休。三年后，他携妻子出海前往南非，到这个自己为帝国赢得过胜利与二人坠入情网的地方旅行。整场旅行成为一场怀旧之旅，他们大量走访布尔战争遗址，南非政府还向要前往金伯利的二人提供了一辆私人列车。然而在南非逗留期间，米尔纳据说在被采采蝇叮咬后感染了昏睡症。回到英国后，他的健康状况急剧恶化，为了不对他造成打扰，维奥莱特曾要求自家庄园临近村庄的教堂钟声保持静默。1925年5月12日，米尔纳当选为牛津大学荣誉校长。他于第二年去世，享年71岁。

比米尔纳多活了33年的维奥莱特一直保持着"帝国淑女俱乐部"的会员身份，并继续结交诸如第二次世界大战期间在伦敦担任记者的哥伦比亚广播公司播音员爱德华·R. 默罗之类有权有势的后生。在搞不清楚状况的吉卜林看来，维奥莱特一直在极端保守的《国家评论》做编辑的哥哥于1929年患病后，这份杂志成为"由她编辑的杂志"[7]。维奥莱特经手每期杂志的出刊,还在社论中对国际联盟、印度独立的可能性与英军疏于防备之类的议题展开猛烈抨击。"永远不要忘记,首相,"一次,她告诉前来与自己共进午餐的斯坦利·鲍德温,"我们的边境在莱茵河。"

她与吉卜林经常互相拜访,后者有时会大声向她朗读自己的作品。成为帝国军人墓地管理委员会的成员后,吉卜林为纪念碑撰写碑文,到远至埃及和耶路撒冷的军人公墓祭拜,依旧沉浸在丧子之痛中的他也因此得以慰藉。他和妻子曾在按照他们推算的约翰·吉卜林忌日当天到卢斯附近的白垩坑森林祭奠。吉卜林对大英帝国正受到蚕食的现象极为不满,还曾为在阿姆利则屠杀过印度人的将军捐款。"我恨你们这代人,"他曾对一位年轻得多的男子叫喊道,"因为你们打算放弃一切。"[8]

然而,在他人生的这个阶段,吉卜林却写出了完全丧失了他一贯的沙文主义思想的《园丁》。在这篇小说里,一位悲伤的妇女来到法国寻找他的"侄子",实际上是她的私生子的墓地。故事的最后,一位友善的墓地园丁——她不知道的是,此人是复活的耶稣——看着她,眼中含着"无限的同情"和宽恕。

"跟我来吧,"他说,"我来带你去你儿子的埋骨之地。"

然而,吉卜林一家却没有这样的指路人。吉卜林于1936年去世,他的遗孀卡丽也在三年后死去,他们至死也没有找到约翰的长眠之地。1992年,一直持续对遗骸身份进行鉴定的英国政府认定他们最终找到了约翰的遗骨,并竖立了一块刻有其名字的墓碑。不过,几名军事史学家[9]令人信服地指出,鉴定结果是错误的,约翰·吉卜林依旧是大英帝国在1914~1918年死去的超过四十万安息之地不明的人中的一员。

其他的当事人也一个接一个地退场了。约翰·巴肯在战后的作品中出现过一两次对战争质疑的简短暗示；例如他曾表示，因为荷马对战争的美化，他再也无法忍受阅读这位诗人的作品了。然而，与自己的朋友吉卜林不同的是，他的某些想法至少随着时间推移发生了变化：他对作为战争替代解决方案的国际联盟寄予厚望，并最终接受了印度自治的理念。1940年，他在担任加拿大总督的虚职期间逝世，一艘英国驱逐舰将他的骨灰运回了祖国。他的许多小说直到今天还在大西洋两岸继续印刷，见证了惊心动魄的故事情节、勇敢的英雄挫败邪恶阴谋和一个永远仁爱的大英帝国的吸引力。

这个帝国缓慢的分解过程持续了一个世纪，爱尔兰则是一切的起点。随着当地的游击战争愈发激烈，英国内阁终于明白，只有爱尔兰以某种形式获得独立，这样的局面才能得以终结，而性情反复无常的约翰·弗伦奇完全不是进行此类对话的合适人选。弗伦奇的总督职务于1921年4月被解除，经过谈判，两国达成一项协议①，根据协议规定，英国将保留海军基地和其他某些特权，北部的六个新教徒占多数的郡将继续作为联合王国的一部分，与此同时，岛上剩余地区成为爱尔兰自由邦，其在名义上仍属于帝国的一部分，但实质上则是一个自治的国家。

正如弗伦奇被解除西线总司令时得到了作为安抚手段的子爵头衔一样，这一次，他的解职也伴随着一项伯爵头衔。他和威妮弗雷德·本内特一起悄悄前往法国南部度假。他依旧坚信自己在本质上是个爱尔兰人，已经在当地拥有一座乡村别墅的

---

① Anglo-Irish Treaty，《英爱条约》。——译者注

他又非常奢侈地购买了第二座。不过，同往常一样，这样的购买行为让弗伦奇陷入了资金紧张状态，而他还欠着姐姐一笔钱，这笔钱是他在与姐姐联系时后者借给他的。几年时间里，他一直忙于在退伍军人协会发表演讲与向公众回忆战争，他的小胡子如今也变白了。1925年，他坐在一张窗边的病床上向聚集在外面的老兵回以军礼后不久，癌症终结了他的生命。黑格在弗伦奇的葬礼上成为护柩者中的一员，如果他泉下有知，想必会气得够呛。

在弟弟最后几个月的生命中，夏洛特·德斯帕德一直期待能与他和解。她几次给"我最亲爱的杰克"写去充满深情的信，有一次还来到了后者正在接受治疗的医院，但没有被获准与他见面[10]——授意来自他本人还是医生，我们不得而知。她与弗伦奇长期受到忽视的妻子保持着良好关系，不过，对埃莉诺拉·弗伦奇和她的孩子们来说，他们既无法理解德斯帕德的政治理念，也无法理解她将司机唤作"汤姆同志"的行为。在德斯帕德的一生当中，从来没有什么目标算得上过于激进。一位朋友曾经写道："我只要向德斯帕德夫人发一封电报说，'明天中午我将袭击巴特西市政厅，'她就会出现在那，不会问为什么。"[11]

尽管与弟弟之间存在种种分歧，可二人怀有一个共同的不可思议的信念：德斯帕德同样坚信自己在本质上是个爱尔兰人。"我必须要去爱尔兰，"她曾告诉一群聚集在一起为她庆祝生日的支持者，"这是来自血统的呼唤。"[12] 1921年，她永久定居在了那里。

第二年，针对其领导人是否在独立谈判中对英国做出了太多妥协，爱尔兰自由邦爆发了激烈的内战。直到付出了几千人死亡的代价后，这场同族相煎的战争才得以终结，不过，许多最为激进的民族主义者在爱尔兰共和军内部组成了毫不妥协的地下小集团继续活动，决意实现爱尔兰南北统一及发动社会主义革命。毫无疑问，德斯帕德也是他们当中的一员。她在都柏林北部购买了一座维多利亚时代的大宅子，在逃的爱尔兰共和军军人有时会在这里寻求庇护或存放武器。虽然不时会对这里展开突击搜查，但警方总是会小心不去找德高望重的德斯帕德的麻烦。她依旧在爱尔兰、英国和欧洲大陆举办的大型政治集会上发表演说，身上迎风飘动的黑色披肩头纱一如往昔。她于1939年去世，享年95岁。

战争期间被投入监狱的拒服兵役者中没有几个是战前就服过刑的，亲眼见证过后，狱中的情景令他们深感震惊。战争结束后不久，斯蒂芬·霍布豪斯开始组织对全国监狱进行全面调查。斯蒂芬的身体累垮后，芬纳·布罗克韦加入了他的行列，并帮助完成了《当代英国监狱》的写作。1922年出版后，这本735页的书成为监狱改革进程中公认的里程碑式著作，它还为终结臭名昭著的噤声条令做出了贡献。霍布豪斯生活简朴，可对自己继承来的财富感到罪恶，他把余生都花在了有关神秘主义和贵格会历史的写作上，后来，他于1961年去世，享年79岁。作为堂姐，埃米琳的信仰曾经促进了霍布豪斯自我信仰的形成，停战后，她致力于为德国和奥地利的饥饿群众获取救灾物资。她于1926年去世。

随着当局对战时激进分子的偏执情绪逐渐退烧，约翰·S.克拉克终于得以从地下浮出水面。从1929年起，他开始了数年的独立工党下院议员生涯，在这期间，他成功地阻止了一项意欲对马戏团实行严格管制的法案的通过。当同僚们抗议马戏团训练动物十分残忍时,克拉克向他们保证,情况并非如此——并邀请他们与自己一起进入关狮子和老虎的笼子里,以向他们进行示范。无人响应他的提议。晚年时期,他在格拉斯哥市议会做议员,还会定期重新登台表演。他曾经是这个国家最年轻的驯狮人;如今,他成了最老的那一个。

在那些将职业生涯建立在保卫英国当局对抗反战激进分子——例如像克拉克、布罗克韦和霍布豪斯,以及虚构的阴谋家——例如惠尔登一家——威胁的事业上的人中,没有谁比在1919年成为巴兹尔爵士的巴兹尔·汤姆森经历的大起大落更为剧烈。两年后,他和内政大臣发生了争吵并辞去了公职,不过,他在美国开启了一次成功的巡回演讲,并接连不断地写作了《我的苏格兰场生涯》和其他相同题材的书籍,继续吸引着公众的眼球。然而,他在1925年遭遇了一场令人尴尬的打击,一天晚上,由于"行为违背公共礼仪"[13],他在海德公园遭到了逮捕,当时和他一起的还有一名女子,后者自称名叫特尔玛·德·拉瓦。法庭上,汤姆森进行了愤怒的抗议,他说,自己"正在写一本关于伦敦西区犯罪情况的书,因此不得不到海德公园收集数据……我刚一进入公园,就有一位女士和我搭讪……她说自己缺钱,为了拿出几个先令给她,我就解开了外套的扣子"。汤姆森的律师尝试的是不同的路线,他声称自己的委托人进入公园是为了"追查一个据称是共产主义者的人的一些信息,此人能在那里被找到"[14]。尽管对他的惩罚只是5英镑的罚款,可根据一则新闻的描述,"整个审判期间,旁听的人群挤满了法庭,他们兴高采烈的喊叫声不得不靠强力手段才得以平息"。[15]听众当中是否存在任何曾被汤姆森在战争期间兢兢业业地盯梢过的人，我们不得而知。

当然，在公众心中，这场战争最具代表性的人物还是陆军元帅道格拉斯·黑格爵士。停战后，怀着得意却又有些阴沉的心情，他率领部队进入德国，占领了莱茵河西岸。当受邀到伦敦参加一场由劳合·乔治向法国的福煦元帅致敬的典礼时，他有些生气地发现，"我被安排在了第五顺位的马车里，我觉得这样的侮辱已经超出了我能忍受的范围"[16]。他选择拒绝出席。然而，荣誉没过多久便纷至沓来：一项伯爵爵位，各种勋章，议会颁发的十万英镑奖金，政府还发起了一次成功的公众募资活动，为他买下了黑格家族的先祖在苏格兰特威德河附近居住过的贝默西德庄园。

虽然黑格在战争结束时的心态已足够开放，可以让他接受军事科技的新发展，然而，随着不久之后从军队退役，他的头脑似乎又再次变得封闭起来。"现如今，某些（现代科技的）热衷人士预言……飞机、坦克和汽车将在未来战争中取代马匹，"[17]他在战争结束的六年后写道，"我相信，马匹的价值和它们在未来拥有的机会依旧是巨大的……飞机和坦克……只是人和马匹的附属品罢了。"

与调兵遣将相比，争名夺利时的黑格要得心应手得多，一切都是为了确保一件事：人们会在未来铭记的，不是那个在1916~1917年发动过灾难性攻势的自己，而是为国家赢得了战争胜利的自己。他假惺惺地宣称自己"懒得对战争史有关问题做出回答"[18]，实际却截然相反。他把记录战争的多卷本《官方历史》的筹备工作与其他的史书和回忆录当作了自己的新战场，并在这里大获全胜。自说自话的日记、书信、公文和其他各种文档就是他的武器，这些都被他交给了信得过的拥护者，其中就包括《官方历史》的主笔。黑格对自己的声誉可能会在死后遭到攻讦一事心知肚明,他甚至还精心策划了未来对自己的批评做出的反击,他动员两位将军写下了一本捍卫自己的长篇备忘录,这本备忘录被保存在大英博物馆,1940年发布。

充斥着敢于直言的工会会员——他们曾在1926年发动总罢工——而令政府难以驾驭的战后英国社会令黑格非常忧虑,但在访问意大利期间,法西斯独裁者贝尼托·墨索里尼给他留下了深刻的印象:"我认为他是个非常友善的人。毫无疑问,他已经为这个国家做了许多好事。他的观点是,人人都是国家的仆人,必须老老实实地为国家服务。如果有人做不到这一点,他就要受到惩罚。此时此刻,我们需要国内出现这样的人物。"[19] 奇怪的是,这位曾经指挥过千军万马的陆军元帅甚至连一个秘书也不用,每一封来信都由自己亲手回信。1928年,黑格因心脏病突发去世,人们在威斯敏斯特教堂为他精心准备了一场国葬。也就是同一年,骑兵的长矛正式从英国陆军的战斗武器序列中退役。

1928年的伦敦还举行了另外一场葬礼。这一次,送葬的队伍同样排着整齐的队形,但卫兵和军队的风笛手不见了,取而代之的是清一色的妇女。她们衣服的颜色也不是猩红色和卡其色,而是紫色、白色和绿色;一些人像展示荣誉徽章一样展示着监狱囚服的箭头标志。当她们跟随棺木来到墓地时,气氛有些紧张,因为,一名哀悼者挑衅似的单独站在了一旁。

棺材里是埃米琳·潘克赫斯特的尸体。超过10000名她的追随者聚集在坟边,她的女儿克里丝特布尔被围在中间,眼睛由于哭泣而变得通红。当然,那位离群的哀悼者正是在过去十五年间与母亲疏远的西尔维娅。还有一个人也来到了墓地，他的降生扩大了母女间的隔阂，埃米琳的支持者们说，正是他对埃米琳造成的打击加速了她的死亡：一个西尔维娅在婚外生下的六个月大的男婴。对于婴儿的父亲、正与西尔维娅同居的西尔维奥·科里奥，埃米琳的心中只有鄙视。作为一名皈依伊斯兰教的意大利激进分子，他在这之前已经有了两个非婚生子女。

从社会主义者，到扔石头的妇女参政论者，到坚定支持战争的爱国者，再到俄国妇女营的狂热支持者，埃米琳·潘克赫斯特的一生就是一场从一个极端到另一个极端的狂野旅程。不过，她的个性当中始终贯穿着一条主线：恪守维多利亚时代的性道德意识。当在报纸上读到支持"法外婚姻"的西尔维娅生下孩子的消息时，她哭了一整天，并不停地说："我再也不能在公共场合发言了。"[20] 从此以后，她真的再未公开发表过任何演讲。

尽管一直忠于母亲，但克里丝特布尔·潘克赫斯特却也在人生道路上来了一个对这个家庭来说十分常见的急转弯。这个强硬女子曾经鼓动妇女参政论者打碎政府办公室的窗户，后来又对英国的敌人严加谴责，怀着同样的热忱，如今，她将余生投入到了宣扬基督再临的事业中。最终，她定居在了作为众多救世主运动发源地的南加利福尼亚。母亲的葬礼结束后，她和西尔维娅再也没有见过一面，她于1958年在圣莫尼卡去世。

自从1914年被放逐到澳大利亚，阿德拉·潘克赫斯特就再未回到过英国。从她对战争采取强硬的反对态度时起，埃米琳就切断了和她的联系，并力劝澳大利亚总理对她进行谴责。阿德拉成为澳大利亚共产党的创始人，她的立场后来转为右倾，创建了帝国妇女协会的支部，最终，她在二战期间因同情日本遭到拘禁。她和丈夫将他们的狗起名为阿道夫和贝尼托，日本的两个欧洲盟友领袖的名字。去世前一年，她成为一名罗马天主教徒，完成了信仰的最后一次转变。

在潘克赫斯特家的全体女性中，对家人们迷恋的死板而又五花八门的信仰体系，西尔维娅是摆脱得最为彻底的一个——起码在一段时间内是如此。她在战后继续编辑《妇女无畏报》，聘用了英国首位黑人记者，还刊登印度作家的作品。面对不断加强并在后来为种族隔离制度奠定基础的南非种族歧视政策，她是少数敢于发声反对的人之一。她在一本1922年出版的小册子中极具先见之明地预言道，世界各大国将在20世纪后半段为石油展开斗争。战后前往意大利的一次旅行期间，她目睹了墨索里尼手下暴徒们的行动，随后便开始了对法西斯主义的公开抨击，在当时的英国，几乎还没有人认真对待过这一问题。

1935年，法西斯意大利入侵了埃塞俄比亚，作为后者的元首，海尔·塞拉西一世徒劳地呼吁国际联盟提供帮助。从这时起，西尔维娅拥有了一项自己余生为之奔走的事业。她和情夫科里奥开始出版《新时代与埃塞俄比亚新闻》，报道意大利人在埃塞俄比亚的暴行，谴责纳粹党的崛起。当自己的国家成为墨索里尼的受害者之时，海尔·塞拉西得到了其他许多进步人士和知识分子的广泛支持。然而，依靠二战期间同盟国的帮助回归帝位之后，他却再次变成了一个靠着各种正式头衔——征服犹大支派的雄狮，王中之王，神之选民——凸显自己的绝对权力的统治者。这一切并没能阻挡西尔维娅再次成为一个典型的潘克赫斯特式信徒的脚步。"那双令人无法抗拒的眼睛里，"她写道，"燃烧着这位永不言败的英雄的不灭圣火。"[21] 74岁那年，她搬到了埃塞俄比亚，继续用文字为这位皇帝唱赞歌。他奖励过她各式各样的勋章，而她则是少数被赐予无须在离开皇帝身边时鞠躬和退身特权的人之一。1960 年，西尔维娅在亚的斯亚贝巴去世。

随着阿德拉在第二年遭遇致命的心脏病，潘克赫斯特姐妹中的最后一人离开了人世。三个女儿和她们的母亲仿佛是被离心力分开一般：四人各自在不同的大陆上走完了一生。

停战协定签订后的数月时间里，几百万退伍军人离开了英国陆军，阿尔伯特·罗切斯特也是他们中的一员。回到威尔特郡以后，他继续在大西部铁路公司做信号员，并重新开始为本地报纸写作。此时对战争深感失望的他开始赞颂那些曾经进过监狱的拒服兵役者。在报纸和讲台上，他不断地回溯那段最令人痛苦的战时记忆：在1917 年 1 月的那个寒冷刺骨的黎明见证三名英国士兵遭到处决。20 世纪 20 年代初，他与一位在狱中度过了战争大部分时间的反征兵协会创建者联合起来，敦促官方对这次行刑展开调查。陆军部断然拒绝了他们的要求。罗切斯特对下令扼杀这三名工人阶级兄弟生命的将军们的愤怒与他作为桀骜不驯的工会激进分子时的立场一脉相承。乘火车与骑摩托车在国内旅行时，只要有人质疑他讲的故事，他都会主动提出带领对方看看三人没有记号的坟墓所在的位置。1926 年，他在一次小手术后因败血症突然死亡，殁年 44 岁。

最近数十年里，对军队死刑判决的争论重新浮出水面，并成为一场关于怎样铭记整场战争这一话题的奇特的代理人式的论战。第一次世界大战中英军已知的 346 宗死刑判决——扣除了几十起因谋杀、强奸和其他非战斗相关犯罪而判处的死刑——只不过是在那个死刑被认为理所当然的年代维持军纪的必要手段吗？还是说，这些都是拒绝承认堑壕战能把人逼疯的顽固将军们的杰作？是否因为整场战争本身便已如此疯狂，于是因怯懦、逃跑或是丢掉武器等原因拒绝参战而被处死的士兵成为不幸的牺牲品——即便他们不是英雄？

1990 年，一个名叫"黎明枪声"的公民团体开始要求对这些被处决者进行死后赦免；兰斯中士约瑟夫·斯通斯与准下士彼得·戈金斯的亲属也是其中的成员，罗切斯特曾亲眼看见二人遭到枪毙的过程。战争期间的处刑成为六本书、几部电视纪录片、至少两部戏剧、一本童书、一座雕像纪念碑和一首歌——布里斯托一支摇滚乐队推出的《逃兵》——的主题。英国和爱尔兰的地方报纸对来自本地社区的案例展开报道，各地的主教、市议会、工会以及爱尔兰政府都加入到了要求赦免的行列中。每一年，"黎明枪声"的成员都会参加 11 月在伦敦的阵亡将士纪念碑举行的纪念仪式，并会戴上象征别在被定罪的士兵心脏位置给行刑队做靶子用的白色手帕或是信封的徽章。最终，包括罗切斯特见证死亡的三人在内，英国政府在 2006 年对一战中超过 300 名被处决的士兵给予了全体赦免。

赦免也许平息了公众对死刑判决的争吵，但就如何对这场战争进行评价，一场更大的争论还在进行当中。战争造成的骇人死亡令人心碎，但为了阻止德国占领整个欧洲，一切都是值得的，真的是这样吗？抑或，战争毫无意义，就是一场不论怎么看都在令世界变得更糟的野蛮大屠杀？没有任何地方的争论比英国更激烈，原因在于，英国在 1914 年时并未受到攻击，不像法国和比利时，在是否参战的问题上，英国的选择余地要大得多。

战争结束不到十年，它就已经被许多人当成了一场毫无必要的悲剧,至少对英国来说,这场悲剧本来是可以避免的。电影里,小说中,舞台上,在今天,这场战争通常会被描绘成一场彻底的灾难,一场双方浪费人命,以古代帝国的方式自私地觊觎对方的领土和殖民地的灾难。1998年,曾在战争期间大肆鼓吹沙文主义的《每日快报》刊登了一则呼吁,提出应将黑格的骑马塑像从它位于伦敦白厅的醒目位置上移除。

然而在最近几十年里,许多英国军事史学家[22]站在了黑格一边,他们的看法令人出乎意料的同时却也缺乏说服力。这位陆军元帅的崇拜者们甚至还设立了"道格拉斯·黑格协会",每年举办一场纪念他的演讲,在英国,他们的观点已经成为学术界的新正统。他们在大量书籍和文章中提出,尽管黑格存在缺点,可对于牵制德军1918年初发动的突袭、扭转局势并赢得战争,他的贡献比任何人都大。更重要的是,这些历史学家坚称,这场战争必须要赢:德国破坏了比利时的中立,如果不进行抵抗,一个侵略性十足的军国主义德国和他的盟友早就占领了整个欧洲了。

这样的观点回应起来很容易:源于一战的第二次世界大战还是导致德国侵占了几乎整个欧洲——而且,纳粹执行的杀戮计划还要比德皇威廉二世的残忍得多得多。这场阻止了德国人在1914年占领欧洲的战争事实上令1939年爆发的另一场战争成为必然。

尽管此类关于这场战争价值的争论常常都会变成左右政治派别之间的争吵,出生于苏格兰的保守派历史学家尼尔·弗格森在当代发出了强有力的声音,认为英国本该置身事外且这场战争造成的损失是"我国人民不得不忍受的事中最糟糕的一件"[23]。他指出,德皇发动战争的主要目标之一是建立一个全欧的关税联盟，德国就其规模而言，应占主导地位"。他挑衅性地问道，这和今天的欧洲联盟又有什么区别呢？1914年的德国的确是侵略者，可是，德国在当时占领法国——这样的事在1870~1871年就曾发生过一次——真的是灾难性的吗？弗格森认为，不论这样的局面导致了怎样的暴行或是势力均衡的改变，与战争中的死亡和其造成的灾难性后果相比——首当其冲便是纳粹主义的崛起，它根本不值一提。

对这一观点而言，我们可以发现另外一层意义，那就是这场发生于1914~1918年的战争同样留下了更加广泛的遗产。例如，双方政府展开了空前的大规模政治宣传行动，虚假地鼓吹各自在战场上的辉煌胜利，并且毫无限制地夸大对方的残忍行为。而这一系列行为引发了人们在战后的严重的犬儒主义——这种玩世不恭的情绪在多年后甚至令许多人起初视对纳粹集中营的早期报道为宣传战。更重要的，战争在许多方面摧毁了绝大多数欧洲人所能容忍的道德底线。对军事优势的狂热追求，令国际协议和长久以来士兵和平民间的区别统统化为乌有：双方都不惜发动了化学战争、德国人用鱼雷攻击中立船只、英国人企图靠封锁饿死德国人——这份清单能一直拉下去。这些底线一旦被打破，便永远地消失了。铁丝网围住的德国集中营里是从法国、比利时和苏联强征来的劳工，而纳粹将以更大的规模和更残忍的手段复制这种集中营。土耳其人对亚美尼亚人的种族灭绝则将在欧洲犹太人身上以更大的规模重演。毒气攻击也像是后来美国在南越全境广泛喷洒脱叶剂的一种预演，这种毒物在当地造成了令人毛骨悚然的大量新生儿缺陷症。德国对英法两国城市不分青红皂白地接连轰炸也将被二战中的交战双方复制，造成更加巨大的死亡。而一切杀戮都在广岛和长崎原子弹爆炸中达到了顶峰。那位 1917 年意外出现的贵族异见人士——兰斯当勋爵的观点完全正确，他预见了这场战争无法挽回地释放出了"纯粹以毁灭为目的对科学的滥用"。

如果没有第一次世界大战，我们能够发明出这种种为人们带来痛苦、恐惧和死亡的手段吗？或许是可以的，因为数千年里，人类一直都在不停地发明互相杀戮的新方法。可是，这场战争的规模和交战国为发动全面战争动员经济的行为极大地加速了这一领域的发展，还留下了一个决心复仇的德国。这场战争和缺乏考虑的和平安排最有害的遗产是难以想象的恐怖。如果我们能够变戏法似地回到 20 世纪一开始并抹掉一个——且只能一个——事件，那毫无疑问，被抹掉的不正该是这场 1914 年爆发的战争吗？

伊普尔，一个温暖、晴朗的日子，这片土地看上去一片祥和。小镇外，一个农民坐在他的拖拉机上说，对，参观者当然可以进入埋在他的土地下的七座被半埋在地下的英军地堡中的任何一座里去看看，它们圆形的混凝土屋顶还带着波纹铁凸起的痕迹。如今，它们成了一群咩咩待哺的小山羊的家，它们冲出来，被靠近的脚步声吓到。几英里外，一座德军战壕得到了精心的修复，篱笆牢固地支撑着侧面，底部铺设了道板，沙袋沿着护墙放了一圈。附近的小村庄帕斯尚尔，它的名字曾经是大规模死亡的同义词，如今到处都是在路边的咖啡馆聊天的老者，带演奏台的绿树成荫的城镇广场、背着皮质书包正要回家的学童和售卖比利时巧克力的商店。空气有一股割草后散发出的味道。每条路都铺设得很好，每条街都很干净，每一座红色屋顶的住宅窗边的花盆箱里的鲜艳花朵都被照料得很好，很难想象，这同一座乡村曾被淹没在血与火之中，这同一片蓝天曾充斥着能置人于死地的金属弹片和伤员们的尖叫，这同一股微风曾裹挟着腐烂尸体无处不在的恶臭。

在重建的德军战壕里，金属格栅挡住了两处通往地下的竖井入口。以前，它们通向部分地下战场：英军和德军挖掘的几百英里长的地道，有时向下挖掘穿过正在腐烂的尸体，以便能够在对方战壕底部埋设地雷，或者安排带着听诊器的哨兵偷听对方的挖掘进度。有时候，坑道工兵们会偶然挖到敌人的地道里，随后，他们会在这幽闭阴森的通道中用手枪、匕首、锄头和铲子展开搏斗。在伊普尔附近的索雷尔高地之下的一条地道里，今天的研究人员在支撑木上发现了射出的子弹留下的痕迹，它们是在一次被加拿大第二隧道连所记录下来的地下战斗期间形成的。在法国的维米岭地下的另外一处地道，他们发现了8000磅炸药，装在橡胶袋子里未能在1917年引爆。之前没有爆炸的巨大的英军地雷在1955年被闪电击中所引爆。地道在伊普尔附近是如此常见，以至于每隔一段时间，当有重型拖拉机或收割机从此地经过时，就会因为某个腐朽的支撑木倒塌而突然下落五到十英尺。

这些一派祥和的农场地下铺着一层密布铁锈的土壤：弹夹、皮带扣、头盔、水壶、香烟罐，用于在毒气攻击来临时发警报的铃铛，铁丝网，固定铁丝网用的带螺纹的金属桩，弹片和弹壳，枪托烂掉的步枪，还有偶尔会出现的整个被泥浆包裹着的大炮残骸。犁耙把他们全都挖了出来；人们每年仍然能在法国和比利时的田地里收集到大约50万磅第一次世界大战时的碎片。沿着原来的西线，各地的人们继续从土里挖出尸骨：2009年，人们在法国发掘出了250名英国和澳大利亚士兵的尸体。

这片穿过法国北部和比利时一角的狭长地带，是这个世界上年轻人的坟墓最集中的地方。白色墓碑或十字架一英里接着一英里地整齐排列，交相延伸至山丘上，再铺满平缓的山谷，尖碑、纪念柱和大一些的神龛圆顶点缀其中。从比利时梅森战役的新西兰阵亡将士纪念碑，到法国索姆河战场上的南非国家纪念碑，再到安放塞内加尔士兵或中国劳工遗骨的规模更小的墓园，它们在这片土地上星罗棋布，提醒着后世，当年，曾有人跋涉万里而至，只为前来送死。即便是那些被安葬在有铭文坟墓下的"幸运儿"有时也要被埋葬两次，只因战争的前一两年修建的公墓被后来战斗中的炮火所炸毁。今天，仅英国军队阵亡士兵的公墓在法国和比利时境内就超过2000座，由近500名园丁照料着。

然而，在西线旅行的这一周，我只发现了一座纪念物[24]，它不是为了纪念厮杀和死亡存在，而是为了纪念所有雁过留声的人。离伊普尔镇几英里远的地方，在一座砖石结构的谷仓对面，跨过一条单车道的村路，有个用结实的木梁做的齐胸高、熏得漆黑的十字架。它的旁边有棵矮小的盆栽冷杉树，夏风吹得它东倒西歪；因为是棵圣诞树，它的上面依旧挂着三颗银球作为装饰，这个土制的十字架就那么矗立着，它并不出自任何国家的官方墓地管理机构之手，纪念着交战双方参与了1914年圣诞节停战的士兵们。当年，双方在无主之地上举办的足球比赛中据说有一场就是在这附近举行的。这个大十字架周围是十来个大概只有一英尺高的小号木质十字架，它们在伊普尔的战场观光客商店里轻易可得，每个都印着英文"为了纪念……"的字样。顾客买来后，可以在上面写下要纪念的烈士的名字。不过，其中一个小十字架上供填写人名的空白处写着的却是

"你们所有人",再往上,写着的则是"想象"几个字。

因此,如果我们想象有另外一座公墓,里面的所有人都对战争的疯狂有了足够清晰的认识从而拒绝参与其中,只是在那个圣诞节当天也好,坚持的时间更长也罢,里面都会有谁的坟墓?这将肯定是座国际化的公墓,尤金·V. 德布斯会在里面,由于反战,他在美国进了监狱,其他出狱了的人也会在里面,像是德国的罗莎·卢森堡、卡尔·李卜克内西和英国的 E. D. 莫雷尔。里面还会有很多士兵,有 1917 年哗变的法军士兵,有几百万乃至更多同年离开前线长途跋涉回到家乡的村庄的俄国士兵,还有在战争最后阶段在舰上的锅炉房放火并拒绝出海的德国水兵。

如西尔维娅·潘克赫斯特,这个虚构的公墓里几乎没有谁能算得上拥有良好判断力的圣徒或是完人,但就这场战争而言,即便是另一个像夏洛特·德斯帕德一样对一切都充满热情的人,做出的选择也比后者的弟弟和那些在他的命令下顺从地走向死亡的士兵更好。认为自己能单枪匹马在柏林开启和平对话的埃米莉·霍布豪斯的想法也许实在有些不切实际,可其他人则是连试都没有试过。基尔·哈迪肯定也会出现在这座公墓里,尽管在战争爆发前就遭到了谋杀,但他的朋友让·饶勒斯也一样会现身其中,清晰地预见到战争将会留下一个破碎的世界的伯特兰·罗素也一样。斯蒂芬·霍布豪斯和其他超过 6000 名入狱的英国拒服兵役者也会在这里出现,出于敬意,我们应该特别留给那些戴着手铐被送到法国,即便面临死亡威胁也没有放弃自己原则的人一块风水宝地。

公墓的主人不会是那些自信会赢得斗争的家伙,而是那些往往提前知道了失败的结局的人,但他们觉得值得一搏,因为它为那些有朝一日有机会赢得胜利的人树立典范。"我知道抗议是自己该做的事情，不论抗议可能会是多么的徒劳，"罗素在几十年后写道，"我觉得，为了人性的荣誉，那些没有失去心智的人应该出来证明自己的立场有多坚定。"[25]他们的确彰显了坚定的立场和对人性最大的敬意。他们不能在1914~1918年赢得斗争，但这斗争却在继续，一直持续到了今天，并将会始终不断地进行下去。狱中的艾丽斯·惠尔登相信"世界就是我的国"，令人心痛的是，即便这场本该终结一切战争的战争结束后又过去了一个充满腥风血雨的世纪，我们距离地球上大多数人能够拥有产生此等觉悟的智慧的那天依旧非常遥远。

注　释

　　我在此列出主要引用源，并在可能的情况下，标示了每处引用的最原始出处。我将英国国家档案馆的官方文件根据文件编号进行了排列。完整的各部门字母代码可在英国国家档案馆网站上找到；在本注释中最常见的有 HO，国内办公室；WO，战争办公室；FO，外国办公室；CAB，内阁文件；以及 AIR，空军部，出于未知的行政方面原因，军事情报部门在战争后期对英国平民进行监视的记录存放在此。当我由于无法找到某份文件并不得不依赖二手信息来源时，我同样会做出说明。不过，即便最可靠的学者有时也会给出不完整的元数据。当我无法在其他地方查出引用的来源时，我不会使用像"Smith to ?, n. d., n. s., 引自 Jones, p. 38,"之类笨拙的表达，而是会直接写成"引自 Jones, p. 38"的形式。

　　作为印数最多的版本，由加里·谢菲尔德和约翰·伯恩编辑的道格拉斯·黑格的战时日记与书信集收录了黑格这一时期四分之一多一点的日记。当一处日记引用在以上书籍中找不到时，说明我引用了别的作者，通常此人会是黑格的传记作家，杰拉德·德·格鲁特，他引用了日记的全本，后者目前存放于苏格兰国家图书馆。在统计数据方面，我会仰仗那些我觉得在展现这场战争的概况方面对我最有帮助的书籍，例如特雷弗·威尔逊、休·斯特罗恩、约翰·基根、大卫·史蒂芬森和安东尼·利夫希等人的作品，我已将他们列在了参考文献之中。不过，具体到某场战役的伤亡人数或是部队进军的英里数与码数时，这些专家的说法有时会与《英国正史》系列丛书中所给出的数字有出入。战争很难那么精确。并不存在某场战役结束之后下场战役紧接着开始的准确时间，某块土地当时到底是被哪支部队占领有时也讲不清楚。英国人和德国人各自统计伤亡的方式稍有不同，这与伤员能够以什么样的速度回到现役有关，同时，在一部分德军行动与大量俄军行动中，伤亡情况只有估算数字而已。举例来说历史学家们仍在就德军在索姆河战役中遭受了多大伤亡进行争论。尽管我们对英军在帕斯尚尔的伤亡有粗略统计，《英国正史》则这样说道："找出精确的伤亡数字是不可能的"。（这种说法真假难辨；一心维护黑格声誉的《英国正史》作者们曾严重夸大过德军伤亡数字。）考虑到1918年大流感受害者的存在，当年的战争死亡人数总是不清不楚。当不同的可靠信息源给出互相矛盾的统计数字时，我基本上会采用最谨慎的那一个，正因为如此，当我说到某场战役造成至少20000人伤亡时，这通常意味着一些别的信息源给出了更大的数字。我对引文中出现的某些逗号和破折号悄悄做了调整，但没有对文本和省略做出任何改动。

序言　针锋相对的梦想

[1] Boris Sergievsky, *Airplanes, Women, and Song: Memoirs of a Fighter Ace, Test Pilot, and Adventurer* (Syracuse, NY: Syracuse University Press, 1999), pp. 21 – 101.

[2] Whalen, p. 41.

[3] Tuchman I, p. xiii.

[4] David Omissi, *The Sepoy and the Raj: The Indian Army, 1860 – 1940* (London: Macmillan, 1944), pp. 117 – 118, quoted in Keegan I, p. 197.

[5] Gilbert, p. 82.

[6] *Mind's Eye: Essays* (Manchester, NH: Ayer, 1977), p. 38.

[7] Alexpander Nemser, "Low Truths," *New Republic*, 30 July 2008.

[8] Alan Bullock, *Hitler: A Study in Tyranny* (New York: Harper & Row, 1962), p. 88.

[9] Pearce, p. 169. 学者们过去采用较小的数字，但皮斯认真计算从而弄清了为何之前数据被低估，更精确的数字仍无法确定。

[10] Travers, p. 158.

1　姐弟

[1] Morris 2, p. 31.

[2] Marlowe, p. 5.

[3] *New York Times*, 24 June 1897.

[4] *Times*, 23 June 1897.

[5] A. G. Gardiner, *Prophets, Priests and Kings* (London: Alston Rivers, 1908), p. 229.
[6] Chauncey Depew to Lord Rosebery, 1894, quoted in Tuchman, p. 23.
[7] Morris 2, p. 408.
[8] French to Buller, 15 July 1902, John French, p. 95.
[9] Farwell 1, p. 27.
[10] N. p., quoted in Ellis 1, p. 105.
[11] Farwell 1, p. 134.
[12] "In the Days of My Youth," Charlotte Despard Papers, Public Record Office of Northern Ireland, Belfast, p. 4.
[13] Linklater, p. 23.
[14] "In the Days of My Youth," pp. 11-12.
[15] Charles Booth, *Life and Labour of the People of London*, vol. 5 (London: Macmillan, 1902), p. 153.
[16] Mulvihill, p. 58.
[17] Linklater, p. 89.
[18] Gerald French, pp. 44-45.
[19] Despard 2, p. 17.

2 没有幻想的男人

[1] Churchill 2, p. 87.
[2] Churchill 2, p. 98.
[3] Haig to Henrietta Jameson, 17 February 1898, quoted in De Groot 1, p. 56.
[4] Haig 2, p. 4.
[5] Ellis 1, p. 86.
[6] Farwell 1, p. 117.
[7] Ellis 1, p. 102.
[8] Farwell 2, p. 27.
[9] Winston Churchill, *London to Ladysmith and Ian Hamilton's March* (London: Eyre&Spottiswoode, 1962), p. 123. 丘吉尔在布尔战争期间为《晨报》撰写的关于米尔纳的文章中第一次使用这种表述。

[10] Buchan 3, p. 98.

[11] Marlowe, pp. 38 – 39.

[12] 23 January 1898, quoted in Pakenham 1, p. 34.

[13] Gilmour, p. 140.

[14] Gollin, p. 33.

[15] Johannes S. Marais, *The Fall of Kruger's Republic* (Oxford: Clarendon Press, 1961), p. 330.

[16] Milner to Selborne, 24 May 1899, quoted in Marlowe, p. 68.

[17] Gilmour, p. 78.

[18] "Rudyard Kipling," in George Orwell, *A Collection of Essays* (New York: Doubleday, 1954), p. 126.

[19] Lansdowne to Chamberlain, 10 October 1899, quoted in Pakenham 2, p. 567.

[20] James 1, p. 434.

[21] Judd and Surridge, p. 147.

[22] 黑格认为是2500英镑。见 De Groot 4, p. 50n12。传记作家们对于借款是否归还意见不一。

[23] Anonymous officer, quoted in German General Staff, p. 147.

[24] L. S. Amery, ed., *The Times History of the War in South Arica, 1899 – 1902*, vol. 3 (London: St. Dunstan's House, 1905), pp. 394 – 395.

[25] Haig to Lonsdale Hale, 2 March 1900, quoted in De Groot 1, p. 80.

[26] German General Staff, p. 147.

[27] Rice, p. xvi.

[28] "The Captive," in *Traffics and Discoveries* (New York: Scribner's, 1904), p. 30.

3 一位牧师的女儿

[1] Cecil, pp. 152 – 153.

[2] Georgina, Marchioness of Salisbury, to Eleanor, Viscountess Cecil, quoted in Cecil, p. 69.

[3] Cecil, p. 80.

[4] Cecil, p. 116.

[5] Cecil, p. 126
[6] Violet Milner, p. 138.
[7] Annie Hanbury-Williams to Violet Cecil, in Cecil, p. 160.
[8] Cecil, p. 159.
[9] Linklater, p. 96.
[10] Farwell 2, p. 315.
[11] Cecil, p. 175.
[12] Milner to Bagot, 21 November 1900, quoted in Jacqueline Beaumont, "The *Times* at War, 1899 – 1902," in Lowry, p. 83n39.
[13] Milner to Haldane, 1 July 1901, quoted in Kaminski, p. 99.
[14] Emily Hobhouse to Mary Hobhouse, 8 January 1901, Van Reenen, p. 37.
[15] Emily Hobhouse, *The Brunt of the War and Where It Fell* (London: Methuen, 1902), p. 72.
[16] Figures compiled by Transvaal government archivist P. L. A. Goldman, cited in Roberts, p. 252, and Morgan, p. 68.
[17] Emily Hobhouse to Mary Hobhouse, 31 January 1901, Van Reenen, pp. 54 – 55.
[18] Emily Hobhouse to Mary Hobhouse, 26 January 1901, Van Reenen, p. 49.
[19] Milner to Chamberlain, 7 December 1901, quoted in Krebs, p. 52.
[20] Balme, p. 183.
[21] Milner to Kitchener, 7 June 1901, quoted in Pakenham 1, p. 511.
[22] Hobhouse to the Committee of the Distress Fund, n. d., Van Reene, p. 148.
[23] Roberts, p. 224.
[24] Hobhouse to Milner, 1 November 1901, Van Reenen, p. 151.
[25] Farwell 2. p. 444.
[26] Cecil Headlam, ed., *The Milner Paper*, vol. 2 (London: Cassell, 1933), p. 467, quoted in Adam Smith, pp. 123 – 124.
[27] *Blackwood's Magazine*, 1902, quoted in Adam Smith, p. 122.
[28] Adam Smith, p. 117.

[29] Adam Smith, p. 118.

[30] Cassar, p. 32.

[31] Esher to Knollys, 16 January 1904, in "French, John Denton Pinkstone," *Oxford Dictionary of National Biography* (online), accessed 9 March 2010.

[32] French to Sir Charles Boxall, 20 October 1901, quoted in Holmes, p. 117.

4 圣战勇士

[1] French to Winifred Bennett, 19 March 1915, quoted in De Groot 1, p. 138.

[2] Haig 3, pp. 223 – 224.

[3] Ellis 1, p. 56.

[4] Denis Winter, p. 33.

[5] Douglas Haig, *Cavalry Studies: Strategical and Tactical* (London: Hugh Rees, 1907), pp. 8 – 9.

[6] *Women's Franchise*, 11 July 1907.

[7] Mulvihill, p. 73.

[8] *Daily Mirror*, quoted in Linklater, pp. 113 – 114.

[9] HO 144/847/149245.

[10] Linklater, p. 114.

[11] Despard 1, p. 6.

[12] *Women's Franchise*, 11 July 1907.

[13] Emmeline Pankhurst, p. 28.

[14] Ethel Smyth, *Female Pipings in Eden* (Edinburgh: Peter Davies, 1933), pp. 194 – 195, quoted in Purvis 1, p. 100.

[15] E. Sylvia Pankhurst 4, p. 221.

[16] Helen Grawfurd, quoted in Winslow, p. 13.

[17] *Standard*, 27 May 1913, quoted in Purvis 1, p. 221.

[18] Emmeline Pankhurst, pp. 264 – 265.

[19] Kipling to Mrs Humphry Ward, 2 February 1912, Kipling Collection, Dalhousie University.

[20] Rupert Grayson, *Voyage Not Completed* (London: Macmillan, 1969), quoted in Holt, p. 104.
[21] Kipling to John Kipling, 6 October 1908, Kipling 2, p. 73.
[22] Kipling to John Kipling, 18 May 1908, Kipling 2, p. 59.
[23] Gilmour, p. 198.
[24] Cecil, p. 180.
[25] John Buchan, *A Lodge in the Wilderness* (Edinburgh: Blackwood, 1906), p. 28.
[26] "The Islanders," 1902.
[27] Roberts, p. 252.
[28] Cecil, pp. 181 - 182.
[29] Cecil, p. 220.
[30] Purvis 2, p. 159.

5　挖矿男孩

[1] Hardie, pp. 1 - 2.
[2] Hardie, p. 2.
[3] Benn, p. 259.
[4] Benn, p. 22.
[5] Countess of Oxford and Asquith, ed., *Myself When Young: By Famous Women of To-Day* (London: Frederick Muller, 1938), p. 262.
[6] Tuchman 1, p. 421.
[7] Hope Hay Hewison, *Hedge of Wild Almonds: South Africa, the Pro-Boers and the Quaker Conscience, 1890 - 1910* (London: Currey, 1989), p. 340, quoted in Lowry, p. 17.
[8] *Labour Leader*, February 1906, quoted in Benn, pp. 211 - 212.
[9] Benn, p. 203.
[10] John Bruce Glasier, *James Kei Hardie: A Memorial* (Manchester, UK: National Labour Press, 1915), p. 24, quoted in Benn, p. 189.
[11] Benn, p. 161.
[12] E. Sylvia Pankhurst 4, p. 217.
[13] Keir Hardie to John Bruce Glasier, 22 October 1903, quoted in Benn,

p. 182.

[14] Glasier to his sister, Lizzie, 29 Sepetember, 1903, quoted in Benn, p. 181.

[15] Notebook entry, 1918, quoted in Romero, p. 118.

[16] E. Sylvia Pankhurst Papers, Reel 1.

[17] Hardie to Pankhurst, n. d., Pankhurst Paper, Reel 1.

[18] Hardie to Pankhurst, 10 March (?) 1911, Pankhurst Papers, Reel 1.

[19] Interview with Fenner Brockway, quoted in Benn, p. 238.

[20] E. Sylvia Pankhurst 4, p. 320.

[21] Sylvia Pankhurst to Emmeline Pankhurst, 18 March 1913, quoted in Winslow, p. 44.

[22] Fromkin, p. 94.

[23] Valentine Chirol, *Fifty Years in a Changing World* (New York: Harcourt, 1928), p. 274, quoted in Tuchman 1, pp. 417 - 418.

6　前夜

[1] *Times*, 2 January 1912.

[2] *Times*, 6 January 1912.

[3] 11, 14 December 1911, Haig 3, pp. 303, 304.

[4] Marguerite Poland, *The Boy in You: A Biography of St Andrew's College, 1855 - 2005* (Simon's Town, South Africa: Fernwood Press, 2008), p. 165. 我由衷感谢弗朗西斯·威尔逊教授告诉我这条引文。

[5] Fischer, p. 25.

[6] Joll, p. 151.

[7] *L'Humanité*, quoted in Haupt, pp. 113 - 114.

[8] Remy de Gourmont, quoted in Tuchman I, p. 421.

[9] Interview with Fenner Brockway, quoted in Benn, p. 315.

[10] Fromkin, p. 31.

[11] Esher to Huguet, General A. Huguet, *Britain and the War: A French Indictment* (London: Cassell, 1928), p. 18, quoted in Tuchman I, p. 54.

[12] "Linesman," 24 October 1912. Quoted in Glenn R. Wilkinson, "'The

Blessings of War': The Depiction of Military Force in Edwardian Newspapers," *Journal of Contemporary History* 33: 1 (January 1998), p. 103.

[13] Stephen E. Koss, *Lord Haldane: Scapegoat for Liberalism* (New York: Columbia University Press, 1969), p. 66, quoted in Gilmour, p. 205.

[14] Kipling to Dunsterville, c. 1911, quoted in Gilmour, p. 207.

[15] "The City of Brass," 1909.

[16] Thomson 2, p. 298.

[17] Sitwell, p. 137.

[18] *Standard*, 25 February 1913, cited in Purvis I, p. 210.

[19] James Pope-Hennessy, *Queen Mary, 1867 – 1953* (New York: Knopf, 1960), p. 465.

[20] *Daily Herald*, 10 June 1913, quoted in Purvis I, p. 222.

[21] Report of William Hestet [?], 15 October 1913, HO 144/1558/234191.

[22] Despard 2, pp. 12 – 13.

[23] Linklater, p. 126.

[24] Emmeline Pethick-Lawrence, quoted in Mulvihill, p. 74.

[25] Lytton and Wharton, chap. 6.

[26] Despard Diary, 25 March 1914, Public Record Office of Northern Ireland.

[27] Gilbert, p. 18.

[28] Memorandum to committee of the British League for the Support of Ulster, 16 January 1914, quoted in Marlowe, p. 224.

[29] 11 March 1914, quoted in Gollin, p. 186.

[30] Kipling to Mrs. Guthrie, 16 November 1901, quoted in Gilmour, p. 242.

[31] Marlowe, p. 235 n19.

[32] Fromkin, p. 184.

7 奇异之光

[1] Gilbert, p. 9.

[2] Fischer, p. 33.
[3] Gilbert. p. 40.
[4] Fischer, p. 103f.
[5] Sir Mark Sykes, quoted in Fromkin, p. 140.
[6] Tuchman 2, p. 106.
[7] Von Moltke to von der Goltz, June 1915, quoted in Fromkin, p. 305.
[8] Baron von Eckhardstein, *Lebenserinnerungen*, Vol. 3, *Die Isolierung Deutschlands* (Liepzig, 1921), p. 184, quoted in Tuchman 2, p. 27.
[9] Fromkin, p. 166.
[10] Churchill 1, pp. 94 – 95.
[11] Michael and Eleanor Brock, eds., *H. H. Asquith: Letters to Venetia Stanley* (Oxford: Oxford University Press, 1985), pp. 122 – 123, quoted in Fromkin, p. 188.
[12] *War 1914: Punishing the Serbs* (London: His Majesty's Stationery Office, 1919), p. 74, quoted in Fromkin, p. 216.
[13] Fromkin, p. 218.
[14] Serge Sverbeev to St. Petersburg, 29 July 1914, quoted in Albertini, vol. 2, p. 499.
[15] Fromkin, p. 231.
[16] Suffragette, 19 June 1914.
[17] Tuchman 1, p. 421.
[18] Tuchman 1, p. 460.
[19] Telegram, Nicholas II to George V, *Times*, 5 August 1914.
[20] Stefan Zweig, *The World of Yesterday* (Alcester, UK: Read Books, 2006), p. 173.
[21] "Reflections of a Nonpolitical Nonpolitical Man" (1917), quoted in Tuchman 2, p. 311.
[22] Carsten, p. 18.
[23] R. J. W. Evans and Hartmut Pogge von Strandmann, eds., *The Coming of the First World War* (Oxford: Clarendon Press, 2001), p. 120.
[24] *Manchester Guardian*, 3 August 1914.
[25] *Manchester Guardian*, 3 August 1914.

[26] Benn, p. 324.
[27] *Times*, 20 September 1914.
[28] Carsten, p. 17.
[29] Tuchman 1, p. 462.
[30] Paul Deschanel, quoted in Tuchman 1, p. 462.
[31] 4 August 1914, quoted in Kramer, p. 183.
[32] *Rheinische Zeitung*, 5 August 1914, quoted in Kramer, p. 244.
[33] Tuchman 1, p. 462.
[34] Weintraub, p. 70.
[35] Waugh, p. 93.
[36] Hobhouse to Smuts, 8 August 1914, quoted in Kaminski, p. 287.
[37] A. Mor-O'Brien, ed., *The Autobiography of Edmund Stonelake* (Mid-Glamorgan Education Committee, 1981), p. 157, quoted in Benn, p. 326.
[38] E. Sylvia Pankhurst 1, p. 34.
[39] Emrys Hughes, quoted in Benn, p. 326.
[40] Cecil, p. 236.
[41] Cecil, p. 239.

8 "好似泳者跃入无瑕的新天地"

[1] *Suffragette*, 7 August 1914（这期的出版延后了）, quoted in Mitchell, p. 247。
[2] Mulvihill, p. 110.
[3] Fenner Brockway, quoted in Benn, p. 329.
[4] *Labour Leader*, 13 August 1914, quoted in Boulton, pp. 44–45.
[5] John Bruce Glasier, *James Keir Hardie: A Memorial* (Manchester, UK: National Labour Press, 1915), p. 66, quoted in Benn, p. 332.
[6] "Peace," *1914 and Other Poems* (London: Sidgwick and Jackson, 1918), p. 11.
[7] Kramer, p. 163.
[8] Tuchman 2, p. 119.
[9] Tuchman 2, p. 38.

[10] Kenneth Godsell Diary, quoted in Richard Holmes, "The Last Hurrah: Cavalry on the Western Front, August-September 1914," in Cecil and Liddle, p. 280.

[11] Macdonald 1, p. 62.

[12] French to Kitchener, 15 November 1914, quoted in Holmes, pp. 202–203.

[13] Haig 1, 11 August 1914, p. 56.

[14] John French, p. 144, 14 August 1914.

[15] French to Kitchener, 21 August 1914, quoted in Cassar, p. 104.

[16] John French, p. 145, 15 August 1914.

[17] French Diary, 20 August 1914, quoted in Holmes, p. 211.

[18] Cecil, p. 241.

[19] Cecil, p. 243.

[20] E. Sylvia Pankhurst 1, p. 66.

[21] E. Sylvia Pankhurst 1, p. 66; see also *Times*, 9 September 1914.

[22] E. Sylvia Pankhurst 1, p. 66.

[23] E. Sylvia Pankhurst 1, p. 66.

[24] Published in *Jus Suffragii*, 1 January 1915, quoted in Purvis 1, p. 272.

[25] Linklater, p. 177.

[26] Purvis 1, p. 272.

[27] E. Sylvia Pankhurst 1, p. 67.

[28] Despard Diary, 8 August 1914, Public Record Office of Northern Ireland, Belfast.

[29] Sir Henry Wilson Diary, 3 September 1914, quoted in Trevor Wilson, p. 44.

[30] French Diary, 28 August 1914, quoted in Holmes, pp. 226–227.

[31] John French, p. 148, 29 August 1914.

[32] Lt. E. L. Spears, quoted in Macdonald 1, p. 90. 斯皮尔斯是附近法军的联络官。

[33] Trumpeter J. Naylor, 3rd Division, Royal Field Artillery, quoted in Macdonald 1, p. 116.

[34] Despard Diary, 10 September 1914.

[35] Collette Malleson to Russell, 2 October 1916, quoted in Ronald W. Clark, p. 308.
[36] Malleson in Ralph Schoenman, ed., *Bertrand Russell: Philosopher of the Century* (Boston: Little, Brown, 1967), p. 20, quoted in Ronald W. Clark, p. 329.
[37] Russell 1, pp. 6–7.
[38] Russell 2, pp. 13–14.
[39] Russell to Lucy Donnelly, 22 August 1914, quoted in Vellacott, p. 10.
[40] Bertrand Russell, "Some Psychological Difficulties of Pacifism in Wartime," in Julian Bell, p. 329.

9 "正义之神将守望战斗"

[1] 这个商人是我的父亲，当时任美国金属公司的经理。Harold K. Hochschild to George F. Kennan, 2 January 1964。
[2] Alan Clark, p. 22.
[3] A. G. Gardiner, *The War Lords* (London: Dent, 1915), p. 133.
[4] Stone, p. 169.
[5] Alfred Knox, *With the Russian Army, 1914–1917: Being Chiefly Extracts from the Diary of Military Attaché*, vol. 1 (London: Hutchinson, 1921), p. 74.
[6] Rutherford, p. 59.
[7] Ernest Shackleton, *South: The Story of Shackleton's Last Expedition, 1914–1917* (New York: Macmillan, 1920), p. xv.
[8] Trevor Wilson, p. 111.
[9] *Times*, 24 November 1914.
[10] Kipling to Dunsterville, 24 February 1915, Pinney, vol. 4, p. 287.
[11] Cecil, p. 254.
[12] Macdonald 1, p. 266.
[13] Cecil, p. 245.
[14] Cecil, p. 245.
[15] Violet Cecil to Col. R. G. Gordon Gilmour, 1 October 1914, quoted in Craster, p. 63.

[16] Holt, p. 63.

[17] Kipling to Andrew Macphail, 5 October 1914, quoted in Cecil, p. 246.

[18] Cecil, p. 248.

[19] French to George V, 2 October 1914, quoted in Holmes, p. 241.

[20] French to Kitchener, 21 October 1914, quoted in Holmes, p. 246.

[21] Sir Henry Wilson Diary, 10 December 1914, quoted in Cassar, p. 187.

[22] M. Kranzberg and C. W. Pursell, eds., *Technology in Western Civilisation* (New York: Oxford University Press, 1967), p. 499, quoted in Ellis 1, p. 54.

[23] E. Alexander Powell, quoted in Gilbert, p. 67.

[24] "Grenfell, Julian Henry Francis," in *Oxford Dictionary of National Biography* (online), accessed 9 March 2010.

[25] French to Winifred Bennett, 5 March 1915, quoted in Holmes, p. 277.

[26] French to Kitchener, 14 May 1915, quoted in Holmes, p. 289.

[27] General Sir Horace Smith-Dorrien, quoted in Holmes, p. 380 n51.

[28] Cecil, p. 251.

[29] Cecil, p. 251.

[30] Cecil, p. 252.

[31] George Lansbury, *Sixty-four, Ninety-four*, quoted in Caroline Playne, *Society at War, 1914 – 1916* (Boston: Houghton Mifflin, 1931), p. 58.

[32] Vorwärts, January 1915, quoted in Brown and Seaton, p. 90.

[33] Anonymous, *Times*, 2 January 1915.

[34] 虽然没有休战期间举行比赛的照片，Brown and Seaton（pp. 142 – 147）认为，各种各样的证据表明，当时确实有足球比赛。

[35] Brown and Seaton, p. 145.

[36] Weintraub, p. 71.

[37] Field-Marshal Viscount French of Ypres, 1914 (Boston: Houghton Mifflin, 1919), quoted in Brown and Seaton, p. 166.

[38] *Merthyr Pioneer*, 9 January 1915.

10　这不是战争

[1]　Field-Marshal Viscount French of Ypres, 1914 (Boston: Houghton

Mifflin, 1919), p. 301.
[2] Blunden, pp. 11, 49.
[3] Macdonald 2, p. 19.
[4] Macdonald 2, p. 29.
[5] *Times*, 23 January 1915.
[6] French Diary, 8 March 1915, quoted in Holmes, p. 274.
[7] Macdonald 2, p. 102.
[8] John French, *The Despatches of Lord French* (London: Chapman & Hall, 1917), p. 23, quoted in Holmes, p. 272.
[9] Haig 1, 11 April 1915, pp. 114 – 115.
[10] *Minneapolits Daily News*, 30 March 1915, quoted in Purvis 1, p. 274.
[11] *Sunday Pictorial*, 11 April 1915, quoted in Purvis 1, p. 274.
[12] Sgt. Bill Hay, 9th Battalion, Royal Scots, quoted in Livesey, p. 66.
[13] Gilbert, p. 145.
[14] 15 May 1915, WO 106/1519; R. H. K. Butler to GOC First Army, November 1915; Robertson to Haig, 14 January 1916; all quoted in Travers, p. 98n7.
[15] Viscount Grey of Fallodon, *Twenty-five Years, 1892 – 1916*, vol. 2 (New York: Frederick A. Stokes, 1925), p. 72
[16] Trevor Wilson, p. 144.
[17] Wigram to Lady Haig, 28 September 1916, quoted in Denis Winter, p. 234.
[18] Haig to Lady Haig, 10 April 1915, quoted in De Groot 1, p. 184.
[19] French to Winifred Bennett, 24 May 1915, quoted in Holmes, p. 294
[20] 18 February 1915, quoted in Holmes, p. 278.
[21] 28 April 1915, quoted in Cassar, p. 225.
[22] 21 May 1915, quoted in Holmes, p. 279
[23] 15 September 1915, quoted in Holmes, p. 281.
[24] Haig to Rothschild, 9 December 1915, Haig 1, p. 172.
[25] Haig to Rothschild, 20 May 1915, quoted in De Groot 1, pp. 193 – 194.
[26] Haig 1, 14 July 1915, p. 130.

[27] Haig to Lady Haig, 10 August 1915, quoted in De Groot, p. 202.

11 尖峰时刻

[1] *Times*, 18 September 1914.

[2] Edmund Gosse, *Inter Arma: Being Essays Written in Time of War* (New York: Scribner's, 1916), p. 3.

[3] John Buchan, *The Future of the War* (London: Hodder and Stoughton, 1916), pp. 13 – 14, quoted in Buitenhuis, p. 93.

[4] Rudyard Kipling, *The New Army* (New York: Double day and Page, 1914), "Indian Troops," p. 7. quoted in Buitenhuis, p. 25.

[5] Kipling, *The New Army*, "A Territorial Battalion and a Conclusion," p. 9, quoted in Buitenhuis, p. 26.

[6] Gilmour, p. 257.

[7] John Kipling to his family, 17 August 1915, Kipling 2, p. 195.

[8] John Kipling to his family, 18 August 1915, Kipling 2, p. 197.

[9] Morton Cohen, ed., *Rudyard Kipling to Rider Haggard* (Rutherford, NJ: Fairleigh Dickinson University Press, 1965), p. 81, quoted in Kipling 2, p. 14.

[10] John Kipling to his family, 20 August 1915, Kipling 2, pp. 198 – 199.

[11] John Kipling to his family, 22 August 1915, Kipling 2, pp. 201.

[12] John Kipling to his family, 29 August 1915, Kipling 2, pp. 213.

[13] Robb, p. 125.

[14] Eksteins, p. 236.

[15] Brockway, p. 64.

[16] Robb, p. 69.

[17] Hardie to Sylvia Pankhurst, 27 May 1915, E. Sylvia Pankhurst Papers, Reel I.

[18] E. Sylvia Pankhurst I, p. 227.

[19] Buckingham Palace to Lloyd George, 28 June 1915, quoted in Purvis 1, p. 276.

[20] *New York Journal*, 12 November 1915, quoted in Purvis 1, p. 278.

[21] Dorothy Peel, *How We Lived Then: 1914 – 1918: A Sketch of Social and*

Domestic Life in England During the War（London：John Lane，1929），p. 152，quoted in Trevor Wilson, p. 511.

［22］Russell 1, p. 19.

［23］E. Sylvia Pankhurst 1, p. 196.

［24］E. Sylvia Pankhurst Papers, Reel 1.

［25］E. Sylvia Pankhurst 1, p. 228.

［26］Massie, p. 123.

［27］Alfred Knox, With the Russian Army, 1914 – 1917, vol. 1（London：Hutchinson, 1921），p. 305.

［28］Gatrell, pp. 3, 212.

［29］Lincoln, p. 48.

［30］George Buchanan, My Mission to Russia and Other Diplomatic Memories, vol. 2（London：Cassell, 1923），p. 77, qoted in Clay, p. 172.

［31］Lincoln, p. 152.

［32］Haig 1, 12 September 1915, p. 146.

［33］Rudyard Kipling, France at War：On the Frontier of Civilization（Garden City, NY：Doubleday, Page, 1916），pp. 48, 86 – 87, 90.

［34］Rudyard Kipling to Carrie Kipling, 21 August 1915, Kipling 2, p. 13.

［35］John Kipling to his family, 26 August 1915, Kipling 2, p. 208.

［36］John Kipling to his family, 29 August 1915, Kipling 2, p. 212.

［37］Haig 1, 22 September, p. 151.

［38］18 September 1915, quoted in Cassar, p. 261.

［39］John Kipling to his family, 23 September 1915, Kipling 2, p. 221.

［40］John Kipling to his family, 25 September 1915, Kipling 2, p. 222.

12 "不会随浪而回"

［1］Ministry of Munitions, History of the Ministry of Munitions, Vol. II（London：His Majesty's Stationery Office, 1918 – 1922），sec. 3, p. 42. 现存 BT 66/6/46 的一份早期手稿中的言词完全相同，没有增加信息。还可参见 Macleod and Macleod, pp. 171 – 175。

［2］Hartcup, p. 182. 官方的《军需部史》暗示——显然是错误的暗示，由于在英国和美国找到了其他的光学镜片来源，这次英德贸易并没

有完成。关于在 1915 年实际运送的望远镜数量,哈特卡普的消息来源是一份他在 BT 66/6/46 中发现的备忘录,标题为"与德国及美国就光学器材的协商,1915 年 8 月"。在他为自己出版于 1988 年的资料详实的新书完成这次调查之后,这份备忘录被移出了英国国家档案馆,我亦无法在其他文件中找到这份备忘录。感谢盖伊·哈特卡普花时间与我通信研讨这一问题。

[3] F. Forstner, *Das Reserve Infanterie Regiment 15*(Berlin, 1929), pp. 226 – 232, quoted in Keegan 1, pp. 201 – 202.

[4] Cherry, pp. 198 – 199.

[5] Philip Warner, *The Battle of Loos*(Ware, Hertfordshire: Wordsworth, 2000), p. 54.

[6] Macdonald 2, p. 536.

[7] Cherry, pp. 198 – 199.

[8] Vansittart to Secretary for War, 7 October 1917, CAB 45/121.

[9] Vansittart to Brigadier-General Sir James Edmonds, 30 January 1926, CAB45/121.

[10] 27 September and 2 October 1915, quoted in Holmes, p. 305.

[11] Macdonald 2, p. 572.

[12] "The Question of Training Men for Employment with the Machine Guns now under Supply," General Staff, GHQ, 23 November 1915, quoted in Travers, p. 85.

[13] Paul Clark to Pershing, 15 May 1918, quoted in Denis Winter, p. 148.

[14] Haig to Kitchener, 29 September 1915, Haig 1, p. 160.

[15] n. d., Cherry, p. 329.

[16] E. Sylvia Pankhurst 1, p. 230.

[17] Woman's Dreadnought, 2 October 1915.

[18] E. Sylvia Pankhurst 1, p. 239.

[19] 8 December 1916, quoted in Millman, p. 120.

[20] 7 December 1915, Milner Papers, Bodleina Library, Oxford, dep. 351.

[21] Buchan 1, p. 31.

[22] Charteris, regarding a New Year's Eve party at headquarters, Cherry, p. 336.

[23] Gibbs, pp. 207-208.
[24] Herbert Read, *Annals of Innocence and Experience* (London: Faber& Faber, 1946), pp. 142-13, quoted in Ashworth, p. 104.
[25] Rupert Grayson to the Kiplings, quoted in Holt, p. 106.
[26] Edward to Rupert Grayson, 15 October 1915, quoted in Holt, p. 106.
[27] Kipling to Page, 5 October 1915, Pinney, vol. 4, p. 337.
[28] 4 October 1915, quoted in Thompson, p. 321.
[29] Holt, p. 105.

13 我们毫不后悔

[1] Roland N. Stromberg, quoted in William Pfaff, *The Bullet's Song: Romantic Violence and Utopia* (New York: Simon and Schuster, 2004), p. 29.
[2] Robb, p. 72; Winter 1, p. 118.
[3] *Clarion*, 17 March 1916, quoted in Stubbs, p. 729.
[4] C. B. Stanton, MP, in the *Times*, 18 March 1918.
[5] *Times*, 28 May 1917.
[6] Marlowe, p. 245.
[7] Marlowe, p. 245.
[8] Astor to Milner and Milner to Astor, 12 January 1916, quoted in Lockwood, p. 124.
[9] Haig to Lady Hai, 27 December 1915, quoted in De Groot 1, p. 217.
[10] Haig Diary, 4 June 1916, quoted in De Groot 1, p. 241.
[11] Haig Diary, 23 April 1916, quoted in De Groot 1, p. 241.
[12] Haig, "Memorandum on Policy for the Press," 26 May 1916, quoted in De Groot 1, p. 242.
[13] Haig Diary, 7 June 1916, quoted in De Groot 1, p. 245.
[14] Haig Diary, 9 April 1916, quoted in De Groot 1, p. 234.
[15] Gilbert, p. 212.
[16] John Jolliffe, ed. *Raymond Asquith: Life and Letters* (London: Collins, 1980), p. 217, quoted in "Asquith, Raymond," *Oxford Dictionary of National Biography* (online), accessed 15 March 2010.

[17] Montaue, p. 32.

[18] Haig 1, 4 September 1916, p. 226.

[19] Haig to Rothschild, 14 May 1916, quoted in De Groot 1, p. 235.

[20] Morton to Liddell Hart, 17 July 1961, quoted in Denis Winter, p. 13.

[21] Cuthbert Headlam to Georgian Headlam, 21 July 1916, quoted in Denis Winter, p. 137.

[22] Haig to Henrietta Jameson, 1 September 1904, quoted in De Groot 1, pp. 105 – 106.

[23] E. Sylvia Pankhurst 1, p. 321.

[24] Wilson to Milner, 25 August 1915, quoted in Gollin, p. 281.

[25] Cecil, p. 275.

[26] E. Sylvia Pankhurst 1, p. 304.

[27] Purvis 1, p. 285.

[28] Rowbotham, p. 34.

[29] 莫雷尔是我的《利奥波德国王的鬼魂》中的重要角色。*King Leopold's Ghost: A Story of Greed, Terror, and Heroism in Colonial Africa* (Boston: Houghton Mifflin, 1998).

[30] E. D. Morel, *Truth and the War* (London: National Labour Press, 1916), p. 302.

[31] Pearce, p. 169.

[32] Trevor Wilson, p. 402.

[33] Martin, pp. 53 – 54.

[34] W. S. Adams, *Edwardian Portraits* (London: Secker & Warburg, 1957), p. 212.

[35] Brockway, p. 70.

[36] *Times*, 17 May 1916.

[37] Chamberlain, p. 68.

[38] *Tribunal*, 4 January 1917.

[39] *Socialist*, October 1916.

[40] *Tribunal*, 1 June 1916.

[41] Boulton, p. 165.

[42] Boulton, p. 166.

[43] Russell 1, p. 17.
[44] *Herald*, 6 May 1916, Russell 3, p. 357.
[45] Boulton, p. 171.
[46] *Tribunal*, 8 June 1916.
[47] Ernest Shackleton, South: *The Story of Shackleton's Last Expedition, 1914 – 1917* (New York: Macmillan, 1920), p. 208.
[48] Rudyard Kipling, *The Fringes of the Fleet* (Garden City, NY: Doubleday, Pae, 1916), p. 118.
[49] Kruse, p. 102.
[50] John G. Gray, *Prophet in Plimsoles: An Account of the Life of Colonel Ronald Campbell* (Edinburh: Edina, 1977), p. 27.
[51] Haig 1, 5 April 1916, p. 184.
[52] Sir John Edmonds, *Military Operations: France and Belium, 1916* (London: Macmillan, 1932), p. 288, quoted in Trevor Wilson, p. 318.
[53] *Eton College Chronicle*, 15 June 1916. 感谢马克·古德曼提供我这一资料。
[54] Haig to Lady Haig, 20 June 1916, quoted in De Groot 1, p. 251.
[55] Haig to Lady Haig, 22 June 1916, quoted in De Groot 1, p. 251.
[56] Hai 1, 30 June 1916, p. 195.

14　上帝啊，上帝啊，其余的小伙子去哪啦？

[1] Boulton, p. 168.
[2] Boulton, p. 171.
[3] Anonymous CO, quoted in Boulton, pp. 172 – 173.
[4] Ellsworth-Jones, p. 203 认为，"没有这次拜访，运到法国的拒服兵役者很可能被处决"。
[5] Anonymous CO, quoted in Boulton, p. 173.
[6] Brittain, p. 274.
[7] Lieutenant G. Chetwynd-Staplyton, quoted in Keegan 2, p. 238.
[8] G. M. Sturgess, in John Hammerton, ed., *The Great War – "I Was There!": Undying Memories of 1914 – 1918*, vol. 2 (London: Amalgamated Press, 1938), quoted in Trevor Wilson, p. 323.

[9] M. Gerster, *Die Schwaben an der Ancre* (Heilbronn, Germany: Eugen Salzer, [1918]), quoted in Churchill 1, pp. 658 – 659.

[10] Private Tomlinson of the Sherwood Foresters, quoted in Keegan 2, p. 258.

[11] Middlebrook, p. 132.

[12] Middlebrook, p. 261.

[13] Haig 1, 2 July 1916, p. 197.

[14] Haig to Lady Haig, 8 July 1916, Haig 1, p. 201.

[15] Haig to Lady Haig, 13 July 1916, quoted in De Groot 1, p. 253.

[16] Hutchison, pp. 126 – 132. 当天来自两支骑兵团的士兵向德军发起了冲锋；其中，印度士兵来自第20皇家德干骑兵团，其高阶将领全部为英国人。跟据德干骑兵团的记录，这支部队在这次交锋中9死41伤，令人惊讶的是，他们还抓到了6名德军俘虏。不过，这些骑兵在大部分时间里都是下马战斗的。

[17] Philip Gibbs, *Ten Years After: A Reminder* (London: Hutchinson, 1925), pp. 32 – 33.

[18] Haig to Robertson, 23 Auguste 1916, quoted in De Groot 1, p. 262.

[19] Haig 1, 4 September 1916, p. 226.

[20] Travers, p. xix.

[21] Anonymous to Haig, 30 July 1916, quoted in De Groot 1, p. 255.

[22] Alistair Horne, *The Price of Glory: Verdun 1916* (London: Penguin, 1993), p. 22.

[23] Lawrence Gameson Papers, pp. 52 – 53, Imperial War Museum, quoted in Peter Barham, *Forgotten Lunatics of the Great War* (New Haven: Yale University Press, 2004), p. 148.

[24] Haig Diary, 25 July 1916, quoted in De Groot 1, p. 255.

[25] J. F. C. Fuller, in Wolff, p. x.

[26] Haig 1, 1 August 1916, p. 213.

[27] Haig to Robertson, 1 August 1916, Haig 1, p. 214.

[28] Lord Birkenhead, *Life of F. E. Smith* (London: Eyre & Spottiswoode, 1960), p. 287.

[29] Gilbert, p. 285.

[30] Arthur Surfleet, "Blue Chevrons: An Infantry Private's Great War Diary," Imperial War Museum, quoted in Trevor Wilson, pp. 355 – 361.
[31] Bickersteth, p. 178.
[32] Guy Chapman, *A Passionate Prodigality: Fragments of Autobiography* (London: MacGibbon and Kee, 1965), p. 226.
[33] Mark Bostridge, "'We Go Tomorrow'," *Guardian*, 1 July 2006.
[34] Haig to Robertson, 7 October 1916, quoted in De Groot 1, p. 269.
[35] 这一数字源于亲黑格派的著作, John Hussey, *Portrait of a Commander in Chief*, quoted in Bond and Cave, p. 35n35.
[36] Gibbs, p. 422.

15 丢掉武器

[1] The Danish actress Asta Nielsen, in Dieter Glatzer and Ruth Glatzer, *Berliner Leben*, vol. 1 (Berlin: Rütten & Loening, 1986), pp. 265 – 266, quoted in Thomas Levenson, *Einstein in Berlin* (New York: Bantam Books, 2003), pp. 143 – 144.
[2] Kramer, pp. 42 – 43.
[3] Russell to Ottoline Morrell, 1 September 1916, quoted in Vellacott, p. 93.
[4] Cecil to Simon, 8 November 1915, quoted in Kaminski, p. 300.
[5] Nation, p. 273n10. 这次会议是一年前召开的齐美尔瓦尔德会议的后续会议，没有英国代表参会。
[6] 29 June 1916, FO372/89/125014.
[7] Hobhouse to Smuts, 25 March 1917, quoted in Balme, p. 558.
[8] 2 November 1916, CAB41/37/38.
[9] Thomson to Dormer, 1 July 1916, FO372/894/128477.
[10] Hobhouse 1, p. 53.
[11] Hobhouse to Courtney, Wills, p. 15.
[12] Hobhouse 1, p. 148.
[13] Wills, pp. 46 – 47.
[14] Douglas Haig, "Memorandum on Policy for the Press," 26 May 1916,

quoted in De Groot 1, p. 242.
[15] Ferguson 1, p. 213.
[16] INF 4/1B, quoted in Millman, p. 182.
[17] Gilbert, p. 298.
[18] William Beach Thomas, *A Traveller in News* (London: Chapman and Hall, 1925), p. 109.
[19] Gibbs, p. 30.
[20] Montague, pp. 97 – 98, 94.
[21] Some of these are in FO 395/53.
[22] Haig Diary, 30 September 1916, quoted in De Groot 1, p. 272.
[23] Haig Diary, 23 July 1917, quoted in De Groot 1, p. 259.
[24] Buchan 3, p. 175n.
[25] Buchan 3, p. 177.
[26] Buchan 2, pp. 34 – 35.
[27] Buchan 2 pp. 115, 121 – 122.
[28] Buchan 2, p. 167.
[29] Buchan 2, p. 171.
[30] Buitenhuis, p. 98.
[31] *Daily Express*, 24 May 1916, quoted in Angus Wilson, p. 300.
[32] *Morning Post*, 22 June 1915, quoted in Gilmour, p. 250.
[33] "Epitaphs of the War," 1919.
[34] Angus Wilson, p. 304.
[35] James Douglas, "The Somme Pictures. Are They Too Painful for Public Exhibition?" *Star*, 25 August 1916, quoted in Reeves, p. 17.
[36] "Orbatus" to the editor, *Times*, 2 September 1916.
[37] "Diary of Lord Milner's Visit to France, Nov. 11 – 19, 1916," Milner Papers, Bodleian Library, Oxford, dep. 353, pp. 77 – 98.
[38] Allinson, p. 12.
[39] Private Pinkney, testifying at Stone's court-martial, WO 71/535, quoted in Corns and Huhes-Wilson, p. 163, and Putkowski 3, p. 44.
[40] Sergeant Foster, testifying at Stone's court-martial, WO 71/535, quoted in Corns and Hughes-Wilson, p. 164, and Putkowski 3, pp. 44 – 45.

[41] Corns and Hughes-Wilson, p. 450.
[42] Corns and Hughes-Wilson, p. 167; Putkowski 3, p. 50.
[43] 斯通斯的军事法庭记录见 WO 71/535，戈金斯和麦克唐纳的军事法庭记录见 WO 71/534。也可参见 Putkowski and Sykes, pp. 156 - 159; Corns and Hughes-Wilson, pp. 157 - 175; and Putkowski 3, p. 36f。
[44] "A reminiscence of the Great War-for Liberty. How Some Durham Lads were 'Shot at Dawn.' British Militarism in Operation," *Forward* (Glasgow), 15 April 1922. Reprint of article from *Railway Review*, 3 February 1922.
[45] Russell 1, pp. 97 - 98.
[46] Cecil, p. 270.

16 狮口求生

[1] Joseph Stones to Isobel Stones, 12 December 1916, quoted in Putkowski 3, p. 67.
[2] WO 71/485, quoted in Corns and Hughes-Wilson, pp. 141 - 144.
[3] WO 71/485, quoted in Corns and Hughes-Wilson, pp. 141 - 144.
[4] E. Sylvia Pankhurst 1, p. 311.
[5] John Peaty, "Haig and Military Discipline," in Bond and Cave, pp. 205, 209; Oram 2, p. 13. Oram 的书中注释指出被执行枪决的人数大概超过400，且战争最后几周，德国可能没有记录更多的处决。
[6] Lt. G. V. Carey, Gilbert, p. 178.
[7] Haig 1, 11 January 1917, p. 267.
[8] *Forward* (Glasgow), 15 April 1922, Reprint of article from *Railway Review*, 3 February 1922.
[9] Tom Hickey and Bryan Maddocks, "Debts of Honour," Rochester Papers.
[10] "With the R. O. D. in France," *Railway Review*, 23 July 1922. 我很感激 Julian Putkowski 寄给我罗切斯特撰写的这一系列文章。
[11] Haig Diary, 5 January 1917, quoted in De Groot 1, p. 286.
[12] George V to Haig, 27 December 1916, quoted in De Groot 1, p. 283.
[13] Stevenson, p. 282.

[14] Frank G. Weber, *Eagles on the Crescent*: *Germany, Austria and the Diplomacy of the Turkish Alliance* (Ithaca, NY: Cornell University Press, 1970), pp. 119 – 121.

[15] Trevor Wilson, pp. 428 – 429.

[16] Churchill 1, p. 742.

[17] Milner to Ian Colvin, n. d., quoted in Marlowe, p. 275.

[18] 这些报告绝大部分存于 dep. 377 of the Milner Papers, Bodleian Library, Oxford。还有一部分存于同一图书馆的 Addison Papers 以及英国国家档案馆关于惠尔登一案的两份文件,编号分别为 DPP 1/150 和 HO 144/13338。

[19] William Melville Lee, "Notes on the Strike Movement Now Developing in the North and West of England," pp. 3 – 4, 15 December 1916, Milner Papers, dep. 377.

[20] Rowbotham, pp. 44 – 46.

[21] Lee, "Notes on the Strike Movement," p. 11, 15 December 1916.

[22] Lee, "Notes on the Strike Movement," Appendix 1, p. 7, 12 December 1916.

[23] Lee, "Notes on the Strike Movement," Appendix 2, document D, 2 December 1916.

[24] Clarke 1, p. 100.

[25] Challinor 1, p. 23.

[26] Challinor 1, p. 38.

[27] Challinor 1, p. 43; Rowbotham, p. 11.

[28] Thomas Bell, p. 126.

[29] Hettie to Winnie, January 1917, quoted in Rowbotham, p. 39.

[30] Russell to Ottoline Morrell, 15 July 1916, quoted in Vellacott, p. 91.

[31] Sir Henry Wilson Diary, 3 February 1917, Callwell, p. 315.

[32] Robert D. Warth, *The Allies and the Russian Revolution*: *From the Fall of the Monarchy to the Peace of Brest-Litovsk* (Durham, NC: Duke University Press, 1954), p. 20.

[33] Sir Henry Wilson Diary, 30 January and 7 February 1917, Callwell, pp. 314, 316.

[34] Wrench, p. 325, and Marlowe pp. 263 - 264, quoting Milner Papers, Bodleian Library, Oxford, dep. 222.

17 世界就是我的国

[1] Bhagail Singh to Chain Singh, 22 January 1917, Omissi, pp. 271 - 272.
[2] Abdul Rahim Khan to Mir Hassan Khan, 7 February 1917, Omissi, p. 275.
[3] Campbell, p. 258.
[4] *Times*, 5 February 1917.
[5] Hettie Wheeldon to Lydia Robinson, 16 February 1917. 我很感谢 Julian Hendy 同我分享这些信件。
[6] Alice Wheeldon to Lydia Robinson, 26 February 1917.
[7] *Manchester Guardian*, 7 March 1917.
[8] *Times*, 4 February 1917.
[9] Trial Transcript, DPP 1/50, p. 324.
[10] *Daily Mail*, 12 March 1917.
[11] Trial transcript, DPP 1/50, p. 325. 还可参见 CRIM 1/166 中潘克赫斯特律师与惠尔登案检察官之间的通信。
[12] HO 45/10695/231366/27. WSPU meeting, Cardiff, 19 February 1913, quoted in Purvis 1, p. 210.
[13] Thomson 1, pp. 238 - 239.
[14] Anonymous informant, 10 March 1917, Milner Papers, Bodleian Library, Oxford, dep. 377, p. 18.
[15] *Socialist*, August 1918.
[16] Winston S. Churchill, *The Unknown War*: *The Eastern Front* (New York: Scribner's 1932), pp. 374 - 375.
[17] Benn, p. 377.
[18] Vellacott, p. 153.
[19] Russell to Ottoline Morrell, 1 April 1917, quoted in Vellacott, pp. 156 - 157.
[20] Labour Party Annual Conference Report, 1951, p. 194, quoted in Coates, p. 8.

[21] Clinton and Myers, p. 73.
[22] "In the Red Twilight" (unpublished), p. 65, quoted in Winslow, p. 137.
[23] Churchill 1, p. 744.
[24] Trevor Wilson, p. 435.
[25] Stephen Hobhouse 1, p. 163.
[26] Stephen Hobhouse 1, p. 162.
[27] Stephen Hobhouse 1, p. 164.
[28] Wills, p. 48.
[29] Wilfred E. Littleboy, Wills, p. 49.
[30] Stephen Hobhouse 1, p. 165.
[31] Stephen Hobhouse 1, p. 166.
[32] Stephen Hobhouse 2, p. 26.
[33] Stephen Hobhouse 1, p. 159.
[34] HO 144/22259.
[35] 12 February 1917, HO 144/22259.
[36] Derby to Milner, 27 March 1917, HO144/22259.
[37] Stephen Hobhouse 1, p. 179.
[38] Margaret Hobhouse, *I Appeal unto Caesar* (London: Allen & Unwin, 1917), p. 6, quoted in Vellacott, pp. 211–212.
[39] *Tribunal*, 15 November 1917.
[40] Linklater, p. 193.
[41] Philip Snowden, *Labour Leader*, 31 May 1917, quoted in Gollin, p. 548.
[42] Milner to Lloyd George, 1 June 1917, Lloyd George Papers, F38/2/8, Parliamentary Archives, London.
[43] B. E. B., "Report on the Russian Revolution Conference at Leeds," CAB 24/16, G. T. 1049.
[44] Russell 3, p. 182.
[45] *Tribunal*, 7 June 1917.

18 陆上溺水

[1] Haig to Derby, June 1917, quoted in Reid, p. 391.

[2] Gilbert, p. 336.
[3] Marlowe, p. 282.
[4] Ferguson 1, p. 303.
[5] David Lloyd George, *War Memoirs*, vol. 4 (Boston: Little, Brown, 1934), p. 359.
[6] Robertson to Kiggell, 27 July 1917.
[7] Haig to Lady Haig, 24 July 1917, quoted in De Groot 1, p. 328.
[8] Linklater, p. 195.
[9] *Britannia*, 3 August 1917, quoted in Angela K. Smith, p. 109.
[10] *Britannia*, 7 December 1917.
[11] Milner to Cave, 31 August 1917, quoted in Millman, p. 212.
[12] Millman, p. 305.
[13] Samuel to Asquith, 5 October 1916, quoted in Millman, p. 78.
[14] *Times*, 30 July 1917.
[15] Russell to Ottoline Morrell, 28 July 1917, quoted in Vellacott, p. 170.
[16] *Times*, 2 June 1917.
[17] *Britannia*, 13 July 1917, quoted in Purvis 1, p. 295.
[18] Rheta Childe Dorr, *A Woman of Fifty* (New York: Funk & Wagnalls, 1924), p. 360, quoted in Purvis 1, p. 409n17.
[19] Stoff, p. 69f, and Joshua S. Goldstein, *War and Gender: How Gender Shapes the War System and Vice Versa* (Cambridge: Cambridge University Press, 2001), pp. 72 – 75.
[20] Stoff, p. 88.
[21] Purvis 1, p. 297.
[22] *Workers' Dreadnought*, 28 July 1917.
[23] French to Esher, 7 September 1918, quoted in John French, p. 300.
[24] French to Bennett, 1 and 6 January 1916, quoted in Holmes, p. 314.
[25] De Groot 1, p. 336.
[26] *Sphere*, 24 November 1917, quoted in Denis Winter, p. 109.
[27] Trevor Wilson, p. 473.
[28] Edwin Campion Vaughan, *Some Desperate Glory: The Diary of a Young Officer*, 1917 (London: Warne, 1981), pp. 228 – 229 (27 August

1917).

[29] Trevor Wilson, p. 473.

19 求你别死

[1] Sir Arthur Conan Doyle, *His Last Bow: A Reminiscence of Sherlock Holmes* (New York: Review of Reviews, 1917), pp. 307 – 308.

[2] Sheffeild, p. 180, citing Richard Holmes. See Denis Winter, p. 110, for comments on this bitterly debated figure.

[3] In Paris, 12 November 1917. Trevor Wilson, p. 547.

[4] Gibbs, p. 485.

[5] Aubrey Wade, *The War of the Guns* (London: Batsford, 1936), pp. 57 – 58, quoted in Trevor Wilson, p. 482.

[6] Travers, p. 105.

[7] *Socialist*, December 1917.

[8] *Workers' Dreadnought*, 17 November 1917.

[9] Brockway, p. 98.

[10] *Times*, 31 July 1917.

[11] Samuel Hynes, *A War Imagined: The First World War and English Culture* (London: Bodley Head, 1990), p. 186.

[12] G 173, 13 November 1917, CAB 24/4, quoted in Andrew, p. 201.

[13] Thomson 3, p. 392, 22 October 1917.

[14] FO 371/2828/202398, quoted in Catherine Cline, *E. D. Morel, 1873 – 1924: The Strategies of Protest* (Belfast: Blackstaff Press, 1980), p. 111.

[15] Milner to Lloyd George, 26 May 1917, quoted in Williams thesis, p. 14.

[16] E. D. Morel, *Thoughts on the War: The Peace and Prison* (London, 1920), pp. 60 – 62.

[17] Russell to Murray, 27 March 1918, quoted in Vellacott, p. 231.

[18] Brockway, p. 92.

[19] Brockway, p. 103.

[20] HO 144/13338.

[21] Winnie Mason to Alice Wheeldon, 30 December 1917, HO 144/13338.

[22] Haig 1, 23 December 1917, pp. 362 – 363.

[23] J. G. Fuller, *Troop Morale and Popular Culture in British and Dominion Armies, 1914 – 1918* (Oxford: Oxford University Press, 1990), p. 51, quoted in James 1, p. 473.
[24] Englander and Osborne, p. 601.
[25] Stephen Badsey, "Plumer, Herbert Charles Onslow," *Oxford Dictionary of National Biography* (online), accessed 25 March 2010.
[26] Robert Saunders, quoted in Trevor Wilson, p. 508.
[27] Lucy Masterman, *C. F. G. Masterman* (London: Nicholson and Watson, 1939), p. 296, quoted in Messinger, p. 45.
[28] Landsdowne to Asquith, 13 November 1916, "Fitzmaurice, Henry Charles Keith Petty," *Oxford Dictionary of National Biography* (online), accessed 25 March 2010.
[29] *Tribunal*, 6 December 1917.
[30] Gilmour, p. 270.
[31] AIR 1/560/1 6/15/60, "Pacifist Propaganda-Position as at 26th March 1918," London District Intelligence Sunmary.
[32] 例如，WO32/5474 对于 1917 年秋召开的几次内阁会议提及的内容。
[33] Stephen Hobhouse 1, p. 172.
[34] Kathleen Courtney, *Extracts from a Diary During the War* (London, privately printed, 1927), p. 144.
[35] 对越飞女儿娜杰日达的访谈，见 Hochschild, pp. 143 – 149。对列夫·加米涅夫儿子的访谈，见 Hochschild, pp. 84 – 92。
[36] Czernin, pp. 244 – 245.
[37] Czernin, p. 246.

20　无路可逃

[1] Churchill 1, p. 754.
[2] John Barnes and David Nicholson eds., *The Leo Amery Diaries*, vol. 1 (London: Hutchinson, 1980), p. 188.
[3] *Diaries, 1912 – 1924* (London: Longmans, Green, 1952), pp. 111 – 116 (1 March 1918), quoted in A. J. P. Taylor, *English History, 1914 – 1945* (Oxford: Clarendon Press, 1976), p. 95.

[4] Winter and Baggett, p. 249.
[5] Haig Diary, 2 March 1918, quoted in De Groot 1, p. 367.
[6] HO 144/13338.
[7] GT 3424, 22 January 1918, CAB 24/40, quoted in Andrew, p. 225.
[8] Caroline Moorehead 1, p. 71.
[9] AIR 1/558/16/15/55.
[10] AIR 1/560/16/15/59.
[11] AIR 1/561/16/15/61.
[12] AIR 1/560/16/15/59.
[13] Churchill 1, p. 768.
[14] Aubrey Wade, *The War of the Guns* (London: Batsford, 1936), p. 89, quoted in Trevor Wilson, p. 558.
[15] Martin Middlebrook, *The Kaiser's Battle* (London: Allen Lane, 1978), p. 161, quoted in Trevor Wilson, p. 559.
[16] Stevenson, p. 327.
[17] Middlebrook, *The Kaiser's Battle*, p. 192, quoted in Keegan 1, p. 399.
[18] Lieutenant H. E. L. Mellersh, Imperial War Museum personal accounts, quoted in Toland, p. 54.
[19] George Alexander von Müller, *The Kaiser and His Court* (London: Macdonald, 1961), p. 344, quoted in Toland, p. 58.
[20] 24 March 1918, quoted in Thompson, p. 348.
[21] 11 April 1918, quoted in De Groot, p. 378.
[22] Stephen Hobhouse 1, p. 173.
[23] AIR 1/560/16/15/60.
[24] AIR 1/560/16/15/60.
[25] MUN 5/48/267/3. 吉卜林的许多备忘录，像这篇一样，是写给比弗布鲁克勋爵的。
[26] 4 May 1918.
[27] *Tribunal*, 3 January 1918.
[28] Russell 1, p. 30.
[29] Brockway, p. 113.
[30] Brockway, p. 113.

[31] French to Esher, 26 May 1918, John French, p. 296.
[32] French to Lloyd George, 5 March 1918, quoted in Dangerfield, p. 272.
[33] *Britannia*, 30 August 1918, quoted in Bullock and Pankhurst, p. 85n91.
[34] *Britannia*, 8 November 1918, quoted in Purvis 1, p. 312.
[35] Sylvia Pankhurst to Adela Pankhurst Walsh, 11 July 1918, quoted in Purvis 1, p. 311.
[36] Toland, p. 317.
[37] Milner to Lloyd George, 9 June 1918, quoted in Gollin, p. 565.
[38] Sir Henry Wilson Diary, 1 June 1918, quoted in Trevor Wilson, p. 579.

21 "死者比生者更多"

[1] French to King George V, 10 September 1918, quoted in Holmes, p. 343.
[2] French to King George V, 12 July 1918, quoted in Holmes, p. 343.
[3] Rudolf George Binding, *A Fatalist at War* (London: George Allen & Unwin, 1929), p. 220, quoted in Sheffield, p. 219.
[4] Captain Lloyd Williams, Keegan 1, p. 407.
[5] Major General Max Hoffmann, *Chicago Daily News*, 13 March 1919, quoted in Wheeler-Bennett, p. 352.
[6] Churchill 1, p. 802.
[7] Brittain, p. 420.
[8] Toland, p. 381.
[9] Livesey, p. 166.
[10] 这一数字一般为100多万。Alexander Watson 在 *Enduring the Great War: Combat, Morale and Collapse in the German and British Armies, 1914–1918* (Cambridge: Cambridge University Press, 2008), pp. 207–208, 212 一书里说明了为什么真实数字可能被低估。
[11] Porter 3, p. 143.
[12] Millman, pp. 4, 170. 见第11章他有关英国计划的表述。
[13] Milner to Lloyd George, 20 March 1918, quoted in Gollin, p. 563.
[14] Sir Henry Wilson Diary, 4 November 1918, quoted in Marlowe, p. 318.
[15] Cecil, p. 280.

- [16] Kipling 1, vol. 1, introduction.
- [17] Kipling 1, vol. 2, chap. 1.
- [18] Toland, pp. 412 – 413.
- [19] Gilbert, p. 476.
- [20] Toland, p. 372.
- [21] Toland, p. 558.
- [22] Toland, p. 565.
- [23] James 1, p. 557.
- [24] Haig to Lady Haig, 31 October 1918, quoted in De Groot 1, p. 394.
- [25] Brockway, p. 116.
- [26] Corder Catchpool, *Letters of a Prisoner: For Conscience Sake* (London: George Allen & Unwin, 1941), p. 123.
- [27] Russell 1, p. 35.
- [28] Milner Papers, Bodleian Library, Oxford, dep. 89.
- [29] Holt, p. 166.
- [30] Adam Smith, p. 214.
- [31] Adam Smith, p. 217.

22 魔鬼之手

- [1] 有人估测数字是940万军人死亡，见 Spencer C. Tucker, ed., *World War I Encyclopedia*, vol. 1 (Santa Barbara, CA: ABC – CLIO, 2005), pp. 272 – 274。
- [2] Margaret Cole, ed., *Beatrice Webb's Diaries* (London: Longmans, Green, 1952), p. 137 (17 November 1918), quoted in Hew Strachan, *The First World War* (London: Penguin, 2005), p. 337.
- [3] *Times*, 3 January 1919.
- [4] 1200万，见 Hanson, p. 284；1300万，见"World War I," in *Encyclopedia Britannica* (online), accessed 28 March 2010。
- [5] Ferguson 1, p. 301. 还参见 Paice, pp. 392 – 398, 它加总的各种死亡数字更高。
- [6] Paice, p. 288.
- [7] Barry, p. 397; Jeffery K. Taubenberger and David M. Morens, "1918

Influenza: The Mother of All Pandemics," *Emerging Infectious Diseases* 12: 1 (January 2006), p. 15.
[8] *Derby Daily Express*, 26 February 1919.
[9] CAB 23 WC523.
[10] Adam Smith, p. 215.
[11] French to Long, 1 July 1920, quoted in Holmes, p. 352.
[12] Mrs Philip Snowden, *A Political Pilgrim in Europe* (London: Cassell, 1921), p. 263.
[13] Gonne to Quinn, 21 February 1921, quoted in Nancy Cardozo, *Lucky Eyes and a High Heart: The Life of Maud Gonne* (New York: Bobbs-Merrill, 1978), p. 343.
[14] Wilfrid Ewart, *Scots Guard*, quoted in Cecil, pp. 294–295.
[15] *American Diplomacy* (Chicago: University of Chicago Press, 1985), p. 69.
[16] Quoted in Winter and Baggett, p. 341.
[17] 威尔逊的多位传记作者认为他没有使用过这一说法。John Milton Cooper Jr. 认为该说法源自劳合·乔治，J. W. Schulte Nordholt to H. G. Wells。
[18] O'Brien, p. 335.
[19] E. Sylvia Pankhurst 2, p. 109.
[20] E. Sylvia Pankhurst 2, p. 184.
[21] Russia Diary, Despard Papers 7/CFD, Women's Library, London.
[22] 见 Hochschild, pp. 153–185 关于美籍受害者的描述。
[23] 我很感谢 Julian Hendy 让我获悉威利·惠尔登的个人档案，我才能找到这些细节。

23 假想中的墓地

[1] Milner to Lloyd George, 28 December 1919, quoted in Gollin, p. 591.
[2] Omissi, p. 38.
[3] Anjamuddin Khan to Muhanmad Suraj-ud-Din Khan, 20 December 1915, Omissi, pp. 126–127.
[4] Morrow, p. 312.

[5] 22 October 1919, CO 123/296/65767.

[6] CO 318/350/8426.

[7] Kipling to Crewe, 27 September 1932, Pinney, vol. 6, p. 131.

[8] Gilmour, p. 310.

[9] Holts 最终承认了这一说法，有其他历史学家佐证。

[10] Despard to French, 19 May 1925, French Papers, Imperial War Museum.

[11] Cicely Hamilton, as quoted by Harold Frederick Bing, interview, Imperial War Museum#000358/II, p. 46.

[12] Linklater, p. 220.

[13] *Times*, 18 January 1926.

[14] *Times*, 6 January 1926.

[15] *Times*, 18 January 1926.

[16] Haig 1, 30 November 1918, p. 489.

[17] B. H. Liddell Hart, *The Tanks: The History of the Royal Tank Regiment and Its Predecessors, Heavy Branch Machine-Gun Corps, Tank Corps and Royal Tank Corps, 1914 – 1945*, vol. 1 (New York: Praeger, 1959), p. 234.

[18] Ian F. W. Beckett, "Haig and French," in Bond and Cave, p. 60.

[19] Haig to J. P. Allison, 27 February 1926, quoted in De Groot 1, p. 405.

[20] Purvis 1, p. 350.

[21] Anthony Mockler, *Haile Selassie's War: The Italian-Ethiopian Campaign, 1935 – 1941* (New York: Random House, 1984), p. 150.

[22] 比如，Bond and Cave, Sheffield, Terraine, Todman 所写的传记。

[23] Ferguson 1, p. xxi.

[24] 2008 年 11 月 11 日，我在西线战场旅行时，一块关于圣诞节休战的小纪念碑在法国弗林根落成。这是我所知的唯一的纪念物。

[25] Russell 1, p. 7.

参考文献

BOOKS AND ARTICLES

Adam Smith, Janet. *John Buchan: A Biography.* Oxford: Oxford University Press, 1985.
Albertini, Luigi. *The Origins of the War of 1914.* 3 vols. Oxford: Oxford University Press, 1952.
Allinson, Sidney. *The Bantams: The Untold Story of World War I.* Oakville, Ontario: Mosaic Press, 1981.
Andrew, Christopher. *Secret Service: The Making of the British Intelligence Community.* London: Heinemann, 1985.
Ashworth, Tony. *Trench Warfare, 1914–1918: The Live and Let Live System.* London: Macmillan, 1980.
Badsey, Stephen, and Philip Taylor. "Images of Battle: The Press, Propaganda and Passchendaele," in Peter Liddle, ed., *Passchendaele in Perspective: The Third Battle of Ypres.* London: Leo Cooper, 1997.
Balme, Jennifer Hobhouse. *To Love One's Enemies: The Work and Life of Emily Hobhouse Compiled from Letters and Writings, Newspaper Cuttings and Official Documents.* Cobble Hill, British Columbia: Hobhouse Trust, 1994.
Barry, John M. *The Great Influenza: The Epic Story of the Deadliest Plague in History.* New York: Viking, 2004.
Bartley, Paula. *Emmeline Pankhurst.* London: Routledge, 2002.
Barton, Peter, Peter Doyle, and Johan Vandewalle. *Beneath Flanders Fields: The Tunnellers' War, 1914–1918.* Montreal: McGill–Queen's University Press, 2004.
Bell, Julian, ed. *We Did Not Fight: 1914–18 Experiences of War Resisters.* London: Cobden-Sanderson, 1935.
Bell, Thomas. *Pioneering Days.* London: Lawrence & Wishart, 1941.

Benn, Caroline. *Keir Hardie.* London: Hutchinson, 1992.
Bickersteth, John, ed. *The Bickersteth Diaries: 1914–1918.* London: Leo Cooper, 1995.
Birkenhead, Earl of. *Famous Trials of History.* New York: George H. Doran, 1926.
Blunden, Edmund. *Undertones of War.* London: Penguin, 2000.
Bond, Brian, ed. *The First World War and British Military History.* Oxford: Clarendon Press, 1991.
Bond, Brian, and Nigel Cave. *Haig: A Reappraisal 70 Years On.* Barnsley, South Yorkshire: Leo Cooper, 1999.
Boulton, David. *Objection Overruled.* London: MacGibbon & Kee, 1967.
Brittain, Vera. *Testament of Youth: An Autobiographical Study of the Years 1900–1925.* New York: Penguin, 1994.
Brockway, Fenner. *Inside the Left: Thirty Years of Platform, Press, Prison and Parliament.* London: George Allen & Unwin, 1942.
Brown, Malcolm. *The Imperial War Museum Book of the Somme.* London: Sidgwick & Jackson, 1996.
Brown, Malcolm, and Shirley Seaton. *Christmas Truce.* London: Leo Cooper / Secker & Warburg, 1984.
Buchan, John.
   1. *The Four Adventures of Richard Hannay: The Thirty-Nine Steps, Greenmantle, Mr. Standfast, The Three Hostages.* Boston: David R. Godine, 1988.
   2. *The Battle of the Somme.* New York: George H. Doran, 1917.
   3. *Pilgrim's Way: An Essay in Recollection.* Boston: Houghton Mifflin, 1940.
   4. *A Lodge in the Wilderness.* Edinburgh: Blackwood, 1906.
Buitenhuis, Peter. *The Great War of Words: British, American, and Canadian Propaganda and Fiction, 1914–1933.* Vancouver: University of British Columbia Press, 1987.
Bullock, Ian, and Richard Pankhurst. *Sylvia Pankhurst: From Artist to Anti-Fascist.* New York: St. Martin's, 1992.
Burg, David F., and L. Edward Purcell. *Almanac of World War I.* Lexington: University Press of Kentucky, 1998.
Callwell, C. E. *Field-Marshal Sir Henry Wilson, Bart., G.C.B., D.S.O.: His Life and Diaries,* vol. 1. London: Cassell, 1927.
Campbell, John. *F. E. Smith, First Earl of Birkenhead.* London: Jonathan Cape, 1983.
Carsten, F. L. *War Against War: British and German Radical Movements in the First World War.* Berkeley: University of California Press, 1982.
Cassar, George H. *The Tragedy of Sir John French.* Newark: University of Delaware Press, 1985.
Cecil, Hugh and Mirabel. *Imperial Marriage: An Edwardian War and Peace.* London: John Murray, 2002.
Cecil, Hugh, and Peter Liddle. *Facing Armageddon: The First World War Experienced.* London: Leo Cooper, 1996.
Challinor, Ray.
   1. *John S. Clarke: Parliamentarian, Poet, Lion-Tamer.* London: Pluto, 1977.
   2. *The Origins of British Bolshevism.* London: Croom Helm, 1977.

Chamberlain, W. J. *Fighting for Peace: The Story of the War Resistance Movement.* London: No More War Movement, 1928.
Cherry, Niall. *Most Unfavourable Ground: The Battle of Loos, 1915.* Solihull, West Midlands: Helion, 2005.
Churchill, Winston.
  1. *The World Crisis, 1911–1918.* Abridged and revised edition. New York: Free Press, 2005.
  2. *The River War: An Historical Account of the Reconquest of the Soudan,* vol. 2. London: Longmans, Green, 1900.
Clark, Alan. *Suicide of the Empires: The Battles on the Eastern Front, 1914–1918.* New York: American Heritage Press, 1971.
Clark, Ronald W. *The Life of Bertrand Russell.* New York: Knopf, 1976.
Clarke, John S.
  1. *Circus Parade.* London: B. T. Batsford, 1936.
  2. *Pen Pictures of Russia Under the "Red Terror."* Glasgow: National Workers' Committees, 1921.
Clay, Catrine. *King, Kaiser, Tsar: Three Royal Cousins Who Led the World to War.* New York: Walker, 2006.
Clinton, Alan, and George Meyers. "The Russian Revolution and the British Working Class—Two Episodes," *Fourth International,* November 1967.
Coates, Ken, ed. *British Labour and the Russian Revolution: The Leeds Convention: A Report from the Daily Herald.* Nottingham: Bertrand Russell Peace Foundation, 1974.
Coleman, Verna. *Adela Pankhurst: The Wayward Suffragette, 1885–1961.* Carleton South, Australia: Melbourne University Press, 1996.
Constantine, Stephen, Maurice W. Kirby, and Mary B. Rose. *The First World War in British History.* London: Edward Arnold, 1995.
Corns, Cathryn, and John Hughes-Wilson: *Blindfold and Alone: British Military Executions in the Great War.* London: Cassell, 2001.
Craster, J. M. *"Fifteen Rounds a Minute": The Grenadiers at War, August to December 1914.* London: Macmillan, 1976.
Czernin, Ottokar. *In the World War.* New York: Harper, 1920.
Dangerfield, George. *The Damnable Question: A Study in Anglo-Irish Relations.* Boston: Little, Brown / Atlantic Monthly, 1976.
Davey, Arthur. *The British Pro-Boers, 1877–1902.* Cape Town: Tafelberg, 1978.
De Bloch, Jean. "The Wars of the Future," *Contemporary Review* 80:429 (September 1901).
De Groot, Gerard J.
  1. *Douglas Haig, 1861–1928.* London: Unwin Hyman, 1988.
  2. *Blighty: British Society in the Era of the Great War.* London: Longman, 1996.
  3. *The First World War.* Houndsmills, Hampshire: Palgrave, 2001.
  4. "Ambition, Duty and Doctrine: Douglas Haig's Rise to High Command," in Bond and Cave.
Despard, Charlotte.
  1. *Women's Franchise and Industry.* London: Women's Freedom League, 1912[?].

  2. *Woman in the New Era. With an Appreciation by Christopher St. John*. London: The Suffrage Shop, 1910.
  3. *Theosophy and the Woman's Movement*. London: Theosophical Publishing Society, 1913.
Eksteins, Modris. *Rites of Spring: The Great War and the Birth of the Modern Age*. Toronto: Key Porter Books, 1989.
Ellis, John.
  1. *The Social History of the Machine Gun*. New York: Pantheon, 1975.
  2. *Eye-Deep in Hell: Trench Warfare in World War I*. New York: Pantheon, 1976.
Ellsworth-Jones, Will. *We Will Not Fight: The Untold Story of World War One's Conscientious Objectors*. London: Aurum, 2007.
Engen, Rob. "Steel Against Fire: The Bayonet in the First World War," *Journal of Military and Strategic Studies* 8:3 (Spring 2006).
Englander, David, and James Osborne. "Jack, Tommy, and Henry Dubb: The Armed Forces and the Working Class," *Historical Journal* 21:3 (1978).
Farwell, Byron.
  1. *Mr. Kipling's Army*. New York: Norton, 1981.
  2. *The Great Anglo-Boer War*. New York: Harper & Row, 1976.
  3. *The Great War in Africa, 1914–1918*. New York: W. W. Norton, 1986.
Ferguson, Niall.
  1. *The Pity of War*. New York: Basic Books, 1999.
  2. "The Kaiser's European Union: What If Britain Had 'Stood Aside' in August 1914?," in Niall Ferguson, ed., *Virtual History: Alternatives and Counterfactuals*. New York: Basic Books, 1997.
Fischer, Fritz. *Germany's Aims in the First World War*. London: Chatto & Windus, 1967.
Fisher, John. *That Miss Hobhouse*. London: Secker & Warburg, 1971.
FitzGibbon, Constantine. *Out of the Lion's Paw: Ireland Wins Her Freedom*. London: Macdonald, 1969.
Fortescue, John. *Narrative of the Visit to India of Their Majesties, King George V. and Queen Mary, and of the Coronation Durbar Held at Delhi, 12th December, 1911*. London: Macmillan, 1912.
Frances, Hilary. "'Dare to Be Free!': The Women's Freedom League and Its Legacy," in Purvis, June, and Sandra Stanley Holton, eds., *Votes for Women*. London: Routledge, 2000.
French, Gerald. *The Life of Field-Marshal Sir John French, First Earl of Ypres, K.P., G.C.B., O.M., G.C.V.O., K.C.M.G.* London: Cassell and Company, 1931.
French, John (Earl of Ypres). *Some War Diaries, Addresses and Correspondence*. Ed. Gerald French. London: Herbert Jenkins, 1937.
Fromkin, David. *Europe's Last Summer: Who Started the Great War in 1914?* New York: Knopf, 2004.
Fry, A. Ruth. *Emily Hobhouse: A Memoir*. London: Jonathan Cape, 1929.
Fussell, Paul. *The Great War and Modern Memory*. New York: Oxford University Press, 1975.

Garner, Les. *Stepping Stones to Women's Liberty: Feminist Ideas in the Women's Suffrage Movement, 1900–1918*. Cranbury, NJ: Associated University Presses, 1984.

Gatrell, Peter. *A Whole Empire Walking: Refugees in Russia During World War I*. Bloomington: Indiana University Press, 1999.

German General Staff. *The War in South Africa: Prepared in the Historical Section of the Great General Staff, Berlin*. Trans. W.H.H. Waters. London: John Murray, 1904.

Gibbs, Philip. *Now It Can Be Told*. New York: Harper, 1920.

Gilbert, Martin. *The First World War: A Complete History*. New York: Holt, 1994.

Gilmour, David. *The Long Recessional: The Imperial Life of Rudyard Kipling*. New York: Farrar, Straus and Giroux, 2002.

Gollin, A. M. *Proconsul in Politics: A Study of Lord Milner in Opposition and in Power*. New York: Macmillan, 1964.

Gregory, Adrian. *The Last Great War: British Society and the First World War*. Cambridge, UK: Cambridge University Press, 2008.

Groom, Winston. *A Storm in Flanders: The Ypres Salient, 1914–1918: Tragedy and Triumph on the Western Front*. New York: Atlantic Monthly Press, 2002.

Haig, Douglas.
1. *War Diaries and Letters, 1914–1918*. Ed. Gary Sheffield and John Bourne. London: Weidenfeld & Nicolson, 2005.
2. *Rectorial Address Delivered to the Students in the University of St. Andrews, 14th May 1919*. St. Andrews, Scotland: W. C. Henderson, [1919].
3. *The Preparatory Prologue, 1861–1914: Diaries and Letters*. Ed. Douglas Scott. Barnsley, South Yorkshire: Pen & Sword Military, 2006.

Hanson, Neil. *The Unknown Soldier: The Story of the Missing of the Great War*. London: Doubleday, 2005.

Hardie, James Keir. *Keir Hardie's Speeches and Writings: From 1888 to 1915*. Ed. Emrys Hughes. Glasgow: Forward, [1927?].

Hartcup, Guy. *The War of Invention: Scientific Developments, 1914–18*. London: Brassey's, 1988.

Haste, Cate. *Keep the Home Fires Burning: Propaganda in the First World War*. London: Allen Lane, 1977.

Haupt, Georges. *Socialism and the Great War: The Collapse of the Second International*. Oxford: Clarendon Press, 1972.

Hiley, Nicholas.
1. "Internal Security in Wartime: The Rise and Fall of P.M.S.2, 1915–1917," *Intelligence and National Security* 1:3 (1986).
2. "Counter-Espionage and Security in Great Britain During the First World War," *English Historical Review* 101:400 (July 1986).

Hiley, Nicholas, and Julian Putkowski. "A Postscript on P.M.S.2," *Intelligence and National Security* 3:2 (1988).

Hobhouse, Stephen.
1. *Forty Years and an Epilogue: An Autobiography, 1881–1951*. London: James Clarke, 1951.

2. *An English Prison from Within*. London: George Allen & Unwin, 1919.
Hochschild, Adam. *The Unquiet Ghost: Russians Remember Stalin*. Boston: Houghton Mifflin, 2003.
Holmes, Richard. *The Little Field-Marshal: Sir John French*. London: Jonathan Cape, 1981.
Holt, Tonie and Valmai. *"My Boy Jack?": The Search for Kipling's Only Son*. London: Leo Cooper, 1998.
Howard, Michael. *A Part of History: Aspects of the British Experience of the First World War*. London: Continuum, 2008.
Howe, Glenford Deroy. *Race, War and Nationalism: A Social History of West Indians in the First World War*. Kingston, Jamaica: Ian Randle, 2002.
Hutchison, Graham Seton. *Warrior*. London: Hutchinson, 1932.
Jackson, John. "Losing the Plot: Lloyd George, F. E. Smith and the Trial of Alice Wheeldon," *History Today* 57:5 (May 2007).
James, Lawrence.
  1. *Warrior Race: A History of the British at War*. New York: St. Martin's, 2001.
  2. *Mutiny: In the British and Commonwealth Forces, 1797–1956*. London: Buchan & Enright, 1987.
Joll, James. *The Second International, 1889–1914*. New York: Harper & Row, 1966.
Judd, Denis, and Keith Surridge. *The Boer War*. New York: Palgrave Macmillan, 2003.
Keegan, John.
  1. *The First World War*. New York: Knopf, 1999.
  2. *The Face of Battle: A Study of Agincourt, Waterloo and the Somme*. New York: Vintage, 1977.
Kennedy, Thomas C. *The Hound of Conscience: A History of the No-Conscription Fellowship, 1914–1919*. Fayetteville: University of Arkansas Press, 1981.
Kipling, Rudyard.
  1. *The Irish Guards in the Great War: Edited and Compiled from Their Diaries and Papers*. Garden City, NY: Doubleday, 1923.
  2. *"O Beloved Kids": Rudyard Kipling's Letters to his Children*. Ed. Elliot L. Gilbert. New York: Harcourt Brace Jovanovich, 1983.
Kramer, Alan. *Dynamic of Destruction: Culture and Mass Killing in the First World War*. New York: Oxford University Press, 2007.
Krebs, Paula M. "'The Last of the Gentlemen's Wars': Women in the Boer War Concentration Camp Controversy," *History Workshop* 33 (Spring 1992).
Kruse, Juanita. *John Buchan (1875–1940) and the Idea of Empire: Popular Literature and Political Ideology*. Lewiston, NY: Edwin Mellen, 1989.
Lincoln, W. Bruce. *Passage Through Armageddon: The Russians in War and Revolution, 1914–1918*. New York: Simon and Schuster, 1986.
Linklater, Andro. *An Unhusbanded Life: Charlotte Despard—Suffragette, Socialist and Sinn Feiner*. London: Hutchinson, 1980.
Livesey, Anthony. *The Historical Atlas of World War I*. New York: Henry Holt, 1994.
Lockwood, P. A. "Milner's Entry into the War Cabinet, December 1916," *Historical Journal* 7:1 (1964).

Longford, Elizabeth. *Queen Victoria: Born to Succeed.* New York: Harper & Row, 1964.
Lownie, Andrew. *John Buchan: The Presbyterian Cavalier.* London: Constable, 1995.
Lowry, Donal, ed. *The South African War Reappraised.* Manchester, UK: Manchester University Press, 2000.
Lytton, Constance, and Jane Wharton. *Prisons & Prisoners: Some Personal Experiences.* London: William Heinemann, 1914.
Macdonald, Lyn.
   1. *1914.* London: Michael Joseph, 1987.
   2. *1915: The Death of Innocence.* New York: Henry Holt, 1995.
   3. *The Roses of No Man's Land.* London: Macmillan, 1980.
MacDonald, Robert H. *The Language of Empire: Myths and Metaphors of Popular Imperialism, 1880–1918.* Manchester, UK: Manchester University Press, 1994.
MacLeod, Roy, and Kay MacLeod. "War and Economic Development: Government and the Optical Industry in Britain, 1914–18," in J. M. Winter, ed., *War and Economic Development: Essays in Memory of David Joslin* (Cambridge: Cambridge University Press, 1975).
Marlowe, John. *Milner: Apostle of Empire. A Life of Alfred George the Right Honourable Viscount Milner of St. James's and Cape Town, KG, GCB, GCMG (1854–1925).* London: Hamish Hamilton, 1976.
Marshall-Corwall, James. *Haig as Military Commander.* New York: Crane, Russak, 1973.
Martin, Christopher. *English Life in the First World War.* London: Wayland, 1974.
Massie, Robert K. *Castles of Steel: Britain, Germany, and the Winning of the Great War at Sea.* New York: Random House, 2003.
Mayhall, Laura E. *The Militant Suffrage Movement: Citizenship and Resistance in Britain, 1860–1930.* Oxford: Oxford University Press, 2003.
McCracken, Donal P. *Forgotten Protest: Ireland and the Anglo-Boer War.* Belfast: Ulster Historical Foundation, 2003.
Messinger, Gary S. *British Propaganda and the State in the First World War.* Manchester, UK: Manchester University Press, 1992.
Middlebrook, Martin. *The First Day on the Somme.* London: Pen & Sword, 2006.
Millman, Brock. *Managing Domestic Dissent in First World War Britain.* London: Frank Cass, 2000.
Milner, Violet. *My Picture Gallery, 1886–1901.* London: John Murray, 1951.
Mitchell, David. *Queen Christabel: A Biography of Christabel Pankhurst.* London: Macdonald and Jane's, 1977.
Montague, C. E. *Disenchantment.* London: Chatto & Windus, 1922.
Moorehead, Alan. *The White Nile.* London: Hamish Hamilton, 1960.
Moorehead, Caroline.
   1. *Troublesome People: The Warriors of Pacifism.* Bethesda, MD: Adler & Adler, 1987.
   2. *Bertrand Russell: A Life.* New York: Viking, 1992.
Moorhouse, Geoffrey. *Hell's Foundations: A Social History of the Town of Bury in the Aftermath of the Gallipoli Campaign.* New York: Henry Holt, 1992.

Morgan, Kenneth O. "Britain's Vietnam? Lloyd George, Keir Hardie, and the Importance of the 'Pro-Boers,'" in William Roger Louis, ed., *Still More Adventures with Britannia: Personalities, Politics and Culture in Britain* (London: I. B. Taurus, 2003).

Morris, James.
1. *Heaven's Command: An Imperial Progress.* New York: Harvest/HBJ, 1973.
2. *Pax Britannica: The Climax of an Empire.* New York: Harvest/HBJ, 1968.
3. *Farewell the Trumpets: An Imperial Retreat.* New York: Harvest/HBJ, 1978.

Morrow, John H., Jr. *The Great War: An Imperial History.* London: Routledge, 2004.

Mulvihill, Margaret. *Charlotte Despard: A Biography.* London: Pandora, 1989.

Nash, David. "The Boer War and Its Humanitarian Critics," *History Today* 49:6 (June 1999).

Nation, R. Craig. *War on War: Lenin, the Zimmerwald Left, and the Origins of Communist Internationalism.* Durham, NC: Duke University Press, 1989.

Newton, Douglas. "The Lansdowne 'Peace Letter' of 1917 and the Prospect of Peace by Negotiation with Germany," *Australian Journal of Politics and History* 48:1 (2002).

O'Brien, Terence H. *Milner: Viscount Milner of St. James's and Cape Town.* London: Constable, 1979.

Omissi, David, ed. *Indian Voices of the Great War: Soldiers' Letters, 1914–18.* London: Macmillan, 1999.

Oram, Gerard.
1. *Military Executions During World War I.* Houndsmills, Hampshire: Palgrave Macmillan, 2003.
2. *Death Sentences Passed by Military Courts of the British Army, 1914–1924.* Revised edition. Ed. Julian Putkowski. London: Francis Boutle, 2005.

Paice, Edward. *Tip and Run: The Untold Tragedy of the Great War in Africa.* London: Weidenfeld & Nicolson, 2007.

Pakenham, Thomas.
1. *The Boer War.* London: Weidenfeld and Nicolson, 1979.
2. *The Scramble for Africa: The White Man's Conquest of the Dark Continent from 1876 to 1912.* New York: Random House, 1991.

Pankhurst, Christabel. *Unshackled: The Story of How We Won the Vote.* London: Cresset, 1987.

Pankhurst, Emmeline. *My Own Story.* London: Eveleigh Nash, 1914.

Pankhurst, E. Sylvia.
1. *The Home Front: A Mirror to Life in England During the World War.* London: Hutchinson & Co., 1932.
2. *A Sylvia Pankhurst Reader.* Ed. Kathryn Dodd. Manchester, UK: Manchester University Press, 1993.
3. *Soviet Russia as I Saw It.* London: Workers' Dreadnought, 1921.
4. *The Suffragette Movement: An Intimate Account of Persons and Ideals.* London: Longmans, Green, 1931.

Pearce, Cyril. *Comrades in Conscience: The Story of an English Community's Opposition to the Great War.* London: Francis Boutle, 2001.

Pearsall, Ronald. *Edwardian Life and Leisure.* Newton Abbot, UK: David & Charles, 1973.

Pearson, Michael. *The Sealed Train.* New York: Putnam's, 1975.

Pinney, Thomas, ed. *The Letters of Rudyard Kipling.* 6 vols. Iowa City: University of Iowa Press, 1990–2004.

Porter, Bernard.
1. *The Lion's Share: A Short History of British Imperialism, 1850–2004.* Harlow, Essex: Pearson, 2004.
2. *The Origins of the Vigilant State: The London Metropolitan Police Special Branch Before the First World War.* London: Weidenfeld & Nicolson, 1987.
3. *Plots and Paranoia: A History of Political Espionage in Britain, 1790–1988.* London: Unwin Hyman, 1989.

Purvis, June.
1. *Emmeline Pankhurst: A Biography.* London: Routledge, 2002.
2. "Christabel Pankhurst and the Women's Social and Political Union," in Joannou, Maroula, and June Purvis, eds., *The Women's Suffrage Movement: New Feminist Perspectives.* Manchester, UK: Manchester University Press, 1998.

Putkowski, Julian.
1. *The Kinmel Park Camp Riots, 1919.* Hawarden, Wales: Flintshire Historical Society, 1989.
2. *British Army Mutineers, 1914–1922.* London: Francis Boutle, 1998.
3. "Incident at King Crater," mss. subsequently published as *Les Fusillés de King Crater.* Louviers, France: Ysec, 2002.

Putkowski, Julian, and Julian Sykes. *Shot at Dawn: Executions in World War One by Authority of the British Army Act.* London: Leo Cooper, 1989.

Rae, John. *Conscience and Politics: The British Government and the Conscientious Objector to Military Service, 1916–1919.* London: Oxford University Press, 1970.

Raeburn, Antonia. *The Militant Suffragettes.* London: Michael Joseph, 1973.

Reeves, Nicholas. "Cinema, Spectatorship and Propaganda: 'Battle of the Somme' (1916) and Its Contemporary Audience," *Historical Journal of Film, Radio and Television* 17:1 (March 1997).

Reid, Walter. *Architect of Victory: Douglas Haig.* Edinburgh: Berlinn, 2006.

Rice, Michael. *From Dolly Gray to Sarie Marais: The Boer War in Popular Memory.* Noordhoek, South Africa: Fischer Press, 2004.

Rippon, Nicola. *The Plot to Kill Lloyd George: The Story of Alice Wheeldon and the Pear Tree Conspiracy.* Barnsley, UK: Wharncliffe, 2009.

Robb, George. *British Culture and the First World War.* Houndsmills, Hampshire: Palgrave, 2002.

Robbins, Keith. *The Abolition of War: The "Peace Movement" in Britain, 1914–1919.* Cardiff: University of Wales Press, 1976.

Roberts, Brian. *Those Bloody Women: Three Heroines of the Boer War.* London: John Murray, 1991.

Romero, Patricia W. *E. Sylvia Pankhurst: Portrait of a Radical.* New Haven: Yale University Press, 1987.

Rosen, Andrew. *Rise Up, Women!: The Militant Campaign of the Women's Social and Political Union, 1903–1914.* London: Routledge & Kegan Paul, 1974.

Rothstein, Andrew. *The Soldiers' Strikes of 1919.* London: Macmillan, 1980.

Rowbotham, Sheila. *Friends of Alice Wheeldon.* London: Pluto, 1986.

Russell, Bertrand.
  1. *The Autobiography of Bertrand Russell, 1914–1944.* Boston: Little, Brown, 1968.
  2. *Justice in War-Time.* Chicago: Open Court, 1916.
  3. *The Collected Papers of Bertrand Russell:* Vol. 13, *Prophecy and Dissent, 1914–16.* London: Unwin Hyman, 1988.
  4. *The Collected Papers of Bertrand Russell:* Vol. 14, *Pacifism and Revolution, 1916–18.* London: Routledge, 1995.

Rutherford, Ward. *The Russian Army in World War I.* London: Gordon Cremonesi, 1975.

Sheffield, Gary. *Forgotten Victory: The First World War, Myths and Realities.* London: Headline, 2001.

Silbey, David. *The British Working Class and Enthusiasm for War, 1914–1918.* London: Frank Cass, 2005.

Sitwell, Osbert. *Great Morning!* Boston: Little, Brown, 1947.

Smith, Angela K. *Suffrage Discourse in Britain During the First World War.* Aldershot, UK: Ashgate, 2005.

Smith, Richard. *Jamaican Volunteers in the First World War: Race, Masculinity and the Development of National Consciousness.* Manchester, UK: Manchester University Press, 2004.

Stevenson, David. *Cataclysm: The First World War as Political Tragedy.* New York: Basic Books, 2004.

Stoff, Laurie S. *They Fought for the Motherland: Russia's Women Soldiers in World War I and the Revolution.* Lawrence, KS: University Press of Kansas, 2006.

Stone, Norman. *The Eastern Front, 1914–1917.* London: Hodder and Stoughton, 1975.

Strachan, Hew. *The First World War, Vol. 1: To Arms.* Oxford: Oxford University Press, 2001.

Stubbs, J. O. "Lord Milner and Patriotic Labour, 1914–1918," *English Historical Review* 87:345 (October 1972).

Swartz, Marvin. *The Union of Democratic Control in British Politics During the First World War.* Oxford: Clarendon Press, 1971.

Terraine, John.
  1. *Ordeal of Victory.* Philadelphia: J. B. Lippincott, 1963.
  2. *The Smoke and the Fire: Myths and Anti-Myths of War, 1861–1945.* London: Sidgwick & Jackson, 1980.

Thompson, J. Lee. *Forgotten Patriot: A Life of Alfred, Viscount Milner of St James's and Cape Town.* Madison, NJ: Fairleigh Dickinson University Press, 2007.

Thomson, Basil.
  1. *The Story of Scotland Yard.* London: Grayson & Grayson, 1935.

2. *My Experiences at Scotland Yard.* Garden City, NY: Doubleday, Page, 1923.
3. *The Scene Changes.* Garden City, NY: Doubleday, Doran, 1937.

Thurlow, Richard. *The Secret State: British Internal Security in the Twentieth Century.* Oxford: Blackwell, 1994.

Todman, Dan. *The Great War: Myth and Memory.* London: Hambledon and London, 2005.

Toland, John. *No Man's Land: 1918, the Last Year of the Great War.* Garden City, NY: Doubleday, 1980.

Travers, Tim. *The Killing Ground: The British Army, the Western Front and the Emergence of Modern Warfare, 1900–1918.* London: Allen & Unwin, 1987.

Tuchman, Barbara.
1. *The Proud Tower: A Portrait of the World Before the War, 1890–1914.* New York: Macmillan, 1966.
2. *The Guns of August.* New York: Macmillan, 1962.

Tucker, Spencer C., ed. *World War I Encyclopedia.* 5 vols. Santa Barbara, CA: ABC-CLIO, 2005.

Van Reenen, Rykie, ed. *Emily Hobhouse: Boer War Letters.* Cape Town: Human & Rousseau, 1984.

Vellacott, Jo. *Bertrand Russell and the Pacifists in the First World War.* New York: St. Martin's, 1980.

Watt, Richard M. *The Kings Depart: The Tragedy of Germany: Versailles and the German Revolution.* New York: Simon and Schuster, 1968.

Waugh, Alec. *The Early Years of Alec Waugh.* New York: Farrar, Straus and Giroux, 1963.

Webster, Donovan. *Aftermath: The Remnants of War.* New York: Vintage, 1998.

Weintraub, Stanley. *Silent Night: The Story of the World War I Christmas Truce.* New York: Free Press, 2001.

Weller, Ken. *"Don't Be a Soldier!": The Radical Anti-War Movement in North London, 1914–1918.* London: London History Workshop Centre, 1985.

Whalen, Robert Weldon. *Bitter Wounds: German Victims of the Great War, 1914–1939.* Ithaca, NY: Cornell University Press, 1984.

Wheeler-Bennett, John. *Brest-Litovsk: The Forgotten Peace, March 1918.* New York: Norton, 1971.

Wills, W. David. *Stephen Henry Hobhouse: A Twentieth-Century Quaker Saint.* London: Friends Home Service Committee, 1972.

Wilson, Angus. *The Strange Ride of Rudyard Kipling: His Life and Works.* New York: Viking, 1978.

Wilson, Trevor. *The Myriad Faces of War: Britain and the Great War, 1914–1918.* Cambridge, UK: Polity Press, 1986.

Winslow, Barbara. *Sylvia Pankhurst: Sexual Politics and Political Activism.* New York: St. Martin's, 1996.

Winter, Denis. *Haig's Command: A Reassessment.* London: Viking, 1991.

Winter, J[ay] M.
1. *The Experience of World War I.* New York: Oxford University Press, 1989.

2. *The Great War and the British People.* Cambridge: Harvard University Press, 1986.
Winter, Jay, and Blaine Baggett. *The Great War and the Shaping of the 20th Century.* New York: Penguin Studio, 1996.
Winter, Jay, Geoffrey Parker, and Mary R. Habeck, eds. *The Great War and the Twentieth Century.* New Haven: Yale University Press, 2000.
Wolff, Leon. *In Flanders Fields: The 1917 Campaign.* New York: Viking, 1958.
Wrench, John Evelyn. *Alfred Lord Milner: The Man of No Illusions, 1854–1925.* London: Eyre & Spottiswoode, 1958.
Wright, Patrick. *Tank: The Progress of a Monstrous War Machine.* New York: Viking, 2002.
Zuckerman, Larry. *The Rape of Belgium: The Untold Story of World War I.* New York: New York University Press, 2004.

THESES

Kaminski, Diane Clements. *The Radicalization of a Ministering Angel: A Biography of Emily Hobhouse, 1860–1926.* University of Connecticut, Ph.D., 1977.
Mayhall, Laura E. Nym. *"Dare to Be Free": The Women's Freedom League, 1907–1928.* Stanford University, Ph.D., 1993.
Williams, Carl R. *The Control of Civilian Populations in War: The Policing of Political Beliefs in Great Britain, 1914–1918.* London School of Economics, M.Sc., 1999.

ARCHIVAL MATERIAL

National Archives, Kew
Charlotte Despard Papers, Public Record Office of Northern Ireland, Belfast
Charlotte Despard Papers, Women's Library, London
John French Papers, Imperial War Museum, London
David Lloyd George Papers, Parliamentary Archives, London
Alfred Milner Papers, Bodleian Library, Oxford
E. Sylvia Pankhurst Papers, Internationaal Instituut voor Sociale Geschiedenis, Amsterdam (microfilm copies in many libraries)
Albert Edward Rochester Papers, in private hands
— transcript of Rochester's court-martial, 12 January 1917
— Rochester's unpublished letter to the *Daily Mail,* 31 December 1916
— "Albert Edward Rochester, 1884–1926," unpublished mss. by Tom Hickey and Brian Maddocks
— "Debts of Honour," unpublished mss. by Tom Hickey and Brian Maddocks
Imperial War Museum Sound Archive interviews
— Fenner Brockway 000476/04
— Wilfrid Ernest Littleboy 000485/06
— Howard Cruttenden Marten 000383/06
— Harold Frederick Bing 000358/11
Comintern personnel files, Moscow
— William Wheeldon file: 495/198/537

致 谢

在我写作本书的六年时间里，许多人给了我重要的帮助，日积月累，其人数之多足以媲美一战期间的一支小型部队。首先，我要向众多阅读了本书原稿并给予我反馈的朋友们深深鞠上一躬：哈丽雅特·巴洛（Harriet Barlow），文森特·卡雷塔（Vincent Carretta），薇薇安·登特（Vivian Dent），伊丽莎白·法恩斯沃思（Elizabeth Farnsworth），玛丽·费尔斯蒂纳（Mary Felstiner），彼得·戈德马克（Peter Goldmark），赫尔曼·哈茨费尔特（Hermann Hatzfeldt），特雷西·基德尔（Tracy Kidder），杰弗里·克莱因（Jeffrey Klein），马克·克雷默（Mark Kramer），埃莉诺·兰格（Elinor Langer），梅根·莱斯洛奇（Meghan Laslocky），麦克·迈耶（Mike Meyer），迈克尔·赖斯（Michael Rice），丽贝卡·索尔尼特（Rebecca Solnit），弗朗西斯·威尔逊（Francis Wilson），蒙蒂·沃思（Monty Worth）。因为曾经历尽辛苦地读完了本书一个早期版本的原稿，他们当中的一些人配得上一枚额外颁发的勇气勋章，当时的作品篇幅比现在要长大约百分之六十——《日内瓦公约》应该明文禁止这种向读者宣战的行为。

我还要深深感激四位阅读过手稿的一战历史学家对我这位他们极为熟悉的领域的新来者的慷慨相助。我在英国国家档案馆咨询台的旁边遇见了他们中的第一个人，当时他无意中听到了我的问题，事情很快变得非常清楚，他知道的东西要比柜台后面的那个人多得多。他就是朱利安·帕特科斯基（Julian Putkowski），后来，他从大西洋对岸给我发来了大量有用的参考书目。他和同样来自英国的西里尔·皮尔斯（Cyril Pearce）、美国的彼得·斯坦斯基（Peter Stansky）和加拿大的乔·维拉科特（Jo Vellacott）——他们中的每个人对这段历史的研究时间都比我长得多——为我更正了许多错误。他们不应对后来依然悄悄混进书中的任何错误或我本人的观点承担任何责任。

我的妻子阿莉始终是我最亲密的战友，在本书的写作过程中也是如此。她与我共同经历了酸甜苦辣，对书中人物的了解之深仿佛他们就是我们的家庭成员，对那一版冗长的早期原稿提出了温和的批评意见，陪我在参观法国战场时走访战壕、博物馆和地下隧道，同时还要写她充满智慧、观点犀利的新书。

伟大的编辑比伟大的作者更为稀缺，迄今为止已经与我合作过四次的汤姆·恩格尔哈特（Tom Engelhardt）是其中最优秀的一位。他有种不可思议的能力，能够进入作者的脑壳，比作者更为清楚地知道他想要实现什么，知道怎样才能把想象中的内容恰到好处地表达出来。更让我惊讶的是，做到这些的同时，他还在独自一人经营着一个网站，为其撰写了大部分内容，密切关注着我们这个时代关于帝国的梦想与妄想，它的网址是 www.tomdispatch.com。

霍顿·米夫林·哈考特出版集团的布鲁斯·尼科尔斯（Bruce Nichols）和安德烈亚·舒尔茨（Andrea Schulz）阅读手稿后给了我有用的意见，伦敦麦克米兰出版公司的乔治娜·莫莉（Georgina Morley）和我的文学代理人乔治·博哈特（Georges Borchardt）也是如此。我还要感谢同样来自霍顿·米夫林·哈考特的拉里·库珀（Larry Cooper），他凭着在我们之前三次合作中对原稿审阅时的仔细，发现了几百处无关单词、累赘重复和其他语言运用不得体。我希望以后他还能为我找到更多。梅拉妮·哈兹尔登（Melanie Haselden）对英国照片档案的调查工作非常出色，她不但搜寻到了本书主要人物的相片，还找到了记录这场战争的罕见照片。

其他人也在许多方面向我提供了帮助，在他们当中，朱利安·亨迪（Julian Hendy）和我分享了与惠尔登一家有关的书信副本和其他材料；卡尔·威廉斯（Carl Williams）把他的学位论文发给了我；在尼古拉斯·希利（Nicholas Hiley）的引领下，我找到了若干有用的信息源，她还贴心地提供了几幅插图；盖伊·哈特卡普（Guy Hartcup）和马克·古德曼（Mark Goodman）为我答疑解惑。我还要感谢兰南基金会，我没有想到，刚一开始写作本书时，我就从他们那里得到了一笔非常慷慨的补助。因为在几年前读到布赖恩·马多克斯（Brian Maddocks）和汤姆·希基（Tom Hickey）优秀的电影剧本——这个项目还需要一位有胆识的制片人，我才知道了阿尔伯特·罗切斯特的存在。罗切斯特的孙子唐·科尔曼（Don Coleman）发给了我更多的信息和一张照片。

尽管看看尾注便能对我亏欠哪位作者最多一目了然，我还是想再次对他们中的几位表示特别感谢。作为作家，芭芭拉·塔奇曼一直都是我的榜样；我很高兴能在创作期间充分利用她的两部极为精彩的作品——尽管在看待这场战争的爆发时，今天的历史学家往往与她的观点稍有不同。特雷弗·威尔逊关于英国在战争期间经历的权威历史著作是我形影不离的伙伴。我从休斯和米拉韦尔·塞西尔写作质量上乘的《帝国婚姻》中获得了大量材料；我对这本书中人物的政治信仰提出了比作者更具批判性的观点，希望二位作者能够原谅我的做法。最后，和近年来写作英国历史题材的所有作者一样，我得以仰仗最伟大的英文工具书之一、内容详尽的《牛津英国名人词典》的最新修订版，对此我心存感激。

收到我的请求后，许多图书馆和档案馆都寄来了影印资料，有时还是免费的，它们包括苏格兰国家图书馆、牛津大学博德利图书馆、华威大学、帝国战争博物馆、达尔豪斯大学以及斯沃斯莫尔学院和平收藏馆。我要感谢加布里埃尔·欧普雷（Gabriel O'Prey）牧师和北爱尔兰公共档案馆允许我引用存放在这里的夏洛特·德斯帕德的书信。为了给本书搜集材料，我曾经在英国和美国走访了包括上述机构在内的许多机构，但我要特别感谢两座我曾在其中度过了大部分时间的图书馆，加州大学伯克利分校图书馆和在夏天陪伴我的贝茨学院图书馆。即便已经去过好几次，我还是难掩对基尤的英国国家档案馆和它神奇的高架输送带的惊叹之情，只消几分钟，它就能为你从珍藏着英国的千年历史的总长达到 187 公里的书架中魔术般地取来任何你能想到的文件。其馆藏之丰富足以令你产生幻觉：我们真的可以理解过去。

索 引

（索引页码为原书页码，即本书边码）

Africa, as battleground in war, 195, 216, 276, 309, 349
Aldershot, 39; 67
Ames, Oswald, 3
Amiens, Battle of, 332
Anglo-American Society, 289
Archbishop of Canterbury, 219
Armenians, genocide against, 193, 349, 373
Artillery
  at Battle of the Somme, 196–97, 198–99, 204, 206, 285
  German use of, 205
  German heavy artillery, 102, 320
  shortage of shells for in Britain, 143, 163
  surprising deadliness of, 110
Asquith, Herbert, xiv, 72, 84, 91, 94, 144, 158, 167, 185, 192, 202, 211, 219, 230–31, 236, 302
Asquith, Margot, 118
Asquith, Raymond (son), 180–81, 222
Astor, Waldorf, 178
Australia, 195, 299
  troops in war from, 147, 186, 286, 309, 349
Austro-Hungarian Empire, 43, 79–80
  civilian privations in, 215, 312
  ethnic dissolution of, 338
  fighting against Italy, 291–92
  fighting against Russia, 117–18, 156, 247
  fraternization begun, 157
  and peace of Brest-Litovsk, 304–5
  FWW death toll in, 348
  peace overtures from, 273
  Serbia as antagonist of, 82
  Serbia occupied by, 194
  strikes and ethnic unrest in, 313
  support for war in, 93

Baldwin, Stanley, 363
Balkans, and Austro-Hungarian brutality, 194
"Bantam Battalions," 231–33, 236
Barbed wire
  in First World War, 125, 138
  and camps for civilians, 33, 216, 373
  on Eastern Front, 256
  German barbed wire, 143, 162, 163, 166, 198, 203, 204, 205–6, 208
  tanks as defeating, 213, 332
  and Kimberley siege in Boer War, 25
Barker, Pat, 261n
Barrie, James, 148
Barritt, Cornelius, 200–202
Battle of the Somme (film), 226–28

Battles. *See names of specific battles*
Bavaria, revolutionary republic of, 338
Bayonets
 in French army tactics, 102, 103
 French's high regard for, 164, 167
 in German army tactics, 124
 in planning for Battle of the Somme, 196
 socialists see worker at each end of, 334
Beach Thomas, William, 223, 233
Beauchamp, Joan, 325
Beavis, Stuart, 193
Bebel, August, 64
Belgium, 93
 Britain demands neutrality for, 88, 90
 colonized nations comparable to, 355
 German invasion of, xvi, 91, 93, 102
  atrocities in, 102, 219–20
  and British propaganda, 148–49
 Germany blocks departure from, 216–17
 homes destroyed in, 350
 as pivotal in war strategy, 69
Belleau Wood, 330
Benedict XV (pope), 273
Bennett, Percy, 144
Bennett, Winifred "Wendy," 144, 159, 166, 285, 364
Beresford, Charles, 70
Berger, John, xv–xvi
Bethmann-Hollweg, Theobald von, xiv
Bevan, Aneurin, 265
Bickersteth, Burgon, 212
Bill, C. A., 288
Binoculars, British purchase from Germany of, 160–61
Bitsenko, Anastasia, 304, 305
Blacks in South Africa
 British view of, 37–38
 Hardie's efforts for, 57
 and Emily Hobhouse, 50–51
 and Sylvia Pankhurst, 369
Blok, Alexander, xv
Blunden, Edmund, xv, 136
Bochkareva, Maria, 281–82

Bodkin, Sir Archibald, 191
Boer War, 19, 23–24, 32
 beginning of, 23
 British concentration camps in, 33, 35, 36
 monument to victims of, 51
 and erroneous thinking about future wars, 26
 French's memory of chivalry in, 131
 as guerrilla war, 32–33
  British repression and punitive measures against, 33
  scorched-earth policy of British, 33, 156
 Kimberley siege, 24
  cavalry charge in relief of, 24–26, 41
 opponents of, 30–32
  Hardie, 56, 58
  Emily Hobhouse, 33–37
  Lloyd George, 31, 34
  Pankhurst family, 46, 48, 58
 and postwar British rule, 37–39
 as preview, 26, 33
 public support for, 23, 25, 29, 147
 solidarity of British people and Empire in (Violet Cecil), 29
 trenches in, 123
Bolsheviks
 and Brest-Litovsk armistice, 304–5
 and German interest in revolution, 267–68
 German-language newspapers distributed by, 331
 Milner sees as real danger, 311, 335
 and Russian Revolution, 281, 293, 315, 358 (*see also* Russian Revolution)
 among Russian troops, 117, 156
 Scottish uprising seen as led by, 352
Booth, Charles, 12
Booth, Herbert, 253, 258–59, 261
Borden, Sir Robert, 287
Bottomley, Horatio, 248
Bowes-Lyon, Fergus, 166
Brest-Litovsk, Russo-German peace at, 304–5

索 引 / 533

Britain
  as confident about coming war, 69–70
  and Irish civil conflict, 81, 183–85, 361 (*see also* Ireland)
  labor unrest in (prior to FWW), 70–71
  and oil in Persian Gulf region, 195
  in peaceful relationship with Germany (first half of 1914), 74
  role of king in, 42
  Russian anti-Bolsheviks supported by, 335
  suffragette vandalism in, 71
  women's suffrage granted (for most), 315–16
  AND FIRST WORLD WAR OUTBREAK, 85, 90, 91
    in network of European rivalries, 43
    hope of staying out, 86
    opposition to war, 86–87, 90–91, 95
    declaration of war in response to invasion of Belgium, 93–94
    war fever and recruiting boom, 94–95, 100–101
    actual fighting remains distant, 108
  AND WAR AT HOME
    accidents in munitions factories, 300–301
    air raids, 153–54
    anti-conscription protests, 168, 186–87
    anti-German hysteria, 154–55, 169–70, 279
    and British Workers League, 177–79
    clairvoyants active, 222
    censorship, 155, 280, 295, 323 (*see also* Censorship)
    conscription initiated, 179, 188
    financial cost, 310
    forceful suppression of pacifist and socialist groups, 187–88, 279–80, 324–25
    labor disturbances
      cessation of at beginning of FWW, 101
      strikes over wartime conditions, 249, 250, 333–34
    Leeds conference and push for British soviets, 274, 280
    Lloyd George succeeds Asquith as prime minister, 236–37, 246
    military executions reported, 242
    morale raised in face of final German advances, 322–23
    name of royal house Anglicized, 279
    1917 hardships, 301
    opposition to war, xvi–xvii, 187, 188, 376–77 (*see also* War resisters)
    paranoia about German spies and sympathizers, 169–70, 248–50
    privations for poor and families of soldiers, 129
    propaganda to engineer support, 147–50, 222–25, 226–28, 289–90
      diminishing effectiveness of, 300
      in face of final German offensive, 323
      Germans demonized in, 149, 151, 158, 225–26, 289, 357
      Haig made invulnerable by, 299
      postwar cynicism engendered by, 373
    punitive peace terms as fruit of, 357
    restrictions on women, 139
    rumors of Russian soldiers arriving, 111
    troops stationed in Britain as anti-revolution measure, 334
    unionists vote for total victory, 280–81
    War Cabinet, 236–37, 245
    war fervor and coerced recruitment, 118–19, 150–51, 177, 257
    Wheeldon show trial, 258–62, 274
    women as munitions workers, 152, 316
Britannia (renamed WSPU newspaper), 169, 248, 327
British Citizen and Empire Worker (newspaper), 178
British Empire, 4–5
  FWW efforts from, 101, 309–10
  deaths from, 348
  and Easter Rising, 185
  and Kipling, 22–23, 76

British Empire (cont.)
　Milner on, 20
　seen as united in Boer War, 29
　unraveling of, xv, 360–61
　　becomes Commonwealth, 361
　　and Kipling, 363
　　as worldwide support in potential war, 67–68
British ruling class
　FWW deaths among, xiv, 302
　as horsemen and cavalry, 5–6
British Workers' League, 177–79, 230, 245, 281
Brittain, Vera, 203, 331–32
Brocklesby, Bert, 192–93
Brockway, Fenner, 150–51, 189, 294, 297, 325–26, 342, 353, 366
Brooke, George, 9
Brooke, Rupert, 101
Buchan, John, 38, 50, 101, 149, 170–71, 195, 222, 223–25, 245–46, 248, 289–91, 299, 300, 323, 343, 357, 361, 364
Buitenhuis, Peter, 225
Bulgaria, 195, 338
Buller, Sir Redvers, 24
Burns, Robert, 58, 60

Caillaux, Henriette, 81
Call to Arms (play), 100
Cambrai, France, tank battle at, 290
Cambridge Medieval History, German contributors dropped from, 155
Campbell, Ronald "Bloody," 196
Caporetto, battle at, 291
Carnegie, Andrew, 13
Castelnau, Noël de, xiv
Catchpool, Corder, 342
Cavalry, 5–6, 41
　Austrian, 118
　in British Expeditionary Force, 104, 122, 137
　　and Battle of the Somme, 196, 206, 208, 397
　　hapless 1917 attack of, 272–73
　　in planned attack at Neuve Chapelle, 138
　　in planning for Battle of Passchendaele, 278
　　reduction in number of, 333
　France mobilizes against strikers, 335
　and John French, 6–8, 9–10, 40, 139
　　in view of next war, 43–44
　in German army, 102, 137
　Haig's faith in, 41–42, 139, 180, 367
　in lifting siege of Kimberley, 24–26, 41
　in planning for next war, 69
　and retirement of lance as weapon (1928), 368
　senior officers from, 6
　tanks as supplanting, 332
Cavalry Studies (Haig), 42
Cecil, Lord Edward, 27, 28–29, 32, 51, 96, 105–6, 121–22, 127–28, 350–51
Cecil, George (son), 29–30, 32, 51–52, 76, 83, 96, 105, 113, 119–22, 127–28, 356
Cecil, Helen (daughter), 96
Cecil, Hugh and Mirabel, 30
Cecil, Lady Violet (later Violet Milner), 27–30, 32, 36, 51–52, 75–76, 96–97, 105, 113, 119–22, 127–28, 174, 185–86, 237, 319, 321, 335, 343, 356, 360, 363
Cemeteries of First World War, xi–xii, 375
Censorship, 155, 295, 323
　of mail to Indian soldiers, 149–50
　of news on Boer War concentration camps, 33
　officials aim to show lightness of, 280
　of soldier's critical letter to newspaper, 233–34
Chamberlain, Joseph, 36
Chapman, Guy, 212–13
Charlotte Despard Avenue, London, 31
Charteris, John, 210–11, 225, 277, 300
Château-Thierry, 330
China, 94, 195
Christmas Truce (1914), 130–31, 375
　Hardie on, 131–32
　strict orders against repeat of, 172

索 引 / 535

Churchill, Winston
 and First World War
  as battalion commander at front, 234
  as criticizing management of navy, 234
  enthusiastic support for, 118
  on German submarine blockade, 248, 266
  as land-war observer, 127
  on widening conscription limits, 310–11
  as witness to German offensive (1918), 316–17
  and First World War outbreak
  on news of Austro-Hungarian ultimatum, 84
  orders British fleet to wartime base, 85
  urges immediate intervention, 90
  and Haig's disapproval of guest's drinking, 211
  on Milner, 21, 360
  at Omdurman, 17
  on postwar world, 347
  and Russian Revolution, 263, 268–69
Civil liberties
 British tradition of, 188
 erosion of, 155
Civil War (U.S.), trench warfare in, 123
Clark, Alan, 115
Clarke, John S., 250–52, 262–63, 294, 351, 354, 358, 359, 366
Clemenceau, Georges, 28, 50, 121, 319–20, 327, 334, 335, 356, 367
Compiègne, German surrender at, 340
Communism. *See* Bolsheviks; Soviet Union
Communist Party (Australia), 369
Communist Party (Britain), 353, 359
Concentration camps (British) in Boer War, 33, 35
 and Emily Hobhouse's relief work, 34, 35
 monument to victims of, 51

Congo, Morel's investigative journalism on, 187
Connolly, James, 183–84, 185
Conscientious objectors (COs), 188, 376
 condemnation of, 189, 323, 271
 Despard visits families of, 279
 as exempt from conscription, 179
 I Appeal unto Caesar as defense of, 271–72
 as influenza victims, 350–51
 in prison, 188, 189, 190–91, 269, 294, 297, 301, 303, 314, 325
 disenfranchisement of, 303
 and postwar prison reform, 366
 release of and subsequent lives, 353
 sent to France, xvii, 191–93, 200–203
 and war's end, 342
 See also War resisters; Pacifists
Conscripted labor, 195, 216, 349
Conscription
 in Britain, 179, 188
 in Ireland, 321, 329–30
 Milner and Kipling for, 50
Corio, Silvio, 368, 370
Correspondents. *See* Press
Czernin, Count Ottokar, 305

Davison, Emily Wilding, 71
Debs, Eugene V., xvi, 57, 63, 314, 376
Defence of the Realm Act, 155
DeGroot, Gerard, 285
Derby, Lord, 119, 192, 271, 299
"Deserter" (song), 371
Despard, Charlotte, 10–14, 46, 52–53, 73–74, 139–40, 365, 376
 at anti-conscription rally, 168
 attempts to organize soviet, 280
 Boer War opposed by, 30–31
 on British colonial wars, 18
 on British retreat in France, 110
 FWW opposed by, 91, 99, 279, 324
 and John French, 14–15, 31, 74, 139, 284, 354, 365
 in French's intelligence report, 315

Despard, Charlotte (*cont.*)
  and Gandhi, 108
  at ILP meeting, 221
  and Ireland, 354–55, 365
  at Leeds conference, 273, 274
  sends letter to Russian women, 273
  Soviet Union visited by, 359
  and women's vote movement, 44–45
Despard, Maximilian, 11
De Valera, Eamon, 325
Doyle, Arthur Conan, 148, 173, 291
Draft evaders, 252. *See also* Conscientious objectors; War resisters; Pacifists
Drummond, Flora, 151–52
Drummond, Keir Hardie, 152
Dudley, Arthur Darville, 309
Duncan, George, 180, 198, 230
Duval, Cécile, 21, 36, 51

Earp, Arthur, 241
Easter Rising, Ireland, 183–85, 200
  leaders of executed, 185, 200, 326
Edward VII (king of England), 36, 41, 42, 58
Edward VIII (king of England), 127
Egypt, 274, 361
Elizabeth (Queen Mother), 166
Elliott, H. E., 349
Ellison, George, 341
English Prisons Today (Hobhouse and Brockway), 366
"Epitaphs of the War" (Kipling), 336
Ethiopia, and Sylvia Pankhurst, 370
Evangelical Union, 56, 169
Evans, Alfred, 201
Eye in the Door, The (Barker novel), 261n

Falkenhayn, Erich von, 110, 214
Fascism
  Sylvia Pankhurst opposes, 369
  as welfare/nationalism combination, 177
Fellows, Harry, 164–65
Ferguson, Niall, 372–73
Fighter pilots, life expectancy of, 301

Film, as propaganda vehicle, 226–28, 289–90
First World War (FWW), xii–xiv
  active resistance to, xvi–xvii, 187, 188, 376–77 (*see also* War resisters)
  in Africa, 195, 216, 276, 309, 349
  aftermath of, xv–xvi
  cynicism over government statements, 373
  egalitarianism in British colonies, 362
  grieving, 348, 356
  influenza pandemic, 350–51
  labor upheavals, 352, 353
  Lansdowne's prophetic vision of, 302, 373
  moral barriers smashed, 373
  Nazism, xv, 358, 373 (*see also* Nazism)
  Paris Peace Conference and Versailles Treaty, 355–56, 357–58
  ravaged landscape, 349–50, 356–57
  Soviet Union, 358–59
  war resisters freed from prison, 352–53
  air raids in, 153–54, 215
  anticipation of, 69–70
  appraisal of, 371–74
  Black Death compared to, 257
  British blockade in, 161, 215, 276, 311, 349
  casualties in, xiv, xv–xvi, 215, 231, 347, 380
  civilian deaths, 348–49
  forced laborers in Africa, 349
  in nations other than Britain, 348
  among officers, xiv, 206, 301, 302
  suicides, 349
  wounded, 210, 347–48
  and complaint of personnel wasted on officers' welfare, 233–36
  defenders favored over attackers in, 124, 125, 138, 208, 208n
  on Eastern (Russian) Front, 114–17, 147, 156–57, 254 (*see also* Russia)

as end of socialist dream, 56, 57
European nations' preparation for, 62
failure to question suicidal incompetence of generals in, 165–66
Gallipoli campaign, 143–44, 147, 155–56, 230, 361
Italy joins in, 147
loyalties and dreams conflicting in, xviii–xix
meager motivation for, 62–63
and reasons for vs. consequences of, xvi, xvii
and negotiated peace, 273, 275–76
   deadlock as hope for, 276
   efforts toward, 217–20
   Lansdowne's proposal for, 302–3
   and Milner's idea of turning on Russia, 293–94, 311
   precluded by Allied declaration, 303
optical equipment crucial in, 160
and Ottoman atrocities, 193–94
praise for, xviii, 291 (*see also* War)
prelude to, xix
revolutionary potential of, 299, 305
ruling class devastated in, xiv
and secret treaties on territory grabs, 293
Serbia overrun, 147
submarine war in, 155, 216, 265–67
   unlimited submarine warfare, 247–48
as total war, 95, 216
United States enters, 267, 310 (*see also* United States)
weapons met with countermeasures in, 142
worldwide extent of, 195, 310
OUTBREAK OF
assassination of Franz Ferdinand, 80, 81–82
and cause as assassination vs. background factors, 82
and Kaiser's endorsement of Austro-Hungarian attack on Serbia, 83

Austro-Hungarian ultimatum to Serbia, 84
Serbia's appeal to Russia, 84
Austria-Hungary's invasion of Serbia, 85
series of moves and countermoves by France, Britain, Germany, and Russia, 85–86, 88, 89, 91
German invasion of Belgium and France, 91
and support of socialists for, 91–92
noble goals proclaimed by all, 92, 94
leftist opposition overrated, 92–94
Britain drawn in, 93–95
expectation of quick end to, 96
as improbable chain of events, 275
FIRST STAGE OF
Belgian resistance, 102
German atrocities in Belgium, 102, 219–20
French army's fiascos, 102–3
British Expeditionary Force arrives, 103–6
British in headlong retreat, 108–111
and surprise at deadliness of, 110
German drive to gates of Paris, 120–21
logistics problems for Germans, 122–23
courtliness in, 125–26
BEF casualties, 126
Christmas Truce and fraternization, 130–32, 375
TRENCH WARFARE STAGE OF, 123, 125
trenches begun, 123, 124
suicidal German charges, 124
defenders favored over attackers in, 124, 125, 138, 208, 208n
and barbed wire, 125
soldiers' living conditions in, 135–37, 166–67, 171–72, 180
first British offensive, 137–38
and communications obstacles, 138–39, 213
poison gas introduced, 140–42
May 1915 offensive, 142–43

First World War (FWW) (*cont.*)
TRENCH WARFARE STAGE OF (*cont.*)
flamethrower introduced, 145–46
British offensive at Loos, 158, 159, 162–68, 285
optical-goods-for-rubber deal, 160–62
live-and-let-live spirit emerges, 172
and legend of no man's land deserters, 172–73
as stalemate, 173, 300
and war of attrition, 180, 209, 300, 322, 337
Battle of Verdun, 182–83, 207–8
Battle of the Somme, xi–xii, 195–99, 203–14, 228–29, 285 (*see also* Battle of the Somme)
tanks introduced, 213 (*see also* Tanks)
"Bantam Battalions" in, 231–33
and military executions of soldiers from, 232–33, 241, 242–44, 370–71
1917 spring/summer operations, 272–73
mutinies in French army, 276–77
Battle of Passchendaele, 278, 285–88
British troops' pessimism and rioting, 292
remnants of, xii, 374–75
FINAL STAGE OF
German buildup, 310, 311
U.S. entry sets deadline for Germans, 311
German offensive, 317–22, 327–28, 330–32
preattack artillery barrage, 316–17, 317–18
British prisoners taken, 319, 320
German small-group ("storm trooper") tactics in, 318, 319
and British mastery of new technology and methods, 332–33
Allied counteroffensive, 332–33, 336–37
German troops surrendering, 333
Germany asks for peace negotiations, 337
continued Allied advance and fighting, 337

German military broken by desertions and mutiny, 338, 339
German military dissolves and socialist government takes power, 339–40
Germany surrenders and signs Armistice, 340–41
and myth of undefeated German army, 340–41
See also Britain AND WAR AT HOME

Fisher, John, 341
Fisher, Victor, 178–79
Flamethrowers, 145–46, 183
Foch, Ferdinand, 340, 341, 367
France
FWW death toll in, 348
in FWW outbreak, 89, 92
military practices and customs of, 102–3
in network of European rivalries, 43
revolution feared in, 227, 334–35
See also First World War
France at War (Kipling), 158
Franco-Prussian War (1870–71), 89, 373
Franz Ferdinand (Archduke of Austria-Hungary), assassination of, 76, 79, 80, 81–82
Franz Joseph (emperor of Austria-Hungary), 82
Free-fire zones, in Ireland, 354
Free love, and Hardie–Sylvia Pankhurst, 60
French, Eleanora (wife), 8, 9, 10, 14, 74, 365
French, Gerald (son), 14–15
French, Sir John, 6–8, 9–10, 40–41, 74, 364–65
as Aldershot commander, 39, 67
and Wendy Bennett, 144–45
in Boer War, 32, 32–33, 39
at Kimberley, 24, 25–26, 32
and cavalry, 6–7, 9–10, 40, 43–44, 139
and Charlotte Despard, 14–15, 31, 45, 74, 139, 284, 356, 365

as FWW commander, 97, 104, 105,
    109–10, 120–21, 143, 158, 171
and battle at Loos, 162, 164, 167
in campaign of blame for artillery
    shell shortage, 143–44
and Christmas Truce, 131
headquarters of, 126–27
and Kitchener, 111, 143–44
machine guns slighted by, 167
and rapport with troops, 104, 109,
    110, 140, 171, 224
on trench warfare, 123
and Haig, 17, 24, 41, 104, 143, 145, 146,
    159, 162, 167, 284, 319, 329–30,
    365
as Home Forces commander, 171, 284
and Easter Rising in Ireland, 183,
    184, 185
Weekly Intelligence Summary for,
    314, 323
Irish roots valued by, 7, 75, 326, 364
and plans for war with Germany,
    43–44
sportsmen valued by, 135
as Viceroy of Ireland, 326, 329–30, 354
    removed, 364
Fromelles, Battle of, 349

Gaekwar of Baroda, 66–67
Gallipoli campaign, 143–44, 147, 155–56,
    230
    bitterness over in dominions, 361
Galsworthy, John, 148, 271
Gandhi, Mohandas, 50–51, 108, 361
"Gardener, The" (Kipling), 363
Gascoyne-Cecil, Robert Arthur Talbot, 28
George V (king of England)
    convenes conference on Irish crisis, 76
    and FWW beginning, 94, 85
    and French, 145
    in response to Easter Rising, 184
    at French's headquarters, 127
    and Haig, 42, 104, 167, 246
    in India to be installed as Emperor,
        65–67, 361

as kin to other European royalty,
    74–75, 255
and Loos debacle, 167
and Milner, 321
"German Crimes Calendar," 289
Germany
    anti-Semitism in, 312
    and Austro-Hungarian Empire, 80
    and Boers, 22, 23, 32
    foreseen as Britain's enemy, 43–44, 50,
        62
    in naval arms race, 40
    as next war's foe, 26, 40, 69
    and British fighting in Sudan, 18, 19
    and cavalry charge at Kimberley, 26
    influenza deaths in, 350
    Irish civil conflict abetted by, 75
    in network of European rivalries, 43
    in peaceful relationship with Britain
        (first half of 1914), 74
    postwar labor revolts in, 353
    as ripe for revolution, 268
    and second Moroccan crisis, 68
    shipbuilding program of, 23
    AND FIRST WORLD WAR
    antiwar demonstration (1914), 87
    outbreak of, 89–90
        declares war on France, 91
        socialists give in, 91–92
    civilian privations, 215–16, 247, 311–12
    political protest strikes, 218, 312–13
    parliament votes for peace agreement,
        273
    final stages of war, 337
    surrender and desertion by German
        troops, 333, 338
    strikes and demonstrations, 338
    Kaiser and military yield to civilian
        socialist government, 339–40
    death toll, 348
    and Paris Peace Conference, 355, 356,
        357–58
Gibbs, Philip, 171, 209, 214, 292
Glidden, Joseph F., 125
Goggins, Peter, 232, 233, 236, 242–43, 371

Gonne, Maud, 354–55
Good-bye to All That (Graves), 212
Gordon, Alex, 259, 261–63, 274
Gorky, Maxim, 92
Gosse, Sir Edmund, 148
Graves, Robert, 212
Great Labour, Socialist and Democratic Convention, 273
Greece, enters FWW on Allied side, 195
Grenfell, Julian, 126
Grey, Sir Edward, 84, 219
Guggisberg, Frederick, 8

Haase, Hugo, 88, 92
Haggard, Rider, 150, 226
Haig, Douglas, 17–18, 24, 41–42, 67
  in Boer War, 25–26, 32–33, 39
  and Buchan, 38
  and coming European war, 42, 44
  as FWW commander, 97, 138, 143, 146, 158, 171, 179–80, 181–82, 272
  and Allied counteroffensive, 337
  and Battle of Amiens, 332
  and battle at Loos, 162, 163, 164, 167
  and Battle of Passchendaele, 278, 286, 287, 291
  and Battle of the Somme, 198, 203, 207–8, 209, 211, 213–14, 225
  Christmas at headquarters of, 130
  on danger of harsh peace terms, 341
  on dangers of public opinion, 222
  dissent squelched, 292
  entertaining Milner, 229–30
  fears radicalism among troops, 299
  and final German offensive, 313, 317, 319–20, 321–22
  headquarters of, 181
  high casualty rates demanded by, 209–10
  as impervious to demands for removal, 299–300, 327
  and Irish conscription, 329–30
  and Lloyd George, 291, 299, 327
  and mutinies in French army, 277
  on mutinous soldiers (postwar), 352
  officer pleads impossibility to, 349
  and personal peculiarities, 224
  postwar defense of, 372
  press co-opted by, 223, 224
  vs. proposal to take troops from France, 246
  and sentencing of Bantam Battalion soldiers, 233, 236, 241–43
  and sentencing of convicted COs, 202
  shell shock ignored by, 242
  as understanding trench warfare, 300
  wants new attack with depleted army, 311
  and war as industrial process, 333
  and French, 17, 24, 41, 104, 143, 145, 146, 159, 162, 167, 284, 319, 329–30, 365
  postwar life of, 367–68
  as Sandhurst graduate, 52
  sees childbearing as national duty, 278–79
Haig, Lady, 42, 143, 278–79
Haile Selassie, 370
Hardie, James Keir, 54–59, 151–52, 376
  Brockway Prison "newspaper" honors, 297
  and Connolly, 183
  death of, 168
  force-feeding opposed by, 61
  at German Social Democrats' congress, 63
  and Stephen Hobhouse, 221
  and Independent Labour Party, 56 (*see also* Independent Labour Party)
  on Indian's show of discourtesy to royalty, 66–67
  Leeds conference remembers, 274
  opposing FWW, 86–87, 91, 95, 99–100
  on Christmas Truce, 131–32
  and dilemma of opposition to war and support of fellow citizens, 100
  paralyzed by stroke, 129, 155

and Sylvia Parkhurst, 59–61, 61–62, 95–96, 107, 128–29, 152, 155, 168, 369–70
on socialist solidarity as blocking war, 63–64, 260, 265
and unionists volunteering, 233
and women's suffrage, 58, 72
Hardie, Lillie, 58, 59–60
Hardy, Thomas, 148, 343
Headquarters of Sir John French, 126–27
Henderson, Arthur, 253
Hindenburg, Paul von, 319, 337, 339, 357–58
Hitler, Adolf, xv, 94, 131, 332, 358
Hobhouse, Emily, 33–37, 50–51, 90, 94, 107, 217–20, 366, 376
and cousin Stephen, 220–21
in French's intelligence report, 315
goes to Berlin seeking peace, 218
Hobhouse, Margaret (mother of Stephen), 270–71, 303, 322
and *I Appeal unto Caesar*, 271–72
Hobhouse, Paul (brother of Stephen), 269, 270, 303, 322
Hobhouse, Rosa (wife of Stephen), 221–22, 270
Hobhouse, Stephen, 220–22, 269–71, 272, 303, 325, 366, 376
Holliday, William, 187
Holocaust, xv
Home Front, The (Sylvia Pankhurst), 129
House of Windsor, 279
Hughes, Emrys, 101, 264–65
Hussars, 19th Regiment of, 6, 7, 9
Hutchison, Graham Seton, 208

I Appeal unto Caesar (Hobhouse and Russell), 271–72
Independent Labour Party (ILP), 52
antiwar demonstration of, 68
vs. British Workers' League, 178
German Socialists greeted by, 100
and Hardie, 56
Rosa Hobhouse and Despard at rally of, 221

Pankhursts leave, 52, 62
police raid on, 155
under surveillance, 70
India, 9
George V and Mary installed as Emperor and Empress of, 65
Hardie's visit to, 57
independence movement catalyzed by Amritsar massacre, 361
and Kipling, 22, 149
Leeds conference call for independence of, 274
Influenza pandemic, 350–51
"Internationale, The," 57, 88, 263, 276
Invasion of 1910, The (serialized novel), 62
Iraq, formation of, 356
Ireland
British lecturers in U.S. avoid subject of, 289
civil conflict in, 7, 81
Easter Rising, 183–85, 200, 326
and FWW outbreak, 84, 94
1918 turmoil in, 326, 327, 329
postwar rebellion in, 354, 361
Protestant-Catholic conflict, 75–76
conscription imposed on, 321, 329–30
Leeds conference call for independence of, 274
opposition to Boer War in, 32
partition of, 364
Irish Guards in the Great War, The (Kipling), 336
Italy
in First World War, 147, 291–92
British and French troops diverted to, 310
Haig visits, 368
Sylvia Pankhurst visits, 369

Jagow, Gottlieb von, 218–19
Japan in war, 195, 309
Jaurès, Jean, 57, 59, 63, 68–69, 87–88, 376
assassination of, 88

Jews
  genocide against, 373
  German right-wing attacks on, 312
  as Nazi scapegoats, 340–41
  Russians remove from homes, 156–57
Joffe, Adolph, 304, 305
Joffre, Joseph, 110
Jones, Arthur Creech, 353
Joubert, Piet, 31
Justice in Wartime (Russell), 284
Just So Stories (Kipling), 49
Jutland, Battle of, 194, 230

Kamenev, Lev, 304
Kennan, George F., 357
Kenney, Jessie, 281, 283
Kerr, John, 309
Kettlewell, Reverend Percy, 67–68
Kiel, sailors' mutiny supported in, 338
Kiental meeting to end war, 218
Kiggell, Sir Launcelot, 292
Kildonan Castle (passenger liner), 254
Kipling, Carrie (wife), 29, 49, 76, 121, 150, 173, 174, 343, 364
Kipling, Elsie (daughter), 49
Kipling, John (son), 49, 51, 70, 96, 119, 150, 158–59, 168, 226, 336, 348, 363–64
Kipling, Josephine (daughter), 49
Kipling, Rudyard, 22–23, 48–49, 364
  on George Cecil, 52
  and Violet Cecil, 29, 363
  as celebrating empire at war, 149, 361
  on civilian mobilization, 323
  and "Epitaphs of the War" couplet, 336
  and fate of son, 150, 173–74, 226, 336, 363–64
  Germans vilified by, 158, 225–26, 357
  investigating George Cecil's fate, 119–20, 121
  and Irish conflict, 76
  on Lansdowne, 302–3
  letters of written to son at war, 158–59
  on reticence in naval war, 194
  at rifle range in George Cecil's memory, 128
  as war's cheerleader, 26, 70, 96, 119, 149, 150, 158
Kitchener, Sir Horatio Herbert, 16, 111
  and Battle of Omdurman, 16, 18
  as secretary of state for war, 103, 104, 105, 110–11, 120, 143, 144, 162, 167
  on Germans' use of poison gas, 141, 142
Knott, Sir James, 178
Kruger, Paul, 4–5, 20, 22, 26

Labor unions
  antiwar protests by, 90–91
  Battersea as center of growth of, 13
  and British Workers' League, 177, 178
  in Buchan propaganda offensive, 323
  FWW effort supported by, 101
  in Ireland, 326
  Kipling dislikes, 48
  and Leeds conference, 280–81
  and Lloyd George on women munitions workers, 152
  militance of, 70, 86
  1918 and postwar disruptions by, 333, 368
  Christabel Pankhurst on, 279
  Russian workers supported by, 63
  suffragette supported by, 72
  and Union of Democratic Control, 187
Labour Leader (paper of ILP), 56, 58, 326
Lansbury, George, 128
Lansdowne, Lord, 302–3, 373
"Last Bow, The" (Doyle), 291
Law, Andrew Bonar, xiv
Lawrence, Herbert, xiv
League of Nations, 355, 364
League for the Rights of Soldiers' and Sailors' Wives and Relations, 139
Leeds conference, 273–74, 280–81
Lenin, Vladimir Ilich, 267, 273, 315, 358
Leopold (prince of Bavaria), 305
Leopold II (king of Belgium), 187
Lettow-Vorbeck, Paul von, 195
Letyford, Alex, 136–37
Liberal Party, and women's vote, 47

索 引 / 543

Liebknecht, Karl, xvi, 106–7, 218, 251, 339, 376
"Little Mother, A" (anti-pacifist pamphlet), 188–89
Litvinov, Maxim, 314
Lloyd George, David
　as Boer War critic, 31, 34
　and FWW outbreak, 87, 90, 91
　as minister of munitions, 152
　as prime minister, 236–37
　and convoy system, 266
　and French, 284, 326
　and funding for Christabel Pankhurst, 315
　and Haig, 291, 299, 327
　and "knock-out blow," 302
　as lacking control over army at Passchendaele and after, 278, 332
　in meetings on German offensive (1918), 321
　and negotiated peace with Russia as victim, 311
　and Emmeline Pankhurst's request to visit Russia, 281
　at Paris Peace Conference, 356, 357
　and Passchendaele losses, 287, 291
　plans for war until 1920, 310
　visits camp of POWs, 277
　and Alice Wheeldon, 313, 351
　as purported murder target, 253–54, 259–60
　and removal of French from command, 167
　as secretary of state for war, 228, 230
　suffragettes bomb house of, 98, 153, 261
　on suppression of antiwar thought, 223
　in War Cabinet, 236–37, 245, 246
Lodge in the Wilderness, A (Buchan), 50
London
　Diamond Jubilee parade in, 3–4, 5
　slums of, 10, 11, 12, 72, 73
Loos, France, British offensive at, 158, 159, 162–68, 285
Loyalties
　to country vs. higher ideals, 31–32
　and dilemma of opposition to war and support of fellow citizens, 100
　in story of FWW, xviii
Ludendorff, Erich, xiv, 318, 319, 331, 333, 336, 337, 338, 339, 357–58
Lusitania sinking, 247
Luxemburg, Rosa, xvi, 63, 87, 218, 264, 312, 315, 353, 376
Lynch, Patricia, 185
Lyttelton, Edward, 217

MacDonald, Ramsay, 353
Machine guns
　and Battle of the Somme, 196–97, 205, 214
　British disregard for, 167
　against British at Neuve Chapelle, 138
　European powers' dismissal of, 26
　Maxim guns as, 18, 19, 26
　as missing in plans for next war, 69
　revolutionary effect of in FWW, 124
　surprising deadliness of, 110
　used against British at Gallipoli, 156
　used against British at Loos, 162, 164
Mafeking, siege of, 28, 32
Mann, Thomas, 89, 102
Man Who Stayed at Home, The (play), 150
Marshall, Catherine, 325
Martin, Duncan, xi
Marx, Eleanor (daughter of Karl), 13
Marx, Karl, Hardie's photo of, 58
Mary (queen of England), 65–67, 71, 371
Mason, Alf, 253, 354
　in prison, 298
　show trial of, 258–62
Masterman, Charles, 148
Maxim, Hiram, 18
Maxim gun, 18, 19, 26
McDonald, John, 232, 233, 236, 242–43
Miles, Charlie, 286
Military executions
　postwar controversy over, 371
　of three Bantam Battalion soldiers, 241–44, 370–71

Millicent, Dowager Duchess of Sutherland, 126
Millman, Brock, 280, 334
Milner, Sir Alfred, 20–22, 49–51, 185, 362–63
　and Boer War, 23, 31, 37–39
　　and concentration camps, 34, 35
　　and British Workers' League, 178–79
　　and Violet Cecil, 28, 29, 30, 32, 36, 51–52, 96–97, 185, 335, 356, 360
　　in search for son George, 121, 122
　as colonial secretary, 360–61
　　and Egypt, 361
　　and West Indies rioting, 362
　as concerned with revolution worldwide, 335
　　supports aid to anti-Bolsheviks, 335
　and conflict in Ireland, 75–76
　and First World War, 37, 229–31
　　and Asqith's removal, 230–31, 236
　　and Battle of Passchendaele, 278
　　and bombardment at the Somme, 198
　　contemplates peace with Germany and partition of Russia, 293–94, 311
　　convoy system supported by, 266
　　and COs' release from prison, 303
　　in delegation to Russia, 254–56
　　and empire in struggle, 289–90, 361
　　enthusiasm for, 96
　　on fate of John Kipling, 174
　　and final German offensive, 319–20, 321
　　and Stephen Hobhouse's imprisonment, 270–71
　　and Haig, 228–30, 299
　　on labor unrest, 249
　　and Loos debacle, 167
　　orders monitoring of working-class meetings, 279
　　and Christabel Pankhurst on Germanism in high places, 169
　　as secretary of state for war, 322
　　tanks tried out by, 332
　　in War Cabinet, 237, 245
　　and war's end, 342
　German background of, 154, 169
　and Emily Hobhouse, 34, 36, 37
　Kipling at banquet in honor of, 26
　and Kitchener as war secretary, 111
　and labor upheavals in Scotland (1919), 352
　on Leeds conference, 273–74
　and Paris Peace Conference, 356, 357, 358
Modern Warfare (Guggisberg), 8
Moltke, Helmuth von, 68, 69, 80–81, 82, 83, 85, 121
"Monday Night Cabal," 230–31
Mons, Belgium, British troops in, 104, 105, 109
　and first/last battle deaths, 341
Montague, C. E., 181, 223
Montreuil, Haig headquarters in, 181, 211
Moore, George G., 74, 127, 144
Morel, Edmund Dene, 187–88, 189, 296–97, 353, 376
Morocco
　French/Spanish bombing of villages in, 153
　international crises over, 43, 68
Morton, Desmond, 182
Murray, Gilbert, 271
Murrow, Edward R., 363
Mussolini, Benito, Haig impressed with, 368

Napoleon, as John French's ideal, 7
National Review, 363
National Sailors' and Firemen's Union, 281
National Union of Railwaymen, 192, 233, 244
Naval warfare
　arms race, 40, 42–43, 59
　Battle of Jutland, 194
　British blockade, 161, 194, 215–16, 248, 349
　　Hobhouse's plan to alleviate, 219

German fleet crippled by mutiny, 338
German submarines (U-boats), 155, 216, 247–48, 265–67
Nazism
  as springing from FWW, xv, 188, 358, 373
  and myth of betrayal by home front, 340–41
  Sylvia Pankhurst's publication denounces, 370
  Wilhelm II contrasted with, 372
Nelson's History of the War (Buchan), 149, 224
Nettell, A. V., 221–22
Neuve Chapelle, Battle of, 137–38, 139, 143
Nevill, W. P., 199, 203, 206
Newbolt, Sir Henry, 8, 38, 118
Newspapers. *See* Press
New Zealand, territories taken by, 195
  troops in war, 147, 186, 195, 309, 375
Nicholas II (Tsar of Russia), 43, 58, 74, 83, 85, 88, 157, 255, 263–64, 282
  imprisonment and execution of, 290–91, 335
Niemann, Johannes, 131
Nikolaevich, Grand Duke Nicholas, 115, 157
Nine Elms Flower Mission, 12
1984 (Orwell), 294
No-Conscription Fellowship (NCF), 189–93, 202, 252, 253, 272, 284, 325
Nonviolence, and Emily Hobhouse's meeting with Gandhi, 51
Northcliffe, Lord, 118, 224, 246, 299, 325
"No taxation without representation," as slogan of Despard social reformers, 73

Official History (of FWW), Haig's part in, 367–68
Olga (Grand Duchess of Russia), 290
Omdurman, Battle of, 16–18, 27, 141
Orwell, George, 23, 194

Ottoman Empire
  Allies' secret treaties on dismembering of, 293
  Britain covets oil-rich regions of, 195
  famine and inflation in, 313
  and Gallipoli campaign, 143–44
  as German ally, 92, 117
  minorities persecuted by, 193–94
  peace overtures from, 273
  postwar dismemberment of, 355, 356
  sues for peace, 338
Owen, Wilfred, 295, 337, 343, 347
Oxford University, Kipling suggests closing, 119

Pacifists
  on Bolshevik revolution, 294
  derision and vilification of, 149, 158, 188–89, 279
  Despard as, 139
  in Germany
    as backing German war effort, 90
    Hitler's rage at, 332
    as Nazi scapegoats, 340–41
  government concern with, 249, 279, 314
  and Stephen Hobhouse, 221
  and Morel conviction, 296
  See also Conscientious objectors; War resisters
Pankhurst, Adela, 46, 72, 108, 369, 370
Pankhurst, Christabel, 47, 368, 369
  in French's intelligence report, 315
  good-evil dichotomy in thinking of, 108
  pacifists denounced by, 279
  seeing Germanism in high places, 169, 248
  socialist books denounced by, 327
  as suffragette, 46, 52, 58, 71
  in support of FWW, 99, 106, 107–8, 155
  and Sylvia, 61
  war denounced by, 87
  and women as munitions workers, 152

Pankhurst, Emmeline, 45–46, 62, 368–69
  Boer War opposed by, 46, 52, 58
  and bombing Lloyd George's house, 98–99, 261
  denouncing Wheeldons after trial, 260–61
  in French's intelligence report, 315
  good-evil dichotomy in thinking of, 108
  as opposing war, 87
  as suffragette, 46, 58, 71–72, 315–16
  in support of FWW, 99, 106, 107–8, 152–53
  and Sylvia, 61, 187
  and Sylvia's plea on behalf of Hardie, 155
  on U.S. speaking tour, 327
  on visit to Russia, 281–83
  for women as munitions workers, 186
  Women's International Peace Congress condemned by, 140
Pankhurst, Harry, 46
Pankhurst, Sylvia, 47, 72–73, 376
  aids victim of anti-German violence, 154
  Boer War opposed by, 46
  and Charlotte Despard's League, 139
  conflict with mother and sister, 72, 106, 327
  and Easter Rising in Ireland, 185
  in French's intelligence report, 315
  and Hardie, 59–62, 95–96, 107, 128–29, 152, 155, 168, 369–70
  imprisonment and force-feeding of, 61
  lobbying for COs sent to France, 192
  at mother's funeral, 368
  as opponent of FWW, 99, 106–7, 186–87, 283
  and anti-conscription rally, 168
  out-of-wedlock child of, 368–69
  and reports of military executions, 242
  on Russian Revolution, 294, 358
  on socialist "Golden Age," 56
  as suffragette, 52, 53
  and Wheeldon, 351

Pankhurst family, 45, 47–48, 52, 53
Paris Peace Conference, 355–56
Park, Julia Catlin, 226
Parr, John, 341
Passchendaele, Battle of, 285–88, 292
  bitterness over in dominions, 361
  casualty toll for, 291, 337
  preparations for, 278
  prison paper gives uncensored view of, 294
  and wounded arriving at home, 300
Pater, Walter, 224
"Peace insurance," 118
People's Russian Information Bureau, 315
Pétain, Philippe, 277
Plumer, Sir Herbert, 299–300
Poincaré, Raymond, 81
Poison gas, 140–42, 147, 214, 317–18
  mustard gas introduced by Germans, 287
  as precedent for wider chemical warfare, 373
  used by British, 163, 198, 285
Pole, Graham, 164, 165
Press
  and newspaper proprietor's confession, 301
  as official propaganda vehicle, 109, 148, 158, 222–25, 233, 294, 297, 315, 323–25
Princip, Gavrilo, 80, 81
Propaganda, British, 147–49, 224–28, 245–46, 289–90, 300, 323
Propaganda, German, 246, 320, 340

Rawlinson, Sir Henry, 197, 209
"Red Flag, The" (labor song), 201, 274
Refugees, from Russian territories, 157
Religion, and Charlotte Despard, 13
Repington, Charles À Court, 127, 144, 145
Resistance to FWW. *See* Conscientious objectors; Pacifists; War resisters
Rhodes, Cecil, 4, 23, 24, 29
Roberts of Kandahar, Lord, 3, 119, 127
Robinson, Edgar Francis, 101

Rochester, Albert, 233–36, 243, 244, 370–72
Romania, enters FWW on Allied side, 195
Roosevelt, Theodore, 23
  and search for George Cecil, 121, 173
Rosebery, Lord, 5
Rothermere, Viscount (Lord), xiv, 301
Rothschild, Leopold de, 42, 81, 130, 145, 182
Rowbotham, Sheila, 249
Royal family (British). *See individual members of*
Russell, Bertrand, 111–13, 189–90, 376–77
  on beginning of Russian Revolution, 265
  and COs in danger of execution, 192, 202
  on hardships of Morel in prison, 297
  as *I Appeal unto Caesar* author, 271–72
  imprisonment of, 187, 323–24
  and Lansdowne, 302
  at Leeds conference, 274
  and Lloyd George on suppression of ideas, 223
  and meeting to form soviet, 280
  negotiated peace efforts of, 217
  Nobel Prize awarded to, 353
  on public's reaction to end of war, 342
  receives congratulatory letter from soldier, 236
  refrains from signing prowar manifesto, 148
  and Sassoon, 284
  Soviet Union criticized by, 358
  on war hysteria, 154
  on workingmen's intellectual interests, 253n
Russia
  and Balkans, 80
  British disdain toward, 94
  and First World War
    British/French aid to, 254
    death toll in, 348
    deserters in, 256, 257, 264, 282–83
  English delegation travels to, 254–56
  fighting Austria-Hungary, 117–18, 156
  fighting Germany, 114–17, 147, 156–57, 254
  fighting Ottoman Empire, 193
  Hardie questions as Britain's ally, 151
  inflation and bread riots in, 256
  revolutionary agitators among troops of, 117
  rumors of soldiers from in Britain, 111
  signing of armistice and initiation of peace treaty, 304–5
  and FWW outbreak, 83, 89, 92
  German attitudes toward, 43, 81
  Leeds conference representatives blocked from visiting, 281
  in network of European rivalries, 43
  Emmeline Pankhurst and Kenney visit, 281–83
  workers' militancy in, 86
Russian Revolution, 188, 276
  beginning and Provisional Government, 263–65
  Bolsheviks under Lenin arrive, 268–69
  Bolshevik takeover, 281, 283, 293, 315
  and British antiwar movement, 265, 269
  civil war between Red Army and anti-Bolsheviks, 335, 349, 358
  as example of internal collapse, 313, 316
  Germans' interest in Bolshevik takeover, 267
  as international antiwar influence, xviii–xix, 273–74, 294
  German army infected by, 330–31
  as international revolutionary influence, 338–39
  Milner on prospect of, 256
  and People's Russian Information Bureau, 315
  royal family imprisoned, 290–91
  truce and fraternization with Germans, 293

Russo-Japanese War (1904–05)
  British military observer at, 41
  Russia's enduring humiliation from, 86
  and Second International unity, 59
Rutland, Duke of, 6

Sacco-Vanzetti case, and Wheeldon trial, 261
St. John, Christopher, 73
Salisbury, Lord, 28, 356
Samsonov, Alexander, 116–17
Sandbags, 136
Sandhurst, 52, 70
Sandys, E.T.F., 207
Sassoon, Siegfried, 283–84, 294–95
Scorched-earth policy
  of British in Boer War, 33, 156
  of retreating Russians, 156
Scottish Miners' Federation, 56
Scott-Kerr, Robert, 105
"Sealed train" taking Lenin to Russia, 268
Second International, 13, 56, 59, 63, 68
  emergency congress of, 87
Second World War, 363, 369, 370
  aspects prefigured by FWW, xvii, 216, 219, 373
  as guaranteed by FWW, 372
Selby-Lowndes, Eleanora, 8
Serbia
  Austria-Hungary sees as threat, 80
  and beginning of FWW, 83
  overrun by Central Powers, 147, 194
Shackleton, Sir Ernest, 96, 118, 193
Shaw, George Bernard, 169, 280
Shell shock, xv, 242
Singh, Bhagail, 257
Smillie, Bob, 151
Smith, F. E., 258, 259, 261
Smuts, Jan, 195, 219
Social Democratic Party (Germany), 63, 68, 91–92
Socialism and socialists
  and Bolshevik revolution, 294 (*see also* Russian Revolution)
  British intelligence estimate of, 314–15
  of Charlotte Despard, 13, 45, 52
  German socialists support FWW, 91–92
  as "Golden Age," 56–57
  of Hardie, 56
  and human brotherhood, 212
  of Jaurès, 57, 59, 63, 68–69, 87–88, 376
  Kiental meeting of, 218
  and Lansdowne, 302
  as proletariat united against war, 63–64, 68–69
    in opposition to drift toward war, 87–88
  reading as constant interest of, 253
  transnational advance of, 63, 86
  war as antidote for (army officer), 71
  war to be prevented by, 63–64
  FWW ends dream of, 128
Socialist (newspaper), 251, 262, 294
Socialist Labour Party, 251, 252
Social reform
  Despard's work for, 12–14, 73–74
  electoral reform, 316
  Hardie's efforts toward, 56–58
  Kipling criticizes for taking money from arms buildup, 70
  Sylvia Pankhurst's efforts toward, 72–73
  See also Suffragettes
Somme, Battle of the, xi–xii, xiii, xviii, 183, 203–14
  battlefield in aftermath of, 228–29
  Buchan pictures as success, 225
  casualties from, xiii, 206–7, 214
  German defenses against, 197, 204
  German suicidal counterattacks in, 214
  preattack artillery barrage, 196–97, 198–99, 204, 206, 285, 317
  preparation for, 195–98
  and soldiers' state of mind, 208, 211–12
South Africa, 19
  Boer War in, 19, 23–24, 32–33, 156 (*see also* Boer War)
  gold rush in, 19, 29

Milner's appointment to, 20–22
troops from in war, 67–68, 101, 195, 276, 290, 309, 375
South African Women and Children's Distress Fund, 34
Soviet Union, 358–59
Sports, and military life, 8–9, 118, 135
Stanley, Venetia, 84
Stashkov, Roman, 304, 305
Stevenson, David, 247
Stones, Joseph "Willie," 232–33, 236, 241, 242–43, 371
Stones, Lizzie, 244
Stumm, Ferdinand Carl von, 246
Submarines, German (U-boats), 155, 216, 265–67
  unlimited submarine warfare declared, 247–48
Sudan, Battle of Omdurman in, 16–18
Suffragette (newspaper), 99, 169
Suffragettes, 48
  demonstration by, 44
  Despard as, 44–45
  and Despard-Pankhurst split over left-wing movement, 52–53, 62
  Hardie for, 58, 72
  and hunger strikes, 61, 98, 99, 107
  Kipling against, 48–49
  Pankhursts, 46, 48, 52, 53, 58, 71–72, 315–16
  vandalism by, 71
    Lloyd George's unfinished house bombed, 98
  See also Women's Social and Political Union
Sullivan, Sir Arthur, 4
Surfleet, Arthur, 211, 212
Surveillance
  of antiwar radicals, 190, 249–54, 261–62, 284, 295, 314–15
  on Sylvia Pankhurst and allies, 72
  in response to labor unrest in Britain, 70
"Swept and Garnished" (Kipling), 149
Switzerland, general strike in, 353

Swoop! or How Clarence Saved England, The (Wodehouse), 62

Tanks, 186, 213–14
  in Battle of Amiens, 332
  Buchan on, 225
  as home-front propaganda success, 290
  and "Tank Banks," 290
Territorial Desiderata Committee, 195
Third Battle of Ypres, 291. *See also* Passchendaele, Battle of
Thirty-Nine Steps, The (Buchan novel), 170–71
Thomson, Basil, 70–71, 72, 99, 170, 190, 220, 248–49, 261, 262, 280, 284, 295, 314, 325, 326, 333, 355–56, 366–67
Tillard, Violet, 325
Tolstoy, Leo, 221
Trade unions. *See* Labor unions
Treaty of Versailles, 188, 341, 357–58
Trench foot, 135
Trench warfare. *See* First World War
  TRENCH WARFARE STAGE OF
Tribunal (NCF newspaper), 191, 253, 323, 324–25
Tuchman, Barbara, xiv, 93
Turkey. *See* Ottoman Empire

U-boats. *See* Submarines, German
Ulysses (Joyce), banning of, 191
Union of Democratic Control, 187
Union of Soviet Socialist Republics. *See* Soviet Union
United States
  British lecturers evade Irish issues in, 289
  as congenial to British Empire, 5
  Debs's campaign for president of, 57, 63, 314
  enters war against Germany, xiii, 267
  arrival of troops sets deadline, 311, 330
  and opposition to war effort, 314

United States (cont.)
 as promise of victory, 303
 slow arrival on battlefield, 310
 troops in combat, 330, 331–32, 337
 and German submarine warfare, 247–48
 Pankhurst's tours of, 107, 327
 as propaganda target audience, 148
 and prosecution of Bertrand Russell, 190

Vansittart, Eden, 165–66
Vaughn, Edwin, 286
Vellacott, Jo, 271
Verdun, Battle of, 182–83
 Battle of the Somme as relief for, 183, 207–8
Versailles, Treaty of, 188, 341, 357–58
Victoria (queen of England)
 Diamond Jubilee of, 3–4, 5, 220
 as half German, 169
 as married to German prince, 279
 and Milner, 21
 Kaiser Wilhelm as grandson of, 75
Vietnam War, and FBI surveillance, 249
"Vitaï Lampada" (The Torch of Life) (Newbolt), 8–9
Vivian, Dorothy Maud, 42
Voting rights for women. *See* Suffragettes

Walton Leader (CO prison newspaper), 294
War
 emotional logic of public opinion on, 228
 glorification of, 69, 148
  as exhilarating, 18–19, 126, 128, 212–13
 group loyalty as impetus to, 113, 295
 Hardie against, 58–59
 and machine (Maxim) gun, 18, 19, 26 (*see also* Machine guns)
 Emmeline Pankhurst against, 48, 87
 socialism as preventing, 63–64
 sports compared with, 8–9, 135
 as welcome to quell socialist unrest, 71
 See also First World War
War Cabinet, 236–37, 245–46, 248, 256, 274, 278, 311, 321
War Propaganda Bureau, 148
War resisters, xvi–xvii, xix–xx, 187, 188, 376–77
 attacks on, 188–89, 279
  denunciation, 140, 188–89, 271
  by informal gangs, 95, 265, 280
  official suppression by force, 188, 279–80
 and Bodkin's embarrassment, 191
 conscientious objectors, 188 (*see also* Conscientious objectors)
 Despard, 91, 279, 324 (*see also* Despard, Charlotte)
 Hardie, 54–59, 86–87, 91, 95, 99–100, 151–52, 376 (*see also* Hardie, James Keir)
 Holliday, 187
 Emily Hobhouse, 90, 107, 217–20, 376 (*see also* Hobhouse, Emily)
 Stephen Hobhouse, 220–22, 269–71, 272, 303, 325, 366, 376
 Morel, 187–88, 189, 296–97, 353, 376
 No-Conscription Fellowship (NCF), 189–93, 202, 252, 253, 272, 284, 325
 official concern over, 313–14
 overcome by tribal nationalism, 128
 in prison after end of war, 352–53
 Bertrand Russell, 111–13, 189–90, 323–24, 376–77 (*see also* Russell, Bertrand)
 and Russian Revolution, 265, 269, 273
 Sylvia Pankhurst, 99, 106–7, 168, 186–87, 283, 376 (*see also* Pankhurst, Sylvia)
 Sassoon, 283–84, 294–95
 and sympathetic MPs, 190
 Tribunal staff, 324–25
 from working class (Wheeldon family

and Clarke), 250–54 (*see also* Clarke, John S.; *at* Wheeldon)
See also Conscientious objectors; Pacifists; Socialism and socialists
Waugh, Alec, 94
Webb, Beatrice, 311, 347
Wells, H. G., 148
West, Graeme, 236
Westminster, Duke of, xiv
Wheeldon, Alice, 252, 253, 351, 377
  Clarke's tribute to, 351–52, 354
  in prison, 298–99, 313
  show trial of, 258–62
Wheeldon, Hettie, 252, 351, 352
  show trial of, 258–62
Wheeldon, Nellie, 252
Wheeldon, Willie, 252, 253, 258, 259, 351, 352, 353–54, 358, 359
Wheeldon, Winnie (Mason), 252, 253, 351, 352, 354
  in prison, 298
  show trial of, 258–62
Wheeler, John Mortimer, 286
Whisperer (prison newspaper), 297
White feathers, to men not in uniform, 150–51
Whitman, Walt, 58
Wilhelm II (Kaiser of Germany), 40
  and Boers, 22
  sees Britain as eventual ally, 81
  on British royalty's change of name, 279
  contrasted with Nazis, 372
  and final German offensive, 319, 327, 331
  rejects Ludendorff's resignation, 333
  and FWW outbreak, 83, 85, 88, 94
    Austro-Hungarian aggressive ambitions encouraged, 80
    and Franz Ferdinand's assassination, 82–83
    on national unity, 92
    and John French, 41
    as kin to other European monarchs, 74–75
  leaves for exile in Holland, 339
  and Morocco dispute, 43
  proposes resettling border areas, 102
  in speech to hostile munitions workers, 337
Wilson, Henry, 255–56, 328, 335, 361
Wilson, Joseph Havelock, 178
Wilson, Trevor, 141, 266
Wilson, Woodrow, 217, 314, 337, 358
Winnington-Ingram, Arthur, 151
With Our Heroes at the Somme (German film), 227
Wodehouse, P. G., 62
Wolseley, Lord, 19
Women's Army Auxiliary Corps, 181
Women's Dreadnought (newspaper), 106, 169, 185, 219, 283
Women's Freedom League, 53
Women's International Peace Congress, 140, 218
Women's movement
  Charlotte Despard in, 44–45
  Pankhurst family in, 45–48
  See also Suffragettes
Women's Peace Crusade, 279
"Women's Peace Expeditionary Force," Sylvia Pankhurst's proposal for, 106
Women's Social and Political Union (WSPU), 45, 46, 47, 52–53, 58, 62, 71–72, 87, 99, 106, 252, 260
  colors of, 47–48
  newspaper of renamed, 169
  "shadow" structure of, 190
Woolf, Leonard and Virginia, 317
Workers' Dreadnought (formerly *Women's Dreadnought*), 283, 294, 295, 315, 369
World War I. *See* First World War (FWW)
World War II. *See* Second World War

Xenophobia, after German air raids, 154–55

Ypres, Belgium, 124, 140, 171, 242, 292
  and Battle of Passchendaele, 277–78, 285
  German attack at (1918), 321
  reconstructed trench system near, 374–75

Ypres, Earl of. *See* French, Sir John

Zeppelins, 153
Zimmerman Telegram, 267
Zouave troops, 103
Zweig, Stefan, 89

图书在版编目(CIP)数据

终结一切战争:忠诚、反叛与世界大战,1914-1918 /(美)亚当·霍赫希尔德(Adam Hochschild)著;林春野译.--北京:社会科学文献出版社,2021.4

书名原文:To End All Wars: A Story of Loyalty and Rebellion,1914-1918

ISBN 978-7-5201-6533-4

Ⅰ.①终… Ⅱ.①亚…②林… Ⅲ.①第一次世界大战-史料-英国-1914-1918 Ⅳ.①K561.44

中国版本图书馆CIP数据核字(2020)第063491号

地图审图号:GS(2020)7149号(书中地图系原文插附地图)

终结一切战争:忠诚、反叛与世界大战,1914~1918

著　者 /〔美〕亚当·霍赫希尔德(Adam Hochschild)
译　者 / 林春野

出 版 人 / 王利民
责任编辑 / 刘　娟

出　版 / 社会科学文献出版社·甲骨文工作室(分社)(010)59366527
　　　　　地址:北京市北三环中路甲29号院华龙大厦　邮编:100029
　　　　　网址:www.ssap.com.cn
发　行 / 市场营销中心(010)59367081　59367083
印　装 / 天津千鹤文化传播有限公司

规　格 / 开本:889mm×1194mm　1/32
　　　　　印张:18.375　插页:0.375　字数:414千字
版　次 / 2021年4月第1版　2021年4月第1次印刷
书　号 / ISBN 978-7-5201-6533-4
著作权合同登记号 / 图字01-2017-3381号
定　价 / 102.00元

本书如有印装质量问题,请与读者服务中心(010-59367028)联系

版权所有 翻印必究